厦门大学南强丛书【第七辑】

大变局世界中的公共治理

陈振明◎著

厦门大学出版社 国家一级出版社
XIAMEN UNIVERSITY PRESS 全国百佳图书出版单位

图书在版编目(CIP)数据

大变局世界中的公共治理/陈振明著.—厦门:厦门大学出版社，2021.3
(厦门大学南强丛书.第7辑)
ISBN 978-7-5615-8096-7

Ⅰ.①大… Ⅱ.①陈… Ⅲ.①公共管理－研究－世界 Ⅳ.①D523

中国版本图书馆 CIP 数据核字(2021)第 045543 号

出 版 人	郑文礼
责任编辑	黄茂林
封面设计	李夏凌
技术编辑	许克华

出版发行 厦门大学出版社

社　　址	厦门市软件园二期望海路 39 号
邮政编码	361008
总　　机	0592-2181111　0592-2181406(传真)
营销中心	0592-2184458　0592-2181365
网　　址	http://www.xmupress.com
邮　　箱	xmup@xmupress.com
印　　刷	厦门集大印刷厂

开本	720 mm×1 000 mm　1/16
印张	26.5
插页	4
字数	440 千字
版次	2021 年 3 月第 1 版
印次	2021 年 3 月第 1 次印刷
定价	78.00 元

本书如有印装质量问题请直接寄承印厂调换

D1388-1-1
ISBN 978-7-5615-8096-7
定价:78.00元

厦门大学出版社
微信二维码

厦门大学出版社
微博二维码

总　序

在人类发展史上,大学作为相对稳定的社会组织存在了数百年并延续至今,一个很重要的原因在于大学不断孕育新思想、新文化,产出新科技、新成果,推动人类文明和社会进步。毋庸置疑,为人类保存知识、传承知识、创造知识是中外大学的重要使命之一。

1921 年,爱国华侨领袖陈嘉庚先生于民族危难之际,怀抱"教育为立国之本"的信念,倾资创办厦门大学。回顾百年发展历程,厦门大学始终坚持"博集东西各国之学术及其精神,以研究一切现象之底蕴与功用",产出了一大批在海内外具有重大影响的精品力作。早在 20 世纪 20 年代,生物系美籍教授莱德对厦门文昌鱼的研究,揭示了无脊椎动物向脊椎动物进化的奥秘,相关成果于 1923 年发表在美国《科学》(Science)杂志上,在国际学术界引起轰动。20 世纪 30 年代,郭大力校友与王亚南教授合译的《资本论》中文全译本首次在中国出版,有力地促进了马克思主义在中国的传播。1945 年,萨本栋教授整理了在厦门大学教学的讲义,用英文撰写 Fundamentals of Alternating-Current Machines(《交流电机》)一书,引起世界工程学界强烈反响,开了中国科学家编写的自然科学著作被外国高校用为专门教材的先例。20 世纪 70 年代,陈景润校友发表了"1+2"的详细证明,被国际学术界公认为对哥德巴赫猜想研究做出了重大贡献。1987 年,潘懋元教授编写的我国第一部高等教育学教材《高等教育学》,获国家教委高等学校优秀教材一等奖。2006 年胡锦涛总书记访问美国时,将陈支平教授主编的《台湾文献汇刊》作为礼品之一赠送给耶鲁大学。近年来,厦门大学在能源材料化学、生物医学、分子疫苗学、海洋科学、环境生态学等理工医领域,在经济学、管理学、统计学、法学、历史学、中国语言文学、教育学、国际关系及区域问题研究等人文社科领域不断探索,取得了丰硕的成果,出版和发表了一大批有重要影响力的专著和论文。

书籍是人类进步的阶梯,是创新知识和传承文化的重要载体。为了更好地展示和传播研究成果,在 1991 年厦门大学建校 70 周年之际,厦门大学出版了首辑"南强丛书",从申报的 50 多部书稿中遴选出 15 部优秀学术专著出版。选题涉及自然科学和社会科学,其中既有久负盛名的老一辈学者专家呕心沥血的力作,也有后起之秀富有开拓性的佳作,还有已故著名教授的遗作。首辑"南强丛书"在一定程度上体现了厦门大学的科研特色和学术水平,出版之后广受赞誉。此后,逢五、逢十校庆,"南强丛书"又相继出版了五辑。其中万惠霖院士领衔主编、多位院士参与编写的《固体表面物理化学若干研究前沿》一书,入选"三个一百"原创图书出版工程;赵玉芬院士所著的《前生源化学条件下磷对生命物质的催化与调控》一书,获 2018 年度输出版优秀图书奖;曹春平副教授所著的《闽南传统建筑》一书,获第七届中华优秀出版物奖图书奖。此外,还有多部学术著作获得国家出版基金资助。"南强丛书"已成为厦门大学的重要学术阵地和学术品牌。

2021 年,厦门大学将迎来建校 100 周年,也是首辑"南强丛书"出版 30 周年。为此,厦门大学再次遴选一批优秀学术著作作为第七辑"南强丛书"出版。本次入选的学术著作,多为厦门大学优势学科、特色学科经过长期学术积淀的前沿研究成果。丛书作者中既有中科院院士和文科资深教授,也有全国重点学科的学术带头人,还有在学界崭露头角的青年新秀,他们在各自学术领域皆有不俗建树,且备受瞩目。我们相信,这批学术著作的出版,将为厦门大学百年华诞献上一份沉甸甸的厚礼,为学术繁荣添上浓墨重彩的一笔。

"自强!自强!学海何洋洋!"赓两个世纪跨越,逐两个百年梦想,面对世界百年未有之大变局,面对全人类共同面临的问题,面对科学研究的前沿领域,面对国家战略需求和区域经济社会发展需要,厦门大学将乘着新时代的浩荡东风,秉承"养成专门人才、研究高深学术、阐扬世界文化、促进人类进步"的办学宗旨,劈波斩浪,扬帆远航,努力产出更好更多的学术成果,为国家富强、民族复兴和人类文明进步做出新的更大贡献。我们也期待更多学者的高质量高水平研究成果通过"南强丛书"面世,为学校"双一流"建设做出更大的贡献。

是为序。

厦门大学校长　张荣

2020 年 10 月

作者简介

　　陈振明，哲学博士。先后求学于中山大学、厦门大学、武汉大学、吉林大学和中国人民大学，曾赴哈佛大学、康奈尔大学、杨百翰大学和德国行政学院等校访学。厦门大学公共事务学院教授及创始院长，公共政策研究院院长，厦门大学校务委员会、学术委员会和社会科学部委员，《厦门大学学报》（哲学社会科学版）主编。教育部"长江学者"特聘教授，中组部"万人计划"首批哲学社会科学领军人才，中宣部"文化名家"暨"四个一批人才"。国家自然科学基金委员会管理科学部专家咨询委员会委员，国家社会科学基金政治学评审组成员，全国公共管理专业学位研究生教育指导委员会委员，国务院学位委员会第六、七届公共管理学科评议组成员及第七届召集人，福建省人民政府顾问。主要从事公共管理、公共政策与政治学领域的教学与研究工作，出版了《公共生活的世界》《国家治理转型的逻辑》《理解公共事务》《公共服务质量管理》《公共管理学》《政策科学》《"西方马克主义"的社会政治理论》《法兰克福学派与科学技术哲学》和《Citizen Participation at the Local Level in China and Canada》等专著。

题　记

　　公共管理学属于治国理政或国家治理之学。今天公共管理学又迎来了新的历史性发展机遇。习近平总书记最近指出"世界百年未有之大变局加速演进";党的十九届五中全会指出要统筹中华民族伟大复兴战略全局和世界百年未有之大变局。新冠疫情的突如其来,更加速了世界与中国的改变。全球治理体系正在深刻重塑,新科技革命和新工业革命以及治理变革的拓展,中国特色社会主义进入新时代、经济社会进入新发展阶段并催生新发展格局。全球大变局与我国发展阶段、环境和条件变化,国家治理及全球治理呈现新态势新场景新方位,面临新挑战新机遇,这向公共治理提出了一系列需要加以研究和解决的重大理论与实践新课题。必须推进公共管理学科的转型与重构,夯实学科的科学基础并凸显中国特色。

　　——摘自陈振明在 2020 年"复旦管理学杰出贡献奖"颁奖仪式上发表的获奖感言(2020 年 11 月 13 日)

前　言

当今世界正在发生巨变。全球新科技革命和新工业革命以及治理变革的拓展，"后疫情时代"的突如其来，世界百年未有之大变局的加速演进，中国特色社会主义进入新时代和新的发展阶段，公共治理的新实践模式和理论范式逐步形成。必须顺应迅速变化着的中国与全球公共治理实践，植根历史，立足现实，着眼问题，直面中国与全球公共治理的新场景、新实践和新趋势，着力解决公共治理的一系列重大的理论与实践课题，加快公共管理学科的建设，推进国家治理体系和治理能力的现代化。

本书以《大变局世界中的公共治理》为名，着重探讨新时代与大变局中的公共治理尤其是国家治理的新场景、新态势和新主题。全书汇集了本人独立撰写或作为第一作者的四十余篇文稿（其中多数是已发表的论文，还有少量未发表的演讲稿或调研报告），是作者近年来在公共管理理论与实践前沿领域思考的部分记录。在成书的过程中，作者进行了系统化与条理化处理，并对部分文稿的内容做了必要的调整、修改或补充。

全书分设如下八个专题（八章）：

第1章导论。全球大变局与我国发展阶段、环境和条件变化呼唤公共管理学的转型与重构。本专题论及中国特色公共管理学的建构与发展，公共管理的实践变化与学科转型，"后疫情时代"公共治理的新场景、新态势、新方位与新思考等议题。

第2章治理转型。进入新时代以及新发展阶段的国家治理或政府治理正在加速转型。本专题探讨人民满意的服务型政府建设，中国政府改革与治理的新进展，大数据和智能时代政府治理变革，政府治理的数字化和智能化转型,作为政府施政目标和治理方式的幸福指数等论题。

第3章应急管理。应急管理或危机管理是国家治理的题中之义,新冠疫情的暴发再一次凸显了应急管理的重要性与紧迫性。本专题涉及风险社会下的应急管理的理论与实践进展,我国应急管理体系建设,应急管理的流程优化与能力提升,疫情防控的法治思维和法治方式等内容。

第4章地方治理。国家治理现代化落实到地方,就是地方治理现代化。本专题主要着眼福建本地,在论述习近平《摆脱贫困》中的地方治理思想之后,探讨构建"马上就办"的高质量制度体系,特区体制机制创新的目标与任务,推进综改区社会管理的协同创新,福建自贸区"放管服"改革进展等论题。

第5章公共服务。"人民日益增长的美好生活需要和不平衡不充分的发展之间的矛盾"是新时代我国的主要矛盾,而人民的美好生活以高质量的公共服务供给作为支撑。本专题谈及新时代美好生活与公共服务,中国公共服务质量评价与改进的实践进展,地方公共服务高质量发展,高质量公共服务体系建设以及就业服务等话题。

第6章人力资源。人力资源是第一资源,人才战略则是强国战略。本专题讨论新时代党的干部队伍建设特别是如何造就一支忠诚干净担当的高素质干部队伍,城市人力资源发展战略以及人力资源协同发展,干部队伍结构优化,人才政策与人才竞争力,领导关系与下属行为等问题。

第7章智库建设。智库是国家软实力的重要组成部分,中国特色新型智库要为治国理政提供智力支持。本专题分析新型智库建设与政策科学发展,智库专业化建设与公共决策科学化,中国特色新型智库的发展路径,加强新型智库的数据中心与实验室建设,推进地方新型智库建设等方面的论题。

第8章教学改革。新时代的公共管理学科建设任重道远,人才培养必须深化改革。本专题主要讨论研究生教育改革,内容包括世界一流大学公共管理硕士和博士项目的培养方案及课程设置,台湾地区公共行政博士培养模式及课程设置分析，两岸公共行政学博士学位论文的质量评估及比较，"公共政策分析"课程的教学改革，应急管理二级学科设置的方案论证等方面。

此前，作者于 2007 年和 2016 年出版了两部关于公共管理理论与实践前沿方面的论著：一是《理解公共事务》（"未名社科菁华丛书"，北京大学出版社 2007 年版），该书获得福建省第八届社会科学优秀成果奖一等奖（2009）；二是《国家治理转型的逻辑》[厦门大学"南强丛书"（总第六辑，校庆 95 周年特辑），厦门大学出版社 2016 年版]，该书获得了福建省第十二届社会科学优秀成果奖一等奖（2018）和教育部第八届高等学校科学研究优秀成果奖（人文社科）二等奖（2020）。现在摆在读者面前的这本著作延续了前两本书相同的前沿探索主题，可以说是作者对这一主题的新思考。

本书入选厦门大学百年校庆"南强丛书"（总第七辑），并列入厦门大学双一流学科"公共治理学科群"建设计划。衷心感谢为本书的出版做出努力和贡献的各方人士及机构，包括（但不限于）厦门大学"南强丛书"出版基金与编委会，本书责任编辑黄茂林编审，先前已发论文的杂志社或报社及其责任编辑，书中相关章节列出的合作者。本书只是作者近年来在公共管理理论与实践前沿探索与思考的心得，错谬和不当之处，敬请读者不吝赐教！

陈振明

2021 年元旦
于厦门大学北村寓所

目　录

第一章 导论

1-1 中国特色公共管理学的建构与发展 *

公共管理是一门综合性与应用性很强的学科。作为管理学门类下的一级学科,其内容涵盖行政管理、社会医学与卫生事业管理、教育经济与管理、社会保障、土地资源管理等。改革开放 40 年来,在学界与实务界的共同努力下,公共管理作为一门独立学科的地位得以确立,中国特色公共管理学初步形成,影响逐步扩大。在改革开放 40 周年之际,回顾我国公共管理学发展历程及成就,探索中国特色公共管理学未来发展方向,既是公共管理学科建设发展的需要,也是构建中国特色哲学社会科学学科体系、学术体系、话语体系的内在要求。

我国具有悠久的治国理政研究传统,近现代意义上的行政管理学或行政学(即后来的公共管理学)在我国的发展几乎与西方同步。19 世纪末 20 世纪初,西方行政管理学在诞生之初就被引进到中国,并逐步生根和发展。党的十一届三中全会后,一批哲学社会科学学科恢复重建,我国行政管理学也迎来了新的发展机遇。

1979 年 3 月,邓小平同志在党的理论工作务虚会上指出:"政治学、法学、社会学以及世界政治的研究,我们过去多年忽视了,现在也需要赶快补课。"响应邓小平同志的号召,张友渔、周世逑、夏书章、丘晓等老一辈政治学与行政学者积极为行政管理学的恢复重建鼓与呼。例如,1982 年 1 月 29 日,夏书章在《人民日报》发表文章,呼吁"把行政学的研究提上日程";1982 年 2—6 月,中

---

* 原载《人民日报》2018 年 6 月 11 日第 16 版-学术(人民网、光明网、求是网、人民论坛网、中国社会科学网、中国经济网等重要网站转载)。

国政治学会委托复旦大学开办全国行政管理学讲习班;1983 年,中国政治学会在济南举行政治行政体制改革研讨会,讨论了政治学与行政学研究的基本问题;1984 年 8 月,国务院办公厅、劳动人事部在吉林省吉林市召开"全国行政科学研讨会",提出建立有中国特点的行政管理学;1985 年 7 月,《中国行政管理》杂志正式创刊;等等。这些都是推动行政管理学"补课"的典型事件。

在专业及机构设置方面,20 世纪 80 年代中期,武汉大学等高校获准设立行政管理本科专业。随后,一批高校建立了行政学或行政管理学的教学与研究机构,有些大学将原来的"政治学系"更名为"政治学与行政管理学系"。1996 年,全国研究生专业目录修订,增加了管理学门类,下设包括公共管理在内的五个一级学科,行政管理学(行政学)从政治学中分离出来,成为公共管理一级学科之下的五个二级学科之首,正式确立了公共管理学科作为哲学社会科学及管理科学重要组成部分的地位。

此后,公共管理学在我国的发展进入快车道,扎根中国实践的中国特色公共管理学逐渐形成。中国特色公共管理学是在我国改革开放进程中逐渐成长起来的,其形成既是学科内在发展规律作用的结果,也受外在社会需要的推动。一方面,我国改革开放和社会主义现代化建设特别是党和国家领导制度及政府机构改革的伟大实践,是中国特色公共管理学兴起的强大动力和催化剂,为学科发展提供了前所未有的历史机遇和研究空间。另一方面,经济全球化、社会信息化的深入发展改变了公共管理的实践模式、理论形态和知识体系,对中国特色公共管理学创新发展提出了新的时代要求。

改革开放 40 年来,中国特色公共管理学在学科构建、学术研究、人才培养和知识应用等方面均取得显著进展,成就斐然。

学科框架基本确立。改革开放 40 年,中国特色公共管理学走过一条从本土研究与引进吸收双轨并行到以我为主、不断凸显中国特色的发展轨迹。改革开放是中国特色公共管理学发展的动力源泉,立足国情、坚持问题导向、凸显中国特色是构建中国特色公共管理学的目标与方向。40 年来,我国公共管理学界在马克思主义指导下,深入研究我国公共管理系统、体制、机制、过程与行为,系统总结我国公共管理实践经验,继承和发扬我国治国理政优良传统,密切关注当代中国及世界面临的管理与政策问题前沿,吸收借鉴国外公共管理理论研究的有益成果,推动中国特色公共管理学在基本概念、基本理论和研究方法等方面都取得了长足进步,建立起中国特色公共管理学的基本框架。近年启动编辑的《中国大百科全书》之公共管理学科卷,可以作为中国特色公共管理学框架的一个参考样本。该书编委会经过广泛征求意见,形成了包含如下领域的学科框架:公共组织理论、政府改革与治理、社会组织管理、政策科学、比较行政与全球治理、公共人力资源管理、公共财政与预算、公共信息资源管理、公共管理伦理与法律、风险与危机管理、经济政策与管理、社会政策与社会保障、公共服务管理、资源环境政策与管理等。

人才培养已成规模。我国高校和研究机构成立了一大批公共管理学院或研究院,设立了众多公共管理本科专业和硕士点、博士点,形成了多层次、全方位的人才培养体系。比如,全国目前已设立 48 个公共管理一级学科博士点,培养了一大批研究型人才。又如,公共管理硕士(MPA)专业学位的设置对我国公共管理学科人才培养起到了巨大推动作用。目前,全国大约有 MPA 培养院校 250 所。从 2001 年正式招生到 2017 年 8 月,超过 11.4 万人获得 MPA 学位。

知识应用日益广泛。近年来,公共管理知识及研究成果被大量应用于公共管理实践,在国家治理现代化、行政体制改革与政府职能转变、服务型政府和法治政府建设、干部人事制度改革与公务员制度建设、公共服务、社会治理、应急管理、政府绩效评价和廉政建设等领域发挥出较大作用。

但也应看到,中国特色公共管理学的构建与发展仍处于起步阶段,还存在研究水平不够高、学科边界模糊、理论基础不够扎实、知识体系不够完整、研究方法不够规范、知识与理论创新不足、理论研究落后于实践发展、针对性和实用性不够强、中国特色不够鲜明等一系列问题。究其原因,一是中国特色公共管理学的理论建构与学术创新较为薄弱,一些学者没有处理好自主研究和借鉴外来之间的关系,过于依赖西方公共管理理论、方法和模型,对我国公共管理实践经验的系统总结不够,基于我国国情、能够解释与指导我国公共管理与政策实践的理论成果不足;二是理论研究滞后于实践脚步,在响应国家重大战略需求方面存在不足;三是学术研究主要集中于应用领域,基础性研究不足,缺少具有较大影响的基础性研究成果。

当前,中国特色社会主义进入了新时代,这是我国发展新的历史方位。中国特色公共管理学建设要顺应新时代我国发展的现实需要和当代哲学社会科学及管理科学的发展趋势,立足本土、挖掘传统、展望世界,提炼总结我国公共管理的实践经验,从基本概念、基本命题入手,进一步推动中国特色公共管理理论与实践对接,探索"公共管理实践—公共管理话语—公共管理理论—公共管理学科"的学术发展路径,全面构建具有中国特色、中国风格、中国气派的中国特色公共管理学。

坚持以马克思主义为指导。习近平同志指出："坚持以马克思主义为指导，是当代中国哲学社会科学区别于其他哲学社会科学的根本标志，必须旗帜鲜明加以坚持。"①历史和现实都已证明，马克思主义是科学的理论，迄今依然具有强大生命力。构建中国特色公共管理学，要始终坚持马克思主义的指导地位，以习近平新时代中国特色社会主义思想这一马克思主义中国化最新成果为指引，进一步明确中国特色公共管理学的世界观、方法论和理论基础、理论架构、核心观点。

立足中国实践，坚持问题导向。构建中国特色公共管理学，要做好对改革开放 40 年来特别是党的十八大以来党中央治国理政实践取得的创新经验的研究、总结和提炼工作，丰富中国特色公共管理学的理论内涵。立足中国实践，坚持问题导向，在研究和解决重大现实问题中推进学科话语体系构建与理论创新，用中国话语讲述中国故事，用基于实践的理论创新成果指导新的公共管理实践。

坚持古为今用、推陈出新。习近平同志指出："优秀传统文化是一个国家、一个民族传承和发展的根本，如果丢掉了，就割断了精神命脉。我们要善于把弘扬优秀传统文化和发展现实文化有机统一起来，紧密结合起来，在继承中发展，在发展中继承。""在学习、研究、应用传统文化时坚持古为今用、推陈出新，结合新的实践和时代要求进行正确取舍。"②要按照古为今用、推陈出新的原则，对中国历代治国理政的历史传统及思想遗产加以审视和取舍，推动其创造性转化和创新性发展，使其成为构建中国特色公共管理学的思想资源。

秉持中国特色、世界视野。构建中国特色公共管理学，需要积极借鉴国外公共管理研究的有益成果。同时应认识到，坚持中国特色是构建中国特色公共管理学的本质要求和生命力所在。因此，既要突出中国特色，坚持中国立场，发出中国声音，解决中国问题；又要树立全球视野，密切关注国际公共管理研究前沿，积极探索重大国际问题，提高中国特色公共管理学的国际化程度和国际影响力。

---

① 习近平主持召开《哲学社会科学工作座谈会》，新华网 2016-05-17。
② 《习近平在纪念孔子诞辰 2565 周年国际学术研讨会上的讲话》，新华网 2014-09-24。

1-2 公共管理的实践变化与学科转型 *

作为典型的跨学科、交叉学科、综合性与应用性的研究领域,公共管理是一个重大的理论与实践领域,由公共行政学或行政管理(学)演变而来。伴随改革开放的伟大历史脚步,中国公共管理学走过了 40 年"补课"(恢复)、重建与发展的历程,已经成长为一门独立的、影响力日益增强的学科。作为当代中国哲学社会科学发展最快的学科领域之一,其地位也逐步从边缘走向中心。全球新科技革命和新工业革命以及治理变革的拓展,中国特色社会主义进入新时代以及国家治理现代化的推进,世界百年未有之大变局的出现,公共管理学科演化的内在逻辑,提出了中国公共管理学科的反思、转型与重构以及知识体系更新的历史性任务。

一、未来已来:大变局与新趋势

随着当代信息通信技术以及人工智能的发展,人类社会进入了信息社会的更高阶段,即所谓的"大数据时代""后信息社会""数据的社会""智能化时代""(新)智能社会"、"超智能社会(Society 5.0)"。人类社会正在迈向网络化、数据化、智能化和量子化的新历史时代,世界处于百年未有之大变局。习近平总书记指出:"以信息技术为代表的新一轮科技和产业革命正在萌发,为经济社会发展注入了强劲动力。"① "当今世界正经历百年未有之大变局……新一轮科技革命和产业变革带来的新陈代谢和激烈竞争前所未有,全球治理体系与国际形势变化的不适应、不对称前所未有。""随着逆全球化和霸权主义、强权政治抬头,国际社会面临的新课题、新挑战也与日俱增。"② 李克强总理也指出:"新一轮产业革命正在兴起,全球化步伐在加快,新业态、新技术、新商业模式层出不穷";"在经济全球化条件下产生的新一轮产业革命,不仅使全球产业链、创新链、价值链的联接更加紧密,也有力促进了包容性增长。"③

---

* 原载《公共管理评论》2020 年第 1 期(创刊号)。

① 《习近平致第四届世界互联网大会的贺信》,新华网 2017-12-03。

② 习近平:《坚持可持续发展 共创繁荣美好世界——在第二十三届圣彼得堡国际经济论坛全会上的致辞》,新华网 2019-06-08。

③ 李克强:《在第十三届夏季达沃斯论坛开幕式上的致辞》,中国政府网 2019-07-02。

　　进入新世纪，全球公共部门管理的实践发生了新变化并呈现出新趋势。公共部门尤其是政府治理变革持续深化的动因：一方面来自于全球化、信息化和数字化，技术进步、经济社会发展，财政危机或金融危机，官僚体制的失效，国家（政府）与社会关系的变化，公共部门、私人部门和非营利组织共同提供公共服务的复杂性等一类的客观因素的变化。特别是新技术革命和新工业革命催生了继"新公共管理"运动之后的新一轮政府治理变革浪潮——人们称为"数字政府""政府3.0""智慧政府""智慧治理""数据新政""开放政府""互联网＋政务（政府）"等。在实践中，20世纪70年代末开始的"新公共管理"运动所注重的财政效率和政府内部运作以及所强调的代理、竞争和选择等原则，正在被"新公共治理"所关注的国家与社会关系调整以及强调合作、谈判、参与等原则所取代。现在"需要治理公共服务组织网络间的多重关系，以及公共服务组织、服务使用者和公民之间的关系"①。

　　另一方面来自于公众对政府与日俱增的期望以及对政府不满的加剧与对政府提出了更高的要求——更好更快的公共服务和更多的公共事务参与——等一类的主观因素的变化。在西方，"在公共领域，公众对公共部门的不满和失望正在改变政治格局和政治话语，公众的不满可能引发一系列的灾难性事件，在英国的脱欧全民公决和2016年美国的总统大选中这种紧张状况最明显"②。回应公众更高的公共服务需求，提高人民生活水平，这是当代全球公共治理实践发展的一个基本趋势，也是各国政府追求的一个共同目标。《联合国千年发展目标》和《2030年可持续发展议程》以及其他人类发展的宣言规定的发展目标，是实现平等、持续、参与性的经济和社会发展，最终提高全体人生活水平。正如习近平所指出的："提高人民生活水平是各国政府的首要任务。"③

　　当前中国处于近代以来最好的发展时期。党的十八大以来，以习近平同志为核心的党中央全面推进党和国家机构改革、国家治理的现代化以及政府治理变革。中国特色社会主义已经进入新时代，党的十九大报告将新时代我

---

① ［英］Stephen P. Osborne：《新公共治理？公共治理理论和实践方面的新观点》，包国宪、赵晓军等译，科学出版社2016年版，P. iii。

② ［加］乔瑟琳·布尔贡：《反思、重构与重塑：面向21世纪》，《国际行政科学评论》83卷第4期，2017年12月；中文版，中国人事出版社2019年版，第4页。

③ 习近平：《坚持可持续发展 共创繁荣美好世界——在第二十三届圣彼得堡国际经济论坛全会上的致辞》，新华网2019-06-08。

国社会的主要矛盾表述为"人民日益增长的美好生活需要和不平衡不充分的发展之间的矛盾"。人民群众不仅对物质文化生活提出了更高要求，而且对民主、法治、公平、正义、安全、环境以及更多的公共事务参与的要求也日益增长。面对新时代新任务提出的新要求，党和国家机构设置和职能配置以及国家治理体系和治理能力同人民新的更高的要求，统筹推进"五位一体"总体布局、协调推进"四个全面"战略布局的要求还不完全适应。

因此，完善为民谋利、为民办事、为民解忧、保障人民权益、接受人民监督的体制机制，就必须推进国家治理现代化以及深化党和国家机构改革。以习近平同志为核心的党中央"以人民为中心"的鲜明执政品格与政策风格——始终把人民利益摆在至高无上的地位，实现好、维护好、发展好最广大人民根本利益是党的一切工作的出发点和落脚点，多谋民生之利、多解民生之忧，发展的根本目是增进民生福祉，不断增强人民的获得感、幸福感、安全感，把人民获得感作为"试金石"，把人民的支持作为"发动机"，把深化党和国家机构改革同简政放权、放管结合、优化服务结合起来，切实做到人民有所呼、改革有所应。

二、奇点临近：反思与重构恰逢其时

《美国公共行政评论》杂志主编詹姆斯·佩里在 2016 年第 2 期的主编导语中，提出了"公共行政正在消失吗？"(Is Public Administration Vanishing?)的设问，强调必须高度关注公共行政的未来。

奥斯本在其主编的《新公共治理》一书的导论中说：针对 20 世纪居于主导地位的公共管理或公共服务体制模式和理论范式——公共行政与新公共管理——的过时，"本书提出了'公共治理在 21 世纪是否会成为公共服务提供的一个新范式'这样一个问题，并在理论与实践上面对这一问题进行了一系列批判性审视"①。

《国际行政科学评论》的主编安德鲁·梅西在 2017 年第 4 期的主编导语中说：进入新世纪尤其是近十年来，"公共部门的改革与全球化问题的变化不断冲击着公共行政领域，公共管理者所面临的任务更复杂，更难以应付"②。

公共治理国际创始主席布尔贡(Jocelyne Bourgon)在本期头条文章《反

---

① ［英］Stephen P. Osborne：《新公共治理？公共治理理论和实践方面的新观点》，包国宪、赵晓军等译，科学出版社 2016 年版，第 2 页。

② 安德鲁·梅西："主编社论"，《国际行政科学评论》83 卷第 4 期，2017 年 12 月；中文版，中国人事出版社 2019 年版，第 1 页。

思、重构与重塑》中则说:在这个日益全球化、相互依赖、高度互联的失序世界中,过去各种行之有效的理念正在崩溃,支撑关键公共政策的假设已经终结,是时候思考未来治理一个现代社会到底意味着什么? 我们需要新的思维方式和治理方式,公共行政需要一种新的"统一的理论"。我们需要反思社会、经济和政治等方面的结构与功能,批判性地考量市场经济的作用及其背后的假设——创新、生产力、经济增长、就业以及收入增长之间是协调一致的;早就应该对全球贸易的整体利益和局部的失衡有清醒的认识。影响未来治理模式的挑战性趋势正在形成,政治在构建民主社会的角色正在改变。需要重新界定国家的作用,阐明适应 21 世纪需要的国家概念,这样的国家既不是全能的,也不是管得越少越好,而是满怀信心,能够以国家的手段服务于集体利益的国家。①

公共管理的理论及实践已进入了所谓的"后新公共管理"、"(新)公共治理"或"公共价值管理"时代。出现了诸如"(新)公共治理"或 "新治理""新公共服务""合作治理""网络治理"("政策网络")"数字化时代的治理""整体化治理"("整体政府")"府际治理"一类的"新"理论。公共部门管理的研究途径、理论范式与知识形态也正在发生转变。其中,"公共价值管理"与"新公共治理"是两种有代表性的公共管理新的理论范式或新的知识综合。

穆尔(Mark Moore)的《创造公共价值》(1995) 和斯托克(Garry Stoker)的《公共价值管理:网络治理的新叙事?》(2006)开创了公共价值范式的先河。美国《公共行政评论》杂志 2014 年第 4 期专门"探索公共价值的价值"(共 7 篇论文和 6 篇短评),力图整合公共(价值)治理的分散话语,强调"让公共价值回归政府治理核心",直接挑战政府改革的新自由主义倾向,并顺应从"统治"理念到"治理"理念转型的新潮流。近年来,"公共价值管理"也成为国内公共管理研究的一个热点主题。例如,中国人民大学主办的《公共管理与政策评论》2019 年第 3 期开设了"公共价值管理研究"专栏,发表了 4 篇论文。

"新公共治理"是一种影响日益扩大的综合性的理论框架。奥斯本在《新公共治理》一书中认为,20 世纪的公共服务管理的两个范式主导——传统公共行政和新公共管理已经过时,需要将以往的理论范式整合到一个更大的、强调组织之间关系治理、跨部门治理和公共服务提供系统效能的范式中,这一范

① [加]乔瑟琳·布尔贡:《反思、重构与重塑:面向 21 世纪》,《国际行政科学评论》83 卷第 4 期,2017 年 12 月;中文版,中国人事出版社 2019 年版,第 3 页。

式的框架就是"新公共治理"。他说"新公共治理"并不取代公共行政、新公共管理和新公共服务等理论,而是将它们嵌入到一个新的背景之中,是对行政-管理两分法的超越。"这个理论并不是公共行政或新公共管理的一个分支,而是一个具有独特话语体系、可供选择的理论。该理论建立在公共服务提供主体日益多元,政策制定过程日益复杂的现实之上,并在此情境下探索和理解公共政策的发展与实施。"①最近,我们对国外公共管理研究的热点与趋势进行跟踪研究,运用文献计量可视化软件 CiteSpace 对 Web of Science(WOS)数据库中公共管理学科领域内 12 种影响力较大的期刊近 20 年所发表的论文进行计量分析。计量结果表明,当前国外公共管理的学术研究与实践发展紧密相关;研究的重要主题涉及合作治理、政策过程、公共治理、可持续发展、绩效管理、公共服务动机、街头官僚、政策咨询系统、公共财政与预算改革、公共服务供给等;公共管理的研究视角、研究途径和研究方法上也呈现某些新的趋势。这对于我国公共管理学科的转型与重构具有启发意义。

公共管理学科的转型与重构成为近年来我国公共管理学界讨论的一个焦点话题,举办了不少专题论坛或成为各种学术研讨会的主题之一,发表了大量的论著,提出了众多的观点。例如,在 2019 年 9 月举行的第六次中国管理 50 人论坛上,兰州大学包国宪教授就"大变局下的中国公共管理"发表演讲,认为大变局中公共管理问题必须从管理的载体、对象、主体、方式、目标等方面来考虑,而大变局下公共管理应对的关键在于价值整合。

"第四次管理革命""数据驱动的管理与决策""中国管理(范式)""百年变局与管理科学"等也成为管理科学的热门话题。特别是近期国家自然科学基金会管理科学部的"十四五"发展战略各个课题组的专家研讨与论证会更是离不开这个话题。例如,"工商管理学科发展战略及十四五发展规划研究"课题组提出要从科学技术发展趋势、国家需求与全球挑战、科学研究范式变革、学科交叉融合等背景和趋势梳理提炼相关的学科问题。

在前述的第六次中国管理 50 人论坛上,天津大学的张维教授以"百年变局中的管理科学"为题做演讲,认为无论是管理科学研究活动的时代主题,还是其重大关键科学问题以及战略目标,都应当反映"百年变局"的时代新特征。有学者著书论述管理百年史上发生的四次管理革命,即从科学管理(1901—

---

① ［英］Stephen P. Osborne:《新公共治理？公共治理理论和实践方面的新观点》,包国宪、赵晓军等译,科学出版社 2016 年版,第 7 页。

1940 年)、人本管理(1941—1970 年)、精益管理(1971—2000 年)到价值共生(2001 年以后)。[1]

三、路在何方：学科转型的焦点问题

中国场景与中国话语下的公共管理学有其自身的历史传统、主题领域、问题导向和本土知识。必须适应迅速变化了的中国与全球公共治理实践,拓展公共管理的学科范围和内涵,强化公共管理的科学基础,彰显公共管理学的中国特色。有几个值得思考与讨论的问题:

——作为治国理政或国家治理之学的公共管理学的范围及边界如何划定?从行政管理到公共管理再到公共治理是百余年来本学科范围与范式变化的基本轨迹。公共管理学属于治国理政或国家治理之学。关于什么是国家治理体系和国家治理能力,习近平指出:"国家治理体系是在党领导下管理国家的制度体系,包括经济、政治、文化、社会、生态文明和党的建设等各领域体制机制、法律法规安排";"国家治理能力则是运用国家制度管理社会各方面事务的能力,包括改革发展稳定、内政外交国防、治党治国治军等各个方面"[2]。显然,这远远超出传统行政学和公共管理学的研究范围。党的十九届四中全会通过的《中共中央关于坚持和完善中国特色社会主义制度、推进国家治理体系和治理能力现代化若干重大问题的决定》对国家治理的内涵与特征做出新规定,指出我国的国家治理是中国特色社会主义制度及其执行能力的集中体现,是具有强大生命力和巨大优越性的制度和治理体系,提出三阶段的总体目标,强调十三个方面的显著优势,明确十三个坚持和完善。这"十三个坚持和完善"基本上都属于公共管理学的主题范围,因此公共管理的学科理论体系及教学内容需要全面拓展。

——如何看待公共管理学科的分支领域以及如何设立研究方向?1996 年我国研究生公共管理一级学科设立行政管理、社会保障、教育经济与管理、社会医学与卫生事业管理、土地资源管理五个二级学科,2012 年专业目录修订增加了"公共政策"二级学科,2020 年增设了"应急管理二级学科",因而目前公共管理一级学科下共有这七个二级学科。2012 年之后国务院学位委员会和教育部关于学科专业设置的基本精神是淡化二级学科,突出研究方向并

---

① 参见曹仰锋:《第四次管理革命转型的战略》,《企业管理》2019 年第 9 期。

② 《习近平:切实把思想统一到党的十八届三中全会精神上来》,人民网 2014-01-01。

提倡跨学科交叉学科设置,2020 年增设了"交叉学科"门类。目前国内高校的公共管理的学科专业及研究方向及 MPA 的专业方向的设置五花八门,公共管理及其相近名称学院和研究院设置的院校类型应有尽有,公共管理学科师资队伍的学科背景也多种多样。学科发展呈现出相当分散且有些杂乱的态势。学科边界、学科内涵和学科门槛并不仅仅是理论问题,更是学科建设及专业设置的实际问题。针对这一现象,近几年公共管理学科建设标准强调要把握公共管理学科的内涵,合理设置研究方向,以规范学科的有序和可持续发展。

——是否可以把公共管理学科归并为如下三大模块?(1)公共组织(公共行政学):研究公共组织尤其是国家或政府的体制、结构、过程和功能及其与环境的关系;(2)公共政策(政策科学):应用科学知识和方法对实质性公共政策领域进行分析研究;(3)公共服务(公共事业管理):以公共服务的供给或民生改善以及科教文卫体等为研究对象。公共管理或公共治理也可以划分为全球治理、国家治理、地方治理和基层治理四个层次,治理所处的层次不同,政府的职能差别,治理的内容也就有所不同。长期以来,作为公共管理或公共治理重要主题内容的全球治理和基层治理并没有得到公共管理学界应有的高度重视,鲜有在公共管理学科中设立这两个研究方向的。

——如何凸显中国公共管理学自身的主题领域、问题意识和本土知识?这就需要以研究和解决国家和地方的重大公共管理与公共政策的复杂问题为依归,以推动中国公共治理的理论建构和实践创新为目标,致力于服务国家和地方治理现代化的重大需求;重视古今中外公共管理实践及其经验尤其是我国治国理政的历史传统与经验的研究,总结和提炼党中央在治国理政的实践中所形成的具有时代特色、实践特色和民族特色的公共管理思想。必须树立全球视野,扎根中国大地,强化问题导向,促进中国场景、中国话语与中国特色的公共管理学科的构建与发展以及知识增长。

——如何夯实公共管理的科学理论与方法论基础?公共管理学科的创新发展必须关注科学发展前沿,尤其是科学方法论、数据科学、脑科学、生命科学、认知科学、神经心理学、量子理论、信息通信技术、智能化技术及虚拟技术等领域的最新进展,从当代科学技术的发展及其知识与方法中吸取营养,强化自身的科学理论与方法论基础,引入新的研究途径、研究方法和分析技术,尤其要重视公共管理中的行为、模拟、预测、实验以及智能化技术和虚拟技术(数据挖掘、现实挖掘、虚拟现实/现实增强、机器学习等)的应用;并推动公共管理学与其他相关学科知识的融合。比如在公共政策领域,伴随了新科技革命及新工业革命的展开尤其是网络化、数据化、智能化和量子化技术的驱动,新世纪全球公共政策的理论与实践已发生了新变化,呈现出新趋势。其中,数据分析、行为实验、模拟仿真、循证检验等构成当代公共决策链条的重要环节以及新研究路径。必须顺应当代公共政策发展的新趋势,推动政策科学的转型与重构。

中国特色社会主义新时代的来临尤其是国家治理现代化的推进,特别是党的十九届四中全会通过的《中共中央关于坚持和完善中国特色社会主义制度、推进国家治理体系和治理能力现代化若干重大问题的决定》,给中国公共管理学的发展带来了新的历史性机遇,注入了新的活力。《决定》指出:"中国特色社会主义制度是党和人民在长期实践探索中形成的科学制度体系,我国国家治理一切工作和活动都依照中国特色社会主义制度展开,我国国家治理体系和治理能力是中国特色社会主义制度及其执行能力的集中体现。"《决定》还指出,坚持和完善中国特色社会主义行政体制,构建职责明确、依法行政的政府治理体系。国家行政管理承担着按照党和国家决策部署推动经济社会发展、管理社会事务、服务人民群众的重大职责。必须坚持一切行政机关为人民服务、对人民负责、受人民监督,创新行政方式,提高行政效能,建设人民满意的服务型政府。要完善国家行政体制,优化政府职责体系,优化政府组织结构,健全充分发挥中央和地方两个积极性体制机制。[①] 可以说,这为中国公共管理学科的反思、转型与重构以及知识体系更新指明了方向。

---

① 《中共中央关于坚持和完善中国特色社会主义制度、推进国家治理体系和治理能力现代化若干重大问题的决定》,新华网 2019-11-05。

1-3　"后疫情时代"的公共治理前瞻
——辩证看待新发展阶段的新机遇与新挑战 *

"后疫情时代"突如其来,更加速了世界与中国的改变。全球治理体系正在深刻重塑,中国国家治理现代化则经历一场疫情防控的"大考"。全球新科技革命和新工业革命以及治理变革的拓展,中国特色社会主义进入新时代、经济社会进入新发展阶段并催生新发展格局。全球大变局与我国发展阶段、环境和条件变化,国家治理及全球治理呈现新态势新场景新方位,面临新挑战新机遇,这向公共治理提出了一系列需要加以研究和解决的重大理论与实践新课题。

一、国家治理的新场景：新机遇与新挑战

2020 年 8 月 24 日下午,习近平总书记在中南海主持召开了经济社会领域专家座谈会。在谈到后疫情时代我国中长期经济社会发展新趋势与新历史方位时做出重要判断:"我国将进入**新发展阶段**";"要推动形成以国内大循环为主体、国内国际双循环相互促进的**新发展格局**",这是"根据我国发展阶段、环境、条件变化提出来的,是重塑我国国际合作和竞争新优势的**战略抉择**"。他在 9 月 1 日的中央深改委第十五次会议上指出,要"推动更深层次改革,实行更高水平开放,为构建新发展格局提供强大动力"[①]。首次提出"双循环"新发展格局是 7 月 30 日的中共中央政治局会议,此后,习近平总书记多次强调。在这次座谈会上他还指出:新时代改革开放和社会主义现代化建设的丰富实践是理论和政策研究的"富矿",我国经济社会领域理论工作者大有可为。希望社会科学工作者"从国情出发,从中国实践中来、到中国实践中去,把论文写在祖国大地上,使理论和政策创新符合中国实际、具有中国特色,不断发展中国特色社会主义政治经济学、社会学"。

对于世界局势,习近平近年来反复强调"当今世界正在经历百年未有之大

---

* 本文是作者近期的一篇演讲稿,其要点曾以"新场景与新思考:新发展阶段公共治理前瞻"为题载于《国家治理周刊》2020 年 9 月第 1 期。

① 《习近平:在经济社会领域专家座谈会上的讲话》,新华网 2020-08-24。

变局"。在当下,"新冠肺炎疫情全球大流行使这个大变局加速变化,经济全球化遭遇逆流,保护主义、单边主义上升,世界经济低迷,国际贸易和投资大幅萎缩,给人类生产生活带来前所未有的挑战和考验";"当前,全球范围疫情尚未得到全面控制,各国都面临着抗疫情、稳经济、保民生的艰巨任务"。"让我们齐心协力、携手前行,以坚定的步伐走出人类历史上这段艰难时期,共同迎接世界更加美好的未来。"[①]

新阶段。一场突如其来的全球新冠疫情,人们真切感受到了"不确定性时代"与"高风险社会"的来临及其后果,进入"人类历史上这段艰难时期"(习近平语)。根据世卫组织统计数据,截至 2020 年 8 月 30 日,全球累计新冠肺炎确诊病例 24854140 例,累计死亡病例 838924 例。[②] 有人以 2020 年作为历史分界点,划分"2020 年以前的世界"和"2020 年以后的世界",称人类进入了"后疫情时代"或"后新冠时代"。疫情流行使大变局加速演化、世界经济面临萧条威胁,全球化趋势遭受阻碍,地缘政治不确定性因素增多;国内发展不平衡不充分问题突出,我国经济社会进入新的发展阶段。

新趋势。国务院发展研究中心的研究报告称,百年未有之大变局深度调整、百年未遇之大疫情严重冲击、百年奋斗目标迈向新阶段三者的相互叠加、交互作用,塑造了"十四五"时期我国经济社会发展错综复杂的时代背景,并呈现十大趋势:全球经济延续高债务低利率低增长态势,全球治理向多极化方向加快重构,国内经济增长中枢下调但结构优化潜力巨大,数字经济成为国际竞争主战场并引领产业变革,经济社会复杂性提高导致风险管理难度加大,要素集中化网络化趋势进一步加强,绿色发展比较优势更加凸显,对外开放面临更多非经济因素影响,收入分配调整进入关键窗口期。

新机遇。十四五我国经济社会发展面临"新三期叠加"形势,即疫情后经济恢复期、经济社会转型发展攻坚克难关键期、应对外部环境重大变化适应期。从国际层面来看,疫情冲击下世界百年未有之大变局加速演变,为我国更广泛、深入地参与全球治理,提升国际话语权和影响力提供了前所未有的历史机遇(国家发改委宏观经济研究院院长王昌林如此说)。

新课题。习近平总书记在经济社会领域专家座谈会上的讲话中提出六大

---

① 《习近平在 2020 年中国国际服务贸易交易会全球服务贸易峰会上致辞》,新华网 2020-09-04。

② 《世卫组织:全球新冠肺炎确诊病例超过 2485 万例》,央视网 2020-08-31。

时代新课题：以辩证思维看待新发展阶段的新机遇新挑战；以畅通国民经济循环为主构建新发展格局；以科技创新催生新发展动能；以深化改革激发新发展活力；以高水平对外开放打造国际合作和竞争新优势；以共建共治共享拓展社会发展新局面。①

二、"后疫情时代"国家治理的若干思考

（一）新冠疫情防控与国家治理"大考"

新冠疫情流行是新中国成立以来最严重的一次公共卫生事件，对国家治理来讲既是危机也是"大考"。习近平指出："这场抗疫斗争是对国家治理体系和治理能力的一次集中检验。""在这场波澜壮阔的抗疫斗争中，我们积累了重要经验，收获了深刻启示。""这次新冠肺炎疫情防控，是对治理体系和治理能力的一次大考，既有经验，也有教训。"认真全面分析和总结疫情防控中的国家治理"大考"的经验教训，对于"后疫情时代"与"新发展阶段"完善国家治理体系与提升国家治理能力具有重要意义。

疫情防控彰显了中国特色社会主义制度和国家治理体系的巨大优越性，特别是集中力量办大事的制度优势与党的领导制度优势；展现出我国强大的国家动员能力和政策执行力以及中国人民的意志力、凝聚力、战斗力和行动力。习近平在全国抗击新冠肺炎疫情表彰大会上的讲话中系统总结了这场抗疫斗争的六条基本经验。疫情防控"大考"也考出了国家治理体系和治理能力的一些短板、漏洞和弱项，暴露出各方面的体制机制的短板，尤其在重大疫情防控体制机制以及应对重大突发公共卫生事件的能力、公共卫生体系及城市治理体系、城乡基层治理体系等存在的不足。习近平强调"要加快补齐治理体系的短板弱项，为保障人民生命安全和身体健康夯实制度保障"。美国库恩基金会主席罗伯特·库恩认为，中国全民动员抗疫是对世界的庄重承诺。世卫组织总干事谭德塞多次对中国在疫情防控方面采取的措施给予高度评价，说"如此规模的社会动员在全球公共卫生史上前所未有"，"我一生中从未见过这样的动员"。他称赞中国采取的很多防控措施远远超出应对突发事件的相关要求，为各国防疫工作设立了新标杆。

2020 年 6 月 7 日发表的《抗击新冠肺炎疫情的中国行动》白皮书指出，这次疫情是新中国成立以来发生的传播速度最快、感染范围最广、防控难度最大

---

① 《习近平在经济社会领域专家座谈会上的讲话》，新华网 2020-08-24。

的一次重大突发公共卫生事件,对中国是一次危机,也是一次大考。疫情发生后,全国上下紧急行动,全力支援湖北省和武汉市抗击疫情。军地共调集 346 支国家医疗队、4.26 万名医务人员和 960 多名公共卫生人员驰援湖北。白皮书指出,中国抗疫斗争充分彰显了中国治理能力和综合国力。

这次新冠疫情防控"大考"也考出了"治理体系和治理能力短板"。要着力完善公共卫生应急管理体系,强化公共卫生法治保障,改革完善疾病预防控制体系、重大疫情防控救治体系,健全重大疾病医疗保险和救助制度,健全统一的应急物资保障体系,提高应对突发重大公共卫生事件的能力和水平;要着力完善城市治理体系,努力探索超大城市现代化治理新路子。要着力完善城乡基层治理体系,夯实社会治理基层基础,推动社会治理重心下移,构建党组织领导的共建共治共享的城乡基层治理格局。①

疫情大考对国家治理现代化提出了一系列需要深入思考和解决的问题:如何夯实国家治理的制度基础与强化制度执行力?如何深化国家治理的体制、机制、职能、流程和方式的改革?如何推进国家治理的数字化智能化转型?如何更好处理国家与社会(或政府、市场和社会)关系?如何增强风险和危机意识以及"全周期管理"的意识?如何加强应急管理的制度、体制机制建设?尤其是如何建立健全应急管理的预警机制,最大限度做到防患于未然;如何强化应急管理中的法治思维和法治方式?如何应对应急管理中的舆情?如何消除公共安全卫生风险?如何系统梳理国家储备体系漏洞,提升储备效能?等等。

(二)风险、危机与应急管理

"后疫情时代"或"后新冠时代"引发了公共管理或公共治理实践及其模式的重大变化,凸显了逆境中的政策制定与执行、公共决策中的风险识别与防范、危机预警与应急决策以及公共卫生、经济增长、民生改善与就业等具体政策与管理领域的重大而紧迫的实践需求。

公共管理的理念和内容也将随之发生改变。不确定性、风险社会、危机和应急管理一类的概念、主题及其内容在公共管理研究中的地位和重要性与日俱增,并成为近期最热门的话题。例如:在社会,疫情发生以来在应急管理领域产生的战略与政策举措;在学界,公共管理学科中二级学科(专业)或研究方向和人才岗位设置,研究项目(如国家基金的专项、年度项目)的确定以及"十

---

① 《习近平在湖北省考察新冠肺炎疫情防控工作时的讲话》,新华网 2020-03-31。

四五"时期的重大研究计划或重大项目拟定,海量论著及咨询报告的问世。

更重要的是,底线思维、忧患意识与风险观念必须贯穿到公共管理的全过程,风险防控或危机管理已成为常规的或常态化的管理方式,而不仅仅是非常态时期所需。不确定性、逆境、风险、危机之类成为公共管理或公共治理实践及其模式的基本构成因素,成为公共管理或公共治理的一般或共有的主题。

2019年1月21日,习近平在省部级主要领导干部防范化解重大风险专题研讨班讲话中强调提高防控能力着力防范化解重大风险,保持经济持续健康发展社会大局稳定;指出必须始终保持高度警惕,既要高度警惕"黑天鹅"事件,也要防范"灰犀牛"事件;既要有防范风险的先手,也要有应对和化解风险挑战的高招;既要打好防范和抵御风险的有准备之战,也要打好化险为夷、转危为机的战略主动战。

财政部原副部长朱光耀在《后疫情时代的强国之路》一文中认为,突如其来的新冠疫情,对世界造成了重大冲击,引发了一场世纪性的全球公共卫生危机、全球经济危机和全球治理危机,三种危机相互叠加,对世界经济、和平与发展的总体态势造成了重大挑战。中国发展的外部环境挑战复杂艰巨,要推进新发展格局的建设,需要跨越四个陷阱:"修昔底德陷阱"、"金德尔伯格陷阱"、"中等收入陷阱"和"傲慢与偏见陷阱"。[①] 在凤凰网"与世界对话"云论坛上,郑永年表示:中美陷入"修昔底德陷阱"的现实性是存在的,且可能性越来越大,但中国一定有能力回避"修昔底德陷阱",避免陷入陷阱。[②] 必须坚持多边合作机制、扩大开放,同时抓住数字经济的先发优势,在"后疫情时代"走出一条高质量、可持续、和平发展的强国之路。另外还有"金德尔伯格陷阱"、"塔西佗陷阱"。需要特别指出的是,党的十八大以来,习近平总书记在不同场合的重要论述中曾经谈到过这三个"陷阱定律",并对这些"陷阱定律"提出了自己的见解。[③]

中联部原副部长在一篇文章中指出,世界正经历前所未有的困难,几乎所有国家都受到新冠病毒疫情的严重困扰,全球经济备受冲击,不稳定不确定因素在原有基础上显著增多。在习近平总书记领导下,举国上下艰苦努力,付出巨大牺牲,疫情防控取得阶段性成果,但防范境外疫情输入的压力日渐加大,

---

① 朱光耀:《后疫情时代的强国之路》,财经国家周刊网2020-09-03。
② 《中美如何避免陷入"修昔底德陷阱"》,凤凰网2020-06-23。
③ 参见《习近平提过的三个"陷阱定律"都是啥?》,人民网2016-05-18。

复工复产和经济社会发展面临新的困难和挑战。应对外部环境恶化的六大准备：一是做好中美关系恶化加剧、斗争全面升级的准备；二是做好应对外部需求萎缩、产业链和供应链断裂的准备；三是做好新冠病毒疫情常态化、病毒与人类长期共存的准备；四是做好摆脱美元霸权、逐步实现人民币与美元脱钩的准备；五是要做好全球性粮食危机爆发的准备；六是要做好国际恐怖势力回潮的准备。①

圣塔菲研究所的两任所长 David Krakauer 和 Geoffrey West 近日在 nautilus 网站发表文章称新冠疫情暗藏复杂性危机，认为冠状病毒一次小小的基因突变，可能在短短几个月内导致全球金融市场的崩盘、经济社会陷入危机，但新冠疫情带来的经济困局，只是表面。作者从复杂系统的视角分析了新冠疫情背后的深层危机，即所谓的"多重耦合复杂系统的崩溃（The collapse of multiple coupled complex systems）"，并提出权衡（tradeoff）手段才是应对危机之道——在生物传染与社会传染、均匀扩散与长尾扩散、生物性需求与社会性需求、食物网络与疾病网络、经济发展与疫情扩散、过去与未来、鲁棒性（稳健性，Robustness）和可演化性（Evolvability）之间做出权衡。②

（三）世界大变局与全球治理

习近平指出："当前我国处于近代以来最好的发展时期，世界处于百年未有之大变局。"世界正处在大发展大变革大调整之中。疫情的突发，是人类再次站在了历史的十字路口。全球治理是公共治理的题中之义。然而，它却是公共管理学界以及地方实务界过去关注不太够的主题领域。最近情况正在发生可喜的变化，在学界，多个公共管理院校以及 MPA 培养单位考虑设立"全球治理"的研究方向；国家自然科学基金委员会管理科学部的"宏观管理与政策"学科的申请代码拟增加"全球治理"二级学科代码。

"不谋万世者不足以谋一时；不谋全局者不足以谋一域。"不了解全球治理，难以谈国家治理。全球治理是公共治理的最高层次，在它之下依次是国家治理、地方治理和基层及社区治理。"后疫情时代"和新发展阶段的国家治理或公共治理，有必要重温"冷眼向洋看世界"（毛泽东《七律·登庐山》）的诗句，"要积极参与全球经济治理体系改革，推动完善更加公平合理的国际经济治理

---

① 周力：《积极主动做好应对外部环境恶化的六大准备》，《环球时报》2020-07-03。
② 参见《新冠疫情暗藏复杂性危机：圣塔菲研究所两任所长发出警告！》，澎湃新闻网 2020-08-21。

体系"①。

必须直面"后疫情时代"的经济、政治、社会、文化、卫生和环境等领域的新挑战,聚焦全球化与逆全球化的新趋势以及全球公共治理的新场景、新实践和新问题,加强在公共卫生、气候环境变化、世界贸易等方面的合作。突出全球治理的新理念、新思维、新范式以及全球治理体系重构、人类命运共同体构建、中国在全球治理中的地位与作用、中国发展道路的世界意义等重大问题的研究与阐释,推动构建人类命运共同体的美好愿景与中华民族伟大复兴的中国梦相得益彰、交相辉映。

陈琪和刘豫群在《大变局是以数字技术革命为核心的深刻政治社会变迁》一文中说,"百年未有之大变局"的科学内涵可以从如下四个维度来理解:一是大变局是国际格局的变化,即主要大国之间的力量对比的重大变化;二是大变局蕴含国际秩序的变化(调整国际交往活动的国际规则以及国际组织或相关领导性大国的变化);三是大变局是国家间关系的变化,这尤其表现为具有全球性影响的中美关系日益剑拔弩张;四是大变局是以数字技术革命为核心的深刻政治社会变迁以及催生出各国国内治理变革和全球治理改善的新需求。②

(四)国家制度与国家治理

党的十九届四中全会通过的《中共中央关于坚持和完善中国特色社会主义制度 推进国家治理体系和治理能力现代化若干重大问题的决定》指出:我国国家治理体系和治理能力是中国特色社会主义制度及其执行能力的集中体现。其中,国家治理体系是在党领导下管理国家的制度体系,国家治理能力则是运用国家制度管理社会各方面事务的能力,两者相辅相成。国家制度和国家治理之间的关系集中体现为:国家制度是国家治理的前提、基础和依据;国家治理是国家制度及其执行能力的集中体现与实现方式。

中国特色社会主义制度是具有显著优越性和强大生命力的制度。"抗疫斗争伟大实践再次证明,中国特色社会主义制度所具有的显著优势,是抵御风险挑战、提高国家治理效能的根本保证。"③新发展阶段必须高度关注如何将

① 《习近平:在经济社会领域专家座谈会上的讲话》,新华网 2020-08-24。
② 陈琪、刘豫群《大变局是以数字技术革命为核心的深刻政治社会变迁》,《国家治理周刊》2020 年 5 月第 2 期。
③ 《习近平:在全国抗击新冠肺炎疫情表彰大会上的讲话》,新华网 2020-09-08。

国家制度优势转化为国家治理效能这一重大实践课题。要进一步夯实公共治理的制度基础,坚持党的全面领导制度,切实把制度优势转化为治理效能,强化制度执行力,深化行政体制改革与建设人民满意的服务型政府以及经济、政治、社会、文化、生态文明建设和党的建设等各领域的体制机制改革。正如习近平所指出的:"随着我国迈入新发展阶段,改革也面临新的任务,必须拿出更大的勇气、更多的举措破除深层次体制机制障碍,坚持和完善中国特色社会主义制度,推进国家治理体系和治理能力现代化。"[①]

把制度优势转化为国家治理效能的关键在于强化制度执行力。习近平同志强调"制度的生命力在于执行","一分部署,九分落实","狠抓落实"。这既是习近平同志一向的思想观点,也是他一贯的工作作风。在福建工作期间,他就高度重视制度执行和政策落实工作,构建了具有鲜明制度执行力的落实体制机制,形成了"马上就办"狠抓落实、强化制度执行监督的福建样本。必须以解决制度执行中的问题为导向,从执行主体能力强化、制度执行体制机制改革、执行过程环节协调、执行工具或技术改进等方面入手,力戒制度执行中的形式主义、官僚主义,消除影响制度有效执行的体制性、机制性障碍,切实提升制度执行力,把国家制度优势更好地转化为国家治理效能。

(五)地方、城市、基层以及社会治理

地方、城市、基层以及社会治理是国家治理的重要内容,是近年来学界的研究热点。作为一种制度安排,地方政府是一个国家政治和政府制度的重要组成部分。政府改革不仅要关注中央政府层面,而且要注重地方政府层面。在当代,地方政府治理变革成为全球政府治理变革的焦点之一;我国的国家治理现代化落实到地方就是地方治理的现代化。因为治理的层次不同,政府的职能差别,治理的内容也就有所不同。需要加强对地方治理实践模式转变与地方治理理论范式建构等重大问题的研究,推进作为公共管理相对独立的地方治理的学科建设与人才培养。城市治理属于地方治理的范畴,近几年城市治理成为公共管理领域的一大热门主题,纷纷在一级学科下设立研究方向或专业,或成立城市治理研究院(例如,北京、上海、深圳等特大城市的高校)。

就基层治理而言,从基层政权建设、村(居)民自治等到基层治理及社区治理和乡村治理则反映了我国基层管理实践模式与理论范式的变化。党的十八大之后,各地积极探索"党委领导、政府负责、社会协同、公众参与、法制保障"

---

① 《习近平:在经济社会领域专家座谈会上的讲话》,新华网 2020-08-24。

五位一体的基层治理新模式。党的十九届四中全会的《决定》提出"健全党组织领导的自治、法治、德治相结合的城乡基层治理体系"。社区治理属于基层治理的范畴。当代社区重新崛起,不断扩展公共职能,成为公共服务供给网络中的重要力量。社区治理涉及社区公共事务与社区服务的供给及其合作网络的治理。探索党组织领导的自治、法治、德治相结合的基层治理体系,构建符合新时代要求的基层社会治理共同体,这是未来基层治理以及社区治理研究的重大课题。

社会治理是国家治理的重要维度。这些年来,作为与政治、经济、科技文化、生态环境管理或治理等并列的重大实践领域,社会管理、社会治理或社会政策(包含社会保障和社区治理)备受关注,而从社会管理到社会治理不仅意味着管理实践模式及管理理念的转变,也意味着理论研究范式的变化。关于新发展阶段社会治理,习近平指出:"要完善共建共治共享的社会治理制度,实现政府治理同社会调节、居民自治良性互动,建设人人有责、人人尽责、人人享有的社会治理共同体。要加强和创新基层社会治理,使每个社会细胞都健康活跃,将矛盾纠纷化解在基层,将和谐稳定创建在基层。要更加注重维护社会公平正义,促进人的全面发展和社会全面进步。"[①]

(六)"数字政府"与"智慧治理"

"人工智能是引领新一轮科技革命和产业变革的重要驱动力,正深刻改变着人们的生产、生活、学习方式,推动人类社会迎来人机协同、跨界融合、共创分享的智能时代。"(习近平语)随着当代新技术革命的展开特别是信息通信技术以及人工智能(AI)和量子技术的发展,人类社会进入了信息社会的更高阶段,正在走向网络化、数据化、智能化和量子化的新时代,即所谓的"后信息社会"、"大数据时代"、"数据的社会"、"智能化时代"、"智能社会"或"超智能社会"。

网络化、数据化、智能化和量子化推动政府治理朝向数字化和智能化的迅速转型,催生了新一轮政府治理变革浪潮,迎来了"数字政府"、"数据治理"、"政府3.0"、"智能化政府"、"智慧政府"或"智慧治理"。这次疫情防控加快了"数字政府"与"智慧治理"的进程,促进"政府治理的数字化和智能化转型";"数字化生存"正在成为现实。在新发展阶段,必须密切关注新技术革命所引发的国家或政府的体制、机构、职能、流程和管理方式的变化,尤其是网络化、

① 《习近平:在经济社会领域专家座谈会上的讲话》,新华网2020-08-24。

数据化、智能化和量子化驱动的政府治理的数字化和智能化转型及其催生的数字政府或智慧政府及智慧决策的新实践模式,打造政府决策智能中心,创新政府治理方式。

习近平强调要加快推进数字经济、智能制造等战略性新兴产业,着力打通生产、分配、流通、消费各个环节,逐步形成以国内大循环为主体、国内国际双循环相互促进的新发展格局。他在 2020 年中国国际服务贸易交易会全球服务贸易峰会上致辞中提到,这次疫情全球大流行期间,远程医疗、在线教育、共享平台、协同办公、跨境电商等服务广泛应用,对促进各国经济稳定、推动国际抗疫合作发挥了重要作用。

清华大学的江小涓教授在在经济社会领域专家座谈会上建言,我国数字经济发展趋势向好:一是党和国家高度重视数字经济的发展,二是新技术会提供发展新的支撑,三是产业互联网发展提出的要求,四是制造业、服务业融合发展提出的要求。而数字技术赋能疫情防控:一是数字技术在防控、抗击疫情中间表现非常优异,二是近期新基建概念的加入和受到热捧,三是我们可以启动了新的服务需求,四是在这次防疫中间我们企业的能力和价值观有了更多的展现,被更多的公众所了解。

当今世界,信息技术创新日新月异,以数字化、网络化、智能化为特征的信息化浪潮蓬勃兴起,不仅改变着人们的生产生活方式,还对政府治理现代化产生深刻的影响,如数字政府、智能决策,等等。大数据时代下,技术变革正在成为推进国家治理体系和治理能力现代化的重要力量。我们不仅要充分发挥大数据在保障和改善民生、推进治理现代化上的重要作用,更要正视、预防和解决其可能带来的消极后果及潜在威胁,确保国家治理体系和治理能力现代化沿着正确的方向前进。①

(七)政府与市场、社会关系

政府、市场与社会关系是现代社会中的一对基本关系,也是政府机构和政府职能配置的前提和基础。改革开放以来,为了适应经济社会发展以及社会结构转型的需要,我国持续进行政府机构改革和政府职能转变,调整和优化政府与市场、社会关系。近年来,党和政府大力推进"放管服"改革与营商环境优化,推动政府职能的根本转变,以增强市场活力和社会创造力。当前我国坚持市场在资源配置中的决定性作用和更好发挥政府作用的原则,推动政府职能

---

① 陈振明:《实现治理数字化和智能化转型》,《国家治理周刊》2020 年第 3 期。

向创造良好发展环境、提供优质公共服务、维护社会公平正义转变。创造公平竞争的环境与激发市场主体活力和社会创造力,是政府职能履行的重中之重,这也正是"放管服"改革与营商环境优化的落脚点。有文章称:优化营商环境是推动新发展格局的根本要求,打造新发展格局需深化"放管服"改革。

政府如何处理好与市场、企业及社会的关系,扮演好自己的角色——如何在公共物品和公共服务的生产者、提供者和安排者三种基本角色中做出选择与组合,充分发挥自己的作用——履行经济调节、市场监管、社会管理、公共服务和环境保护等基本职能,这既是经济社会发展中至关重要的实践问题,也是社会科学及管理科学各学科尤其是公共管理学、经济学和政治学等学科共同关注的重大理论问题。近年来,"放管服"改革与营商环境优化则成为公共管理学研究的一个焦点。

习近平在经济社会领域专家座谈会上的讲话强调:在新发展阶段,要坚持和完善社会主义基本经济制度,使市场在资源配置中起决定性作用,更好发挥政府作用,营造长期稳定可预期的制度环境。要加强产权和知识产权保护,建设高标准市场体系,完善公平竞争制度,激发市场主体发展活力,使一切有利于社会生产力发展的力量源泉充分涌流。而制定"中长期发展规划既能充分发挥市场在资源配置中的决定性作用,又能更好发挥政府作用"①。

在新发展阶段以及"十四五"时期,要以处理好政府、市场和社会关系为主线,激发体制新活力,促进"有效市场"、"有为政府"与"和谐社会"的协同互动。在我国经济社会的新发展阶段需要加强对政府、市场与社会关系(国家与社会关系)理论的创新研究,总结新中国 70 多年来尤其是改革开放 40 余年来在处理好政府、市场与社会关系实践的经验教训,推进新发展格局的形成。

(八)公共服务与美好生活

党的十九大报告指出新时代我国社会的主要矛盾是"人民日益增长的美好生活需要和不平衡不充分的发展之间的矛盾"。十九届四中全会的《决定》提出坚持和完善统筹城乡的民生保障制度,满足人民日益增长的美好生活需要。回应公众对美好生活或幸福生活的向往,提供高质量的公共服务,这是当代全球公共治理实践的一个发展趋势。在当下,"全球范围疫情尚未得到全面

---

① 《习近平:在经济社会领域专家座谈会上的讲话》,新华网 2020-08-24。

控制,各国都面临着抗疫情、稳经济、保民生的艰巨任务"①。

人民美好生活以经济发展和民生改善作为前提,以高质量的公共服务供给作为保障。民生是人民最大的福祉,公共服务是保障和改善民生的载体,是人民获得感、幸福感和安全感的支撑。"美好生活需要"折射出人民群众对高质量公共服务供给的更高的期待,而提升人民获得感、幸福感和安全感已成为从中央到地方的一个施政重心。公共服务需求的全面增长与高质量公共服务供给的不足构成公共服务与民生改善中的一个突出矛盾,是满足人民日益增长的美好生活需要的制约因素。有学者认为"加快构建国内国际双循环相互促进的新发展格局,是满足人民对美好生活的向往特别是消费升级换代的迫切需要"②。

这次疫情的发生,在相当大程度上改变了人们的生产、生活、工作和学习方式,促使人类再度反思人与自然关系、绿色发展与生命价值、生态环境与生活方式的改变、公共价值与美好生活、民生改善与公共服务一类的事关人类生存的重大问题,并催生新的发展理念。"生命至上,集中体现了中国人民深厚的仁爱传统和中国共产党人以人民为中心的价值追求。"③党的十八届五中全会提出了"创新、协调、绿色、开放、共享"五大发展理念,2020 年 7 月 30 日召开的中央政治局会议强调把新发展理念贯穿发展全过程和各领域,实现更高质量、更有效率、更加公平、更可持续、更为安全的发展。党的十九届五中全会指出要"广泛形成绿色生产生活方式","建设人与自然和谐共生的现代化"④。

有学者建议"可适时在创新、协调、绿色、开放、共享五大新发展理念基础上,加入'安全'这一发展理念,构成创新、协调、绿色、开放、共享、安全六大新发展理念"⑤。报道称:科学家认为突如其来的疫情无意间给全球减排带来了正增长,新冠疫情可能是实现绿色经济转型的最后一个机会;英国政府等几个欧洲国家均给出了应对气候变化问题的后新冠时代路线图,主要思路是"这可能是最后一个机会来实现绿色的增长或者绿色经济转型,以帮助我们实现一

---

① 《习近平在 2020 年中国国际服务贸易交易会全球服务贸易峰会上致辞》,新华网 2020-09-04。

② 张占斌:《构建双循环新发展格局应把握好几个重大问题》,《国家治理周刊》2020 年 8 月第 3 期。

③ 《习近平:在全国抗击新冠肺炎疫情表彰大会上的讲话》,新华网 2020-09-08。

④ 《中国共产党第十九届中央委员会第五次全体会议公报》,新华网 2020-10-29。

⑤ 周跃辉:《新发展格局与新发展理念的辩证关系》,光明网 2020-09-02。

个零碳排放的社会"①。

新发展阶段必须关注人与自然关系、生活方式改变以及"公共服务与美好生活"一类的宏大话题。要加强对公共服务重大实践课题的研究与解决——包括基本公共服务的可及性与均等化,完善惠及全民的公共服务体系,美好生活的内涵与获得感、幸福感和安全感评价,公共服务提供的体制机制和方式的改革,公共服务供给的多元主体协作、抓民生和抓发展的关系以及如何抓重点、补短板和强弱项等。正如习近平在经济社会领域专家座谈会上的讲话中所指出的:"十四五"时期要实现更加充分、更高质量的就业,健全全覆盖、可持续的社保体系,强化公共卫生和疾控体系,促进人口长期均衡发展。

本人承担的 2019 省发改委委托课题——"'十四五'时期我省构建高质量公共服务体系的思路和重点举措"在分析我省"十三五"期间在公共服务领域取得的成效、存在问题及瓶颈和短板、面临的新挑战基础上,认为我省有必要在发挥公共服务兜底作用基础上,在全国率先启动高质量公共服务体系规划,为满足人民群众的美好生活需要创造新经验,进而提出了构建高质量公共服务体系的基本思路和重点举措——既要聚焦底线民生,做好普惠性、基础性、兜底性的民生建设,又要量力而行,顺势而上,打造质量民生,站在更高起点,定位更高水平,建设高质量公共服务体系,包括打造与发展相适应的现代化教育体系,全面扩大优质医疗服务供给,推动实现更高质量和更充分就业,全力打响福建文化品牌,建立多层次养老服务供给体系等。

总之,作为国家治理或治国理政之学的公共管理学及公共政策学,在新时代与新发展阶段大有可为。包括公共管理与公共政策学者在内的社会科学工作者担负着理论和政策创新的历史使命。"改革开放和社会主义现代化建设的丰富实践是理论和政策研究的'富矿'",必须按照习近平总书记的要求,从国情出发,从中国实践中来、到中国实践中去,把论文写在祖国大地上,使理论和政策创新符合中国实际、具有中国特色,准确回答我国经济社会发展的理论和实践问题,为推进新发展阶段和新发展格局背景下的国家治理现代化做出贡献。

---

① 《科学家:新冠疫情可能是最后一个机会来实现绿色经济转型》,中国网 2020-09-01。

第二章　治理转型

2-1　建设人民满意的服务型政府[*]

党的十九届五中全会对推进国家治理体系和治理能力现代化提出明确要求。优化政府治理、建设人民满意的服务型政府,是推进国家治理体系和治理能力现代化的重要内容。我们要通过深化行政体制改革,优化政府职能配置,理顺政府与市场、政府与社会的关系,不断提高国家治理体系和治理能力现代化水平。

改革开放以来,为适应经济社会发展、经济体制改革需要,我国先后进行了多轮机构改革,着力推动政府职能转变。党的十八大以来,以习近平同志为核心的党中央作出全面深化改革的重大决定,向积存多年的顽瘴痼疾开刀。党的十九届三中全会通过《中共中央关于深化党和国家机构改革的决定》和《深化党和国家机构改革方案》,旨在通过政府机构优化、职能转变、流程再造、管理方式改进等措施优化政府职能配置,提高政府运行效率,增强政府治理能力,构建系统完备、科学规范、运行高效的党和国家机构职能体系,构建职责明确、依法行政的政府治理体系。这次机构改革着眼于转变政府职能,坚决破除制约市场在资源配置中起决定性作用、更好发挥政府作用的体制机制弊端,围绕推动高质量发展,建设现代化经济体系,加强和完善政府经济调节、市场监管、社会管理、公共服务、生态环境保护等职能,结合新的时代条件和实践要求,着力推进重点领域和关键环节的机构职能优化和调整,构建起职责明确、依法行政的政府治理体系,提高政府执行力。这次机构改革是对党和国家组织结构和管理体制的一次系统性、整体性重构,为建设人民满意的服务型政府

＊　原载《人民日报》2020 年 12 月 22 日第 9 版(理论版)。

提供了有力保障。

处理好政府与市场、政府与社会的关系，是优化政府治理、建设人民满意的服务型政府的重中之重。我们以深化"放管服"改革为重要抓手，通过深化行政审批制度改革和工商登记制度改革、建立清单式管理制度等方面改革，改善和优化营商环境，激发市场主体活力，使市场在资源配置中起决定性作用、更好发挥政府作用。目前"放管服"改革已经取得重要进展，我国营商环境进一步优化，市场主体活力得到有效激发。世界银行发布的《2020年营商环境报告》显示，中国营商环境跻身全球营商环境改善最大的经济体排名前十。同时，围绕政府购买社会服务、培育发展社会组织、探索社区治理新模式等，激发社会组织、居民等社会主体参与社会治理的活力。

当前，我国服务型政府建设取得了显著成效，政府治理能力显著提高，但与建设人民满意的服务型政府的目标相比仍有一定差距，还有一些突出问题亟待解决。解决这些问题，需要深入贯彻落实党中央决策部署，在完善国家行政制度、优化政府职责体系、优化政府组织结构、健全充分发挥中央和地方两个积极性体制机制方面下大功夫，进一步优化政府治理；深入推进简政放权、放管结合、优化服务，深化行政审批制度改革，改善营商环境，激发各类市场主体活力，大力完善政府经济调节、市场监管、社会管理、公共服务、生态环境保护等职能，实行政府权责清单制度，进一步理顺政府与市场、政府与社会的关系。

2-2 中国政府改革与治理的新趋势*

改革开放以来,为了适应经济与社会发展以及经济体制和社会结构转型的需要,我国持续不断进行党和国家机构以及政府机构、行政体制改革和政府职能转变,已经走过40余年的伟大历史征程。党的十八大以来,以习近平同志为核心的党中央全面推进党和国家机构改革、国家治理的现代化以及政府治理变革。行政体制改革是全面深化改革的一个重要内容,政府治理现代化则是国家治理现代化的一个重要方面。"放管服"改革及营商环境优化是贯穿于十八大以来行政体制改革的一条主线。李克强总理称"放管服"改革为转变政府职能的"牛鼻子",指出要通过推进"放管服"改革,为各类企业创造公平竞争的环境,以激发市场主体的创造活力。党的十九届四中全会做出的《中共中央关于坚持和完善中国特色社会主义制度、推进国家治理体系和治理能力现代化若干重大问题的决定》提出了坚持和完善中国特色社会主义行政体制,建设人民满意的服务型政府的目标和任务,这是新时代深化行政体制改革与推进政府治理现代化的新定位。

那么,党的十八大以来我国政府改革与治理特别是"放管服"改革以及营商环境优化的改革是如何展开的?其顶层设计、改革的主要内容和措施是什么?已取得什么进展、成效和经验,存在哪些问题?深化改革往何处去?本文将对此做简要评述,从中可以透视我国政府改革与治理发展的新趋势。

一、政府改革与治理的历史演进与顶层设计

改革开放以来,我国持续不断进行政府机构以及行政体制改革。党的十八大之前分别于1982、1988、1993、1998、2003、2008年进行了六轮改革,在精简机构和人员、体制机制创新、政府职能转变、管理流程再造和管理方式更新等方面不断取得进展。

2012年11月,党的十八大召开标志着我国新一轮政府改革与治理的开始。党的十八大要求,按照建立中国特色社会主义行政体制目标,深入推进政

---

* 原载《东南学术》2020年第2期(原标题为"中国政府改革与治理的目标指向和实践进展")。

企分开、政资分开、政事分开、政社分开,建设职能科学、结构优化、廉洁高效、人民满意的服务型政府;提出深化行政体制改革,深化行政审批制度改革,继续简政放权,推动政府职能向创造良好发展环境、提供优质公共服务、维护社会公平正义转变。

2013 年 2 月,党的十八届二中全会通过了《国务院机构改革和职能转变方案》。会议公报指出:"贯彻党的十八大关于建立中国特色社会主义行政体制目标的要求,以职能转变为核心,继续简政放权、推进机构改革、完善制度机制、提高行政效能,稳步推进大部门制改革。"[①] 2013 年 3 月 14 日第十二届全国人大一次会议通过了这一方案。2013 年 3 月,国务院颁布了《国务院机构改革和职能转变方案》,这标志着我国新一轮政府改革的正式启动。

2013 年 11 月,党的十八届三中全会通过了《中共中央关于全面深化改革若干重大问题的决定》,勾画出我国政府改革与治理蓝图,提出全面深化改革的总目标是"完善和发展中国特色社会主义制度,推进国家治理体系和治理能力现代化"。何谓国家治理现代化? 习近平总书记在 2013 年 11 月 12 日的十八届三中全会第二次全体会议上的讲话中指出:"国家治理体系和治理能力是一个国家制度和制度执行能力的集中体现。国家治理体系是在党领导下管理国家的制度体系,包括经济、政治、文化、社会、生态文明和党的建设等各领域体制机制、法律法规安排,也就是一整套紧密相连、相互协调的国家制度;国家治理能力则是运用国家制度管理社会各方面事务的能力,包括改革发展稳定、内政外交国防、治党治国治军等各个方面。国家治理体系和治理能力是一个有机整体,相辅相成,有了好的国家治理体系才能提高治理能力,提高国家治理能力才能充分发挥国家治理体系的效能。"[②]

2014 年 10 月,党的十八届四中全会通过了《中共中央关于全面推进依法治国若干重大问题的决定》,对依法行政,建设法治政府做出了全面部署;提出坚持依法治国、依法执政、依法行政共同推进,坚持法治国家、法治政府、法治社会一体建设,并从"依法全面履行政府职能"等六个方面系统地论述了建设法治政府的主要内容和要求。2015 年 2 月,中共中央、国务院印发了《法治政府建设实施纲要(2015—2020 年)》。这两个文件清晰地勾画出了一个人民群众满意的法治政府的基本框架和建设路径。

---

①　《中国共产党第十八届中央委员会第二次全体会议公报》,新华网 2013-02-28。

②　习近平:《切实把思想统一到党的十八届三中全会精神上来》,《求是》2014 年第 1 期。

2017 年 10 月 18 日,中国共产党第十九次全国代表大会召开。习近平总书记在大会报告中提出深化机构和行政体制改革,统筹考虑各类机构设置;转变政府职能,深化简政放权,创新监管方式;增强政府公信力和执行力,建设人民满意的服务型政府;赋予省级及以下政府更多自主权;在省市县对职能相近的党政机关探索合并设立或合署办公;深化事业单位改革,强化公益属性,推进政事分开、事企分开、管办分离。

2018 年 2 月 26—28 日党的十九届三中全会在北京召开。全会审议通过了《中共中央关于深化党和国家机构改革的决定》以及《深化党和国家机构改革方案》。全会提出推进党和国家机构改革的目标是构建系统完备、科学规范、运行高效的党和国家机构职能体系。该《决定》的第四部分专门讲“优化政府机构设置和职能配置”,强调转变政府职能,是深化党和国家机构改革的重要任务;深入推进简政放权,激发各类市场主体活力,营造良好营商环境。

2019 年 7 月 5 日,深化党和国家机构改革总结会议在北京召开。习近平总书记在讲话中指出,深化党和国家机构改革是对党和国家组织结构和管理体制的一次系统性、整体性重构,是贯彻落实党的十九大决策部署的一个重要举措,是全面深化改革的一个重大动作,是推进国家治理体系和治理能力现代化的一次集中行动。习近平总书记强调,要认真总结深化党和国家机构改革取得的重大成效和宝贵经验,巩固机构改革成果,继续完善党和国家机构职能体系,推进国家治理体系和治理能力现代化。[①]

2019 年 10 月 28—31 日党的十九届四中全会在北京召开。全会审议通过了《中共中央关于坚持和完善中国特色社会主义制度、推进国家治理体系和治理能力现代化若干重大问题的决定》。《决定》提出坚持和完善中国特色社会主义制度、推进国家治理体系和治理能力现代化的总体目标——到我们党成立 100 年时,在各方面制度更加成熟更加定型上取得明显成效;到 2035 年,各方面制度更加完善,基本实现国家治理体系和治理能力现代化;到新中国成立 100 年时,全面实现国家治理体系和治理能力现代化,使中国特色社会主义制度更加巩固、优越性充分展现。[②]全会提出,坚持和完善中国特色社会主义行政体制,构建职责明确、依法行政的政府治理体系。国家行政管理承担着按照

---

① 《习近平出席深化党和国家机构改革总结会议并发表重要讲话》,新华网 2019-07-05。

② 《〈中共中央关于坚持和完善中国特色社会主义制度、推进国家治理体系和治理能力现代化若干重大问题的决定〉辅导读本》,人民出版社 2019 年版,第 17 页。

党和国家决策部署推动经济社会发展、管理社会事务、服务人民群众的重大职责。必须坚持一切行政机关为人民服务、对人民负责、受人民监督,创新行政方式,提高行政效能,建设人民满意的服务型政府。

综上所述,我国现阶段政府改革与治理的顶层设计的主要内容包括:提出全面深化改革与国家治理现代化的总目标;优化政府机构职能;处理好政府、市场与社会关系;推进法治政府建设等。

二、政府改革与治理改革的基本内容与措施

党的十八大以来,作为全面深化改革的"先手棋"和转变政府职能的"当头炮",党和国家持续推进"放管服"改革与营商环境优化,推动政府职能的根本转变,增强市场活力和社会创造力。简政放权、放管结合、营商环境优化成为十八大以来政府改革与治理的重中之重,核心内容包括两个密切联系的方面:一是优化政府机构及职能配置;二是处理好政府、市场与社会关系。而优化营商环境已经成为我国"放管服"改革的着力点与转变政府职能的落脚点。近年来,党中央和国务院高度重视营商环境优化这项工作。习近平总书记在不同场合反复强调优化营商环境的重要性,强调"营商环境是企业生存发展的土壤","营造国际一流营商环境","以优化营商环境为基础全面深化改革"。李克强总理在 2018、2019 年的《政府工作报告》中分别指出:"优化营商环境就是解放生产力、提高竞争力";"激发市场主体活力,着力优化营商环境"。2019年 9 月 19 日,国办发布《关于做好优化营商环境改革举措复制推广借鉴工作的通知》,要求全国复制推广京沪两地优化营商环境改革举措。目前从中央到地方,各级政府都将优化营商环境作为政府施政重点之一。

党的十八大以来我国政府改革与治理改革的基本内容及举措如图 2-1所示:

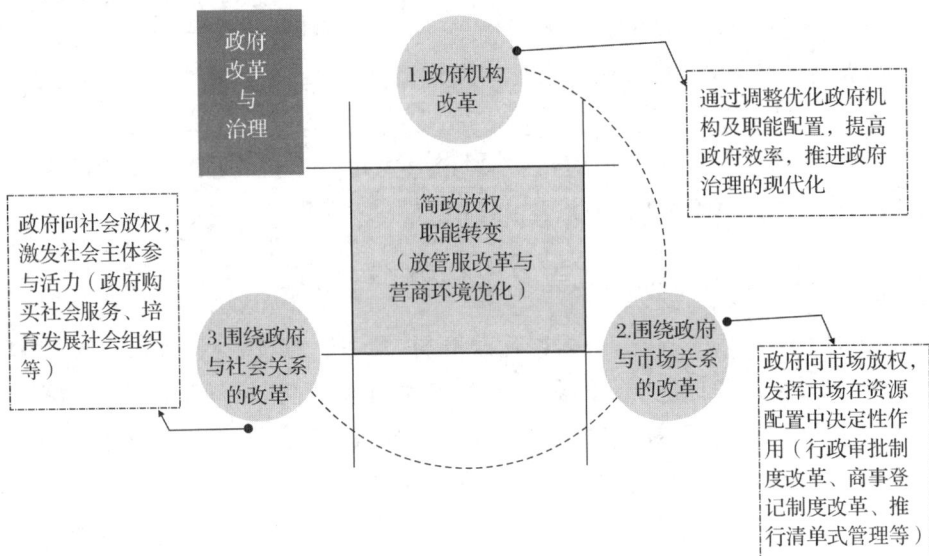

图 2-1　十八大以来我国政府改革与治理改革的基本内容与举措

（一）深化政府机构改革

政府机构改革旨在通过政府机构优化、权力配置、职能转变、流程再造、管理技术创新等方式，提高政府运行效率，增强政府治理能力。党的十八大报告以及十八届三中全会通过的《关于全面深化改革若干重大问题的决定》对深化政府机构改革内容包括完善坚持党的全面领导的制度，优化政府机构设置和职能配置，统筹党政军群机构改革，合理设置地方机构，推进机构编制法定化等。在机构设置和职能配置方面，强调统筹设置党政机构，优化政府机构设置和职能配置，推进简政放权，完善市场监管和执法，完善公共服务管理体制，改革自然资源和生态环境管理体制，强化事中事后监管，全面提高政府效能，建设人民满意的服务型政府。2013 年 3 月，根据国务院颁布了《国务院机构改革和职能转变方案》，按照大部制改革的基本思路，对相关部门进行整合与重组，组建国家卫生和计划生育委员会、组建国家食品药品监督管理总局、组建国家新闻出版广电总局、重组国家海洋局，重组国家能源局等，改革后正部级机构减少了 4 个，组成部门减少了 2 个，国务院组成部门降低为 25 个。2018年以来的机构改革则是一场系统性、整体性、重构性的深刻变革，从完善坚持党的全面领导制度、合理配置宏观管理部门职能、完善党政机构布局、赋予省级及以下机构更多自主权等方面着手进行。近年来，国务院及地方政府机构改革顺利实施。

（二）围绕政府与市场关系的改革

政府与市场关系改革的实质就是政府向市场放权，发挥市场在资源配置中的决定性作用和更好发挥政府作用。十八大以来，我国政府主要通过深化行政审批制度改革、工商登记制度改革和建立清单式管理制度等方面来进行，力求实现政府简政放权，优化营商环境，激发市场主体活力。

1. 行政审批制度改革

我国行政审批制度改革全面启动于 2001 年。这一年的 9 月国务院下发《关于成立国务院行政审批制度改革工作领导小组的通知》（国办发〔2001〕71号），成立了行政审批制度改革工作领导小组。同年 10 月，国务院下发《国务院批转关于行政审批制度改革工作实施意见的通知》（国发〔2001〕33号）。

深化行政审批制度改革是党的十八大以来党中央国务院部署重要改革。这一改革成为转变政府职能、简政放权的重要抓手和突破口。2015 年 1 月 7 日国务院召开的本年度第一场常务会议，重点讨论的是规范和改进行政审批的措施问题。2015 年 2 月国务院印发了《关于规范国务院部门行政审批行为改进行政审批有关工作的通知》，强调加快转变政府职能，坚持依法行政，推进简政放权、放管结合，规范行政审批行为、提高审批效率，激发市场社会活力、营造公平竞争环境，减少权力寻租空间、消除滋生腐败土壤，确保行政审批在法治轨道运行，进一步提升政府公信力和执行力，建设创新政府、廉洁政府和法治政府。

2018 年 5 月，中共中央办公厅、国务院办公厅印发了《关于深入推进审批服务便民化的指导意见》，推广六个地方探索的先进经验。这六个典型案例分别是浙江省"最多跑一次"、江苏省"不见面审批"、上海市优化营商环境、湖北省武汉市"马上办网上办一次办"、天津市滨海新区"一枚印章管审批"、广东省佛山市"一门式一网式"。

2. 商事登记制度改革

党的十八届二中全会明确提出推进工商登记制度改革。《国务院机构改革和职能转变方案》提出工商登记制度改革的三个方面内容：一是将"先证后照"改为"先照后证"；二是将注册资本实缴登记制改为认缴登记制；三是放宽工商登记其他条件。2015 年国务院办公厅发布了《关于加快推进"三证合一"登记制度改革的意见》（国办发〔2015〕50号），决定从 2015 年 10 月 1 日开始，在全国全面实行"三证合一、一照一码"登记模式。2016年7月29日,国家工商总局等五部门联合下发通知,要求加快推进"五证合一、一照一码"改革,确保10月1日起在全国范围内实施。2019年11月,国务院下发了《关于在自由贸易试验区开展"证照分离"改革全覆盖试点的通知》的文件,决定在全国各自由贸易试验区对所有涉企经营许可事项实行清单管理,率先开展"证照分离"改革全覆盖试点。[①]

3. 建立清单管理制度

清单管理制度也称"权责清单制度"。习近平总书记在2014年5月9日参加河南省兰考县委常委班子专题民主生活会的讲话中指出:"执政党对资源的支配权力很大,应该有一个权力清单,什么权能用,什么权不能用,什么是公权,什么是私权,要分开,不能公权私用。"[②]李克强总理在2015年的《政府工作报告》中指出,要制定市场准入负面清单,公布省级政府权力清单、责任清单,切实做到法无授权不可为、法定职责必须为;地方政府对应当放给市场和社会的权力,要彻底放、不截留,对上级下放的审批事项,要接得住、管得好。[③]2015年3月23日,中共中央办公厅、国务院办公厅发布了《关于推行地方各级政府工作部门权力清单制度的指导意见》。2015年12月9日,中央深改领导小组第十九次会议审议通过了《国务院部门权力和责任清单编制试点方案》。2018年底,经中共中央、国务院批准,国家发展改革委、商务部发布了《市场准入负面清单(2018年版)》,2019年版清单再缩减,在保持原有框架不变的基础上,进一步缩短了清单长度、减少了管理措施、优化了清单结构。[④]

清单式管理主要包括四张清单:(1)权力清单——法无授权不可为,即政府按照法定职责和"三定"方案,梳理和界定政府权力边界,并按照行权基本要素,将梳理出来的权力事项进行规范化,以列表清单形式公之于众;(2)责任清单——法定职责必须为,即以权定责,明确部门间的职责边界,明确权责关系,有权必有责、用权受监督、失责必追究;(3)负面清单——法无禁止即可为,即政府以清单方式明确列出禁止和限制企业投资经营的行业、领域、项目等;(4)监管清单——针对问题多发领域与关键环节,厘清部门监管职责,解决"谁来

---

① 《国务院关于在自由贸易试验区开展"证照分离"改革全覆盖试点的通知》(国发〔2019〕25号),中国政府网2019-11-15。
② 《习近平关于严明党的纪律和规矩论述摘编》,人民网2016-08-19。
③ 李克强:《政府工作报告》,人民网2015-03-05。
④ 新华社记者安蓓:《〈市场准入负面清单(2019年版)〉再缩减》,新华网2019-09-18。

监管"、"怎么监管"和"标准是什么"等问题。

（三）围绕政府与社会关系的改革

政府与社会关系改革的实质就是政府向社会放权，激发社会组织及居民等社会主体的参与活力。改革的主要内容包括：

1. 政府购买社会服务

政府购买社会服务主要着眼于削减或转移职能，实现政府职能向社会领域分权，是政府利用财政资金，采取市场化、契约化方式，面向具有专业资质的社会组织、企业、事业单位购买服务的一项重要制度安排。2013年7月31日，李克强总理主持召开国务院常务会议，研究推进政府向社会力量购买公共服务，提出将适合市场化方式提供的公共服务事项，交由具备条件、信誉良好的社会组织、机构和企业等承担。2013年9月30日《国务院办公厅关于政府向社会力量购买服务的指导意见》（国办发〔2013〕96号）发布，这标志着这项工作的全面启动。2016年6月，为加强对有关工作的组织领导和政策协调，国务院决定成立政府购买服务改革工作领导小组。[①]作为地方购买社会服务的一个案例，2014年4月30日，厦门市出台了《关于推进政府购买服务工作的实施意见》，全面推广政府购买服务试点工作，凡社会能提供的服务，各部门都应尽量通过政府购买服务交由社会力量承担。

2. 探索社区治理新模式

2017年6月发布的《中共中央国务院关于加强和完善城乡社区治理的意见》提出建立基层党组织领导、基层政府主导的多方参与、共同治理的城乡社区治理体系。[②]2019年6月，中办国办印发了《关于加强和改进乡村治理的指导意见》，提出推进乡村治理体系和治理能力现代化，建立健全党委领导、政府负责、社会协同、公众参与、法治保障、科技支撑的现代乡村社会治理体制，健全党组织领导的自治、法治、德治相结合的乡村治理体系，构建共建共治共享的社会治理格局。[③]十八大之后，各地积极探索"党委领导、政府负责、社会协同、公众参与、法制保障"五位一体的基层治理新模式，构建基层治理新格局，强化区域化党建引领，实行多元主体共治，力求形成政府综治、社区共治和居民自治三个体系交融互动的治理机制。[④]作为探索社区治理新模式的一个样

---

① 《国务院办公厅关于成立政府购买服务改革工作领导小组的通知》，国办发〔2016〕48号。
② 《中共中央国务院关于加强和完善城乡社区治理的意见》，中国政府网2017-06-12。
③ 《关于加强和改进乡村治理的指导意见》，新华网2019-06-23。
④ 南翔镇、沈依依：《探索居民自治新模式，走出基层善治新路径》，人民网2015-11-28。

本,深圳市龙华区民治街道北站社区在探索党建引领社区及基层善治、居民有序参与社区治理,构建符合新时代要求的社会治理共同体等方面取得了经验,获得了习近平总书记的点赞。2018 年 10 月 24 日,习近平总书记在北站社区视察时指出,要把更多资源、服务、管理放到社区,为居民提供精准化、精细化服务,切实把群众大大小小的事办好。要坚持依靠居民、依法有序组织居民群众参与社区治理,实现人人参与、人人尽力、人人共享。[①]

3. 培育发展社会组织

壮大社会组织的力量,提高社会组织的能力是完成社会转型的重要条件,是政府职能转变和权力下放的基础。2018 年 1 月民政部印发了《关于大力培育发展社区社会组织的意见》(民发〔2017〕191 号),按照建立社区社会组织分类扶持、分类管理机制的思路,提出了培育发展社区社会组织的总体要求,重点解决社区社会组织管理服务不健全、培育机制不完善、作用发挥不明显等问题。2016 年 12 月,为了促进社会组织健康有序发展,民政部发布了《关于通过政府购买服务支持社会组织培育发展的指导意见》。[②]广东省培育发展社会组织的工作起步较早。2008 年广东省在全国率先出台《关于开展政府购买社会组织服务试点工作的意见》,试行政府向社会组织购买服务工作。2012 年,广东省人民政府办公厅印发了《政府向社会组织购买服务暂行办法的通知》和《2012 年省级政府向社会组织购买服务目录(第一批)》。

三、政府改革与治理实践进展的评价

党的十八大以来的这一轮以理顺政府与市场和社会关系为核心,以简政放权和职能转变为着力点,以推进政府治理现代化为目标导向的政府改革已取得新进展新成效,政府治理新模式呼之欲出。李克强总理在 2019 年的《政府工作报告》这样简要总结过去一年"放管服"改革及优化营商环境成果:"国务院及地方政府机构改革顺利实施。重点领域改革迈出新的步伐,市场准入负面清单制度全面实行,简政放权、放管结合、优化服务改革力度加大,营商环境国际排名大幅上升。"[③]国务院秘书长肖捷在《完善国家行政体制》一文中则

---

① 《习近平在广东考察时强调:高举新时代改革开放旗帜 把改革开放不断推向深入》,人民网
2018-10-26。

② 《关于通过政府购买服务支持社会组织培育发展的指导意见》,民政部网站 2016-12-30。

③ 李克强:《政府工作报告——2019 年 3 月 5 日在第十三届全国人民代表大会第二次会议上》,中国政府网,2019-03-05。

说:"近年来,随着党和国家机构改革不断深化、'放管服'改革持续推进,政府职能发生深刻转变,政府管理和服务能力有了明显提升。"[1]党的十八大以来政府改革与治理的成效突出表现在如下三个方面:

——机构改革全面推进。正如习近平总书记在总结深化党和国家机构改革总结会上所指出的:"加强党的全面领导得到有效落实,维护党的集中统一领导的机构职能体系更加健全;党和国家机构履职更加顺畅高效,各类机构设置和职能配置更加适应统筹推进"五位一体"总体布局和协调推进"四个全面"战略布局需要;省市县主要机构设置和职能配置同中央保持基本对应,构建起从中央到地方运行顺畅、充满活力的工作体系;跨军地改革顺利推进;同步推进相关各类机构改革,改革整体效应进一步增强。"[2]而作为深化党和国家机构改革的重要组成部分,政府机构改革顺利推进。

——政府职能发生深刻转变。我国通过全面深化改革,推进"放管服"与营商环境优化,极大激发了市场活力和社会创造力。李克强总理在 2016 年首次全国推进简政放权放管结合优化服务改革电视电话会议上指出:党的十八大以来,以习近平同志为总书记的党中央高度重视"放管服"改革工作,提出明确要求。本届政府紧紧扭住转变政府职能这个"牛鼻子",简政放权、放管结合、优化服务三管齐下,中央和地方上下联动,取得明显成效。[3]

政府如何处理好与市场、企业及社会的关系,扮演好自己的角色——在公共物品和服务的生产者、提供者和安排者三种基本角色的选择与组合,履行好自身的职能——包括经济调节、市场监管、社会管理、公共服务和环境保护等基本职能,这成为各国经济社会发展中至关重要的问题。现阶段我国坚持市场在资源配置中的决定性作用和更好发挥政府作用的原则,推动政府职能向创造良好发展环境、提供优质公共服务、维护社会公平正义转变,尤其是创造公平竞争的环境与激发市场主体的活力,是当前我国政府职能履行的重中之重,这也正是"放管服"改革的核心指向。

——政府服务能力显著提高。这突出地表现在营商环境不断优化上。可以说,中国营商环境评价在世界排名的直线上升是中国政府改革与治理成效

---

[1] 肖捷:《完善国家行政体制》,《求是》2019 年第 22 期。

[2] 《习近平:巩固党和国家机构改革成果 推进国家治理体系和治理能力现代化》,新华网 2019-07-05。

[3] 《国务院召开全国推进简政放权放管结合优化服务改革电视电话会议 李克强发表重要讲话》,《人民日报》2016 年 05 月 10 日 01 版。

的集中体现。2018年10月31日晚,世界银行发布《2019年营商环境报告》。数据显示,中国营商环境在全球190个经济体中的排名从2018年的第78位跃升至2019年的第46位,提升32位,首次进入世界前50。2019年10月23日晚,世界银行发布《2020年营商环境报告》,中国的总体排名比去年上升15位,名列第31名,这是该报告发布以来中国的最好名次。该报告称,由于大力推进改革议程,中国连续第二年跻身全球营商环境改善最大的经济体排名前十。世界银行中国局局长芮泽(Martin Raiser)在受访时表示,中国为改善中小企业的国内营商环境做出了巨大努力,保持了积极的改革步伐,在多项营商环境指标上取得了令人赞许的进步。①

营商环境为何重要?说到底,这是转变政府职能,推动政府治理现代化的必然要求。营商环境就是生产力,优化营商环境就是解放生产力、提升竞争力。世界银行的研究报告表明,良好的营商环境会使投资率增长0.3%,GDP增长率增加0.36%;另一项对80余个国家的研究表明,仅仅通过提高政策可预测性,就能使企业增加投资的可能性提高30%。一个国家、一个地区打造营商环境,最终目的是聚企业、聚人心。优化营商环境既可以降低企业成本、激发了企业活力,还可以吸引优质人才、项目和投资,形成政企互动的良性循环,推动经济高质量发展。营造法治化、国际化、便利化的营商环境,是中国进一步对外开放的重要举措,也是实现高质量发展的一项开创性工作,通过检验营商环境是否有所优化、群众办事是否更加便利、发展环境是否改善,倒逼各地进一步扩大开放、深化"放管服"改革。②

我国深化党和国家机构改革及政府机构改革积累了丰富的经验。习近平总书记在深化党和国家机构改革总结会议上的讲话是这样概括的:"探索和积累了宝贵经验,就是坚持党对机构改革的全面领导,坚持不立不破、先立后破,坚持推动机构职能优化协同高效,坚持中央和地方一盘棋,坚持改革和法治相统一相协调,坚持把思想政治工作贯穿改革全过程。"③

"放管服"改革在祛病除弊、利企便民方面取得了显著成效,但也存在不少困难与问题。2016年7月国家行政学院研究员胡敏在接受《中国经济时报》记者采访时表示,政府仍然管了不少不该管的事,一些该管的却没有管或没有

---

① 《历史最好!中国营商环境国际排名跻身前40!》,央视新闻2019-10-24。
② 《优化营商环境就是解放生产力》,《人民日报》2018年09月05日。
③ 习近平:《巩固党和国家机构改革成果 推进国家治理体系和治理能力现代化》,新华网2019-07-05。

管住、管好。突出表现该放的权有些还没有放、各种证照仍过多、有些权放得不对路和有些权放得不配套等四方面的问题。[①]

2017年底,我们在对福建自贸区"放管服"改革进展的调查中发现了一些亟待重视和解决的新情况、新问题,包括简政放权过程中的"错位放权","条块矛盾"的体制阻碍了跨部门协作,各地改革的行动偏差、标准不一,改革缺乏整体规划,相配套系统措施跟不上等。

《半月谈》2018年第8期发文,直指困扰企业家的营商环境七大"堵点":朝令夕改,决策如同儿戏;请君入瓮,新官不理旧事;言而无信,承诺一纸空文;喜新厌旧,重招商轻落地;急功近利,光摘果不种树;推诿扯皮,不担当不作为;地方保护,公正公平难求。[②]

2019年9月,按照国务院第六次大督查的统一部署,16个国务院督查组分赴16个省(区、市)开展实地督查。根据企业和群众通过国务院"互联网+督查"平台等渠道反映的问题线索,督查组核查发现部分地方和单位落实深化"放管服"改革、优化营商环境政策要求不到位,仍然存在"红顶中介""红顶协会"垄断经营、违规收费,以及"任性用权"、违规设置门槛、限制公平竞争等突出问题。[③]

总之,政府改革与治理以及国家治理现代化仍然任重道远,困难不少,需要下大力气,啃硬骨头,上下联动,联合攻关,以求全胜。"国家行政管理承担着按照党和国家决策部署推动经济社会发展、管理社会事务、服务人民群众的重大职责。"《中共中央关于坚持和完善中国特色社会主义制度、推进国家治理体系和治理能力现代化若干重大问题的决定》提出了坚持和完善中国特色社会主义行政体制,建设人民满意的服务型政府的改革目标,并提出了深化改革的四项基本任务——完善国家行政体制,优化政府职责体系,优化政府组织结构,健全充分发挥中央和地方两个积极性体制机制。《决定》还将"放管服"改革和营商环境优化作为推进政府治理以及国家治理现代化的一个基本内容和改革的着力点,提出深入推进简政放权、放管结合、优化服务,深化行政审批制

---

① 吕红星:《"放管服"依然存在四方面问题》,中国经济时报网 2016-07-06。
② 孙志平、里亚楠:《半年了也没个决策,黄花菜都凉了》,《半月谈》2018年第8期。
③ 《关于国务院第六次大督查发现部分地方和单位落实深化"放管服"改革优化营商环境政策要求不到位典型问题的通报》,中国政府网 2019-11-12。

度改革,改善营商环境,激发各类市场主体活力。[①]这吹响了新时代深入推进我国行政体制改革,完善国家行政管理制度,实现政府治理现代化新的战斗号角。

---

① 《〈中共中央关于坚持和完善中国特色社会主义制度、推进国家治理体系和治理能力现代化若干重大问题的决定〉辅导读本》,人民出版社2019年版,第17页。

2-3　大数据和智能化时代的政府治理变革[*]

随着互联网、物联网、大数据和云计算等信息通信技术以及智能技术的发展,人类社会进入了信息社会的更高阶段,即所谓的"大数据时代""后信息社会""数据的社会""智能化时代""(新)智能社会",催生了继"新公共管理"运动之后的新一轮政府治理变革浪潮——人们称之为"数字政府""政府 3.0""智慧政府""智慧治理""开放政府""互联网＋政务(政府)"等等。党的十八届三中全会通过的《关于全面深化改革若干重大问题的决定》提出"推进国家治理体系和治理能力现代化"的奋斗目标;党的十八届五中全会提出实施"互联网＋"行动计划,发展分享经济,实施国家大数据战略;国务院发布的《促进大数据发展行动纲要》也提出加快政府数据开放共享,推动资源整合,提升治理能力。当前,我国推进国家治理体系和治理能力现代化,正是在网络化、数据化和智能化新时代的背景下展开的。网络化、数据化和智能化在推动国家治理或政府治理体系和能力现代化进程中的作用巨大,前景广阔。

一、网络化、数据化和智能化时代的来临

信息技术及智能技术是网络化、数据化和智能化时代来临的催化剂。20世纪 80 年代初中期,刚刚步入改革开放新时代的中国,开始感受到新技术革命的强烈冲击,并领略到以描述未来社会蓝图为己任的未来学的魅力。随着作为未来学代表作的阿尔文·托夫勒的《第三次浪潮》和《未来的冲击》、约翰·奈斯比特的《大趋势》和丹尼尔·贝尔的《后工业社会的来临》等未来学著作的翻译出版,我国学界、政界及社会掀起了一股讨论"新技术革命"及"未来社会"的热潮,"信息社会""后工业社会""第三次浪潮""大趋势"等成为当时的社会流行语。这对于当时人们放眼世界,更新观念,追赶世界科技、产业与社会潮流,推进中国的改革开放和现代化建设事业产生了积极的促进作用。

今天,人类社会发展又到了新的转折点,开始迈进网络化、数据化和智能化的新时代。人们基于技术、产业和社会形态等不同视角,采用不同的名称,

---

* 原载《新华文摘》2016 年第 2 期(原标题为"政府治理变革的技术基础:大数据与智能化时代的政府改革述评")。

来描述与预测这个即将到来的新时代或新社会。从产业及机器发展的角度，人们谈论"第三次工业革命""第四次工业革命""工业4.0""第二次机器革命"或"新机器时代"；从科学技术突破的角度，人们谈论"新科技革命"（或"新技术革命"）"第四次科技革命""第五次科技革命"；从人工智能演化的角度，人们谈论"智能化时代""智慧社会""智能社会""新智能社会"；从信息社会进化的角度，人们谈论从"IT时代"走向DT时代，"大数据时代""数据的社会""后信息社会""第三次信息化浪潮"；如此等等。

"第三次工业革命"是最为响亮的名称之一。杰里米·里夫金在《第三次工业革命》一书中预言"后碳时代"即将到来，这是一种建立在互联网和新能源相结合基础上的新经济，以互联网技术和可再生能源作为主要推动力，引发经济和社会的转型。他在其新作《零边际成本的社会》一书中则更进一步预言"零边际成本的社会"——一个物联网、合作共赢的新经济时代或一个协同共享的新经济形态或范式的到来。2012年4月21日，《经济学人》发表了由保罗·麦基里主笔的《第三次工业革命》专论，宣称一种建立在互联网和新材料、新能源相结合的第三次工业革命即将到来。

随着智能操作系统、大数据等技术的普及，移动互联网、物联网、智能可穿戴设备、高端装备制造等新兴业态发展迅速，出现了以智能制造为主导的"第四次工业革命"（或"工业4.0"）。埃里克·布莱恩约弗森与安德鲁·麦卡菲称之为"第二次机器革命"或"新机器时代"。在《第二次机器革命》一书中，作者将开始于18世纪的工业革命称为"第一次机器革命"，这次革命以蒸汽机技术为标志，突破人类和动物肌肉的极限；"第二次机器革命"以数字技术及人工智能为标志。在这个"新机器时代"，技术超越一切，数字化关乎一切，人工智能改变一切。

"智能化时代""智能社会""新智能社会"是与"第三次工业革命"或"第四次工业革命""第二次机器革命"和"大数据时代"等概念交叉或重叠的术语，它以人工智能的发展为视角，强调电脑智能与人脑智能、工业社会与信息社会的有机融合。凯文·凯利的《失控》(1994)一书探讨"大型活系统"或复杂系统、社会进化以及人类命运。作者以亚利桑那州生态圈二号的复杂封闭系统作为引子，说明本书的主题——"人造与天生的联姻"以及技术所引导的人类未来。他断言：人类的未来是技术性的，而技术所引导的未来，朝向的正是一种新生物文明。阿莱克斯·彭特兰在《智慧社会》一书中则宣称人类已进入"智慧社会""网络化社会""超链接的世界"。

新的智能技术与大数据和云计算是人类突破认知极限、超越自身智慧的"涌现""奇点""临界点""爆发点"。雷·库兹韦尔借用物理学和宇宙学中的"奇点"概念,描述电脑智能与人脑智能奇妙融合的新纪元的来临。他在《奇点临近》一书中将人类进化的历史分为"六大纪元",认为目前人类正处在"人类智能与人类技术的结合"的第五纪元,而计算机科技发展的下一阶段将是人类与机器的联合,即嵌入大脑的知识和技巧将与容量更大、速度更快、知识分享能力更强的智能相结合。他预言:到2045年机器智能会超过人类智能。

从信息社会进化的角度,人们谈论信息社会的更高阶段或升级版和"大数据时代"。阿里巴巴集团提出了所谓的信息社会的升级版——从IT时代走向DT时代。用马云的话来说:"今天IT已经在向DT(数字科技)时代快速跨越。IT科技和数字科技,这不仅仅是不同的技术,而是人们思考方式的不同,人们对待这个世界方式的不同。"

"大数据时代"可谓当下最热门最流行的术语。"大数据"一词起源于天文学和基因学等研究领域,原指超出计算机处理能力的海量信息计算。今天,大数据表示大量、多元、高速、复杂、多变的数据,需要用先进的计算方法和技术实现信息的采集、存储、分析和应用。人们将大数据的特征刻画为多个V(3V、4V、5V等)。2001年,道格·莱尼提出了大数据的3V特征——数据即时处理的高速度(Velocity)、数据格式的多样化(Variety)与数据的大容量(Volume)。IBM在莱尼的3V之上,增加"Veracity"(真实性);2012年国际数据公司(IDC)在莱尼的3V之外增加了"Value"(价值)。还有人将"Visualization"(可视化)也列为大数据的一大特征。

云计算是互联网衍生出的一种重要技术、一种新的计算资源的交付和使用模式,它将计算、存储和网络等信息资源进行整合、抽象后,按需、易扩展的服务方式通过互联网提供给用户。大数据及云计算也是一种新的、最重要的基础设施,并且催生一种新的认知与思维方式——大数据思维。

数据本身就是客观世界存在的表现方式。古希腊的毕达哥拉斯学派认为数是世界万物的本源;在近代,伽利略说:"大自然的语言是数学。"今天,"在大数据时代,在数据构成的世界,一切社会关系都可以用数据表示,人是相关数据的总和"。

二、政府治理变革技术基础的历史考察

技术进步是政府治理变革的最深刻动因。按照历史唯物主义的基本原

理,生产力决定生产关系,经济基础决定上层建筑;技术是生产力中最活跃的因素,技术革新必定促进生产力的发展,并引起生产关系及经济基础的变化,进而推动包括国家或政府治理和意识形态在内的上层建筑的变革。

在人类历史发展的长河中,从语言、绘画到文字,从印刷机、电报、电话、留声机、收音机、电视到计算机和互联网——媒介及信息通信技术的每次突破都极大地改变人类的信息传播、认知和思维方式,进而改变国家或政府的治理或管理方式。

加拿大著名传播学家马歇尔·麦克卢汉有一句名言:"媒介即信息"(这也是他的一本书的书名);美国著名作家尼尔·波兹曼在《娱乐至死》一书中进而提出:"媒介即隐喻"。在他看来,隐喻是一种通过把某一事物和其他事物的比较来揭示该事物本质的方法。每种媒介都会对文化进行创造——从绘画到象形文字,从字母到电视,和语言一样,每一种媒介都为思考、表达思想和抒发情感提供新的定位,从而创造出独特的话语符号及体系。媒介更像一种隐喻,用一种隐蔽但有力的暗示来定义现实世界。"这个媒介-隐喻的关系为我们将这个世界进行着分类、排序、放大、缩小、着色,并且证明一切存在的理由。"例如,字母带来人与人之间对话的新形式。柏拉图已经清楚地认识到,书写带来了一次知觉革命——眼睛代替耳朵而成为语言加工的器官;语音的书写形式创造一种新的知识理念,一种关于智力、听众和后代的新认识,"文字使得大脑成为书写经历的石碑"。又如,作为 14 世纪人类重要发明的钟表又是如何改变人类的时间思维、时间观念及时间管理方式的呢? 美国著名技术哲学家路易斯·芒福德在《技艺与文明》(1934)一书中对此做过分析。在他看来,钟表是一种动力装置,其产品是分秒,它把时间从人类活动中分离,并且使人们相信时间是能够以精确而可计量的单位而独立存在的。钟表把时间再现为独立而精确的顺序;钟表使人变成遵守时间的人、节约时间的人和现在被拘役的人。

技术进步首先改变信息的传播和消费方式,进而改变社会的组织与管理方式。脸谱的创办人马克·扎克伯格说,科学技术改变人们传播和消费信息的方式,印刷媒体和电视等发明通过提高通信效率,开启众多社会关键领域的深刻变革。它们让更多的人能够发出自己的声音,鼓励进步,改变社会组织方式,使我们更紧密地联系在一起。安东尼·M.汤森在《智慧城市》一书中指出,技术发明改变人们的信息交流方式与城市管理的方式,有了新的技术,人们才能处理信息和进行远程通信。例如,1851 年查尔斯·迈诺特在铁路中使用电报;在商业经济中,铁路和电报同时出现,并肩发展。电报使大型工业企业的管理发生革命性的变化,同时也改变城市政府的行政管理方式。另一项革命性技术——电话更是因人类交流及管理的需要而降临,"当大城市的各种组织和民族都需要这种技术时,电话便应运而生"。

技术变迁引发国家或政府治理变革。达雷尔·韦斯特在《数字政府》(2005)一书中指出:"从 16 世纪印刷术的发明,一直到电报、电话、收音机和电视机等的发明,技术创新通常被认为引发了重大革命,这些发明,如电报和电视,都被认为是加速沟通和改变政府与公民关系的新设施。"例如,印刷机的发明引发欧洲的宗教改革,从而推动文艺复兴、宗教改革和科学革命,为人类社会从农耕社会向工业社会演进提供思想指导、社会基础和技术支撑;电报的出现从根本改变人们的社会、政治、商业和劳资关系;电话的发明则开启了人类信息交流的新模式,对生产和社会的影响更加全面而深刻。

数字或数据是国家或政府管理的基础。从古代的数日字管理到今天人数据时代的"数据治国",这是政府依数据管理不断演化的结果。历史学家许倬云说:"从历史上看,不论在哪里,任何国家发展到可以有一个复杂文官系统管理以后,没有不依照数据来治国的,需要人口、资源、土地、财产种种的统计数字。"《圣经》记载,在古埃及,政府就通过人口普查来建立大型的国民数据库;古代罗马人则发明户籍登记制度——这是古代政府依照数据管理的又一生动例子。1086 年的《末日审判书》对当时的英国的人口、土地和财产做了一个前所未有的全面记载。英国的工业革命及城市化带来管理方式的变化,统计数据与分析在政府管理中变得越来越重要,社会研究的科学化尤其是人口统计学也因此诞生。根据涂子沛在《数据之巅》一书中的论述,美利坚合众国的建国历程其实也是以数据为基础的——用数据分权以及把人口普查写进宪法。

技术革命或工业革命引发人类组织模式及权力关系的重大变化。杰里米·里夫金指出,第一次工业革命是水力灌溉系统、人类聚居村落的形成和文字的出现;第二次工业革命则是化石能源的发掘,印刷出版、系统化教育以及电报电视网络媒体的出现,城市的出现,国家市场和民族国家政府的形成;而第三次工业革命,能源的分散将会带来通信媒体、基础结构超越地理疆界的"洲际化",将人类连接到一个与其平行的泛大陆政治空间中——分散的、合作式的、网络化的。

与以前的历史时期相比,网络化、数据化和智能化时代政府治理尤其是数据收集、管理和应用的深度广度及规模已不可同日而语。"我们正处于人类历史发展的转折点,在当下,任何文明都积累了足够的数据,这使得运用数学分析解决生活中的重大问题成为可能。""信息在爆炸,数据在革命;人们有理由相信,大数据在崛起,数据治国的时代正在来临。"今天,人类社会的确走到新的临界点或"奇点",正在步入网络化、数据化和智能化的时代。

三、网络化、大数据和智能化驱动的政府治理变革

大数据及云计算的出现被誉为"一次革命",引发人类社会各个领域的重大变革。2015 年 5 月 22 日,习近平总书记在致国际教育信息化大会的贺信中指出:"当今世界,科技进步日新月异,互联网、云计算、大数据等现代信息技术深刻改变着人类的思维、生产、生活、学习方式,深刻展示了世界发展的前景。"《哈佛商业评论》称大数据本质上是"一场管理革命";哈佛大学社会学教授加里·金认为,大数据是一场革命,庞大的数据资源使得各个领域开始量化进程,无论学术界商界还是政府,所有领域都将开始这种进程。李国杰院士则说:"大数据将带来一场社会变革,特别是公共管理与公共服务领域的变革。"

网络化、数据化和智能化时代的政府治理究竟发生了什么变化? 新的政府治理模式的内容与特征又是什么? 对此,人们有种种的描述、分析与解释。

"国家治理革命"。这种观点认为大数据作为一种基础性力量,将带来公共部门管理领域的巨大变化,引发一场国家治理的深刻革命,推动阳光政府、责任政府、智慧政府建设。

"互联网＋政务"。在"互联网＋"的信息化浪潮下,学者们谈论"互联网＋政务""互联网＋政府""互联网＋公共服务""在线政府""网上政府"等,认为这将改变政府存在的形态,推动政府治理现代化。

"数据治国"。这被看作是凭借对数据的有效收集、处理和分析来治理国家,决定国家的大政方针和具体政策,"用数据来说话、用数据来管理、用数据来决策、用数据来创新"。

政府"第四次革命"。这种观点认为,自 17 世纪以来,西方经历国家(政府)的三次革命,即从民族国家、自由主义国家到福利国家,如今正处于第四次革命的进程中,全球未来十年的主要政治挑战将是"重塑政府",国家或政府将发生翻天覆地的变化。一个重要因素是计算机、互联网和数据革命已改变国家的形态与政府职能,第四次革命关系到如何利用技术力量来提供更好的服务。

"开放政府"或"透明政府"。数据开放是政府开放与透明的基础。丹尼尔·戈尔曼分析数字时代的"新透明"现象,举例说 YouTube 改变美国的政治演讲方式,Google 让所有候选人都无法否认过去所做的事情以及讲过的话。

奥巴马在《透明与开放的政府》总统备忘录中宣称,基于信息和数据开放,建设一个开放政府,建立起透明、公众参与和多方合作的制度。

"下一次浪潮"。韦斯特断言:一个由数字技术驱动的社会与政治创新浪潮、一个能够改进政府绩效以及民主政治的新时代即将来临,其核心是数字技术在政府管理与公共服务领域的广泛运用。政府可以利用数字技术的最新发明使其变得更快捷、更智能、更高效;人们能够利用数字技术提高透明度、促进公共参与和推动民主协作;政治领袖们可以增强与私人部门的合作,推动政策创新。

"数字时代的新治理"。克里斯托弗·胡德和海伦·马格特在《数字时代的政府工具》(2007)一书中将数字技术作为强化政府工具的利器,提出了由节点(Nodality)、权威(Authority)、财富(Treasure)和组织(Organization)所构成的 NATO 分析框架,探讨数字时代政府工具的应用,并描绘一幅数字时代政府治理变革蓝图——一个基于空间识别、群体定位和多元节点的新治理模式。

那么,网络化、数据化和智能化又是如何驱动政府改革以及治理模式转变的?首先,网络化、数据化和智能化改变人们的思维方式、认知方式及思想观念。这构成了政府治理变革的认识论和方法论基础,为改变公共组织机构以及政府与公民关系提供了新的方法。舍恩伯格和库克耶在《大数据时代》一书中论述了大数据时代思维的三大变革:一是可以分析更多的数据甚至处理所有的数据,而不再依赖于随机抽样;二是研究数据如此之多,以至于我们不再追求精确度;三是放弃对因果关系的渴求,取而代之关注相关关系。我们可以将大数据时代的思维及认知方式创新的要点归纳为:一切皆可量化,数据自己发声,总体高于样本,庞杂优于精确,相关重于因果,协作胜于竞争,共享创造价值。大数据时代还开创了科学研究的"第四范式"——数据密集型科学发现或数据驱动的知识增长。在吉姆·格雷看来,科学史依次出现的四种范式是实验科学、理论科学、模拟科学和数据科学。

其次,网络化、数据化和智能化增强人类行为可预测性。这有助于揭示人类管理及决策行为的规律性,提高了管理及决策的科学性。大数据的核心就是预测。长久以来,人们认为自然现象是可以预测的,而人类行为难以预测。大数据时代产生如此多的电子踪迹或"数字面包屑",提供了关于人类行为的海量数据,这使得研究每个人、每个群体,甚至整个人类的习惯成为可能。巴拉巴西指出,自古以来,人类一直有一个从未动摇的信念,即自然现象能够被人类理解、量化和预测,并最终受人控制,但这到个人及人类社会行为就止步了。原因很简单,因为过去我们没有相关数据,也没有一定的方法来探究人类的行为。事实上,人类的大部分行为都受制于规律、模型以及原理法则,而且它们的可重现性和可预测性与自然科学不相上下。今天大数据改变了一切,我们的未来或许就掌握在大数据的手中。

再次,网络化、数据化和智能化改变政府体制模式,使政府管理的体制、结构、职能、流程和方式发生革命性的变化。在网络化、数据化和智能化时代,形成于工业社会的官僚制或科层制已显得过时。20 世纪 80 年代初兴起的"新公共管理运动"就已提出"摈弃官僚制"或"突破官僚制"的口号,并宣告"后官僚制时代"的来临。今天,从电子政务到互联网政务、云政务等等,信息通信技术及智能化平台进一步推动组织管理体制的变革,逐步显示出网络化、扁平化、分布式、小型化、开放性以及自下而上等方面的特征;网络化、数据化和智能化改变了我们发现、分析和解决问题以及将政策方案付诸执行的方式,催生数据化决策及智能化决策,推动政府决策的民主化和科学化;大数据可以让我们了解真实情况,带来更为开放、透明和负责的政府;大数据可以从数据共享、内部竞争、细分服务、智能决策、创新驱动等方面改进政府绩效。

最后,网络化、数据化和智能化技术被普遍应用于政府管理或公共服务的各个领域以及社会生活的各个方面。大数据与智能化技术在公共服务领域中所引发的革命性变化随处可见——在公共安全、公共交通、社会保障、科技教育、医疗卫生、环境保护和文化建设等都有着广泛的应用。麦肯锡全球数据研究所的《大数据:下一个创新、竞争和生产率的前沿》(2011)的报告表明,大数据在欧洲公共部门和美国医疗保健、零售业、制造业等领域有着广泛的应用,大数据在每个领域都能创造价值。事实上,大数据已撼动世界的方方面面,从商业科技到医疗、政府、教育、经济、人文以及社会的各个领域。大数据与智能化使公共服务及社会生活得以改变,可以有效提升人们的生活质量与幸福感。

总之,网络化、数据化和智能化时代的政府治理与改革充满机遇、挑战与风险。用彭特兰的话来说:"整个世界似乎正处在失控的边缘,一个发布者在诸如 Twitter 这样的社交网络上的帖子甚至可以引发股市崩溃或政府垮台。尽管数字网络的使用改变了经济、商业、政府和政治的运作方式,我们仍然无法真正洞悉这些新型人机网络的本质。"我们所需要的是认清时代,抓住机遇,迎接挑战,克服困难,规避风险,通过大数据和智能化打造数字利维坦或智能政府,创新政府管理模式,推进国家治理的现代化。在理论上,必须充分认识包括大数据和云计算在内的信息通信技术与人工智能在推动国家治理或政府治理现代化进程中的地位与作用,高度重视国家治理或政府治理变革的技术基础的研究。

2-4　政府治理的数字化和智能化转型[*]

党的十九届四中全会通过的《中共中央关于坚持和完善中国特色社会主义制度、推进国家治理体系和治理能力现代化若干重大问题的决定》以及党的十八届三中全会通过的《中共中央关于全面深化改革若干重大问题的决定》提出了"推进国家治理体系和治理能力现代化"战略性决策与历史性任务。新技术革命尤其是信息技术革命在推动国家治理以及政府治理现代化进程中的作用巨大,前景广阔。

一、数字化智能化新时代的基本特征

数字化与智能化的浪潮正席卷全球。"当今世界正经历百年未有之大变局。""新一轮科技革命和产业变革带来的新陈代谢和激烈竞争前所未有,全球治理体系与国际形势变化的不适应、不对称前所未有。"[①]随着当代信息通信技术以及人工智能(AI:Artificial Intelligence)和量子技术的发展,人类社会进入了信息社会的更高阶段,即所谓的"大数据时代"、"后信息社会"、"数据的社会"、"智能化时代"或"(新)智能社会"、"超智能社会(Society 5.0)"。万物互联、人机协同、群智开放、跨界融合、共创分享以及网络空间实体化与现实生活数字化,这是网络化、数据化与智能化新时代的基本特征。

继"大数据"之后,"智能化"或"人工智能"成为近几年的社会流行语。习近平总书记明确指出:"人工智能是引领新一轮科技革命和产业变革的重要驱动力,正深刻改变着人们的生产、生活、学习方式,推动人类社会迎来人机协同、跨界融合、共创分享的智能时代。"[②]瓦尔·赫拉利在《未来简史》一书中将人工智能看作整个 21 世纪人类历史上最重要的演变,是人类面临着从进化到智人以来最大的一次改变。他断言未来几十年,随着机器学习、生物传感器、脑机交互等技术的发展,人机融合的进程加速,到本世纪末人机融合将非常充分,离开网络人类将无法生存。小米集团老总雷军在 2018 世界人工智能大会

---

[*] 本文的部分内容以"实现治理数字化和智能化转型"为题发表于《国家治理周刊》2020 年第 3 期。

① 《习近平在第二十三届圣彼得堡国际经济论坛全会上的致辞》,新华网 2019-06-07。

② 《习近平致信祝贺国际人工智能与教育大会开幕》,新华网 2019-05-17。

上说:人类进入了人工智能的新时代,万物智慧互联,未来有着巨大的发展空间。"智能化时代"、"智能社会"或"新智能社会"以人工智能的发展为视角,强调电脑智能与人脑智能、工业社会与信息社会的有机融合。人工智能涉及对人的意识、思维的信息过程的模拟,它不是人的智能,但能像人那样思考、也可能超过人的智能。经过七十年的演进,进入了由虚向实、人机协作的新阶段。特别是在移动互联网、大数据、超级计算、传感网、脑科学等新理论新技术以及经济社会发展强烈需求的共同驱动下,人工智能加速发展,AI 故事精彩纷呈。

新华社记者的报道称:阿尔法狗的惊艳亮相让 2016 年成为人工智能发展的全民"认知年",资本的高歌突进让 2017 年成为人工智能的"风口年",2018年就是人工智能发展解决行业痛点的"赋能年"。2018 年 9 月在上海召开的首届世界人工智能大会,让人们深刻感受到人工智能的巨大作用——在教育、健康、金融、零售、交通、制造、服务等领域加速落地,全面赋能。"一个由人工智能新技术、新理念赋能的新时代正迎面而来。"①不过,在大会上发布的《2018世界人工智能产业发展蓝皮书》指出,人工智能仍处于早期采用阶段。而刚刚过去的 2019 年,则可以说是人工智能持续升温的"热潮年"或"避虚向实年"。《科技日报》2019 年的年终报道称:2019 年 AI 产业避虚向实,《政府工作报告》中提到的"智能+",是 2019 年人工智能发展最恰当的注解。② 2019 世界人工智能大会(WAIC) 8 月 29—31 日在上海召开,该市副市长吴清在大会的闭幕式上表示,本次大会共有 24 万人次观展,200 多家媒体 900 多位记者参与报道,520 多位演讲嘉宾云集,26 位独角兽企业创始人、2 位图灵奖、2 位诺贝尔奖得主,84 位中外院士专家共同分享探讨人工智能技术,300 多家海内外重量级企业参展,智能芯片等百余项创新产品亮相。③

作为引领未来的战略性技术和经济发展新引擎,人工智能成为国际竞争的新焦点;世界主要发达国家把发展人工智能作为提升国家竞争力、维护国家安全的重大战略,力图在新一轮国际科技竞争中掌握主导权。在我国,从明确人工智能为形成新产业模式的 11 个重点发展领域之一,到发布新一代人工智能发展规划、将人工智能上升至国家战略;从党的十九大报告强调推动互联网、大数据、人工智能和实体经济深度融合,到促进新一代人工智能产业发展

---

① 周琳、胡喆、林小春:《中国智,世界能——2018 世界人工智能大会释放 AI 发展新信号》,中国政府网 2018-09-20。

② 崔爽:《AI 产业避虚向实:两会首提智能+ 优化 AI 发展环境》,科技日报网 2019-12-27。

③ 林北辰:《2019 世界人工智能大会共 24 万人次观展》,界面新闻 2019-08-31。

三年行动计划发布,一系列战略规划与政策措施相继出台。习近平指出:"中国正致力于实现高质量发展,人工智能发展应用将有力提高经济社会发展智能化水平,有效增强公共服务和城市管理能力";"中国愿在人工智能领域与各国共推发展、共护安全、共享成果"①。

第 44 次《中国互联网络发展状况统计报告》的数据显示:截至 2019 年 6 月,我国网民规模达 8.54 亿,互联网普及率首次突破 60%;手机网民规模达 8.47 亿,网民使用手机上网率接近 100%。② 另据新浪科技讯 2019 年 8 月 8 日消息,华为发布全球产业展望 GIV@2025,提出智能世界正在加速而来,触手可及;并做出预测:到 2025 年,智能技术将渗透到每个人、每个家庭、每个组织,全球 58% 的人口将能享有 5G 网络,14% 的家庭拥有"机器人管家",97% 的大企业采用 AI,全球数字治理-全球年存储数据量将高达 180ZB。以人工智能、5G、云计算为主导的第四次工业革命正在改变各行各业,推进智能世界加速到来。③

顺便说,量子信息技术(量子计算和量子通信)的突破及其应用,表明了量子化时代即将来临。潘建伟认为,以量子信息技术为代表的第二次量子革命将带来人类社会物质文明的巨大进步。量子通信和量子计算是下一代信息通信技术的重要方向,是下一个改变世界的技术领域。作为近二十年发展起来的量子论和信息论交叉研究领域,量子通信是指利用量子纠缠效应进行信息传递的一种新型的通讯方式或技术,涉及量子密码通信、量子远程传态和量子密集编码等分支。有专家称,量子通信网络和经典通信网络 10 多年后将无缝衔接。从电子计算机飞跃到量子计算机,整个人类计算能力、处理大数据的能力,就将出现上千上万乃至上亿次的提升,无论科技、生产和日常生活,世界将经历颠覆性改变。量子计算机利用量子特有的叠加状态,采取并行计算的方式,终极目标可以让速度以指数量级提升。在量子计算机面前,传统电子计算机有如算盘! 2019 年 10 月 24 日,谷歌公司在《自然》发表"量子优先性"("量子霸权")一文,宣布开发出了一款 54 量子比特数的超导量子芯片,对一个 53 比特、20 深度的电路采样一百万次只需 200 秒。而目前最强的经典超级计算机要得到类似的结果,则需要一万年。几乎同时,IBM 宣布在量子计算领域取得了突破,它展示了一种控制单个原子量子行为的方法,这为量子计算展示

---

① 《习近平致 2018 世界人工智能大会的贺信》,新华网 2018-09-17。
② 《我国网民规模达 8.54 亿,互联网普及率首次超六成》,央广网 2019-08-31。
③ 《华为发布面向 2025 十大趋势,58% 的人口享有 5G》,新浪科技 2019-08-08。

了一个新的基石。奇点临近,量子计算机的面世恰逢其时:5G 已经成熟并开始运用,大数据也在蓬勃发展,人工智能到了临门一脚的关口,一个量子计算＋人工智能的时代即将到来。

二、数据化与智能化驱动的治理转型

网络化、数据化与智能化给人类的生产、生活、工作、学习以及思维与认知方式带来革命性的变化,不仅改变经济、产业结构和社会结构,而且推动政府治理朝向数字化和智能化的迅速转型,特别是催生了智慧政府以及智慧决策。有学者认为,大数据使传统政府向智慧政府发展演进成为可能且必然。① 所谓的智慧政府指的是利用物联网、云计算、移动互联网、人工智能、数据挖掘、知识管理等技术的新型政府。② 而所谓的智慧决策或智能化决策是指以大数据分析为核心,以云计算、物联网、区块链和移动互联网等新一代信息技术为支撑的全新公共决策模式,其在技术操作上是对数据驱动决策的承接和发展。

——网络化、数据化与智能化改变人类理解现实与预测未来的方式。大数据及智能化的本质就是预测,这为揭示人类集体行动的逻辑,预测人类决策与管理行为及其后果提供依据,同时也改变了我们发现、分析和解决问题以及将行动方案付诸执行的方式。大数据时代开创了科学研究的"第四范式"——数据密集型科学发现或数据驱动的知识增长。这是吉姆·格雷在 2007 年关于"第四范式"(eScience)的演讲中首先提出的观点。在他看来,在科学研究依次出现的四种范式是:实验科学、理论科学、模拟科学和数据科学。在科学研究及其范式的演进历程中,最初是实验科学——几千年前科学以实验为主描述自然现象;接着在过去的几百年有了理论研究分支(理论科学),利用模型和归纳科学,有了开普勒定律、牛顿运动定律和麦克斯韦方程式等;然后,在过去的几十年,科学出现了计算分支(模拟科学),对复杂现象进行仿真;到了今天数据爆炸,出现 eScience(数据科学),将理论、实验和计算仿真统一起来。③ 大数据也在社会科学领域催生了计算社会科学这一新的交叉学科。2009 年 2月 6 日,15 名来自社会科学、计算机科学和物理学的重要科学家联名在Science 杂志上发表了"Computer Social Science"一文,宣告计算社会科学的

---

① 参见殷剑《大数据敲开"智慧政府"门》,人民论坛网 2017-11-21。
② 参见王兴亚《智慧政府建设应从六个方面入手》,光明网 2017-03-15。
③ [美]吉姆·格雷:"eScience:科学方法的一次革命",载 Tony Hey:《第四范式:数据密集型科学发现》,潘教峰等译,科学出版社 2012 年版。

诞生。该文指出:过去关于人类互动的研究还主要依赖于某一特定时段个人抽样调查。今天技术发展带来的海量数据,能够极大地改善这一现象。互联网所营造的虚拟世界,自然而又轻松地捕获了个体行为的完整记录,这为原本不可能实现的研究提供了丰富的数据基础。现在人类行动的数据终于可以被系统地、规模化地掌控了,大数据为人类的生活创造前所未有的可量化的维度,它对人类生活以及与世界交流的方式提出了挑战,正在改变人类理解现实与做出决定的方式。

——大数据及智能化改变了政府管理的体制模式。今天,从电子政务到互联网政务、云政务等等,信息通信技术及智能化平台进一步推动了组织管理与决策体制的变革,显示出网络化、扁平化、分布式、小型化、开放性以及由下而上等方面的特征,并从数据共享、内部竞争、细分服务、智能决策、创新驱动等方面改进政府绩效。大数据及智能化技术在公共服务各个领域引发的革命性变化,在公共安全、社会管理、公共交通、医疗卫生、科技教育、环境保护等领域都有广泛的应用。事实上,数据使我们改变生活变得切实可行:数据可以提升我们的生活质量,转变我们发现和解决问题的途径,更为重要的是,数据能够改变我们将问题解决方案付诸实施的方式。

——大数据与人工智能推动了数据化与智能化决策的兴起。"数据是决策的生命线"(World Bank,*World Development Report 2016*:*Digital Dividends*. Washington,DC:World Bank Group,2016)。当代公共决策正朝着数据化和智能化方向发展,数据分析正成为当代公共决策过程必不可少的重要环节。较之于传统模式,数据化智能化的公共决策数据的收集、管理和应用的深度广度及规模已不可同日而语。随着网络化、数据化和智能化技术的发展,通过综合应用大数据分析、行为实验和政策仿真技术,公共决策将突破人类的认知、计算和预测能力的局限性,使完全理性由不可能变为可能。在网络化、数据化和智能化时代,每个人都不知不觉地融入数据采集过程,数据获取从调查统计转变为感知记录,预测成为大数据分析的核心,公共决策需要通过智能终端、物联网、云计算、区块链等可拓展人类感知能力的技术来追踪数据足迹,通过"机器学习"、模式识别等方法进行探索式数据挖掘,通过相关关系分析法等进行海量的全样本分析,进而发现社会规律和预测人的行为。[1]

---

① 参见陈振明、黄元灿:《智库专业化建设与公共决策科学化——当代公共政策发展的新趋势及其启示》,《公共行政评论》2019 年第 3 期。

三、"数字政府"建设的地方实践：三个典型案例

当前中国及全球的数字政府、智慧政府及智慧城市建设方兴未艾、风起云涌。作为数字政府或智慧政府建设的一大举措，在这次深化党和国家机构改革中，各地纷纷设立大数据局。截至 2018 年 10 月 30 日，19 个省份省级机构改革方案获批，都设立大数据局。① 广东、浙江和厦门等地可以视为我国地方数字政府或智慧政府探索的几个典型样本。2017 年底，广东省政府率先在全国部署"数字政府"改革建设，探索与数字经济发展相适应的政府治理新模式。浙江省大力推进和加强"数字政府"建设，省市两级和大部分县（区、市）政府均设立了专门的数据资源管理部门，以"城市大脑"为代表的一批数字化应用已初见成效。作为全国首个信息共享无障碍城市，厦门以数据汇聚、数据共享为核心开展工作，实现政务数据应汇尽汇、共享开放，推动智慧政府及智慧城市不断向深层次发展。下面是关于这三个典型案例的资料。

1. "数字政府"建设的广东样本

2017 年底，广东省政府率先在全国启动"数字政府"建设。国务院办公厅电子政务办公室委托国家行政学院电子政务研究中心评估并发布的有关报告显示，2018 年广东省级政府网上政务服务能力指数排名从 2017 年的第四名一跃登顶，成为全国第一。作为广东"数字政府"改革建设的阶段性成果，全国首个集成民生服务微信小程序"粤省事"及同名公众号 2018 年 5 月正式上线发布。广东省政府副秘书长、省信息中心主任逯峰表示："粤省事"给广东全省老百姓带来更多更实惠的便民服务，其中，社保、公积金、出入境以及行驶证、驾驶证相关业务成为最受群众欢迎的高频业务。'粤省事'移动民生服务的终极目标，是要实现数字政府'指尖计划'，让群众和企业动动手指就能把事情办好，让百姓获得感和幸福感成色更足。"②

广东省积极探索"数字政府"改革建设，通过大数据为政府科学决策、精准施策提供有力支撑，推动经济高质量发展。新版广东政务服务网也已正式上线，全省政务服务事项实现了网上办理。以往办理往来港澳商务签注至少要 20 个工作日，现在 5 个工作日就能完成。这要得益于公安、工商、社保、税务等多个部门打通后台、共享数据。在这次"数字政府"改革建设中，广东共梳理

① 《19 个省市成立大数据局 智慧城市步伐加快》，搜狐网 2018-10-30。

② 《"粤省事"上线！指尖通办 142 项服务》，人民网 2018-05-22。

了 1351 个政府部门信息。"数字政府"的大数据分析,还为政府科学决策和精准施策提供了支撑。目前,广东"数字政府"通过广东政务服务网和"粤省事"小程序两个平台提供政务服务,日均访问量超过 247 万。到 2020 年底,广东省计划通过企业情况综合数据平台、经济运行主题数据库等,实现政府的科学调节、精准调节。[①]

马化腾称广东的数字政府建设三个"敢于":敢于实施全省一盘棋的制度设计,打破条块分割,实现协同共享;敢于探索"政企合作、管运分离"建设运营模式;敢于把互联网思维引入政务服务,从政府供给导向转变为群众需求导向,激发市场活力与社会创造力。[②]

2. 浙江的政府数字化转型

新华社杭州 2019 年 7 月 9 日消息:依托良好的信息技术及互联网产业发展基础,浙江省大力推进和加强"数字政府"建设。为此,省市两级和大部分县(区、市)政府均设立了专门的数据资源管理部门,对全省数字化发展进行统一领导、统一规划、统一建设。目前,以"城市大脑"为代表的一批数字化应用已初见成效。"数字政府"不仅成为各级政府和部门治理能力现代化的有力抓手,百姓更享受到了"数字化"带来的红利。

政府数字化转型带来的改变常常在细微处体现,但百姓获得感却是大幅提升。今天,不仅是当地群众能享受到数字化转型带来的便利,就是外地到浙江的游客也能享受到"数字化红利"。杭州"城市大脑"的旅游大数据大屏上,西湖等热门景区的实时游客量、承载量,酒店在线预订分析,行业消费分析等数据一目了然。

杭州市数据资源管理局局长郑荣新认为,新型智慧城市的特点就是改变以往各部门"独善其身"的模式,利用人工智能加上大数据的支撑,通过数字化转型实现治理理念和能力的转型,以强大的数据力量提升现代城市管理水平。

据浙江省发改委介绍,到 2022 年,覆盖浙江全省的民生网、服务网和平安网将基本建成,各类社会服务完成向个性化、精准化、主动推送转变。到时,浙江将形成各级政府职能部门核心业务全覆盖、纵向横向全贯通的全方位数字化工作体系,基本建成"掌上办事之省"。

2017 年 11 月"城市大脑"入选了国家人工智能开放平台,杭州是唯一入

---

① 《广东:"数字政府"建设推动高质量发展》,央视网 2018-10-04。
② 《马化腾:广东在"数字政府"建设中,三个"敢于"开创全国先例》,南方 Plus 2019-05-06。

选的城市。杭州要通过"城市大脑"建设,"为亚洲、为全球提出一个可持续发展、高效节约的城市治理'中国样本'"①。

3. "数字政府"建设的厦门实践

2019 年初,厦门在第九届中国智慧城市大会上荣获"中国智慧城市发展十周年领军城市奖"。大会组委会认为,厦门解决了数据互联互通共享协同的痛点问题,最大限度地减少信息孤岛,在全国率先突破了智慧城市难题。作为全国首个信息共享无障碍城市,厦门以数据汇聚、数据共享为核心开展工作,实现政务数据应汇尽汇、共享开放,推动智慧城市不断向深层次发展,这不仅助力民生服务,也带动软件信息、物联网、智能制造等数字经济取得长足发展。②

厦门由市信息中心建设管理政务数据中心。政务大数据汇聚公共服务、信用体系建设、全民健康保障等 14 个重点领域的 7217 类 1.45 亿条数据,包括人口信息、营业执照信息、社保卡信息、不动产信息等;建成市民、法人、空间、信用、视频等基础数据库,入库数据超 2 亿条,每月更新数据近 90 万条。为实现信息无障碍共享,厦门搭建了跨部门、跨层级的政务信息共享协同平台。平台建立以来,已建立完成 73 个交换通道,平台数据累计调用超 3 亿次。这个平台支撑了公共安全、"多规合一"、12345 市长热线等业务应用大平台,提高了效率,也有效地节约了社会资源。以生育险领取为例,以往申请人需要携带结婚证、身份证、银行卡、医学出生证明等材料到窗口办理,如今只需要在手机上就可即时办理。而像积分入学申报系统,由多个部门主动打破信息孤岛,直接实现数据互认。③

《光明日报》在 2019 年 7 月 27 日头版刊登《厦门"放管服"改革提升百姓获得感》一文,介绍厦门市不断提升政务服务便民水平的经验,尤其是推动自助快办("e 政务"便民服务站)、全程网办和靠前联办("马上办、就近办、一次办")三个方面的做法。报道称"近年来,福建厦门借力'互联网＋政务服务'发展,紧贴'放管服'改革的时代脉搏,在便民服务上不断发力"。④

四、数字化智能化技术的社会效应

数字化智能化等颠覆性技术是一把"双刃剑"。一方面,这些技术具有改

---

① 参见《数字化红利"——浙江推进政府数字化转型提升群众获得感》,新华网 2019-07-09。
② 《厦门荣获"中国智慧城市发展十周年领军城市奖"》,东南网 2019-01-18。
③ 《智慧厦门,向更深层次发展》,福建省人民政府网 2019-04-28。
④ 《厦门"放管服"改革提升百姓获得感》,《光明日报》2019 年 7 月 27 日(01 版)。

善人类生活的巨大的作用及潜力。杰夫·摩根（Geoff Mulgan）在《大思维》(*Big Mind：How Collective Intelligence Can Change Our World*，Princeton University Press，2017)①揭示大数据与智能化时代集体智慧或集体智能是如何涌现的。他通过哲学、计算机科学和生物学等领域的大量例证，说明如何引导组织和社会充分利用人脑和数字技术进行大规模思考，从而提高整个集体的智力水平，以解决我们时代的巨大挑战。集体智能即人群与科技力量的结合，其在教育、医疗、环境等许多社会领域都有应用潜力，也能够为公共政策和全球发展带来启示。②

赫拉利在《未来简史》一书中审视了人工智能对人类社会造成的巨大影响和冲击：在经济领域，人工智能会把人从就业市场当中挤出去，99％的人类将沦为无用阶层（当人工智能接管大部分工作时，人类还能做什么？）；在政治领域，当谷歌和脸谱比我们自己更了解我们的政治倾向时，民主选举是否将变得多余？人工智能革命还可能造成个人价值的终结，未来掌握在少数精英，即掌控了算法，并通过生物技术战胜死亡、获得幸福的"神人"。在决策领域，人类的选择权将逐步让渡给人工智能。因为人工智能可以了解你的喜好，人工智能可以体会你的情绪，人工智能可以提出适合你的建议。随着人工智能的发展，人会变得慢慢放弃决策权——做出决定的能力就像一组肌肉一样，这样的肌肉你不用的话就会退化，你对计算机信任越多，依靠人工智能来做决定越多，你就会失去自己做决定的能力。他认为人类未来将面临着三大问题——生物本身就是算法，生命是不断处理数据的过程；意识与智能的分离；拥有大数据积累的外部环境将比我们自己更了解自己。如何看待和解决这三大问题将直接影响着人类未来的发展。

台湾学者朱云汉认为，人工智能对国家职能、政府机器的运作的整个影响是绝不下于它对于商业模式或是企业组织所带来的前所未有的一种颠覆性的、爆炸性的影响，改变我们人类将来整个社会运行的方式跟社会的价值观念。人工智能在选举预测方面比传统的民意调查（包括英国的脱欧公投与特朗普的当选等场合）更加准确。③

另一方面，数字化智能化等技术也会带来巨大风险和威胁。人工智能与数

---

① 中译本《大思维：集体智慧如何改变我们的世界》，中信出版社2018年版。
② 参见赵三乐：《集体智能推动社会进步》，中国社会科学网2019-05-06。
③ 参见朱云汉：《人工智能与未来挑战》，实验主义治理2018-06-18。

据化技术以及基因编辑婴儿的诞生,其影响不只是正面的,还带来了智能化战争、就业、歧视、意识冲突以及人类演化与人类尊严等问题;云计算和移动互联网使个人隐私和安全受到威胁的问题;数字化监管(国家监控、网络安全、侵犯隐私、偏见和竞争问题)的弊端逐渐显现,对现有的法律法规、伦理规范以及国际规则提出了严峻的挑战。美国国防部高级研究计划局(DARPA)宣布将启动"空战进化"(ACE)项目,通过测试人类飞行员和人工智能实体在激烈空战中的配合,研究人类对自主空战系统的信任问题,加强人-机在空战中的协同作战。[1] 美国军方还宣布:未来五年将投资 20 亿美元,用于发展人工智能的新项目。2017 年 8 月,机器人和人工智能公司的 116 位创始人在写给联合国的公开信中呼吁禁止开发"杀人机器人"。联合国武器公约会议曾公开了一段"杀手机器人"视频:一架微型智能无人机,和蜜蜂一样大小。埃隆·马斯克认为人工智能比其他技术更可能对人类生存产生威胁,必须防止可能发生的不良后果。他警告说"我们需要万分警惕人工智能,它们比核武器更加危险!"霍金多次告诫人类:机器人的进化速度可能比人类更快,而它们的终极目标将是不可预测的。他说:我真的很害怕人工智能取代人类,成为新物种!悲观的论点是:在不远的将来,人类在量子计算机+人工智能面前,就可能像蚂蚁在人类面前一样无力和脆弱。

美国沃克斯(Vox)新闻网 2019 年 3 月 27 日的一则题为"1/4 欧洲人想让 AI 替人类做主"的报道称:一项覆盖欧洲多国的社会调查显示,高达 1/4 的受访者表示想要让 AI 代替政治家,为民众做出"正确的决策"。在专家看来,不少民众对执政者感到失望的心情可以理解,但让 AI 为人类"做主"仍是个"糟糕的想法";而在媒体看来,这种"以算法代替人类决策"的想法着实令人担忧:一是算法程序是由人类编写的,如果一条算法在创建之初就夹杂着编写者的主观偏见,它在运行的时候也势必会暴露出种种问题;二是人类在社会生活与交往中涉及极其复杂的行为模式,这是计算机算法所无法捕捉并消化的。[2]

总之,政府治理正在经历数字化和智能化转型,数字政府与智慧政府的曙光初露。必须充分认识和发挥网络化、数据化和智能化技术具有改善人类生活以及政府治理的巨大作用和潜力,也要正视、预防和解决其可能带来的消极后果及潜在威胁,确保网络化、数据化与智能化在政府治理中的应用以及智慧政府和数字化政府建设沿着正确的方向前进。

---

[1] 《人机协同投入实战智能化战争或从实验室打响》,千百闻一见 2019-06-27。

[2] 参见高文宇:《1/4 欧洲人想让 AI 替"人类做主",被批"糟糕的想法"》,环球网 2019-03-29。

2-5　作为政府施政目标和治理方式的幸福指数[*]

　　作为一种至善,幸福是是人类社会发展的最终归宿。幸福及其追求产生于古代世界,追求幸福是当代全球性的关切。现代人的信条是:我们有权利幸福,我们应当幸福,我们能够幸福,我们将会幸福。作为一种替代GDP的新发展衡量标准,20世纪70年代不丹王国首倡"国民幸福指数(Gross National Happiness,GNH)"理念,2008年全球金融危机发生之后,"幸福"议题正日益进入世界各国的发展话语系统及国家政策视野。各国致力于构建新的能够有效衡量民众幸福与社会进步的指标体系,掀起了"新全球化(幸福)运动"浪潮。幸福是人类发展孜孜以求的价值目标,对幸福生活和幸福社会的追求,是推动人类社会文明发展的重要动力。使人类共享发展成果,增进"人类幸福(human well-being)"才是人类社会发展的最终目标,将"幸福(happiness& well-being)"纳入发展话语体系必将引起人类社会发展的根本性变革,并形成一种"新发展范式"。

　　一个国家的社会进步必然体现为由"国强"到"民富",最终实现"民福"的演进历程。党的十八大将科学发展观作为全党全社会必须长期坚持的指导思想,并将增进民众福祉,创造更加幸福美好的未来作为我国的发展目标,国民幸福指数的实践应用则成为落实科学发展观,实现伟大"中国梦"的有效治理机制。习近平总书记所提出的"中国梦"就是人民的幸福梦,"实现中华民族伟大复兴的中国梦,就是要实现国家富强、民族振兴、人民幸福"。国民幸福指数的实践应用作为"践行科学发展观,实现美丽中国梦"的有效机制,应当以实现人类"繁荣发展"的"完善论"幸福价值观作为其应用的价值基础。人民幸福是"中国梦"的最高价值标准,"中国梦"就是人民幸福梦,它不仅描绘出我国社会进步的美好图景,更加昭示了中华民族伟大复兴的光辉前景;将国家富强、民族振兴统一于人民幸福的历史语境中,将"为人民谋幸福"这一社会主义社会发展的最高目标和最终目的赋予了新的时代内涵。

---

　　[*]　本文是作者多年前的一篇演讲稿(收入本书时做了修正和补充)。

一、从全球的 GNH 热说起

1972 年,刚刚登基不久的第四世不丹国王吉格梅·辛格·旺楚克明确提出要用"国民幸福总值(GNH)"而非"国民生产总值"(GNP, Gross National Product)衡量社会经济发展状况。"国民幸福总值""国民幸福指数"的政策由善治与民主化、稳定与公平的经济发展、环境保护、文化保存四大支柱所组成。2008 年该国实现了"民主制"。在英国牛津大学获得政治学硕士学位的吉格梅·凯萨尔·纳姆耶尔·旺楚克 2008 年登基后,把政权交给民选的内阁制政府。如今,"国民幸福指数"仍是不丹的骄傲,已写入宪法,政府最近把监督经济的国家计划委员会改名为国家幸福指数委员会。

2011 年几十位专家会聚不丹首都廷布,探讨不丹的发展之路。与会者们一致认同追求幸福的重要性胜于追求国民收入。杰弗里·萨克斯是会议的主持人之一。他是这样总结不丹经验的:四十年前,不丹的第四任年轻国王刚刚登基,就做出了一个异乎寻常的决定:不丹不应追求国民生产总值,而要把"国民幸福总值"作为追求的目标。从那以后,这个国家就不懈地试验全局性的替代发展方针,在强调经济发展的同时突出文化、心理健康、同情和群体等因素。追求幸福的重要性胜于追求国民收入,今天需要探讨如何能在快速城市化、海量资讯、全球资本主义和环境恶化的今天求得幸福。必须改革经济秩序,才能重建信任、集体观念和环境可持续性。

萨克斯认为,处于一个不安全、不稳定和不满足及悲观情绪蔓延的焦虑年代,我们应该开始重新思考经济生活中基本的幸福来源。对高收入的不懈追求带来了前所未有的不平等和焦虑,而没有带来更多的幸福和人生满足感。经济发展不仅重要而且能显著改善生活质量,但只有当经济发展与其他目标并重时这样的目标才能实现。他得出几个初步的结论:首先不应贬低经济发展的价值;其次,不顾其他目标无节制地追求国民生产总值也绝非通往幸福之路;第三,个人和社会对待生活的和谐态度是通往幸福之门的钥匙;第四,全球资本主义在很多方面直接对幸福构成威胁。[①]

1972 年,当不丹前国王吉格梅·辛格·旺楚克提出"国民幸福总值"时,谁都没想到,这只喜马拉雅山南坡上的小蝴蝶扇动的翅膀会在 40 年后掀起一场全球风暴。不丹总理廷莱宣称:全球对 GNH 的兴趣在不断增加,特别是在

---

① [美]杰弗里·萨克斯:《不丹的幸福经济学》,财经网 2011-08-30。

遭受经济衰退之后。全球经济危机成为了国民幸福指数研究发展的推动力量。

2008 年,时任法国总统萨科齐组建了包括以诺贝尔经济学奖获得者约瑟夫·斯蒂格里茨和阿马蒂亚·森等在内的由 20 多名世界知名专家组成的研究小组,进行了一项名为"幸福与测度经济进步"的研究,该委员会历时 18 个月,最终提交《斯蒂格利茨-森-菲图西委员会报告》,从 GDP 标准的缺陷、生活质量和可持续发展与环境三个方面,建议主要国际组织和各国政府调整 GDP 的算法,用 GNH 取代 GDP,以及设定可持续发展的恰当标准。

英国前首相卡梅伦 2010 年 11 月责成英国国家统计局设计新的统计办法,评估英国社会的"总体康乐"状况,并作为制定和评估政策的核心参考。他宣称:我们不仅要让民众知道钱包鼓起来带给他们的好处,还要让他们知道内心丰实起来也益处多多。卡梅伦在大选时许下诺言要进行公民幸福感的调查。

美国奥巴马政府也曾资助制定新型幸福指标的研究工作。美国国家科学院的一个专门小组分析调查了美国人"主观幸福感"的各种建议,调查结果被认为可以指导联邦政府的决策。但构造一个联邦幸福指数将是一件棘手的任务。在布鲁金斯学会 2011 年 11 月举办的一场研讨会上,一些顶尖的幸福感调查专家(包括美国国家科学院专家组成员)暗示说,决策者可能希望对公众进行教育,然后拿出衡量标准,这样他们也许就能宣布,幸福指数从 7.2 增至 7.4 与 GDP 增长两个百分点具有相同的意义。[①]

日本拟推国民幸福指数。日本内阁府于 2011 年 12 发表国民幸福度指数测算试行方案。"幸福度指标"包括对工作的满足度、贫困率、寿命、有薪假期等 132 项指标。日本政府迄今为止公开发表的数字只有 GDP 等经济统计。试行方案以幸福感为基础,设定了"经济社会状况"、"身心健康"及"与家庭、社会的关系"三大指标。

2010 年 11 月 10 日,巴西参议院宪法与司法委员会通过了参议员克里斯多旺·布瓦尔克提出的一项"幸福修正案",如果该修正案获得整个国会的通过,追求幸福将成为一项受到巴西宪法保护的基本权利。"幸福修正案"从下列五方面提供这些服务来增强民众的幸福感:提高公众意识;发动社会团体;鼓励对社会项目的参与;培养"乘数效应";激励公民为其项目贡献力量。据美

---

① 　James Bovard :《"幸福指数"比 GDP 增长率重要吗?》,《华尔街日报》中文版 2012-05-09。

国《财富》杂志在 2005 年至 2009 年对 125 个国家进行的幸福调查,结果表明巴西人的"幸福指数"居全球第 12 位,排名高于美国。

德国拟将幸福指数纳入国民统计。民众生活状态是重点,把教育、环境、生活品质等更多人性化指标融入统计当中。加拿大统计部门也在全国范围调查中增设反映民众幸福程度的项目。

2011 年 8 月,联合国接受了不丹提交的主题为"幸福:走向一种全面的发展途径"的决议,随后授权不丹王国召开"关于幸福/福祉的高层会议",并成立专门的"国际专家工作小组"就"以国民幸福为基础的发展"的相关问题进行深入研究。2012 年 7 月在巴西里约热内卢举办的"联合国可持续发展会议"上,不丹王国政府向联合国提交的"国际专家工作小组"意见汇集草案,对"新发展范式"进行了初步界定[①]。"新发展范式"的构建是为了确保发展能够在自然(环境)系统、社会系统、文化系统、人类自身系统间保持一种可持续性平衡,同时建立相应的资本评估机制,并以幸福(Happiness & Wellbeing)、生态可持续性、公平分配以及资源的有效利用这四大基本信条为基础,从而形成更具包容性、平等性、平衡性的发展路径,以满足可持续性、削减贫困以及增进幸福的发展目标需求。由此,在"新发展范式"中,经济领域的发展必须考虑到自然资本、生态系统供给的相应价值,并将社会幸福纳入相应的考虑,以形成涵盖经济资本、社会资本、人力资本、文化资本与生态资本的一种新的"完全成本国家核算体系(full-cost accounts)",并以此为基础形成更为健全的,具备可持续性的发展路径,进而形成一个包含进步衡量体系、国家核算体系、管制机制等在内的整体国家发展治理机制。

在中国,"幸福""幸福指数"成了当下中国社会的流行语——从传统家庭门上倒贴的"福"字、结婚新房窗户贴"囍"字到"神舟九号"轨道舱内高高挂起"福"字中国结;从官方文件中作为施政目标的"人民幸福"和"幸福××"到民间略带调侃意味的"幸福了吗?"和"被幸福";从带"幸福"字样的影视作品、栏目名称与内容到各路明星的书和歌。例如,有报道称 2010 年幸福满眼。安徽卫视年初播《幸福一定强》,年尾播《老马家的幸福往事》,央视播的是《老大的幸福》,更有一部电视剧直接取名为《幸福》;纪录片《幸福在 2010》用真实的剧

---

① Royal Government of Bhutan,"Time for A Sustainable Economics Paradigm:Input For The Draft Outcome Document For RIO+20",http://www.uncsd2012.org/rio20/content/documents/.

情晒幸福。江苏卫视推出了谈话类节目《幸福晚点名》，东方卫视打造了《幸福魔方》。周杰伦伴着钢琴低吟《说好的幸福呢》，吴杨雨浅抒《最幸福的人》，白岩松蹙着眉头问《幸福了吗》。从"幸福××"（如"幸福广东""幸福厦门"）的建设实践到"幸福××学"的理论研究，幸福的探索方兴未艾。

在 2011 年地方两会上，"幸福"成为各地政府工作报告以及"十二五"规划中的高频词。《瞭望东方周刊》记者刘耿撰文称，"和谐"之后，"幸福"将成为下一个国家级词语；《人民日报》称，提升幸福指数将成"十二五"施政目标导向。[①] 例如，北京提出"让人民过上幸福美好的生活"，广东省提出"把保障和改善民生作为建设幸福广东的出发点与落脚点"，重庆也提出要成为"居民幸福感最强的地区之一"。各地也纷纷推出"幸福地区""幸福城市""幸福社区"之类的建设规划。

二、作为公共政策目标导向的国民幸福

（一）作为人类永恒追求的目标与政府责任的幸福

对幸福的追寻与人类的历史本身一样久远，表现在从希罗多德的《历史》中的记载到中国《诗经》对幸福的描绘中。公元前 1500 多年前的小亚细亚（安纳托利亚，属土耳其）的吕底亚国王克罗伊索斯与雅典立法者梭伦对话幸福：克罗伊索斯与泰洛斯、克列欧比斯和比顿兄弟谁更幸福。

作为一部关于幸福的思想史，《幸福的历史》追溯二千年的思想史，展示了人类对幸福的历史探求。"本书上篇考察了古代和基督教的幸福概念转变为现世目标的种种途径，下篇则是探究幸福这一概念世俗化之后的暧昧之处。"[②]但人类追求幸福的历史却充满了挣扎与失落、幻灭与绝望。德国哲学家黑格尔（Friedrich Hegel）在《历史哲学讲演录》一书中指出：人们可以根据幸福的观点来思考历史，但是历史不是幸福成长的沃土。在历史的记录中，幸福时期都是空白页。

美国哲学家詹姆斯（Wilian James）说过：大多数人的所作所为，以及对逆境的忍受，背后秘而不宣的动机其实都是为了获取幸福、保有幸福、找回幸福。

从感官肉体的幸福到精神理性的幸福，从今世幸福（自然主义或物质主义以及启蒙学者的幸福观）到来生幸福（宗教尤其是基督教与佛教的幸福观）。

---

① 刘耿：《当'幸福'上升为国家意志》，资料来源：《瞭望东方周刊》博客，2011-02-28

② 达林·麦马翁：《幸福的历史》，施忠连、徐志跃译，上海三联书店 2011 年版，第 22 页。

近代将幸福作为公共政策目标的探索:18世纪的哲学家如切萨雷·贝卡里亚(Cesare Beccaria)、爱尔维修(Helvétius,Claude-Adrien)、哈奇森(Francis Hutcheson)倡导把提升幸福避免痛苦作为个人品德和社会道德目标;英国哲学家边沁(Jeremy Bentham)认为政府的最高目标应该是最大程度增加快乐和减少痛苦,为大多数人谋求最大的幸福。他倡导幸福的科学及幸福的计算,主张将决策过程简化为计算过程,通过计算选出有最大净快乐的建议作为公共政策;1793年的法国《雅各宾宪法》)宣称"社会的目标就是共同幸福",美国《独立宣言》宣称:"每个人都有追求幸福的权利"。

当代人类尝试将幸福作为公共政策的目标。近四十年来幸福科学及幸福计算逐渐复兴,心理学、经济学和政治学对幸福的研究一系列新发现。

儒家幸福观以"仁爱"为核心,以修齐治平而形成的爱己及人的幸福观,也进一步演变为中国民众最为朴素的"福"的理念,即幸福包含了丰富的物质、健康的身体、品德高尚、平静的生活,以及减轻死亡的焦虑。

马克思关于社会发展的终极价值关怀表现为人类解放和人的自由全面发展的实现,如此才能够消除异化,优化人们自身功能,通过平等机制下的"自我实现"而成为"完整的人",并具有自身所珍视的生活自由,最终在解放人类、实现人类自由的前提下,实现全人类的共同福祉。从这一意义上而言,马克思主义幸福观突出地体现为人们自由的充分实现,实现人类幸福的自由是以人的完善与全面发展为依托。它一方面要求作为生物体存在的人在物质产品极大丰富后能够各取所需,进而摆脱对物质资料的依赖;另一方面则更加强调摆脱制度的束缚,使人们的智力与体能得到充分发展与运用,而达到一种最为自由与完善的状态。

(二)发展及其目标测度的嬗变:从 GDP、HDI、绿色 GDP 到 GNH

二战以后,国内生产总值(GDP)逐步成为国际通用的衡量发展的指标。随着时间的推移,GDP 的局限性(没有反映国民收入分配、环境损失等)日益显露。诺贝尔奖获得者、GDP 概念的发明者西蒙·库兹涅茨后来也认为 GDP 决不是"国家的福祉";英国社会流行病学家理查德·威尔金森和凯特·皮科特在《精神水准》中说,经济增长给我们带来的福祉已经接近极限。

1990 年代以后国际组织开始利用复合指数衡量发展。由诺贝尔经济学奖得主阿玛帝亚·森提出,以自由的扩展为基础,设计出衡量发展的人类发展指数(HDI)成为重要的指标,涵盖健康水平、教育成就和实际人均 GDP 三个方面,体现了经济发展应与人力发展相结合。联合国开发计划署(UNDP)从

1990 年开始利用 HDI 代替 GNP 作为衡量发展的指标。

1995 年世界银行又提出了绿色 GDP 核算体系来衡量一国或地区的真实国民财富。该核算是在传统 GDP 核算的基础上扣除了自然资源枯竭以及环境损失,体现了要重视经济发展与资源环境之间的协调发展。

起源于不丹的 GNH 逐步引起国际社会的注意,成为衡量发展的一种新探索。2006 年,诺贝尔经济学奖获得者、美国心理学家卡尼曼(D. Kahneman)教授与普林斯顿大学的艾伦·克鲁格教授一道编制国民幸福指数。与传统的 GDP 核算体系相比,"幸福指数"从国民健康水准、社会福利状况、经济产出水平和生态环境状况等多个维度对社会经济运行状况进行综合考核,为政府部门体察民众生存状态提供了全新的视角。

近年来,国际组织、各国政府和许多知名的经济学家都致力于推动非传统方式的发展,认为国内生产总值(GDP)的统计过于注重无意义的消费,而忽视了社会福利和环境可持续发展。例如,奥巴马总统提名的世界银行行长金墉(Jim Yong Kim)警告说,对 GDP 增长和企业利润的追求,实际上恶化了千百万人的生活。2011 年 7 月的联合国大会的一个宣言呼吁各国研究如何依靠国家政策促进全社会的幸福感。

《斯蒂格利茨-森-菲图西委员会报告》认为,幸福是多维度的,幸福的主观与客观维度同等重要,测量幸福应该同时考虑物质生活水准(收入、消费和财富)、健康、教育、个人活动(包括工作)、政治发言权和治理、社会联系和关系、环境、经济和物理不安全状况这八个维度,其中很多为传统的收入测量所忽略。该委员会在报告中提醒各国政府,既要有能力测量市场生产,评估经济绩效,监控整体经济状况,更要有能力测量人的幸福,评估当前幸福,关注未来幸福。

(三)唯经济增长的 GDP 主义与以人为本的科学发展观

以时间顺序,当代发展观经历了从"经济增长论"到"增长极限论",再到"综合发展观"、"可持续发展论"以及"以人为本的科学发展观"的演变。什么是发展、为什么要发展、为谁发展、靠谁发展、如何发展以及发展成果如何分配,这是任何一种发展观都必须回答和解决的基本问题。

在有些地方,往往把经济增长与发展等同起来,只重视 GDP 或 GNP 的数量增长,不少地方政府实际上把 GDP 增长速度作为经济发展的首要目标以及政绩考核的最重要指标,这就是"唯 GDP 主义"或"GDP 挂帅"。改革开放以来,中国经济高速发展,到目前经济总量已是世界第二。但经济增长也带来了一系列问题,如经济增长模式的转变与经济增长的可持续性问题、经济增长与收入分配问题、经济与社会协调发展问题。中国的发展模式需要转变:从片面追求经济增长的"GDP 主义"转向以人为本的科学发展,经济发展应当从粗放式、高投入的增长模式转向注重经济增长的质量,注重经济增长的公平性,注重经济发展与生态环境、社会环境的协调发展。

(四)经济增长为什么没有带来幸福感的增强:"收入-幸福"悖论

"幸福经济学"的奠基人伊斯特林(R. Easterlin)在 1974 年的著作《经济增长可以在多大程度上提高人们的快乐》中提出了著名的"伊斯特林悖论",认为通常在一个国家内,富人报告的平均幸福和快乐水平高于穷人,但如果进行跨国比较,穷国的幸福水平与富国几乎一样高,其中美国居第一,古巴接近美国,居第二。现代经济学建立在"财富增加将导致福利或幸福增加"这样一个假设的基础上。然而,一个令人不解的问题是:为什么更多的财富并没有带来更大的幸福? 这就是伊斯特林悖论,也称"幸福-收入之谜"或"幸福悖论"。

伊斯特林等人 2012 年 5 月 14 日在《美国国家科学院院刊》(PNAS)杂志上发表了《中国的生活满意度:1990—2010》(China's life satisfaction,1990—2010)的研究报告,宣称尽管 20 年中国经济发展迅猛,但 2010 年的中国国民生活满意度比 20 年前更低。因此,经济发展并不意味着人民生活更幸福。《洛杉矶时报》则说:"中国经济高度发展,但国民生活满意度与经济发展程度并非亦步亦趋。"这份报告整合了 1990 年至 2010 年间中国零点调查公司、盖洛普民调、世界价值调查等 5 个调查机构,关于中国人生活满意度的 6 份不同时段的调查结果。每份调查的样本数均为 1000～5000,且大部分调查都有至少 2500 名受访者参与。报告描述,1990 年至 2010 年间,中国人均国民生产总值和消费水平,估计提高了至少 4 倍,但目前"没有证据表明,经济发展会提升人民生活满意度。中国人这 20 年的生活满意度变化轨迹呈 U 型曲线——2010 年的生活满意度指数,低于 20 年前"。该报告认为,失业率越来越高、社会保障体系的缺失(以及"贫富差距")是造成生活满意度下降的直接原因。报告提出就业和社保体系对于国民生活满意度的重要性,并肯定了中国政府的努力,"近年来,中国政府已开始努力修复社保体系,这是一个振奋人心的开端"[1]。

---

[1] 资料来源:薛京、周蓓蓓:《对话"幸福经济学"之父伊斯特林》,中青在线-青年参考 2012-05-27。

　　另外,根据荷兰伊拉斯谟(Erasmus)大学的 Ruut Veenhoven 教授对中国3 次幸福指数的调查数据,中国 1990 年国民幸福指数为 6.64(1～10 的标度),1995 年上升到 7.08,但 2001 年却下降到 6.60。数据表明,即使经济持续快速增长也并不能保证国民幸福的持续增加。

　　"收入-幸福"悖论是个普世难题。研究显示,在人均 GDP 较低的阶段,GDP 的增长使幸福曲线的上升坡度很陡,而到了人均 3000 至 5000 美元的水平之后,GDP 进一步增长并不能带来同比例幸福感的增长。来自美国商务部经济分析局和美国人口统计局的数据表明,从 1946 年到 1991 年,美国的人均收入从 11000 美元增加到 27000 美元,国民平均幸福水平反而略降。

　　澳大利亚华人经济学家黄有光则考察了后发国家的情况。他在《东亚幸福鸿沟》一文中指出,东亚地区已经取得了较高的收入水平,且拥有较高的增长率,人们应该感觉到更幸福才对,事实恰恰相反,出现了"东亚快乐鸿沟"。一个国家收入水平还很低的时候,收入与人民幸福程度密不可分,但当达到一定水平,这种相关性就会消失。

　　国内的数据也显示出收入与幸福感逐渐背离的趋势。例如 1979 年至2005 年 GDP 的平均年增速为 9.6%,城镇和农村居民人均可支配收入年平均增长率分别为 6.0% 和 7.0%;但据中国社会科学院发布的《2007 中国社会形势分析与预测》数据,2004、2005、2006 年中国城乡居民总体幸福感分别为3.79、3.73、3.64,呈下降趋势。而在过去 10 年,中国人的幸福感先升后降,表现出与经济发展轨迹之间的非同步性。

　　芝加哥大学商学院教授奚恺元表示,经济发展很大程度上有助于增加居民的幸福感,现在的中国人比 20 多年前要幸福得多,但是人们的幸福度还很大程度上取决于非财富因素。[①]

　　(五)对生活质量更高追求:愿望与实际的落差

　　什么是幸福生活? 温家宝总理在回答网友提问时的说法是"让人们生活得舒心、安心、放心,对未来有信心"。各种调查和民意测验表明,公众希望看到政府改善和提高为民服务的方法和质量,希望政府能够提供更优质的服务,过上好日子。一方面,在当代,民众对公共服务的需求越来越高,希望过上幸福生活。2011 年,韩国《亚洲经济》在题为《幸福提上中国两会议程》的文章中称,随着收入增加和生活水平的提高,中国人民对生活质量和幸福感有着越来

---

①　引自《从民生到幸福,中国人的幸福感如何计量》,新华网 2010-12-15。

越高的期待。因此,提高国民生活质量和幸福中国计划成为重要议题。① 另一方面,一系列社会问题的累积,经济社会发展的不均衡性进一步显现,大量的涉及人民切身利益的重要问题迫切需要加以及时有效的解决。政府能够提供的公共产品和公共服务的能力与公众的需求形成强烈的矛盾。愿望与实际的差距,这是民众幸福感不高的一个重要原因。

（六）生存和福祉与人均 GDP 的关系的两个阶段

美国密歇根大学教授罗纳德·英格哈特（Ronald Inglehart）把生存和福祉与人均 GDP 的关系划分为两个阶段:经济收益阶段和生活方式多样化阶段。在前一阶段,福祉提高对经济增长比较敏感,福祉随着经济增长明显提高;在后一个阶段,经济增长对福祉提高的作用并不显著,即当人们的收入达到一定水平之后,"主观幸福"和 GDP 的增长就不呈现出显著的正相关关系。他将人均 GDP 5000 美元作为经济收益阶段和生活多样化阶段的分界点。

2010 年中国人均 GDP 已达到 5000 美元水平,因而进入第二阶段,即居民的幸福感提升对经济增长不敏感的时期,旨在促进国民幸福的发展政策将不应该单单以 GDP 增长为中心。当中国逐步进入中等发展阶段,国民幸福应是政府公共政策的目标追求。

（七）以人民幸福为导向的党和国家的一系列重大战略决策

幸福的理念,实际是科学发展观思想不断深化的结果。早在 2006 年 4 月 21 日,胡锦涛同志在美国耶鲁大学演讲时,就针对科学发展的理念重申"我们坚持以人为本,就是要坚持发展为了人民、发展依靠人民、发展成果由人民共享",这意味着要"关注人的价值、权益和自由,关注人的生活质量、发展潜能和幸福指数,最终是为了实现人的全面发展"。

在党的十七大报告中,胡锦涛总书记明确提出,"以人为本"是科学发展观的核心。温家宝总理在十一届全国人大三次会议的政府工作报告也指出,我们所做的一切都是要让人民生活得更加幸福、更有尊严,让社会更加公正、更加和谐。因此,提高国民幸福水平就是建立以人为本的发展模式,基于提高国民幸福感的公共政策将成为中国建设和谐社会的基础。

科学发展观强调全面、协调、可持续发展,要求实现经济社会发展与人的全面发展的统一。从单纯追求经济发展指标特别是 GDP（国内生产总值）到开始关注包括幸福指数在内的人文社会环境指标、强调社会个体的内在体验

① 钱业等:《外媒猜测:中国将走出 GDP 崇拜 注重民众幸福感》,中国网 2011-03-04。

和感受,是科学发展的必然结果,也是建设中国特色社会主义的应有之义。

2012年7月23日,胡锦涛同志在省部级主要领导干部专题研讨班上的重要讲话着眼中国特色社会主义事业总体布局,对推进经济、政治、文化、社会建设以及生态文明建设作出一系列新的重大部署。从明确推进经济、政治、文化建设,到强调加强社会建设,再到提出生态文明建设,深刻表明我们党对社会主义现代化建设战略任务的认识在不断深化,对中国特色社会主义发展规律的认识在不断提高。

党的十八大将科学发展观写入党章,确立为党的行动指南。并提出"必须更加自觉地将全面协调可持续作为最为深入贯彻科学发展观的基本要求,全面落实经济建设、政治建设、文化建设、社会建设、生态文明建设五位一体的总体布局。"以科学发展观为引导,新的国家发展诉求将具体化为一种"全面均衡"发展路径。习近平在十八届中央政治局常委同中外记者见面时的讲话中指出:"我们的人民热爱生活,期盼有更好的教育、更稳定的工作、更满意的收入、更可靠的社会保障、更高水平的医疗卫生服务、更舒适的居住条件、更优美的环境,期盼孩子们能成长得更好、工作得更好、生活得更好。人民对美好生活的向往,就是我们的奋斗目标。人世间的一切幸福都需要靠辛勤的劳动来创造。我们的责任,就是要团结带领全党全国各族人民,继续解放思想,坚持改革开放,不断解放和发展社会生产力,努力解决群众的生产生活困难,坚定不移走共同富裕的道路。"①习近平总书记2013年3月17日在第十二届全国人民代表大会第一次会议闭幕会上发表的讲话中指出:"实现中华民族伟大复兴的中国梦,就是要实现国家富强、民族振兴、人民幸福。""生活在我们伟大祖国和伟大时代的中国人民,共同享有人生出彩的机会,共同享有梦想成真的机会,共同享有同祖国和时代一起成长与进步的机会。有梦想,有机会,有奋斗,一切美好的东西都能够创造出来。""中国梦归根到底是人民的梦,必须紧紧依靠人民来实现,必须不断为人民造福。"②

2015年10月29日通过的《中国共产党第十八届中央委员会第五次全体会议公报》指出:实现"十三五"时期发展目标,破解发展难题,厚植发展优势,必须牢固树立并切实贯彻创新、协调、绿色、开放、共享的发展理念。全会提

① 习近平:《人民对美好生活的向往,就是我们的奋斗目标》,引自《习近平谈治国理政》,外文出版社2014年版,第4页。
② 习近平:《在第十二届全国人民代表大会第一次会议上的讲话》,引自《习近平谈治国理政》,外文出版社2014年版,第40页。

出,坚持共享发展,必须坚持发展为了人民、发展依靠人民、发展成果由人民共享,做出更有效的制度安排,使全体人民在共建共享发展中有更多获得感,增强发展动力,增进人民团结,朝着共同富裕方向稳步前进。按照人人参与、人人尽力、人人享有的要求,坚守底线、突出重点、完善制度、引导预期,注重机会公平,保障基本民生,实现全体人民共同迈入全面小康社会。[①]

2015 年 10 月 16 日,2015 减贫与发展高层论坛在北京人民大会堂举行。国家主席习近平出席论坛并发表题为《携手消除贫困促进共同发展》的主旨演讲,强调:"全面建成小康社会,实现中国梦,就是要实现人民幸福。"实现中国梦离不开中国人民过上幸福的生活,民生一直是习近平总书记的牵挂,诚如他说过的,"把增进人民福祉、促进人的全面发展作为发展的出发点和落脚点"。

2015 年 5 月,在浙江召开华东 7 省市党委主要负责人座谈时,习近平总书记指出,要坚持经济发展以保障和改善民生为出发点和落脚点,全面解决好人民群众关心的教育、就业、收入、社保、医疗卫生、食品安全等问题,让改革发展成果更多、更公平、更实在地惠及广大人民群众。

2015 年 7 月,习近平总书记在中共中央政治局会议上强调,"实现好、维护好、发展好最广大人民根本利益是发展的根本目的,必须把增进人民福祉、促进人的全面发展作为发展的出发点和落脚点"。

2015 年 10 月,习近平总书记在中央深改组第十七次会议时强调,把改革落准落细落实,使改革更加精准地对接发展所需、基层所盼、民心所向,更好造福群众。

这些年来的党和国家的重大发展方针和政策都无不体现为人民谋幸福、增加民众幸福感的目标导向,从科学发展观、和谐社会建设、基本公共服务均等化、服务型政府建设、包容性增长、保障和改善民生、转变经济发展方式、节能减排等都如此。在"十三五"规划建议中,全民参保,适当降低社会保险费率;建立基本养老金合理调整机制;全面实施城乡居民大病保险制度等一批公众"看得到"的实惠一一列出。国家发展改革委主任徐绍史认为这些举措更加贴近百姓,都是人民群众最关心的,是人民群众看得见、能受惠的实事。[②]

让人民群众过上幸福生活,是我们党长期以来孜孜不倦的奋斗目标。中国共产党一再强调要深入贯彻落实科学发展观、构建社会主义和谐社会,强调

---

① 《中国共产党第十八届中央委员会第五次全体会议公报》,人民出版社 2015 年版。
② 开可、杜美辰:《习大大的中国梦:让人民过上更好的生活》,中国青年网 2015-12-28。

要坚持以人为本、保障和改善民生、实现包容性增长等,目的都是为了让发展成果惠及全体人民,让人民群众过上幸福生活,不断提升国民幸福指数。

公共服务通过促进社会公平公正提升国民幸福指数,而公平公正与幸福具有正相关关系,是影响人们幸福与否的关键因素之一。2012 年 7 月,国务院的《国家基本公共服务体系"十二五"规划》颁布,涉及基本公共教育、劳动就业服务、社会保险、基本社会服务、基本医疗卫生、人口和计划生育、基本住房保障、公共文化体育、残疾人基本公共服务九大领域。

(八)从比"GDP"到比"幸福感":地方政府施政重心的转变

《瞭望东方周刊》的文章称:在"和谐"诉求中度过"十一五"的中国人,将带着"幸福"愿景面向"十二五"。幸福,有望成为今后五年乃至 2020 年小康社会全面建成时这个国家的主题词。从人类的终极梦想变成挂在各级官员嘴边的施政纲领,"幸福"显得很神圣,也有些沉重。政治学者俞可平说:"全球化时代,政府的责任清单中增加了'幸福'这一醒目字眼。"

诸如"从比 GDP 到比幸福感""幸福指数热过 GDP""让幸福飞""幸福来敲门,走出 GDP 崇拜,向幸福进军""幸福正在上升为国家意志""国民幸福指数正在成为越来越多国家和地区公众对社会发展的关注焦点"等等说法,表明中国经济社会发展政策目标的向,凸显出以人为本执政理念的深化。

加快转变经济发展方式的一个重要内容,就是改变"见物不见人"的发展模式,更加注重提高发展的质量、效益和人民群众的幸福指数。在摒弃 GDP 崇拜的同时,关注发展质量、增加民生福祉被提到了前所未有的重要位置。

"幸福感"在多省的"十二五"规划中成为热词。如北京提出"让人民过上幸福美好的生活";广东省将加快转型升级、建设"幸福广东"作为今后 5 年的发展核心;重庆宣示要成为"居民幸福感最强的地区之一";河北省委通过的"十二五"规划建议提出,在未来 5 年使得人民幸福指数明显提高;江苏省委"十二五"规划建议也明确,"十二五"期间,要使得"社会就业更加充分,覆盖城乡居民的社会保障体系日益完善,人民群众实现住有所居、安居乐业,幸福感普遍提升"。

2011 年 4 月,汪洋在向广东省干部推荐两本关于幸福的书(《幸福的方法》和《对我们生活的误测:为什么 GDP 增长不等于社会进步》)的信中说:"幸福是人类的共同追求。作为一个执政为民的政党,应当以开放的心态吸收借鉴人类在追求幸福过程中的思想成果,提高我们造福于民的水平。"他要求深化全省读书活动,并将学习思考的成果转化为推进"加快转型升级、建设幸福广东"的强大动力和实际行动。

如今不少城市热衷城市形象宣传,而在鳞次栉比的城市形象广告牌上,"幸福""活力""生态""民生"等成了屡见不鲜的"热词"。例如,深圳离"民生幸福城市"还有多远;惠州为何连续三年入选中国幸福城市榜;珠海抢注"幸福之城"梦想如何照进现实;烟台17年坚持铸就幸福之城。

托马斯·杰斐逊在《独立宣言》中断言追求幸福的权利是"不证自明的真理";法国人在1789年发表的《人权和公民权利宣言》中提出了确保"所有人的幸福"这样的崇高目标;1793年的法国《雅各宾宪法》宣称"社会的目标就是共同幸福"。不断改善和提升公众的幸福感应该是政府的重要使命,也是衡量一个社会和谐稳定的关键尺度。

突出强调建设幸福社会,不仅是中国共产党不变的初衷,更是执政党追求的政治理念和价值;不仅是顺应新形势新变化,回应人民新期待的庄严回答,也是适应经济转型、社会转轨的迫切需要。

三、作为一种政府治理方式的国民幸福指数

国民幸福指数既是公共政策追求的基本目标,又是一种重要公共政策工具或政府管理的方式。

(一)什么是(国民)幸福(感)指数?

如果说GDP(国内生产总值)、GNP(国民生产总值)是衡量国富、民富的标准,那么我们应该还需要一个衡量人的幸福快乐的标准。在国际社会,这个新出现的标准叫GNH(国民幸福总值)。

通常认为幸福指数是衡量幸福感受具体程度的主观指标数值;而幸福感是一种心理体验,表现为在生活满意度基础上产生的一种积极心理体验。"

不丹采用的是以国民幸福指数为核心的政府善治模式。不丹王国国王吉格梅·辛格·旺楚克认为公共政策应该关注幸福,并应以实现幸福为目标。不丹的"国民幸福总值GNH"体系由政府善治、经济增长、文化发展和环境保护四个基本方面所构成。在这个体系中,健康水平、财富收入、教育供给、家庭关系、工作、个人自由等都成为考量国民幸福程度的指标。

不丹研究院院长卡玛·尤拉说,GNH的概念旨在为个人提供条件以获得健康和良好教育,有效地平衡生活和工作,还有弹性的生态、生机勃勃的文化、富有活力的社区生活、体面的生活水平以及健康的精神幸福。他说GNH这个概念是用来衡量人类综合和持续发展的一种手段,它最终的目标是为了达

到全人类的幸福。GNH 涉及生活中的 9 大领域,有 72 项指标,一般理解为除收入之外生活中的各个方面。

(二)形形色色的幸福指数或市民满意度调查

众多国际的幸福指数或市民满意度调查,结果相差甚大。一个有意思的对比:2011 年 5 月,OECD 为庆祝成立五十周年,公布了俗称"幸福指数"的"更好生活指数"(Better Life Index)。根据十一项评比指标,OECD 三十四个会员国中,澳大利亚、加拿大及瑞典名列最快乐的国家前三名。朝鲜也在随后公布自己的"世界各国国民幸福指数"调查结果,似乎想和西方世界一较高下。在 203 个国家中,中国满分 100 分,拿下第一名;朝鲜 98 分紧追在后,第三名的古巴则为 93 分,伊朗及委内瑞拉分居四、五名,韩国 18 分位居一百五十二名,美国以个位数得 3 分最后一名。[①]

2012 年 4 月,联合国与哥伦比亚大学地球研究所共同发布全球幸福报告(World Happiness Report)。报告提出了一套国家幸福指数(Bhutan's GNH Index)体系作为测评全世界各国国民幸福程度的指标,其中包括稳定的经济收入、良好的人际关系、高就业率和高质量的工作、相互信任和尊敬的社会生活、身心健康、供养家庭、良好的教育等。报告显示,世界上最幸福的国家大多在北欧:丹麦、芬兰、挪威依次占据了前 3 席,瑞典名列第 7。超级大国美国位列榜单第 11 名,中国则排在第 112 位。有分析称:北欧幸福感强的原因有四:一是北欧国家都是富裕的工业国,人民生活水平普遍较高;二是完善的社会保障体制;三是其对环境友好的可持续发展的政策;四是北欧式协商民主带来的阶级合作与政治稳定。[②]

泰国国王普密蓬·阿杜德倡导的"知足常乐"属于中间路线。2007 年临时政府总理素拉育声称:国民的"幸福指数"比经济增长数字更加重要。UNDP 的报告指出,普密蓬国王的思想为全球发展提供了一条"中间道路"——既不是过分的全球化,也不是闭关锁国;既不是赤裸裸的资本主义,也不是无原则的福利社会;既不会给社会带来倒退,也不会是充满梦想的大跃进。

盖洛普世界民意调查在 2005 至 2009 年间,访问来自 155 个国家及地区

---

① 资料来源:新加坡联合早报网:http://www.zaobao.com/wencui/2011/05/taiwan110530d.shtml.

② 郭灵凤:《北欧人为什么如此幸福》,《中国周刊》2012 年第 5 期。

数千名受访者,询问"你幸福吗?"让他们将对生活和每天经历的满意程度以1至10评分,得出"人生评估"幸福指数。结果是头5个幸福地依次为丹麦、芬兰、挪威、瑞典和荷兰,中国排第125,香港排在第81位。在中国,确定"幸福"的只有6%。盖洛普世界民意调查还问:百姓怎么才能幸福?40%的人认为"幸福不幸福,还是财富占大头"(2009年丹麦的人均国民生产总值是3.6万美元)。中国经济总量排名世界第二,但平均工资仅居世界第119位。要使人民生活得更幸福,就要让老百姓的腰包鼓起来。

《科学时报》2006年12月29日报道,中科院院士程国栋首提核算"国民幸福指数"的提案。2005年全国两会期间,中国科学院兰州分院院长、中国科学院院士程国栋向会议提交了一份题为《落实"以人为本",核算"国民幸福指数"》的提案,建议从国家层面上构造由政治自由、经济机会、社会机会、安全保障、文化价值观、环境保护六类构成要素组成我国的国民幸福核算指标体系。在2011年1月接受21世纪经济报道采访时,程国栋认为作为一个整体概念,国民幸福总值可定义为一个国家的居民享受生活的程度,可以叠加个人幸福总值来量化幸福总值。

中国最具幸福感城市有多种排行榜,如新华社《瞭望东方周刊》联合中国市长协会《中国城市发展报告》工作委员会主办的《中国最具幸福感城市大调查》,由中国国家统计局联合中央电视台主办的《经济生活大调查》,由中国城市发展研究院、中国城市竞争力研究会、中国人民大学心理学系联合工众网等组织机构发布的不同版本的最具幸福感城市排行榜。我牵头的课题组做过全国32个重要城市的公共服务质量指数调查、厦门市思明区科学发展调查等项目研究。

新华网北京2011年5月2日报道,北京学者提出"国民幸福指数"测算体系。由四川省遂宁市政府委托,北京工商大学世界经济研究中心主任季铸领衔组织设计的《四川遂宁国民幸福指数报告》日前公布。该报告创新设计出一套全面、系统的"国民幸福指数"测算体系,在48个基础指标和空间资源、生态环境、人口发展等8个大类指数基础上,最终测量出一个地区的国民幸福综合指数。

《南方日报》2012-06-30报道:粤发布幸福感测评报告,广东群众总体"比较幸福"。国家统计局广东调查总队省政府新闻办举行的新闻发布会上首度发布了2011年广东群众幸福感测评调查报告。本次调查采取随机实地抽样的方法,对全省21个地级以上市和35个县(市、区)范围内的6900个样本进

行入户问卷调查。调查问卷包括一个"对个人幸福程度总体评价"的总指标和
"个人发展、生活质量、精神生活、社会环境、社会公平、政府服务、生态环境"等
7个分项一级指标包含的36个二级指标。调查结果显示:2011年广东群众对
个人幸福感的总体评价为80.4分,总体达到"比较幸福"。深视新闻曾报道深
圳在全国率先开展居民幸福感调查的消息,居民幸福感指数是和谐深圳评价
体系的一个重要组成部分,将成为政府部门决策和执行的一项重要参考。

中国宁波网2011-12-06报道:余姚市已在全国统计科研领域率先启动了
GNH(国民幸福指数),并通过问卷调查等方法,初步建立了市民幸福总值核
算体系。该体系的建立,将打破以经济指标评价城市发展的传统模式,将重心
放置于市民的生活满意度等生存状况及人际和谐程度,逐步改变以往发展就
是GDP高速增长的片面认识。《嘉兴日报》2012-02-08报道:海宁首次发布国
民幸福指数,幸福指数指引施政方向。

云南网2012-07-02消息:大理州召开幸福大理建设推进大会:幸不幸福,
让老百姓说了算。州委书记尹建业说:我们一起解读幸福、憧憬幸福、规划幸
福,本身就是一种幸福的感受。建设幸福大理,就是要扎扎实实创造出老百姓
看得见、摸得着、享受得到的幸福。

四、结束语

综上所述,幸福感与幸福指数业已成为当今各国政府的施政目标和治理
方式。在当代,衡量一个国家是否发达、国民是否幸福的标准,单有GDP或人
均收入是不够或不充分的,必须是更综合全面的指标,如考虑健康、教育、住
房、生活体面等人类发展指数或国民幸福指数,这些指数与公共服务质量高低
密切相关。

前面提到的"斯蒂格利茨-森-菲图西委员会报告"指出:"在发生危机的此
刻,国家需要新的政治言论确定我们的社会应当往何处去。这份报告倡导从
'面向生产'的衡量系统转向关注当前和未来世代幸福的衡量系统,即转向更
广泛地衡量社会进步。"[1]哈佛大学前校长德雷克·博克在《幸福政治学》(*The
Politics of Happiness*,中译本书名《幸福的政策》)[2]一书中则分析政府政策

---

[1]　[美]约瑟夫·E.斯蒂格利茨、[美]阿马蒂亚·森、[法]让-保罗·菲图西:《对我们生活的误
测:为什么GDP增长不等于社会进步》,阮江平、王海昉译,新华出版社2011年版,第40页。

[2]　[美]德雷克·博克:《幸福的政策》,许志强译,万卷出版公司2011年版。

与幸福民生的联系,深度思考幸福感对美国政府政策的影响,在更广泛的政策领域中,提升幸福感,增进全体公民生活的品质,并从经济增长、平等、养老、失业、健康保险、教育与政府职能等诸多方面,思考政府政策与国民幸福的未来。

在我国,党和国家始终坚持以人民为中心的发展观,重大发展方针和政策体现了人民谋幸福增加民众幸福感的目标导向。发展的根本目是增进民生福祉,不断增强人民的获得感、幸福感、安全感,把人民获得感作为"试金石",把人民的支持作为"发动机",不断推进全体人民共同富裕。正如习近平所指出的:"我们要牢记人民对美好生活的向往就是我们的奋斗目标,坚持以人民为中心的发展思想,努力抓好保障和改善民生各项工作,不断增强人民的获得感、幸福感、安全感,不断推进全体人民共同富裕。"①

---

① 《习近平:新时代要有新气象更要有新作为 中国人民生活一定会一年更比一年好》,新华网 2017-10-25。

第三章　应急管理

3-1　风险社会与应急管理[*]

　　当代全球已进入风险社会,应急管理或危机管理成为全球治理以及国家治理的重大问题,成为当前我国国家治理与的重中之重。目前这一领域的理论与实践在我国方兴未艾,蓬勃发展。

一、高风险社会的来临

　　进入 21 世纪,世界范围内自然环境的恶化,气候变化、大气污染、物种减少、资源枯竭等问题剧增,环境突发事件频发,自然灾害加剧。出现了一系列重大危机,如"9·11"事件、非典暴发、印度洋地震海啸、汶川地震、埃博拉疫情、新冠肺炎等。非传统领域的公共安全风险挑战加大。随着网络化、数据化和智能化时代的来临,包括网络安全在内的各种新安全威胁和风险增加。

　　应急管理或危机管理更是当前我国国家治理治理的一个重中之重。中国是世界上受自然灾害影响最为严重的国家之一,灾害种类多、发生频率高、损失严重。再加上生态环境的破坏,潜在的环境危机随时可能爆发。我国每年受灾害影响的人口大体在 2 亿左右,约占全国人口的 1/7。我国有 70% 以上的大城市、半数以上的人口、75% 以上的工农业生产值分布在气象、海洋、洪水、地震等灾害严重的沿海及东部地区。例如,中国是世界上地震活动最强烈和地震灾害最严重的国家之一,中国占全球陆地面积的 7%,但 20 世纪全球大陆 35% 的 7.0 级以上的地震发生在中国,20 世纪全球因地震死亡 120 万人,

---

　　* 本文是作者近期的一篇演讲稿(部分资料来自拙著《中国应急管理的兴起——理论与实践的进展》,载《东南学术》2010 年第 1 期)。

中国占 59 万人,居各国之首。①

我国早已进入社会转型期。有关研究表明,一个国家人均 GDP 处于 1000～3000 美元的发展阶段,是各种社会问题及突发事件的高发期。在社会的不安定、"非稳定状态"频发的关键阶段,经济容易失调,社会容易失序,心理容易失衡,社会伦理等需要调整重建,社会安全事件或社会危机频发。国家统计局 2020 年 1 月 17 日对外公布,经初步核算,2019 年全年我国国内生产总值 (GDP)为 99.0865 万亿元,稳居世界第二位;人均 GDP 首次站上 1 万美元的新台阶。按照联合国目前的划分标准,中国仍处于中等偏上收入国家的水平,但中国人均 GDP 离世界平均水平更近了,相当于世界平均水平的 90%(而在 1980 年,我国人均 GDP 只有约 300 美元,是世界平均水平的 12.3%)。张宇燕认为"目前我们处于从中等收入向高收入迈进的阶段,这是我国经济发展非常重要的拐点"②。

中国迈进了高风险社会。21 世纪的头几年,我国因自然灾害、事故灾难、公共卫生和社会安全等突发事件每年造成的非正常死亡人数超过 20 万。③公共安全形势相当严峻:一是重大自然灾害频率高、分布广、损失大。由于特有的地质构造条件和自然地理环境,我国是世界上遭受自然灾害最严重的国家之一,平均每年造成 1.5 亿人～3.5 亿人不同程度受灾,1 万多人死亡,经济损失达 2000 亿元。二是重特大事故频发,我国每年发生各类事故近 100 万起,死亡 13 万人,伤残 70 多万人,造成经济损失 2500 多亿元。三是公共卫生事件严重威胁人民群众生命和健康。据统计,全球新发 30 余种传染病已有半数在我国发现,给人民群众生命和财产造成严重危害。2003 年,我国因生产事故损失 2500 亿元、各种自然灾害损失 1500 亿元、交通事故损失 2000 亿元、卫生和传染病突发事件损失 500 亿元,以上共计达 6500 亿元人民币,相当于损失我国 GDP 的 6%。2004 年,全国发生各类突发事件 561 万起,造成 21 万人死亡、175 万人受伤。全年自然灾害、事故灾难和社会安全事件造成的直接经济损失超过 4550 亿元。2005 全国年发生灾害突发公共事件 540 万起,造成大约 20 万人死亡,直接经济损失约 3253 亿元。当年 11 月发生的松花江水体污

---

① 资料来源:中国地震局:《国家防震减灾规划(2006—2009)》。
② 钟哲:《奋力开拓经济社会发展新局面》,中国社会科学网 2020-08-28。
③ 《我国因突发事件每年造成的非正常死亡人数超过 20 万》,新华网 2006-07-17。

染事件,造成哈尔滨这个人口数百万的城市停水四天,这在我国历史上还是首次。[①]

习近平指出:"我国是世界上自然灾害最为严重的国家之一,灾害种类多,分布地域广,发生频率高,造成损失重,这是一个基本国情。同时,我国各类事故隐患和安全风险交织叠加、易发多发,影响公共安全的因素日益增多。加强应急管理体系和能力建设,既是一项紧迫任务,又是一项长期任务。"[②]

顾名思义,应急管理就是突发事件应对或管理,是指政府和其他社会主体为了保护公众生命财产安全,维护公共安全、环境安全和社会秩序,在突发事件事前、事发、事中、事后所进行的预防、响应、处置、恢复等的一系列活动或工作。突发事件是指突然发生,造成或者可能造成严重社会危害,需要采取应急处置措施予以应对的自然灾害、事故灾难、公共卫生事件和社会安全事件。应急预案是指面对突发事件如自然灾害、重特大事故、环境公害及人为破坏的应急管理、指挥、救援计划等。有学者将风险分为自然风险、技术风险和制度风险三类。1986 年,贝克在《风险社会》一书中认为除了自然风险,当代人类社会面临的技术风险日益凸显。吉登斯又提出制度性风险概念。与自然风险不同,技术风险和制度性风险都是人类行为所造成的。我国把重大突发事件分成四类:自然灾害、生产安全事故、公共卫生类事件和社会安全事件;按照社会危害程度、影响范围等因素分为特别重大、重大、较大和一般四级:特别重大的是Ⅰ级,用红色表示;重大的是Ⅱ级,用橙色表示;较大的是Ⅲ级,用黄色表示;一般的是Ⅳ级,用蓝色表示。

二、中国应急管理的兴起

风险社会的来临与应急管理的实践需求催生了作为跨学科、交叉学科和综合性研究的应急管理或危机管理的知识领域。在过去几十年尤其近一二十年来,应急管理或危机管理学科的迅速成长以及它对世界各国政府的应急管理实践所产生的积极影响,使它成为各国学界和政界共同关注的"显学",成为当代公共管理学的一个重要的、富有成果和充满活力的新研究领域。

从实践上看,现代意义上的应急管理起源于 20 世纪 40 年代的美国民防

---

① 陈泽伟:《制订突发事件应对法的新意》,《瞭望新闻周刊》2006 年第 16 期。
② 《习近平在中央政治局第十九次集体学习时强调 充分发挥我国应急管理体系特色和优势 积极推进我国应急管理体系和能力现代化》,新华网 2019-11-30。

079

制度,经过七八十年的发展,已形成了以全风险管理和全过程管理为特征的综合性应急管理体系。从理论上看,从 20 世纪四五十年代开始,西方特别是美国社会科学界(公共管理、工商管理、政治学、国际关系、经济学、社会学、法学和心理学等领域)就已展开了对应急管理或危机管理的自觉研究,并逐步形成一个相对独立的研究领域,目前已比较成熟,有大量的研究成果出现。

我国的危机或应急及其管理的思想源远流长。这从我国的许多古训中就可以略见一斑。但现代的(公共)危机或应急管理的概念出现在中国较晚。有研究者指出,公共危机概念首次出现在新中国的政府文件中可以追溯到 20 世纪 80 年代中期。20 世纪 90 年代中期国内公共管理学界开始了对公共危机的理论研究。最早的文献可能是魏加宁的《危机与危机管理》一文(载于《管理世界》1994 年第 6 期);从行政学角度研究危机管理的最早专著可能要算许文惠、张成福主编的《危机状态下的政府管理》一书(中国人民大学出版社 1998 年版)。

2003 年"非典"爆发及其应对,使得突发事件应急管理成为各级政府职能履行的一个重中之重。在随后的近十年间,我国制定了多项应急管理的法律法规,建立了以"一案三制"("一案"是指应急预案;"三制"是指应急管理的体制、机制和法制)为核心的应急管理制度体系、法规政策体系和组织管理体系,标志着中国应急管理体系框架的形成。

"非典"的发生成为我国应急管理或危机管理学科领域诞生的催化剂。作为一个跨学科的新研究领域,应急管理或危机管理涉及几乎所有科学技术的知识领域,尤其是与公共管理、经济学、社会学、政治学、法学、心理学、传播学、信息科学、管理科学与工程学等学科密切相关。由于政府和社会的迫切需求以及高校学科发展的强有力推动,近年来我国应急管理或危机管理这一学科领域成为一门"显学",呈现迅速发展的态势。

随着 2003 年的"非典"爆发,应急管理或危机管理的研究骤然兴起,而从一开始,突发公共卫生事件自然成为应急管理研究的焦点。薛澜、张强、钟开斌的《危机管理:转型期中国面临的挑战》(清华大学出版社 2003 年版)、冯惠玲主编的《公共危机启示录:对 SARS 的多维审视》(中国人民大学出版社 2003 年版)、中国行政管理学会课题组的《中国转型时期群体性事件对策研究》(学苑出版社 2003 年版)、《学习时报》编辑部编辑的《国家与政府的危机管理》是几本较有影响的代表作。

高小平和刘一弘将我国应急管理研究的前十年的发展划分为三个阶段:

第一阶段,2003 年以前,是应急管理研究的萌芽时期,主要集中在部门应对、单项应对突发事件的应急管理研究方面;第二阶段,2003 年至 2007 年,是应急管理研究快速发展时期,表现为研究著作和论文呈现"井喷"状态势,数量剧增;第三阶段,2008 年以后,是应急管理研究进入质量提升时期,这不仅表现在研究应急管理专题方面,还表现在研究应急管理整体框架方面,其内容覆盖面更加全面且更为深入。而这三个阶段大体与我国应急管理体系建设的实践发展阶段一致。①

学者们从不同的学科视角、领域和侧重点研究应急管理或危机管理的问题,涉及应急管理(或危机管理)的概念辨析和理论基础,突发性事件或危机事件的种类及其应对,应急管理的过程与环节,应急管理的体制、机制和法制以及应急预案编制,国外应急管理的体系、模式及经验等等。例如,张成福、薛澜、李君如、张小明、蔡志强等人对公共危机治理模式的研究;牛文元、丁元竹、孙柏英、马晓河和洪秀菊等对我国社会突发事件管理与政府责任问题进行研究;宋林飞、童星、李程伟等人对风险社会与风险预警及管理的研究;应松年、马怀德、韩大元、莫纪元等人对应急管理法制的研究;李学举、郭太生、胡鞍钢等人对自然灾害和事故应急管理的研究;张沱生、史文等人对中美安全危机管理的案例研究;余潇枫等人对非传统安全的研究;王东阳、李宁辉、刘兵等人对农村社会突发事件及管理机制的研究;赵成根、顾林生、郭太生等人对国外应急管理以及防灾救灾的体系、模式及经验的研究等。

从 2003 年开始的近十年中,我国已出版了不少应急管理或危机管理的论著、教材或教学参考资料。通论性的著作或教材有汪玉凯的《公共危机与管理》(中国人事出版社 2007 年版),张小明主编的《公共部门危机管理》(中国人民大学出版社 2004 年版),王宏伟编著的《突发性应急管理:预防、处置与恢复重建》(中央广播电视大学出版社 2008 年版),卢涛编著的《国家公务员九项能力培训教程:应对突发事件能力》(人民出版社 2005 年版),郭济主编的《政府应急管理实务》(中共中央党校出版社 2004 年版),余潇枫的《非传统安全与公共危机治理》(浙江大学出版社 2007 年版),房宁等主编《突发事件中的公共管理——"非典"之后的反思》(中国社会科学出版社 2005 年版)等。案例研究有桂维民编著的《应急管理 100 例》(中共中央党校出版社 2009 年第二版),刘子富的《新群体事件观——贵州"6.28"瓮安事件等的启示》(新华出版社 2009 年

---

① 高小平、刘一弘:《我国应急管理研究述评》(上),《中国行政管理》2009 年第 8 期。

版)等。还有多家机构及个人编辑出版多种中国应急管理或危机管理的年度报告,例如,胡百精主编《中国危机管理报告(第一卷)》(南方日报出版社 2006 年版),管强主编的《中国突发性事件报告 NO.1》(中国时代经济出版社 2009 年版)等。还有大量的博士硕士论文以应急管理或危机管理为选题。

更多的研究成果是在学术杂志或学术会议上发表的。从 2003 年开始的近十年中,许多不同学科专业的杂志和综合性刊物都乐意刊载应急管理的论文。值得一提的是我国第一本应急管理综合刊物《中国应急管理》(国务院办公厅主管、中国行政管理学会主办)于 2007 年创刊,这是应急管理研究的交流平台,也是学界和政府联系的桥梁。近年来,学术机构和政府机构也举行了许多应急管理或危机管理的国际或国内的学术研讨会以及各种形式的调研咨询会。

各种研究基金资助了大量的应急管理或危机管理研究的课题。除了大量的一般课题(或面上项目)以及青年项目之外,国家级基金会大都设立了这方面的重大研究计划、重大攻关项目和重点项目。例如,2008 年国家社会科学基金重大招标课题中设有应急管理的项目;2009 年国家自然科学基金会管理科学部启动了该部设立以来的第一个重大研究计划——应急管理研究计划,经费达八千万元;"非典"过后,教育部首次的哲学社会科学研究重大课题攻关项目的招标,在政治学和社会学领域中就设立了应急管理的项目。各级政府部门和一些企事业单位也委托了大量的应急管理或危机管理方面尤其是应急管理系统设计与应急预案编制的调研咨询项目。

2003 年以后,我国的高校和科研单位纷纷成立应急管理或危机管理的研究及教学机构,如清华大学中国应急管理研究基地、中国人民大学危机传播管理研究中心、中央财经大学危机管理学院、暨南大学应急管理学院、北京理工大学的"危机管理研究中心"、南京大学社会风险与公共危机管理研究中心、上海交通大学应急管理研究中心、浙江大学非传统安全与和平发展研究所、国家行政学院的应急管理教研部。

许多高校在相关学科专业(特别是公共管理和公共政策学科)中设立应急管理的研究生甚至本科生的专业或专业方向,开始应急管理的本科生、硕士生和博士生的培养。例如,2004 年,北京理工大学在国民经济动员学硕士学位点中设立危机管理研究方向;中国人民大学危机传播管理研究中心从信息与传播管理的角度,开展了危机传播管理的研究和研究生培养工作;中央财经大学危机管理学院把公共危机管理和企业危机管理作为该学院的教育培训重点;暨南大学应急管理学院则把重点放在应急管理本科生的培养上。一批名校相继开设了应急管理或危机管理的课程(诸如"公共危机决策与管理""公共危机管理理论与实务""公共危机与应急管理""公共安全与危机管理""公共危机管理"等),促进了公共应急管理的教学研究与人才培养。

党校、行政学院和干部学院系统以及高等学校也加强了对公务员的应急管理的培训,办起许多应急管理的专题培训班,或在其他专题培训专题中加入应急管理方面的课程。特别一提的是 2008 年以来中央组织了对全国县委书记、县公安局长、县纪委书记的多批轮训,培训有两个重点:一是提高处理突发性事件的能力,二是提高应对媒体的能力。为什么要下这么大的气力做应急管理培训? 这是因为突发事件特别是重大危机事件的应对能力,成为衡量党的"执政能力"的重要指标,各类突发事件及群体性事件考验着执政党的意志;应急管理或危机管理能力也是政府管理的核心能力,能否有效应对是对当代政府治理的一个严峻的挑战。面对突发性危机事件,政府必须建立一整套行之有效的危机准备、预警、快速反应、处理和危机恢复的运行机制。应急管理或危机管理的目的在于通过提高政府对危机发生的预见能力和危机发生后的处理能力,以尽快恢复社会正常秩序,维护政府的公信力。

仇方迎等记者在采访多所高校并综合其他信息分析基础上,认为我国危机管理学科建设呈现出三大亮点:一是危机管理学科从管理科学等相关学科中派生,从一开始就重视多学科、跨学科交叉融合。二是从专业培训入手凝练学科方向。由于目前危机管理还没有设置本科专业,许多高校的危机管理学科建设都是从专业培训入手来凝练学科方向的。三是从研究生层面高起点培养人才。由于危机管理需要的是综合型、复合型、高层次的专门人才,各高校都跨越了本科生培养阶段,直接从研究生开始,高起点培养危机管理专门人才,社会对这些人才的反馈很好。[1]

2003 年开始的近十年,中国应急管理或危机管理学科尚处于起步阶段,有诸多的问题和不足(特别是原创性或有中国特色的应急管理或危机管理的理论研究成果较少),应急管理有许多的领域需要开拓、扩展和深化。2009 年北京大学的一篇题为《基于社会视角的公共危机治理研究》的匿名博士论文认为,目前我国应急管理或危机管理研究中存在的问题有:过多研究城市社会突发事件管理问题,而忽视农村问题研究,严重脱离中国的农业大国国情;注重

---

[1]　仇方迎、李凝、赵凤华:《危机管理学科建设呈现三大亮点》,《科技日报》2007 年 5 月 21 日。

对社会突发事件危害现象的研究,关注突发公共事件分类、分级与分期这些基础性问题,缺乏对社会突发事件形成的原因、原理进行深入研究;对已经发生的各类社会突发事件应对措施做了详细的归纳性总结,但对如何防范突发事件,特别是深入研究社会突发事件预警、应急与责任机制,缺乏足够的重视;强调社会突发事件对社会政治价值观念与社会道德规范传承"稳态"的冲击,但忽视社会突发事件产生的经济学、社会学原因分析;注重研究政府在社会突发事件管理中的责任问题,但忽视非政府组织和公众管理社会突发事件的作用。

推进我国应急管理或危机管理研究,有大量的工作要做。特别是要在立足我国应急管理实践,并继续跟踪国外危机管理的学术前沿以及借鉴吸收其积极成果的基础上,推进应急管理或危机管理的基础理论研究和学术创新。这需要提炼应急管理或危机管理的核心主题和科学问题,规范研究方法和分析技术尤其是加强经验分析和理论检验,整合各学科的应急管理研究力量以形成研究合力,加强实务部门的联系,强化应急管理或危机管理的实践性与应用性。由此推动我国应急管理或危机管理研究在繁荣中规范和发展。

三、应急管理发展的新阶段

党的十八大以来,以习近平同志为核心的党中央高度重视风险防范与应急管理工作,将应急管理看作国家治理体系和治理能力的重要组成部分,从战略高度来进行顶层设计、总体部署和系统推进。2018 年 1 月,习近平总书记在学习贯彻党的十九大精神专题研讨班开班式的讲话中列举了 8 个方面 16个具体风险,提出要像对待"非典"那样的重大传染性疾病一样,时刻保持警惕、严密防范。2019 年 1 月 21 日,习近平在省部级主要领导干部坚持底线思维着力防范化解重大风险专题研讨班的讲话中强调要深刻认识和准确把握外部环境的深刻变化和我国改革发展稳定面临的新情况新问题新挑战,坚持底线思维,增强忧患意识,提高防控能力,着力防范化解重大风险。2018 年 3 月应急管理部成立,我国步入了"大应急"的时代。党的十九届四中全会通过的《中共中央关于坚持和完善中国特色社会主义制度、推进国家治理体系和治理能力现代化若干重大问题的决定》指出,必须"构建统一指挥、专常兼备、反应灵敏、上下联动的应急管理体制,优化国家应急管理能力体系建设,提高防灾减灾救灾能力"。

2019 年 11 月 29 日,习近平在中央政治局第十九次集体学习时强调:"应急管理是国家治理体系和治理能力的重要组成部分,承担防范化解重大安全风险、及时应对处置各类灾害事故的重要职责,担负保护人民群众生命财产安全和维护社会稳定的重要使命。要发挥我国应急管理体系的特色和优势,借鉴国外应急管理有益做法,积极推进我国应急管理体系和能力现代化。"他还指出要"大力培养应急管理人才,加强应急管理学科建设"。

2020年2月14日,习近平在中央全面深化改革委员会第十二次会议上,对完善重大疫情防控体制机制、健全国家公共卫生应急管理体系作出重要部署,要求总结经验、吸取教训,从体制机制上创新和完善重大疫情防控举措,健全国家公共卫生应急管理体系,提高应对突发重大公共卫生事件的能力水平。2月23日,习近平在统筹推进新冠肺炎疫情防控和经济社会发展工作部署会议上又对完善重大疫情防控体制机制、公共卫生应急管理体系作出部署。3月10日,习近平在武汉考察疫情防控,谈到如何补齐治理体系的短板和弱项时指出要树立"全周期管理"意识。8月24日,习近平在经济社会领域专家座谈会上的讲话中指出,"今后一个时期,我们将面对更多逆风逆水的外部环境,必须做好应对一系列新的风险挑战的准备"。9月8日,习近平在全国抗击新冠肺炎疫情表彰大会上的讲话中强调坚持底线思维、增强忧患意识,有效防范和化解前进道路上的各种风险。这为新时代中国特色应急管理体系建设和学科建设指明了方向。

这次新冠肺炎疫情是新中国成立以来在我国发生的传播速度最快、感染范围最广、防控难度最大的一次重大突发公共卫生事件。新冠疫情改变了世界,人类社会的转折点来得如此突然,让人始料未及。疫情防控是对我国国家治理及应急管理的一次"大考",又一次雄辩证明应急管理的极端重要性,并凸显公共治理及与公共决策中的风险识别与防范、危机预警与应急决策的重大而紧迫的实践需求。公共管理一级应急管理的理念和内容也将随之发生改变,底线思维、忧患意识与风险观念必须贯穿到公共管理的全过程;风险防控与应急管理已成为常规或常态化的管理方式,而不仅仅是非常态时期所需。公共管理及应急管理的理论研究的主题及内容也将随之发生改变。不确定性、风险社会、危机和应急管理一类的概念、主题及其内容在公共管理研究中的地位和重要性与日俱增,并成为近期学科研究最热门的话题。

新冠疫情成为应急管理学科大发展的契机和推动力。2020年疫情发生后应急管理领域的发展情况如下:国务院学位委员会在公共管理一级学科中设立了应急管理二级学科博士点和硕士点,20家双一流高校成为首批试办单位(包括厦门大学、北京大学、清华大学、浙江大学、华南理工大学、复旦大学、南京大学、山东大学、四川大学、中南大学、西安交通大学等学校），完成了培养方案的论证，当年招生；①公共管理硕士专业学位（MPA）增设应急管理研究方向；教育部在当年的"长江学者"特聘教授聘任中设立"应急管理"特别岗位；一大批研究项目（例如国家自然科学基金和国家社会科学基金的应急管理专项项目和年度项目）确定以及"十四五"时期的重大研究计划或重大项目拟定；一批新的研究与教学机构纷纷成立，还有海量的论著和咨询报告的问世等等。这标志着应急管理的科学研究、知识应用与人才培养迎来新的历史机遇，进入新的发展阶段，并呈现出繁荣的景象。

---

① 据不完全统计，截至 2019 年，在公共管理一级学科下自主设立应急管理学科方向的学校有南京大学、兰州大学、上海交通大学、中南大学、湖南农业大学、中国矿业大学、华东政法大学、华南理工大学等。

3-2 推进应急管理体系的现代化[*]

新冠疫情流行是新中国成立以来最严重的一次公共卫生事件,对国家治理特别是应急管理来讲既是危机也是"大考"。习近平指出:"这场抗疫斗争是对国家治理体系和治理能力的一次集中检验。""在这场波澜壮阔的抗疫斗争中,我们积累了重要经验,收获了深刻启示。"[①]认真全面分析和总结疫情防控中的国家治理"大考"的经验教训,对于完善"后疫情时代"与"新发展阶段"的应急管理与国家治理体系以及提升国家治理能力具有重要意义。

一、应急管理体系的形成

不能说过去我国没有应急管理或危机管理的实践,因为自然灾难和社会危机总是会发生的,在任何时代,政府都需要处理灾难或危机问题。我国古训有:"居安思危,思则有备,有备无患。"(《左传·襄公》)"安而不忘危,治而不忘乱,存而不忘亡。""事至而后虑者谓之后,后则事不举;患至而后虑者谓之困,困则祸不可御。"(《荀子·大略》)

公共危机概念首次出现在新中国的政府文件中可以追溯到 20 世纪 80 年代中期。1984 年,在大亚湾核电站的选址和施工过程中,由于当地居民对核能的不了解而引起恐惧,发生多起群体性事件。后来,国务院将此类事件定性为公共危机,并且提出了解决公共危机的两条建议:一是做好疏导解释;二是出台了危机处理的意见。

1949 年至 2003 年,我国没有正式的应急管理体系,而是原有党政管理体系的自然延伸。作为一种自觉的、综合的应急管理实践则可以说是 2003 年"非典"爆发之后才开始起步的。

2003 年"非典"爆发之后,完善危机管理体系、提高危机应对能力已经成为我国政府改革与治理的一个重点。"非典"之后,党中央、国务院提出了加快应急管理建设的重大课题。2003 年之后我国应急管理工作主要围绕"一案三制"("一案"指应急预案,"三制"指应急管理的体制、机制和法制)来展开。

---

* 本文是作者近期的一篇演讲稿。

① 《习近平:在全国抗击新冠肺炎疫情表彰大会上的讲话》,新华网 2020-09-08。

——2003 年：应急管理起步。2003 年 5 月 7 日，国务院第 7 次常务会议审议通过了《突发公共卫生事件应急条例》；2003 年 10 月召开的党的十六届三中全会提出：提高公共卫生服务水平和突发性公共卫生事件应急能力；同年 12 月，国务院办公厅成立应急预案工作小组。

——2004 年：应急预案编制。4 月 6 日，国务院办公厅印发《国务院有关部门制定和修订突发公共事件应急预案框架指南》，5 月 22 日，国务院办公厅印发《省(区、市)人民政府突发公共事件应急预案框架指南》。9 月，党的十六届四中全会明确提出：要建立健全社会预警体系，形成统一指挥、功能齐全、反应灵敏、运转高效的应急机制。

——2005 年：全面推进"一案三制"工作。4 月 17 日，国务院以国发〔2005〕11 号文件正式下发《国家突发公共事件总体应急预案》；12 月国务院成立应急管理机构，即国务院应急办(国务院总值班室)。

——2006 年：加强应急管理能力建设。3 月 14 日十届人大四次会议审议通过的《十一五年规划纲要》首次将应急管理列入国家国民经济和社会发展规划。10 月 11 日党的十六届六中全会通过的《中共中央关于构建社会主义和谐社会若干重大问题的决定》指出："要抓紧建立健全社会预警体系，建立健全突发事件应急机制和社会动员机制，提高保障公共安全和处置突发事件的能力。"

——2007 年：应急管理法制化建设新进展。8 月 30 日，第十届全国人民代表大会常务委员会第二十九次会议通过《中华人民共和国突发事件应对法》。党的十七大报告提出要完善突发事件管理机制。

——2013 年：10 月 25 日国务院办公厅印发《突发事件应急预案管理办法》(国办发〔2013〕101 号)，以规范突发事件应急预案管理，增强应急预案的针对性、实用性和可操作性。

——2018 年：4 月 16 日应急管理部正式成立，这是我国应急管理系统建设的一大标志性事件，旨在于加强、优化、统筹国家应急能力建设，构建统一指挥、专常兼备、反应灵敏、上下联动的应急管理体系和应急能力。应急管理部整合了 11 个部门的 13 项应急救援职责和 5 个国家指挥协调机构的职责，并组建了综合性消防救援队伍，公安消防部队和武警森林部队 20 万官兵整体转制。

——2019 年：十九届四中全会通过的《决定》于 11 月 5 日全文公布，强调健全公共安全体制机制，提高防范抵御国家安全风险能力。指出要完善和落实安全生产责任和管理制度,建立公共安全隐患排查和安全预防控制体系;构建统一指挥、专常兼备、反应灵敏、上下联动的应急管理体制,优化国家应急管理能力体系建设,提高防灾减灾救灾能力;加强和改进食品药品安全监管制度,保障人民身体健康和生命安全。[①]

可以说,2008 年可以说是我国应急管理的"中考年"。基于"一案三制"的国家应急管理体系经受了汶川地震和南方雨雪冰冻灾害等重大灾害性事件的严峻考验,充分显示中国应急管理建设的成效。"2008 年我们成功应对南方部分地区低温雨雪冰冻和四川汶川特大地震等突发事件,取得了重大胜利。"[②]2008 年 10 月 8 日胡锦涛同志在全国抗震救灾总结表彰大会上提出"伟大抗震救灾精神"。他指出汶川地震抗震救灾是中国历史上救援速度最快、动员范围最广、投入最大的抗震救灾斗争,最大限度地挽救了受灾群众生命、最大限度降低造成的损失;要弘扬"万众一心,众志成城,不畏艰险,百折不挠,以人为本,尊重科学"的伟大抗震救灾精神。

从中央到地方人们针对应对突发事件及应急管理存在的问题与不足进行反思,并提出要在建立健全应急管理的体制、机制和法制上下大功夫,包括建立起统一指挥、反应灵敏、协调有序、运转高效的应急管理机制,完善应急预案体系,加强机构队伍建设和培训演练工作;健全投入保障机制,提高物资装备水平;健全监测预警网络,全面落实防控措施等等。

汶川地震后反思应急管理中存在的主要问题与不足:一是突发事件应急管理中的部门分割、条块分割、分兵把守、各自为战的问题突出,应对突发事件的责任不够明确,统一、协调、灵敏的应对机制尚未形成。二是应对突发事件存在"重救轻防",缺乏风险管理的意思、意识;许多行政机关应对突发事件的能力不强,危机意识不高,依法可以采取的应急处置措施不够充分、有力。三是应急管理的各环节,包括突发事件的预防与应急准备、监测与预警、应急处置与救援等的体制、机制不完善,法制建设也有待加强。四是应对突发事件的政治动员能力强,社会动员能力弱,社会广泛参与应对工作的机制还不健全,尚未形成由政府、企业和社会共同参与的网络状的应急管理体系。五是社会警觉性较差,市民缺乏自救、救护的防灾意识,公众自救与互救能力不强,危机

---

① 《中共中央关于坚持和完善中国特色社会主义制度 推进国家治理体系和治理能力现代化若干重大问题的决定》,新华网 2020-11-05。

② 马凯:《落实科学发展观 推进应急管理工作》,《求是》2009 年第 3 期。

意识有待提高。

汉川地震后提出的推进应急管理工作的措施：[①]第一，强化应急管理基础能力建设，包括重要基础设施抗灾能力建设、安全生产基础能力建设、公共卫生保障体系建设和社会安全基础能力建设。第二，全方位推进应急管理体制机制建设，要按照在党中央、国务院统一领导下综合协调、分类管理、分级负责、属地管理为主的总体要求，进一步理顺应急管理体制，积极推进应急管理工作常态化，完善应急决策机制，建立强有力的应急管理组织体系。第三，进一步推进应急管理法律和预案体系建设。要进一步研究完善有关突发事件应对方面的法律法规，并抓紧制定各项配套规定，完善突发事件分级、预防、应急准备、监测预警、信息发布等具体制度，进一步完善应急预案体系。第四，健全应急管理保障体系：加强应急队伍建设，加大应急管理资金投入力度，加强应急物资的储备和管理，推进应急管理平台建设，提高应急决策指挥的有效性和针对性。第五，要提高全社会风险防范意识和灾害应对能力。加强应急知识宣传教育，加强对各级干部应急管理知识能力的教育培训以及企业应急管理培训等。

经过了一二十年的建设，我国基本形成中国特色应急管理体系。应急管理部副部长孙华山在 2019 年 9 月 18 日国新办举行的新闻发布会上介绍，我国已基本形成中国特色应急管理体系，累计颁布实施突发事件应对法、安全生产法等 70 多部应急管理事业法律法规，党中央、国务院印发了《关于推进安全生产领域改革发展的意见》(2016)、《关于推进防灾减灾救灾体制机制改革的意见》(2017)，制定了 550 余万件应急预案，形成了应对特别重大灾害"1 个响应总册＋15 个分灾种手册＋7 个保障机制"的应急工作体系，探索形成了"扁平化"组织指挥体系、防范救援救灾"一体化"运作体系。

应急管理坚持以人民为中心的发展思想，坚持生命至上、安全第一，确立发展决不能以牺牲安全为代价的安全发展理念。坚持以防为主、防抗救相结合，常态救灾和非常态救灾相统一，努力实现从注重灾后救助向注重灾前预防转变、从应对单一灾种向综合减灾转变、从减少灾害损失向减轻灾害风险转变，确立了自然灾害防治理念。

新成立的应急管理部与 32 个部门和单位建立了会商研判和协同响应机制，与军委联合参谋部建立了军地应急救援联动机制，探索形成了一套行之有

---

① 参见马凯：《落实科学发展观 推进应急管理工作》，《求是》2009 年第 3 期。

效的抢险救援技战术打法,显著提升了攻坚克难的应急能力,有力有序有效应对了一系列超强台风、严重洪涝灾害、重大堰塞湖、重大森林火灾、特大山体滑坡和严重地震灾害。

创造性地建立了安全生产党政同责、一岗双责、齐抓共管、失职追责的责任体系,以及部门"三个必须"的监管责任(管行业必须管安全、管业务必须管安全、管生产经营必须管安全)、企业"五个到位"(责任、投入、培训、管理、应急)的主体责任等制度化工作机制,持续不断深化重点行业领域专项整治。①

二、应急管理的"大考"

全国抗击新冠肺炎疫情表彰大会2020年9月8日上午在北京人民大会堂隆重举行,习近平总书记发表重要讲话,强调抗击新冠肺炎疫情斗争取得重大战略成果,充分展现了中国共产党领导和我国社会主义制度的显著优势,充分展现了中国人民和中华民族的伟大力量,充分展现了中华文明的深厚底蕴,充分展现了中国负责任大国的自觉担当,极大增强了全党全国各族人民的自信心和自豪感、凝聚力和向心力,必将激励我们在新时代新征程上披荆斩棘、奋勇前进。习近平总结了抗疫斗争的六条基本经验:"抗疫斗争伟大实践再次证明,中国共产党所具有的无比坚强的领导力,是风雨来袭时中国人民最可靠的主心骨;中国人民所具有的不屈不挠的意志力,是战胜前进道路上一切艰难险阻的力量源泉;中国特色社会主义制度所具有的显著优势,是抵御风险挑战、提高国家治理效能的根本保证;新中国成立以来所积累的坚实国力,是从容应对惊涛骇浪的深厚底气;社会主义核心价值观、中华优秀传统文化所具有的强大精神动力,是凝聚人心、汇聚民力的强大力量;构建人类命运共同体所具有的广泛感召力,是应对人类共同挑战、建设更加繁荣美好世界的人间正道。"并提炼了伟大的抗疫精神——"生命至上、举国同心、舍生忘死、尊重科学、命运与共"②。

疫情防控彰显了中国特色社会主义制度和国家治理体系的巨大优越性,特别是集中力量办大事的制度优势与党的领导制度优势;展现出我国强大的国家动员能力和政策执行力以及中国人民的意志力、凝聚力、战斗力和行动力。习近平指出:"中国人民在疫情防控中展现的中国力量、中国精神、中国效

① 《我国基本形成中国特色应急管理体系》,中国青年网2019-09-19。
② 《习近平:在全国抗击新冠肺炎疫情表彰大会上的讲话》,新华网2020-09-08。

率,展现的负责任大国形象,得到国际社会高度赞誉。"2021 年 2 月 29 日公开发布的《中国-世界卫生组织新型冠状病毒肺炎联合考察报告》指出,此次抗疫,中国采取了历史上最勇敢、最灵活、最积极的防控措施。"我一生中从未见过这样的动员。"世界卫生组织总干事谭德塞对中国在抗疫中采取的措施给予高度评价,他称赞中国采取的很多防控措施远远超出应对突发事件的相关要求,为各国防疫工作设立了新标杆。而美国抗疫失败的根源在于美国的体制和美国的价值观(伯尼·桑德斯如此说)。

疫情防控"大考"也考出了国家治理体系和能力尤其是应急管理体系和能力的一些短板、漏洞和弱项,暴露出各方面体制机制的短板,尤其风险、危机和忧患意识及底线思维的欠缺,暴露出重大疫情防控体制机制以及应对重大突发公共卫生事件的能力尤其是预防预警和先期处置能力、公共卫生体系及城市治理体系、城乡基层治理体系、国家储备体系、关键物资生产能力布局、野生动物交易、生物安全、公共医疗基础设施和医疗卫生人才队伍建设等方面存在的短板弱项。因此,习近平强调要"加快补齐治理体系的短板弱项,为保障人民生命安全和身体健康夯实制度保障"①。

疫情大考对新发展阶段的应急管理以及国家治理提出了一系列需要深入思考和解决的问题。单就应急管理而言,如何增强风险和危机意识以及"全周期管理"的意识? 如何加强应急管理的制度、体制和机制建设尤其是如何完善统一指挥、上下联动的应急管理体制? 如何建立强有力的综合指挥体系? 如何处理好应急管理中的条块关系? 如何动员市场和社会各方积极参与应对? 如何建立健全应急管理的预警预报系统以及疾病预防控制体系? 如何消除包括健康风险在内的公共安全风险并提升国家生物安全防御能力? 如何强化应急管理中的法治保障和科技支撑? 如何系统梳理国家储备体系漏洞,科学调整储备的品类、规模、结构,提升储备效能? 如何优化关键物资生产能力布局,做到关键时刻拿得出、调得快、用得上? 如何迅速综合各方的资源以应对需求高峰? 如何更好应对处置突发性事件及应急管理中的舆情? 如此等等。

就国家治理面上而言,如何夯实国家治理的制度基础与强化制度执行力? 如何深化国家治理的体制、机制、流程和方式的改革? 如何完善城市治理体系、城乡基层治理体系? 如何推进国家治理的数字化智能化转型? 如何更好处理国家与社会(或政府、市场和社会关系),保证治理主体之间的高效协作,

---

① 《习近平:在全国抗击新冠肺炎疫情表彰大会上的讲话》,新华网 2020-09-08。

在制度上明晰各方权责，在技术上实现信息、人员、资金和物资的有效对接？这些问题的解决将大大提升我国应急管理以及国家治理现代化的水平。

北京大学政府管理学院院长俞可平在《新冠肺炎危机对国家治理的影响》的笔谈中说：每一次人类的重大灾难，都是对国家制度和国家治理能力的考验；面对每一次人类的重大灾难，制度和人性的优劣都会得以充分的暴露；每一次人类的重大灾难也都必然对国家治理产生深刻影响，并促使国家制度和国家治理的进一步改革。首先，国家治理体系面临重大改革；其次，国家公共权力将在一定程度得以重构；再次，国家治理评价标准需要进行调整；最后，地方治理和社会治理将变得更加重要。

三、应急管理体系的健全

尽管基本形成中国特色应急管理体系，但尚不完善，这次疫情大考考出了短板和弱项，如条块分割、信息沟通不畅、资源难以整合、协调力度不够、重复建设等问题。薛澜认为，国家应急管理体系建设涉及各层级政府、各有关部门和社会各个方面，而且自然灾害、事故灾难、公共卫生事件、社会安全事件等各类突发事件的关联性、耦合性越来越强，这给构建新时代国家应急管理体系带来了巨大挑战。一是如何从制度建设上解决"防"与"救"的问题。如何在有专门应急管理部门的同时保留合适的专业部门的应对能力，是值得深入研究的问题。还要加强风险防范工作，化解或减缓各种风险及其危害，从而大大降低应急救援的压力和损失。二是如何解决"上"与"下"的问题。应急管理部门上下级之间属于业务指导关系，从而使得上级部门对下级部门指挥权威不足，与"上下联动"的应急管理体制和灾害事故的高效协同应对要求不相适应。三是如何解决"开"与"闭"的问题。应急管理体系现代化建设需要摒弃闭门建设的思路，推动政府部门之间的开放和应急管理体系建设的开放，尤其是数据开放共享，还要解决各种应急资源和能力建设中的部门分割、低水平重复建设以及专业化部门管理与属地化区域管理之间也存在的协调不足的问题。[①]

应急管理法制化建设是应急管理体系与能力现代化的一个基本维度。习近平反复强调应急管理法治化建设的重要性。他在中央政治局第十九次集体学习会上指出："坚持依法管理，运用法治思维和法治方式提高应急管理的法

---

① 薛澜：《学习四中全会精神，推进应急管理体系和能力现代化》，《公共管理评论》2019 年第 1 期。

治化、规范化水平,系统梳理和修订应急管理相关法律法规,抓紧研究制定应急管理、自然灾害防治、应急救援组织、国家消防救援人员、危险化学品安全等方面的法律法规,加强安全生产监管执法工作。"①在中央全面依法治国委员会第三次会议上指出:"要在党中央集中统一领导下,始终把人民群众生命安全和身体健康放在第一位,从立法、执法、司法、守法各环节发力,全面提高依法防控、依法治理能力,为疫情防控工作提供有力法治保障。"他强调"疫情防控越是到最吃劲的时候,越要坚持依法防控,在法治轨道上统筹推进各项防控工作,保障疫情防控工作顺利开展"②。必须加强包括疫情防治在内的应急管理的法制化建设。

针对疫情防控中出现了一些偏离依法防控和依法治理轨道的现象,本人在《"正理平治":疫情防控的法治逻辑》一文中强调运用法治思维及法治方式,全面提高依法防控、依法治理能力。认为正理平治使国泰民安,目无法纪则祸国殃民;以"正理平治"之道还"天下安定"之序,需以"法治"之本作应急执法标尺。然而,在新冠肺炎防控中出现的"扩大化""污名化""去隐私化"等现象,偏离了依法防控以及依法治理的轨道。法治思维要体现在客观现实、主观现实、互为现实以及虚拟现实等层面,并切实做到"享有平等待遇""保证人格尊严""重视个人隐私"。应急执法不仅是当下对疫情的抗击,更是对往后政治、经济和社会风险的防控。③

针对中国这次抗疫期间出现应急法律制度的短板,中国政法大学应急管理法律与政策研究基地主任林鸿潮说:"疫情过后,要尽快完善中国的应急法律制度,既为政府采取应急措施提供法治保障,也要对政府权力进行规制。政府应当按照法律规定,知道什么时候应当采取什么级别的行动。同时,政府应当依法实施管控措施,既要及时采取行动,又不能越界侵犯公民的合法权益。"④

为什么有完备的法律规制体系,还是未能有效规范疫情早期各方行为?清华大学沈群红在回答第一财经记者提问时说:应对传染病疫情等突发公共

---

① 《习近平:充分发挥我国应急管理体系特色和优势 积极推进我国应急管理体系和能力现代化》,新华网 2019-11-30。
② 《习近平主持召开中央全面依法治国委员会第三次会议强调全面提高依法防控依法治理能力为疫情防控提供有力法治保障》,人民网 2020-02-06。
③ 陈振明:《"正理平治":疫情防控的法治逻辑》,《人民论坛》2020 年第 5 期。
④ 蒲晓磊:《专家建议:完善应急法律制度提升应急管理法治化水平》,中新网 2020-02-25。

卫生事件,我国有基本齐备的法律规制,如《中华人民共和国传染病防治法》、《中华人民共和国突发事件应对法》《中华人民共和国国境卫生检疫法》和《野生动物保护法》,以及《突发公共卫生事件应急条例》《群体性不明原因疾病应急处置方案》等。但实际上,从野生动物的管控,到新冠肺炎的发现、报告、应对和处置,鲜见有按照上述法律法规有条不紊的举措。为什么会有法不依?前期研究发现目前该领域法律规制的一大特点是缺乏刚性约束。刚性约束不强,则会导致法律无法有效规范各方行为,引致各方推诿,造成新冠疫情早期武汉失控悲剧。①

　　面对疫情,公众需要什么样的信息公开?疫情时期政府应依法公开哪些信息?如何处理涉疫个人信息保护和公众健康权、知情权之间的平衡?中国社会科学院法学研究所吕艳滨研究员在接受中青网记者采访时认为,各地政府的疫情信息公开关键要有需求导向,群众需要什么就公开什么,而不是拘泥于固定的法律条文。群众有需求,政府有回应,这才是好的政府治理。吕艳滨说:"公开患者的一些信息对于加强防控有必要,如感染的途径、救治的效果,但必须以切实保障当事人隐私为前提,除非当事人自己允许披露更多信息。"②

　　总之,当代全球已进入高风险社会,特别是随着新冠疫情的全球大流行,应急管理或危机管理成为国家治理及全球治理的最重大而紧迫的问题。而应急管理或危机管理能力是国家管理的核心能力,也是衡量国家治理水平的一项最重要的指标。必须坚定不移推进改革与创新,加速我国应急管理体系与能力现代化的实现。正如习近平所指出的:"应急管理是国家治理体系和治理能力的重要组成部分,承担防范化解重大安全风险、及时应对处置各类灾害事故的重要职责,担负保护人民群众生命财产安全和维护社会稳定的重要使命。要发挥我国应急管理体系的特色和优势,借鉴国外应急管理有益做法,积极推进我国应急管理体系和能力现代化。"③

---

① 《中国公卫体系八问:已到刮骨疗伤时》,第一财经 2020-03-14。
② 《吕艳滨研究员接受中青报采访:政府该如何公开疫情信息》,《中国青年报》2020 年 2 月 7 日 01 版。
③ 《习近平:充分发挥我国应急管理体系特色和优势 积极推进我国应急管理体系和能力现代化》,新华网 2019-11-30。

3-3　应急管理的流程优化与能力提升 *

应急管理或危机管理能力是国家治理能力的重要组成部分,也是衡量国家治理水平的最重要的指标之一。当面临各种社会的突发事件或公共危机时,要做出及时有效的反应,就必须建立健全危机监测、预警、反应、处理和恢复的完整应急管理的流程及机制。当前优化应急管理流程的一个关键是要完善公共危机的预测预警与决策机制,这也是提升应急管理的能力与水平的重中之重。

一、应急管理流程各环节

应急管理过程或流程包含了不同的阶段或环节。根据《中华人民共和国突发事件应对法》的规定,突发事件管理过程包括预防与应急准备、监测与预警、应急处置与救援、事后恢复与重建及责任追究等四个阶段。

薛澜等人将危机管理的过程分为危机预警和管理准备、识别危机、隔离危机、管理危机以及善后处理并从危机中获益五阶段;何苏湘指出,突发性组织危机形成与发展中存在潜伏、生成、高潮、爆发、转化与消退六阶段。

伯奇和古斯将危机管理过程划分为危机前、危机与危机后三个大的阶段,其中每个大阶段又可再细分为不同的子阶段。

芬克将危机管理划分为四阶段:征兆期,即表示有迹象显示有潜在的危机可能发生;发作期,即表示具有伤害性的事件已经发生并引发危机;延续期,即表示危机的影响持续,同时也是努力消除危机的过程;痊愈期,即表示危机事件已经完全解决。

罗伯特·希斯提出了突发公共事件应对管理 4R 模型:减少(Reduction)、准备(Readiness)、反应(Response)、恢复(Recovery)。并在四阶段基础上重点讨论了在危机管理的不同阶段的沟通方式。

米特罗夫将危机管理过程划分为五个阶段:信号侦测阶段;探测和预防阶段;控制损害阶段;恢复阶段;学习阶段。

奥古斯丁提出了危机管理六阶段划分理论(即所谓的"奥古斯丁法则")。

---

　* 本文是作者近期的一篇演讲稿。

他将危机管理划分为如下六个阶段:危机的避免阶段;危机管理的准备阶段;危机的确认阶段;危机的控制阶段;解决阶段;从危机中获利阶段。奥古斯丁认为危机管理的要诀是:"说真话、赶快做。"

西蒙·A.布斯提出了组织危机管理的生命周期理论,将危机管理划分为五个阶段:危机酝酿期、危机爆发期、危机扩散期、危机处理期、危机处理结果及后遗症期。

应急事件或公共危机具有突发性、紧迫性、不确定性、发展或扩散迅速、社会后果严重等特征。我们从"911事件"、SARS危机、汶川大地震、松花江污染等危机事件可以清楚地看出这些特征。公共危机的决策与管理通常要在时间紧迫、信息不充分、事态发展不确定的情况下迅速做出和实施。

李湖生在《各类突发事件应对异同及健全应急管理体系相关问题探讨》一文中用图3-1表明了突发事件风险水平与应急管理过程的相关性:[1]

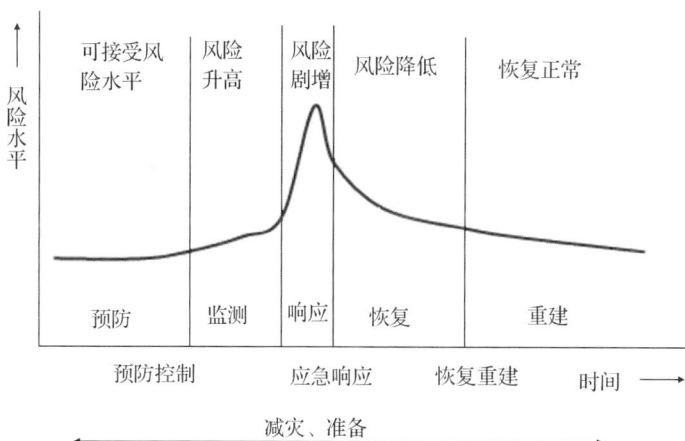

图 3-1　突发事件风险水平及应急管理过程

应急管理或危机管理包括危机前的监测与预警,危机发生时的快速反应和处置(尤其是决策的制定和实施),危机过后的恢复、补救和善后工作三个阶段。在事前(危机发生以前),政府要通过各种渠道收集信息,跟踪事态的发展,感知和预测危机的发生和进程;在事中(当危机发生时),要能够及时做出反应,迅速出台应对措施,调动必要的人力、物力和财力,动员可能的社会资源

---

[1]　李湖生:《各类突发事件应对异同及健全应急管理体系相关问题探讨》,《安全》2020年第3期。

去处理危机;在事后,要做好危机后的补救和善后工作,恢复正常的生活和工作秩序。政府通过提高对公共危机发生的预见能力和危机发生后的处理能力,既维护社会稳定,又增强自己的公信力。

二、加强危机预测预警

作为危机管理的第一个阶段,预测预警是指包括科学监测、数据加工及事件预报,将科学的信息转化成公众可以理解的警报,最大限度地广泛传播警报,促使社会公众及时采取响应行动等的一系列活动。

危机预测是用来提供关于危机的发生、发展及其处理的相关信息的一种机制;也是用来提供关于危机决策的原因和结果信息的一种分析程序。危机预测包括以下几个方面的内容。一是危险源排查。从突发事件演进的过程来看,危险源排查是应急管理在事发前最为基础的一个环节。危险源排查就是对可能引发风险的危险要素进行辨识。二是危险源监测,就是指在突发事件发生前对各种可能引发突发事件的重点危险源及其表象进行实时、持续、动态的监视和测量,收集相关的数据和信息。三是风险评估,即根据对危险源检测的结果,结合脆弱性分析,确定风险的大小,并判别突发事件发生的可能性。

"预警"原指通过各种手段提前发现、分析和判断敌情,并将其威胁程度报告给指挥部,以提前采取措施应对的活动。在应急管理中,预警是指危险要素尚没有转变为突发事件之前,将有关风险的信息及时告知潜在的受影响者,使其采取必要的行动,作好相应的准备。

突发事件的预测与预警是相辅相成、相互统一的关系。预测获得相关的信息并进行研判,而预警则将研判的结果也就是信息传递给特定的受众。一方面,科学的预测是精确预警的前提和基础;另一方面,只有通过有效的预警才能把预测得出的结论及时地传递给受众。此外,预测预警的最终目的是使社会公众采取响应行动、减少突发事件的不利影响。

凡事"预则立,不预则废"。公共危机决策与管理首先要注重的是建立和完善公共危机的监测与预警机制。当然,最好是能够将问题消灭在萌芽状态,避免公共危机的发生;而危机一旦发生,则能迅速而有效加以解决。习近平强调:"要健全风险防范化解机制,坚持从源头上防范化解重大安全风险,真正把问题解决在萌芽之时、成灾之前。要加强风险评估和监测预警,加强对危化品、矿山、道路交通、消防等重点行业领域的安全风险排查,提升多灾种和灾害链综合监测、风险早期识别和预报预警能力。"①

预测预警是突发事件预防的两大关键性环节。危机预测的作用就在于它可以敏锐地捕捉社会现象或事件的变化,描述危机是如何孕育、发生和发展的,说明处理危机决策的制定和实施之后出现的变化,并评估政策执行的结果。通过危机的监测,提供危机发生发展信息和处理危机的相关政策信息,为危机预警、决策与处理提供依据。

《中华人民共和国突发事件应对法》第四十一条(国家建立健全突发事件监测制度)、四十二条(国家建立健全突发事件预警制度)以及四十三条对我国突发事件的监测和预警制度及程序做出了明确规定。《国家突发公共事件总体应急预案》规定:"各地区、各部门要针对各种可能发生的突发公共事件,完善预测预警机制,建立预测预警系统,开展风险分析,做到早发现、早报告、早处置。"

"非典"之后,我国建立了强大的监测系统,但为什么"新冠"疫情发生的关键时刻警报未能及时拉响? 在回答《第一财经》记者提问时,沈群红博士表示,维护公共卫生安全最为紧要的是三点:及时预测预警主要风险变化及趋势、及时干预和防控、应急处置与救援等。但这些恰恰是我们日常工作的明显短板。这也可解释"为什么有强大的监测系统,但关键时刻警报未能拉响"②。薛澜则说:"这次新冠肺炎最令人遗憾的是,与非典事件相似,我们还是在早期风险认知、研判和预警阶段出了问题,在同一个地方第二次跌倒,这个教训的确非常深刻。""在突发事件应对的阶段,也有不少值得反思的地方。如何建立强有力的综合指挥体系,如何迅速综合各方的资源以应对峰值需求,如何动员市场和社会各方积极参与应对等等,都有不少值得总结的。"③

建立和完善危机的监测机制,不但要有专门的监测人员和监测机构(或信息管理中心),负责信息的搜集、整理、分析、传递和储存等工作;而且要建立相关社会领域、现象或事件的监测指标体系,并采取恰当的监测方式和技术。按照美国学者邓恩在《公共政策分析导论》一书的说法,危机及政策的监测有社会系统核算、社会实验、社会审计和综合实例研究等方式。至于监测的技术,邓恩认为,与其他政策分析方法不同,监测并不涉及与各种方法有明显关联的

① 《习近平:充分发挥我国应急管理体系特色和优势 积极推进我国应急管理体系和能力现代化》,新华网 2019-11-30。

② 马晓华:《中国公卫体系八问:已到刮骨疗伤时》,第一财经 2020-03-14。

③ 薛澜:《这是一堂风险社会启蒙课》,财经杂志网 2020-03-11。

程序。因此,许多方法对社会系统核算、社会审计、社会实验和综合实例研究等监测方式(如图示法、表格法、指数法、时间序列分析和回归分析等)都适用。

三、健全危机决策机制

从决策的内容划分,公共决策可以分为程序式的常规决策与非程序性决策。而危机决策则是典型的非程序性决策。对于危机事件,用传统的决策模式与方法是难以应对的,因为常规决策强调程序,强调对以往决策经验的借鉴,要求尽可能获得更多的信息与方案。危机事件的典型特点就是非常规性、时间的急迫性、信息的极不完全性等。因而危机决策是一种典型的非常规决策。倘若照搬常规决策模式解决危机事件,必然会导致效率低下、处理缓慢。

危机决策是面对刚刚发生或即将发生的危机,决策者为解决危机所做的快速对策选择过程(即处理危机政策的制定过程)。或者说,是人们在面对特定危机的形势下,为了解决危机,消除危机带来的各种负面影响而制定并选择行动方案的过程。北京太平洋国际战略研究所将危机定义为一种决策情势。在此情境中,决策者认定的重大安全和核心价值观念受到严重威胁或挑战,突发意外事件以及不确定前景造成了高度的紧张和压力,为使组织在危机中得以生存,并将危机所造成的损害限制在最低限度内,决策者在相当有限的时间里所做出的重要决策和反应。①

另一种决策分类方法是将决策划分为确定型决策、风险型决策和不确定型决策三种。确定型决策是指所处理的未来事件有一个显著的特征,事物各种状态是完全稳定而明确的,决策者对未来情况有十分明确的把握。风险型决策是指于决策者对未来有一定程度认识,但又不能肯定的情况。这时,实施方案在未来可能会遇到好几种不同情况,可以根据以前的资料推断各种自然状态出现的概率。不确定型决策是指决策者对未来事件虽有一定程度的了解,知道可能发生的各种自然状态,但又无法确定各种自然状态可能发生的概率。由于有些因素难以确定,做出决定主要取决于决策者的经验、智力及对承担风险的态度,因而这种决策的主观随意性较大。

德罗尔在《逆境中的政策制定》②一书中归纳出三种政策制定类型:一是繁荣时期的政策制定,二是严重逆境中的政策制定,三是巨大灾难形势下的政

---

① 北京太平洋国际战略研究所:《应对危机:美国国家安全决策机制》,时事出版社2001年版。
② [美]叶海卡·德罗尔:《逆境中的政策制定》,上海远东出版社1996年版。

策制定。"逆境泛指在政策制定时所面临的各种严重的困难";"危机特指有一定时限、要求迅速做出决策的突发性事件乃至灾难",相应地有三种公共政策范式——顺境型政策范式、逆境型政策范式和危机型政策范式。德罗尔认为现代各国政府都面临巨大的来自国内外的压力和危机,由此导致政策制定具有很大的风险,政策制定具有"模糊"和"赌博"的特点。所谓"模糊"是指质的不确定性;所谓的"赌博"是指由于政策制定系统的缺陷以及人类已有的知识资源无法面对突发性事件预先做出期望的选择。因此,政策制定本身具有风险。他提出了逆境中的政策制定的六条原则:社会改造原则、临界质量原则、有选择的激进主义原则、准备承担风险和避免万一原则、产出价值优先原则、能动乃至强制原则。

　　查尔斯·曼斯基《不确定世界中的公共政策》一书[①]的中心思想是:在当今这个充满不确定性的世界中,公共决策面临很多棘手的难题——一方面,政府在做出决策之际,面临着众说纷纭的舆论以及相互矛盾的论断,将科学与倡导混为一谈;另一方面,一些政府部门在决策时具有自身偏好(如喜欢正面的确定性论断),这容易导致政策脱离实际。但在不确定性的世界中,也存在能够提高公共决策质量的科学分析和决策方法。该书所探讨的正是应对此类困境的方法。曼斯基在书中分析了诸多有趣的案例,包括死刑对杀人犯的威慑作用,重判少年累犯对其是否再次犯罪的作用,最低工资和失业保险对于就业的作用,学前教育对高中教育的作用以及疫苗接种等,以说明公共决策面临的艰难选择以及政策分析对公共决策的影响。

　　按照罗伯特·希斯在《危机管理》中的说法,危机决策有两种模式:一是危机事前决策,即在时间充分、信息充分的情况下,应当通过决策评估做出最优决策。这种决策包括以下八个步骤:确认决策面临的问题;确认决策标准的事实;决定评估标准、方式、权重;发展备选方案;分析备选方案;选择一个备选方案;执行备选方案;评估决策程序以及决策结果的影响。二是危机情况中的决策。实际情况中的决策者经常建立在信息残缺不全的基础上,许多重要信息缺失,决策者可能产生某些心理反应,导致决策混乱。例如,布雷姆提出了决策者在危机下可能发生的三种错误:目标不确定(从一个目标转向另一个目标,如同毫无目标、到处乱飞的蝴蝶);以点带面(以牺牲其他目标为代价集中于一个目标);拒绝(不作任何决策)。在真实的决策环境中,理性非常有限,纷

---

① 　[美]查尔斯·曼斯基:《不确定世界中的公共政策》,魏陆译,格致出版社2018年版。

繁复杂的方案、层出不穷的问题和头绪杂乱的决策往往交织在一起,组织的文化会扭曲决策者的看法,以至于出现盲点;现实中,决策更可能是跳跃式理性思维的集合,决策者更倾向于构建简单模式而不是复杂模式;很多情况下,决策者会制定"满意的"或是"次优"的决策。①

范恩(Rhona Fun)在《危机决策》一书中认为,影响危机或应急决策的不利因素包括:(1)界定不清的目标及结构不良的任务;(2)不确定性,模糊性和缺失的数据;(3)不断变化及相互竞争的目标;(4)动态的、持续变化的条件;(5)行动反馈循环(对变化了的条件做出实时的反应);(6)时间压力;(7)高风险;(8)多重主体(团队因素);(9)组织目标与标准;(10)经验决策者。

按照李刚在《美国危机决策管理》一文的归纳,虽然美国历届政府处理危机的风格和习惯有所不同,但是,其危机决策都包含着四个方面的内容:一是搜集足够的信息,以尽快判明当前的形势和问题的实质;二是判断所面临危机对哪些国家利益构成威胁,并初步拟定政策目标;三是寻找各种解决危机的方案,并考虑各种方案的利弊得失、风险和代价,在做出选择前尽量排除一些不确定的因素;四是一旦做出决定,再密切关注外界对危机对策的反应,以便及时地调整政策及其目标。

四、提升应急管理能力

突发性事件不可避免地导致各种各样的灾难,从而产生公共危机,能否有效应对是对国家治理的一个严峻的挑战。这些年来从中央到地方的各种培训的一个重要专题是提高处理突发性事件及应急管理的能力。

2019年1月21日,习近平在省部级主要领导干部防范化解重大风险专题研讨班讲话中强调要提高防控能力着力防范化解重大风险,保持经济持续健康发展社会大局稳定,指出必须始终保持高度警惕,既要高度警惕"黑天鹅"事件,也要防范"灰犀牛"事件;既要有防范风险的先手,也要有应对和化解风险挑战的高招;既要打好防范和抵御风险的有准备之战,也要打好化险为夷、转危为机的战略主动战。这个讲话的前瞻性、现实性、针对性和指导性非常之强。

"沧海横流,方显出英雄本色"。领导者必须拿出非常勇气,以非常智慧,做出非常决策,显示非常能力。毛泽东同志在中国革命的多个紧急关头,力挽

---

① 〔美〕罗伯特·希斯:《危机管理》,中信出版社2001年版,第259~275页。

狂澜,挽救了革命挽救了党;肯尼迪因成功应对古巴导弹危机而在美国流芳千古。相反,卡特总统因没能处理好"伊朗人质危机"而导致连任失败;巴列维王朝因无能应对霍梅尼革命而被推翻;戈尔巴乔夫应处理切尔诺贝利核电站事故而引发外交危机并加速苏联解体,苏哈托因未能处理好 1997 年的亚洲金融危机而下台。下面是两个典型的成功案例。

案例 1:习近平总书记作出关闭离汉通道重大决策

这是关键时刻的关键抉择——大疫突袭,千万级人口城市史无前例按下"暂停键"。这是决定战局的制胜一招:果断出手,有效切断病毒大范围传播途径,人民至上、生命至上! 回望这场惊心动魄的战"疫"历程,关闭离汉通道无疑是危急关头最重要的决策。习近平总书记亲自指挥、亲自部署,统揽全局、果断决策,全国上下同心、众志成城,历经 76 天,湖北保卫战、武汉保卫战取得决定性成果,全国疫情防控阻击战取得重大战略成果。2020 年 1 月 22日下午,习近平总书记审时度势,作出重要指示,要求立即对湖北省、武汉市人员流动和对外通道实行严格封闭的交通管控。"作出这一决策,需要巨大政治勇气,但该出手时必须出手,否则当断不断、反受其乱。""人民生命重于泰山! 只要是为了人民的生命负责,那么什么代价、什么后果都要担当。"习近平总书记的话掷地有声。习近平总书记所作重要指示中,指出了此时的要害问题:"目前正值春节期间,人员大范围密集流动,做好疫情防控工作十分紧要。"然而,管控一座千万级人口城市的人员流动谈何容易! 作出决定之难,面临挑战之大,面对问题之多,世所未见,史无前例。世上没有可以预知未来的水晶球。关键时刻,每一个理性洞察的判断、每一次审时度势的决策,需要巨大政治勇气,更需要高超政治智慧。[①]

中国政法大学校长马怀德告诉记者,要让一个六千万人的省停摆,要让一千多万人的超大城市按下"暂停键",需要很大政治勇气和科学决断。当时做出这个决断既有科学防治的需要,也有明确的法律依据。[②] "世界卫生组织和中国的联合专家组有一个基本的判断,这种措施最少可以减少数十万疾病的发生,有些学者研究可以减少几百万疾病的发生。可以肯定地说,这种

---

① 新华社记者:《关键时刻的关键抉择:习近平总书记作出关闭离汉通道重大决策综述》,《人民日报》2020 年 09 月 08 日 01 版。

② 央视记者:《疫情下,一次对治理能力的大考》,央视网新闻 2020-04-29。

措施它减少了大量的病人发生和死亡。"①

案例2:周恩来——睿智处理突发事件的高手②

周恩来一生历尽沧桑,搏击风浪,出生入死,经历了无数艰难险阻,遇到过无数意外事件,每当这时,他首先沉着冷静,处变不惊;其次科学分析事件发生的前因后果,也就是事件是由什么人因什么事而发生的,分清公众中的敌、我、友;再其次果断采取行动,用制止、回击、解释、疏导等方法,处理与事件相关的问题和人事;最后从中吸取经验教训,防患于未然。他这因人而异、因地制宜,灵活机动、巧妙科学而迅速的妥善应对处理,时时处处闪耀着他独到果断、富有创造性的智慧和卓越才能。这正如一名外国评论家所评价的:"这位光辉的领导人、战士、组织家和谈判能手——他有不可思议的远见卓识和适应急剧变化的局势的天赋才能。"例如,抗日战争时期,国民党反动派悍然挑起的突发事件——皖南事变,堪称周恩来遇到的一次重大事件。1941年1月4日,新四军军部及所属部队9000余人奉命从安徽泾县云岭驻地出发,6日,行至泾县茂林一带,突遭国民党军队7个师8万余人袭击。新四军寡不敌众,弹尽粮绝,约2000人突围,大部分壮烈牺牲或被俘,军长叶挺被无理扣押,副军长项英、参谋长周子昆突围后不幸被叛徒杀害,政治部主任袁国平牺牲。17日,蒋介石竟然反诬新四军为叛军,宣布撤销其番号,并声称将叶挺交由军事法庭审判。这就是震惊中外的皖南事变。皖南事变发生后,中共中央采取了"政治攻势,军事守势"的方针。为了打退国民党发动的这次反共高潮,周恩来站在斗争的最前列,纵横捭阖,以炉火纯青的斗争艺术,同国民党展开了有理、有利、有节的斗争。

比尔·克林顿总统的白宫办公厅主任里奥·帕内塔(Leon Panetta)说,在民主政治中,你可以通过两条途径带来变革,要么凭借领导力,要么通过危机。如果没有领导力——如果政治领导人不愿意冒风险,不愿意坦诚交流,不愿意做出困难的决定——那么,危机将左右政策的制定。不幸的是,我们今天就是这种情况。危机在很大程度上左右着我们的政策。"(《麦肯锡季刊》2008年11

---

① 央视记者:《专访梁万年:中国方案为何能给世界提供参考》,央视网新闻2020-04-13。
② 资料来源:孟红:《周恩来:睿智处理突发事件的高手》,党史博采2020-02-25。

月)突发事件处置是应急管理的关键环节。应急处置决策的非常规性决定了应急管理者需要具有以下素质方面的要求：

——决断与创新能力。突发事件的起因、演进和趋势往往方向不明，必须当机立断，做出决断。同时，在紧急状态下，应急决策者具有较大的自由裁量空间，决策者要有胆识和创新精神，不能因循守旧，照搬预案，贻误战机。

——前瞻与推断能力。决策者掌握的信息和时间都非常有限，并且决策的后果也难以预料。必须在已有经验的基础上，大胆推断，做出具有前瞻性决策。

——灵活应变能力。突发事件的情势在不断变化。这要求应急管理决策者灵活、机动，具有很强的权变决策能力和临机决断能力。

案例 3："石油危机决策"模拟[①]

阿塞拜疆石油管道爆炸，美伊战争一触即发、油价 150 美元/桶，美国启用战略石油储备，被迫实行定量配给，中国趁机收复台湾……这不是好莱坞大片中的情景，而是由华盛顿两家智库——确保美国未来能源(SAFE)和跨党派政策中心美东时间 11 月 1 日联合"导演"的一场名为"石油风暴"的模拟危机决策的时空背景。引人注目的是，9 名"高参"的"扮演者"个个赫赫有名，几乎全部是美国前政要。整个方案历时数月，完全由 SAFE 的人员设计，所谓设计就是要设想出危机可能发生的时间，可能触发危机的事件、危机发生时有哪些表象等等，在设计过程中，SAFE人员和能源、军事、石油、政治等领域的专家进行了广泛协商，目的就是为了使这一时空背景看起来并非虚无飘渺，而是"完全可能发生在明天"。

中国工程院院士、清华大学公共安全研究院院长范维澄认为，应急管理能力包括四个基本的能力：风险评估与预防能力、监测预测与预警能力、应急处置与救援能力、综合保障能力；而能力的支撑一共有三大要素：一是技术(科技)；二是管理，应对突发事件，要有一案三制，即制定好应急预案；三是要靠人来传播安全文化。[②]

美国著名的应急管理专家威廉·沃所说：现代应急管理表现出一种悖论：

---

① 资料来源：《美前高官模拟"石油危机决策"》，人民网 2007-11-09。
② 范维澄：《"后疫情时代"的公共安全治理，人是关键》，人民论坛网 2020-08-31。

一方面,应急响应需要精细的组织和计划;另一方面,应急响应又是自发的。应急管理者必须具有创新能力、应变能力、临机决断能力。因此,必须学习知识,积累经验,提高个人的素养。这样才能在突发事件处置中,做到临危不惧、处变不惊、多谋善断、果敢灵活。

突发性事件不可避免地导致各种各样的灾难,从而产生公共危机。能否有效应对是对国家或政府治理的一个严峻的挑战。必须建立一整套行之有效的危机准备、监测、预警、决策、处理和危机恢复的运行机制。应急管理或危机管理的目的在于通过提高国家或政府对危机发生的预见能力、危机决策能力和危机发生后的处理能力,以恢复社会正常秩序,减少人民生命与财产损失,维护国家或政府的公信力。而要提高解决突发公共事件和危机管理的能力,必须重视风险与危机管理的研究,并加强干部应急管理能力的培训。

3-4 疫情防控的法治思维与法治方式[*]

2019年12月8日,武汉市出现首例新型冠状病毒(简称"新冠")患者,疫情逐渐从武汉及湖北蔓延到全国。面对突如其来的危机,各地政府调度医疗资源抗击疫情之际,出现了一些偏离依法防控和依法治理轨道的现象,包括疫情的"扩大化"、"污名化"与"去隐私化"等等。在危难关头,防控与治理需要正理平治,不因"乱时"而"乱为"。习近平总书记在中央全面依法治国委员会第三次会议上指出:"要在党中央集中统一领导下,始终把人民群众生命安全和身体健康放在第一位,从立法、执法、司法、守法各环节发力,全面提高依法防控、依法治理能力,为疫情防控工作提供有力法治保障。"他强调:"疫情防控越是到最吃劲的时候,越要坚持依法防控,在法治轨道上统筹推进各项防控工作,保障疫情防控工作顺利开展。"①正理平治,也就是要按照习近平总书记的指示和党中央的战略部署,在"新冠"疫情防控中运用法治思维和法治方式,全面提高依法防控、依法治理能力。

一、疫情防控中偏离法治轨道的现象

"新冠"疫情暴发之时,因实时掌控疫情发展之需,各地政府利用大数据平台采集社会信息。但"公开化、透明化"的政务"一刀切"又让一些个人数据被公之于众:住院、乘坐的航班和动车等信息被公开出来,"武汉人"或"湖北人"等字样充斥在各种数据终端被人议论。随之而来的,是谣言、谩骂与歧视。然而,不加区别的一视同仁是"法制"滥觞的开端,机械僵化的自由裁量则是"祸乱"的盟友。"新冠"疫情加剧引发城市封锁、物资紧张与民众恐慌。在社会紧张恐慌之中,却又夹杂着"蹭热度""幸灾乐祸""唯恐天下不乱"等非正常心理。有些地方在积极响应中央号召的同时,出台了应急执法的"过激化"措施,间接促成"地域歧视"现象的产生,让"武汉人"或"湖北人"为他地的人们所抵制。应急执法本应是全国一心,共同抗击新冠疫情。然而,"正理平治"、依法治理

---

* 本文的简要版曾以"正理平治:疫情防控的法治逻辑"为题发表于《人民论坛》,2020年第5期(丁怡舟对本文有重要贡献)。

① 《习近平:全面提高依法防控依法治理能力 为疫情防控提供有力法治保障》,新华社网2020-02-05。

并没有在疫情防治中得到充分的体现,非法治的种种方式在不同程度上侵犯了个人的权利及隐私。

(一)扩大化

本次疫情源于武汉市华南海鲜批发市场的野味交易,"新冠"的高传染性在短时间内得以呈现,并以超越"非典"的势头全面暴发。紧急时刻,地方政府分身乏术,应急执法更多地赖于职能下放,给予基层更多自由裁量权。但是,上级政府的指令传达往往被下级政府误读。在未能全面理会上级指示精神之时,应急执法更容易变得机械僵化。[①] 恐慌造成的严格执法,其思维方式、语言表达及执行手段并非完全正确。"攻击性、冲突性、极端性"的应急行为,使得事态被放大。个别地方政府手法之甚,已然超过必要的行政范围。扩大化的处理方式,让抗击疫情仿佛成了抗击群体。

然而,一些社会成员无知的乱为,并非应急执法偏差的托词。"一个健康的社会不该只有一种声音",不加区分的"一刀切"在"极左与极右"的两端徘徊,容易导致社会恐慌的升级,放大的事态又造成内外局势紧张升温。只有区分清楚"故意"与"无意"的行为,分门别类地依法治理,才不至于让"敌意"升华。事态扩大化,不利于疫情防控和社会稳定。正理平治,需要应急执法者有"明者因时而变,知者随事而制"的自由裁量权,也需要他们拥有"奉公守法,执法如山"的判断标准。静而治之,才能使抗疫有序、平息事态,保持社会稳定。

(二)污名化

小部分人造成的混乱,不该由整个群体来承担后果。新冠疫情暴发以来的各种"污名化",使得许多无辜者备受白眼,而应急执法者有意或无意的行为又导致该现象加剧。漫天而来的责骂于事无补,只会将本就处在恐慌中的疫区人民置于更加焦虑的境地。在疫情抗击如火如荼之际,"地域歧视"问题又浮现出来。

国难当头,个别群体幸灾乐祸的信口开河损害国家形象、社会稳定及人民团结。然而,社会矛头的指向混乱,却产生了不由分说的"地域骂战"。譬如,微信朋友圈的恶意推送等等都间接让"污名化"的指针对准"武汉人"或"湖北人"。冷静的思考无法掩盖暴躁的言语,地方政府的应急措施却往往无暇顾及。当忽视已变成一种态度,那无为就变成一种纵容。非理性的社会群体,在应急措施的盲点开启了法律越界的尝试,对无辜群体的恶意相向亦成为执法

---

① 甘甜:《街头官僚责任控制研究:争议与评述》,《公共行政评论》2019 年第 5 期。

偏差的直接表现。

"污名化"造成的无形成本可能会在疫情得到控制后逐渐显现出来,这将导致更多人员失业、企业倒闭、经济滑坡,并加大社会维稳成本。依法治理,就是需要政府以法律准绳规制不当言论,严肃惩处"造谣传谣""人身攻击"等恶性诋毁行为。"新冠"大敌当前,人人自危,但过分、极端、攻击性的情绪散布却严重损害了他人合法的权益。在社会混乱之下,政府唯有在应急执法中提供有力"法治"保障,才能消解纷争,化危机于无形。

(三)去隐私化

在疫情防控中,各级政府迅速借助包括大数据技术在内的现代科技手段。这有助于增强疫情防控的科学性准确性,及时有效地控制疫情,保护民众的人身安全。但如果没有法律约束,大数据技术的应用则可能导致去隐私化,例如在未经个人允许的情况下暴露特定地区及人员的隐私信息。如果去隐私化信息流入社会被恶意使用,则是社会的一大隐患。

这种大数据之殇,正是维克托·迈尔-舍恩伯格与肯尼思·库克耶在《大数据时代》一书中所担忧的数据难题——当个人如同赤身裸体般暴露于数据海洋之中,那谁还能保留属于自己的一份空间。在机器算法盛行的时代,个人信息保密及隐私保护是政府治理的一大难题。委托于政府的数据不能被毫无保留地公开,在疫情防控过程中,如果个人保密信息及其隐私在社会中广泛散播,则将损害公民隐私权,也会加剧民众对政府的不信任。

防疫工作要紧,隐私保护也要紧。病人并非犯人,在疫情防控时分他们才是最大的受害者,去隐私化传播实属治理中"法治"思维的缺位。大数据作为"达摩克利斯之剑",一方面加强了疫情感染途径的快速跟踪,让隔离措施更高效;另一方面若利用不当,则将损害无辜人员的权利。纠正应急执法偏差,不仅要从技术或工具上取得重大突破,还要从"法治"与价值上取得突破。事前规制的有效处理,将为事后规制带来更为低廉的社会成本,也能让应急执法真正成为"至善之治"。

二、疫情防控中法治思维与法治方式的运用

新冠疫情防控中的执法偏差或非法治方式的纠正,必须高度重视法治思维,把握应急治理中"法治"的方位,并采用法治的方式。疫情防控与治理中的法治思维及法治方式可以体现在客观现实、主观现实(或主观世界)、互为现实与虚拟现实等基本层面上。"扩大化"、"污名化"与"去隐私化"的产生,与疫情

防控中对客观现实、主观现实、互为现实与虚拟现实的"法治"把握不准密切相关。政府沉着冷静的依法防控与治理才是稳定社会的良药,过激化的方式将直接引致"越法"行为。

首先,法治思维要体现在客观现实层面上。客观现实是独立于个人所存在的外部世界。在疫情防控中,区域医疗中心的建立、医用隔离箱的运用、医疗服务用品的提供等都属于客观现实的范畴,应急执法的这些举措确实能满足疫情严重地区人民的切身需要。火神山医院与雷神山医院的快速搭建,更是让武汉人民充分感受到技术与治理变革所带来的"中国速度"。

然而,在"扩大化"、"污名化"与"去隐私化"的影响下,层层下达的指令造成客观现实中出现更为严重的"刚性"倾向。当政府应急执法人员数量不足,以居民自治替代之时,治理的客观现实就容易造成"越法而治"。譬如,有些地方特别是基层的"夸张执法",将有将抗击新冠疫情的矛头转向抗击无辜群体的明显倾向。坚持依法防控与依法治理,就要纠正客观现实中过于夸张的执法行为。武汉遭受封城之时,理应对流落湖北省外的人员以更多的包容,而不是极端地用"刀枪棍棒"等方式进行违法处置。从武汉归来的人,并不是敌人。应急执法作为治理的特殊情形,同样需要达到"至善"境。抗击新冠,不仅要有如建立火神山医院与雷神山医院等更有利的客观条件,还要有作为软环境的"法治"治理方式。

其次,法治思维要体现在主观现实层面上。主观现实是指个人内部世界,喜悦、悲伤、兴奋、恐惧、愁苦等心理情绪都属于个人主观现实的范畴。抗击疫情的执法方式会对个人的主观现实造成新的影响。随着疫情的日益严重,人们的心理情绪自然逐步滑落,焦虑、恐慌、恐惧、悲伤、愤怒一类的情绪自然出现。从全国大数据的实时确证病例来看,武汉的死亡病例最高,而全国其他省份的死亡病例相对较低。这一方面是由于武汉医疗资源的不足,另一方面是由于封城对民众心理防线的冲击。忽视心理层面的波动会导致更大的社会风险。"病毒致死率高""封城隔离疫情""医疗用品短缺""全国经济形势严峻""世界卫生组织对中国采取措施"等等,这些外界信息都会让疫情重灾区陷入焦虑之中。

心理防线是控制疫情的一道重要关卡,守得住民心才能镇得住"冠妖"。然而,有些地方在应急措施方面往往未能将心理疏导及时纳入治理范围,越过法律底线的谣言更增加人们的心理压力。例如,有人在家中甚至也担心被病毒感染,稍微有一点咳嗽发烧都会去医院,进医院又导致病毒拥有二次传播的途径。谈虎色变的恐慌心理回馈于个人身体的免疫力系统,在主观现实衰落的社会之中,客观现实也难以发挥全部作用。因此,依法治理对扭转主观现实至关重要。不要低估情绪疏导工作的作用。钟南山院士曾指出:"健康的一半是心理健康,长时间陷入负面情绪中的人,健康必然会受到不良影响。"人命攸关的时刻,更需要对民众进行精神打气与心理舒压,按照医疗科学的方式缓解情绪。

再次,法治思维要体现在互为现实层面上。互为现实是人与人之间通过沟通交流形成的共识世界。勤洗手、出门戴口罩、家中隔离防感染等社会疫情防控事态,都是由专家学者主导所形成的互为现实。而谣言作为互为现实的一类也给社会带来巨大的负担。有个别社会不法群体,在疫情暴发蔓延之际,散播虚假信息误导群众,造成社会恐慌情绪升级。"唯恐天下不乱"的造谣方式,损害了国家利益,也危害了社会利益,更侵害了个人利益。

控制谣言源头强过控制谣言传播。对造谣生事者,应急执法该严惩不贷、绝不姑息。各大网站铺天盖地的舆论信息只会蒙蔽国人看待事情本质的双眼。疫情平息,首先要从互为现实中找回属于治理的"法治",以"非法治"的方式进行跨省抵制只会间接增加社会无形成本。"过街老鼠"不应该是安在"武汉人"或"湖北人"身上的头衔,疫情之下谁都有可能成为"无知之幕"后的受害者。正理平治,就是要还原社会合乎正道的法律规范,在危难关头还社会一份安定有序,让互为现实朝向良性方向回归。

互为现实作为波及面较大,影响较深的一类现实,疫情防控与治理不应忽略。看似可有可无之物,却可能成为疫情防控以及扑灭以后的社会不稳定因素。从延续时间来看,互为现实远比客观现实与主观现实影响要久,只要得到个体间的相互认同,其传播就具备代际特征,该类现实的"法治"要素就成为国家长治久安的镇静剂。

最后,法治思维要体现在虚拟现实层面上。虚拟现实是由网络信息技术诞生的一类独立电子世界。防控疫情中的各大网络平台,包括手机客户端的APP(譬如微信)都属于虚拟现实范畴。这类由人创造的现实,曾为我们提供过无比丰富的数据体验。然而,数据过度挖掘与传播,亦造成了个人隐私信息的严重泄露。虚拟现实的数据痕迹让个人在社会中无所遁形,应急执法为了快速捕捉疫情踪迹,甚至不惜将涉及个人隐私的信息披露,这严重影响了人民的日常生活。

在虚拟现实中,个人可将自身情绪无限放大。但恶意扩大,不仅会损害抗击疫情的士气,也会破坏疫情防控局势的稳定,甚至会造成对国家形象的损害。危言耸听的数据消息,往往以"零边际成本"的方式传播。社会平日正常的思维,在疫情防控时期受到不正常舆论的影响,导致个人判断的群体指向。社会人群的复杂性心理远超政府的估计,当无辜人员信息被公之于众时,各种"抱怨""指责""谩骂""诋毁"等负面情绪随之飙升。

许多平日难以发泄的情绪在混乱的政治秩序中一触即发,"法治"准绳也淹没在社会排山倒海的躁动之中。"跟风""起哄""蹭热度"等现象加重了应急执法的难度,让法律被置于不起眼的角落。疫情抗击的大数据威力,一方面让全国确诊病例得到实时监控,另一方面又让全国舆论呈现爆炸性的激增。疫情防控局势的应急执法,不能让数据化的无形方式损害国家、社会与个人,更不能让隐私成为他人茶余饭后的舆论焦点。虚拟现实对其他现实有巨大浸染作用,作为人类新型的数据化手段,其影响甚至远超互为现实所带来的代际冲击。

高数据化时代伴随着高风险社会。虚拟现实可由人"创造",也可由人"捏造"。在数字化平台,"真与假"无法在短时间内得以考证,也无力在短时间内得以消散。"留痕性"让时间消散能力大打折扣,谣言一旦散布,消除就要花时间和精力,过多的负面消息将间接加重疫区人民的心理压力。虚拟现实的"法治",就是要应急执法控制隐私流传的途径,还疫区的数据以舆论净土。

三、疫情防控法治思维的价值追求

疫情防控的法治思维意味着"享有平等待遇"、"保证人格尊严"和"重视个人隐私"等的价值追求。世界卫生组织 2016 年发布的《传染病暴发时的伦理问题应对指南》(Guidance for Managing Ethical Issues in Infectious Disease Outbreaks)提出疫情防治需要遵守七个伦理原则(正义、福利、效用、自主、自由、互惠和团结),强调尊重个人的尊严和权利(自由、隐私、知情同意权等),指出要保护个人信息隐私,未经授权地披露收集的个人信息可能会使个人面临重大风险,包括污名化、歧视、暴力。我国的《网络安全法》《民法总则》《信息安全技术个人信息安全规范》等法律法规对保护个人信息隐私和安全做出了规定,比如在收集和共享个人信息时,应当尊重个人的知情同意权,涉及敏感信息时需要明示同意,未经同意不准收集。[①] 疫情防控中必须切实做到"享有平

---

① 胡晓萌、孙保学:《泄露疫区返乡者隐私涉嫌违法破坏信任团结》,界面新闻 2020-01-27。

等待遇"、"保证人格尊严"与"保护个人隐私"。

(一)享有平等待遇

平等待遇是应急执法处于非常时期的首要"依法治理"价值标准。武汉人及湖北人并非全部受到新冠病毒感染,但恐慌的社会心理导致各地企业均对湖北员工展现出偏见。这一方面是由于疫情暴发以后,社会经济形势严峻,造成大量企业经济亏损,企业负责人不得不辞退工人;另一方面是由于新冠"人传人"的高感染率,负责人出于不愿看到企业出现内部人员恐慌的担忧。

从企业的角度看,政府应该从经济角度理解企业的顾虑,不能以"企业债务全担"的方式进行应急执法,必要时需要给予返税补偿。作为盈亏自负的私营部门,负责人在平时能保证企业正常运营已实属不易。在蒙受损失以后,企业若还被强加负担,那最后结局将是企业大量倒闭。所以,依法治理,不能有任何"道德绑架"倾向,要站在公正公平的角度保障本属于企业自身的合法权益。

从个人的角度看,政府则需要平息"地域歧视"骂战,"武汉人"或"湖北人"不应成为新冠疫情的牺牲品。部分民众在封城期间都会遇到生活开支紧张问题,"上有老下有小"的状态令失业成为性命攸关之事。在疫情得到控制之际,应急执法要尽量保证返程上班人员的平等待遇。对无故裁员的行为,政府应该以相关法律进行惩处。政府更要依法制止"造谣传谣"与"人身攻击"等行为,防控可能产生的新一轮社会风险。

(二)保证人格尊严

依法保障人格尊严,是纠正应急执法偏差的第二个药方。"一刀切"的治理措施,只会造成社会道德对应急执法的反向冲击。依法治理,就要区分清楚"故意"与"无意"两类行为——一方面,就故意扰乱社会秩序的人员,应采取硬性措施严厉惩处;另一方面,就无意扰乱社会秩序的人员,应采取柔性措施说服规劝。

依法治理要明确应急执法者的权力与责任,防止过度行政自由裁量。就现实来看,全国各省份过激化的执法措施不少,错误地将受害者当成犯人对待的方式会加剧社会矛盾。"一刀切"的应急执法措施更直接导致无辜者的人格尊严受到侮辱。譬如,"刀枪棍棒"伺候及"辱骂标语"宣传等执法方式是过度自由裁量的直接体现。剑走偏锋的行政行为,必定带来地域间撕裂一类的问题。若说"歧视"现象升级是源于"法治"的缺失,则"法治"未能充分施展则是因为"权力"的越位。

应急执法,不仅要做好非常时期的特殊防控,也要做好事态恶化的提前预警。在客观现实、主观现实、互为现实与虚拟现实之中,政府应把握依法治理,严禁践踏人格尊严。隔离工作需要自由裁量,但"法治"依然要置于"人治"之上。事前规定的权责,能有效防止应急执法将"武汉人"或者"湖北人"作为社会攻击目标,进而减少事后规制成本。

（三）保护个人隐私

依法保护个人隐私是现代政府的基本职责。大数据降低了交易成本,隐私泄露却导致成本增加。经济社会系统的良好运转,需要稳定有序的依法治理。数据泄露有损经济社会运行,而受害者却又无从防御。要靠完善的法治体系来保障个人在虚拟现实中的人身安全,防止舆论极化酿成的社会冲击。然而,社会却缺乏动力去主动抵制恶意数据挖掘,应急执法的过度化又引致数据问题加剧。譬如,新冠疫情暴发以来,企业的"用工荒"与个人的"就业难",呈现畸形的"双向拒绝"态势,部分原因要归咎于数据泄露产生的"地域战"升级。

应急执法运用大数据,要注意信息传播的末端控制。必要的数据要给出,但是涉及个人隐私部分的数据应当严格控制,绝不能让个人信息在社会中随意流动。"井喷"式的隐私传播,将引起大范围的造谣传谣,进而导致数据信息被社会群体误读。政府推行严苛的隐私保护制度,以对恶性信息传播进行行政控制,减缓疫区人民不必要的心理压力。即便在疫情消除之后,依然需要防范对个人隐私侵害的行为,并对个人隐私实施严格保护。保障数据安全,不仅是为个人谋福利,也是为社会求稳定,更是为"正理平治"做铺垫。

总之,正理平治使国泰民安,目无法纪则祸国殃民。"新冠"疫情防控必须运用法治思维及法治方式,全面提高依法防控、依法治理能力。要从客观现实、主观现实、互为现实与虚拟现实等维度强化法治思维,纠正"扩大化"、"污名化"与"去隐私化"的行为偏差,努力实现"享有平等待遇"、"保证人格尊严"与"尊重个人隐私"。应急执法不仅是当下对疫情抗击,更是对往后政治、经济和社会风险的防控。要以"正理平治"之道还"天下安定"之序。

第四章 地方治理

4-1 《摆脱贫困》中的地方治理思想 [*]

《摆脱贫困》一书收录了习近平同志担任中共福建宁德地委书记期间自1988年9月至1990年5月的一些重要讲话和文章,真实记录了他主政宁德时期的地方治理理论思考与经验总结,其中包含了关于地方治理及公共政策的重要思想观点。该书代表了习近平同志治国理政思想形成与发展的一个重要阶段,许多思想观点在他后来的《之江新语》和担任党的总书记以来的系列重要讲话之中得到了深化、丰富和发展。《摆脱贫困》一书是了解习近平同志治国理政方略思想形成与现实价值的一个重要窗口。该书对于当前全面深化改革背景下加深理解习近平同志担任党的总书记以来的系列重要讲话精神,协调推进"四个全面"战略布局,全面推进国家及地方治理体系和治理能力的现代化具有重要的思想引领和现实指导意义。《摆脱贫困》一书中的地方治理及公共政策思想丰富多彩,我们择要加以探讨。

一、创造地方治理的公共价值

（一）地方治理与政策的公共价值或公共利益追求

脱贫致富关涉社会公共利益价值的权威性分配,最终目标是推进构成"共同富裕社会"的公平正义等实质性价值。公共价值指导着党政部门及其领导干部的目标和行为选择,影响领导干部的公共决策、政策执行以及公共治理手段的选择,它是政府治理活动中的内在因素,对于领导干部行为具有根本导向和规制作用。对于地方党政领导来说,带领干部群众脱贫致富是一个面临价

---

[*] 原载《马克思主义与现实》2017年第1期(吕志奎为本文的合作者)。

值决策的领域,直接面对基层群众,"必须坚持全心全意为人民服务的根本宗旨,自觉贯彻党的群众路线,心系群众、为民造福"①。

习近平同志的《摆脱贫困》非常鲜明地展示了执政党的公共价值或公共利益追求——为人民服务或为民造福。习近平同志强调"我们共产党人的宗旨是永远为人民服务。所以,当干部的宗旨就是奉献,就是服务,要立足于理想,不要光图自己实惠"②。习近平同志提倡领导干部"为官一场造福一方",一方面,党政干部要廉洁从政,廉洁治理;另一方面,"单是廉政还不够,还要有政绩,要能改变当地面貌,促进经济发展,提高生活水平"③,强调"廉政建设是共产党人的历史使命"④,总结和高度概括领导干部为官之道:一是为官之本在于为官一场,造福一方;二是为官之理在于讲奉献;三是为官之德在于清廉;四是为官之义在于明法。⑤

《摆脱贫困》中的地方治理价值目标的战略思想在习近平同志后来的从政生涯中得到了丰富和发展。在浙江工作期间,他提出"每一位领导干部都要拎着'乌纱帽'为民干事,而不能捂着'乌纱帽'为己做'官'"。⑥ 2012 年 12 月 15 日,刚刚当选为中共中央总书记的习近平同志在新一届中央政治局常委中外媒体见面会上庄严宣示:"人民对美好生活的向往,就是我们的奋斗目标。"⑦习近平关于"十个更好"⑧的讲话更是凸显了新形势下国家治理的价值目标和战略方向;提出了"建设学习型、服务型、创新型马克思主义执政党的重大任务,把学习型放在第一位"⑨;"好干部要做到信念坚定、为民服务、勤政务实、敢于担当、清正廉洁"⑩;全面从严治党,把党风廉政建设和反腐败斗争引向深入,坚持"老虎苍蝇一起打",保持反腐高压态势,制约和监督公共权力,强调"把权力关进制度的笼子里,努力做到干部清正、政府清廉、政治清明"⑪;提出

---

① 习近平:《在会见全国优秀县委书记时的讲话》,《光明日报》2015 年 9 月 1 日。

② 习近平:《摆脱贫困》,福建人民出版社 1992 年版,第 79 页。

③ 同上书,第 79 页。

④ 同上书,第 26 页。

⑤ 同上书,第 36~40 页。

⑥ 习近平:《之江新语》,浙江人民出版社 2007 年版,第 50 页。

⑦ 《习近平谈治国理政》,外文出版社 2014 年版,第 4 页。

⑧ 同上。

⑨ 同上书,第 403 页。

⑩ 同上书,第 412~413 页。

⑪ 同上书,第 385 页。

"法律是治国之重器,法治是国家治理体系和治理能力的重要依托"①,全面推进依法治国,建设中国特色社会主义法治体系,建设社会主义法治国家。由此可见,习近平同志的这些重要论述,体现了人民群众根本利益至上的公共价值追求,以人民作为治国理政价值理念的支撑点,彰显着"为人民服务,担当起该担当的责任"的国家治理理念,始终贯穿着实现好、维护好、发展好人民群众根本利益这条政治红线,这对于今天协调推进"四个全面"具有重要的启迪价值。

(二)练好政策制定和执行的基本功——走群众路线

习近平同志强调,要从贫困地区的发展变化最基本的条件是什么这样一个大问题中去寻找贫困地区的干部需要具备哪些基本功。在《干部的基本功——密切联系群众》中,习近平同志指出:"贫困地区的发展靠什么?千条万条,最根本的只有两条:一是党的领导;二是人民群众的力量","无论是从发挥党的领导作用,还是从调动群众积极性这两方面说,都要求我们的各级干部始终同广大人民群众保持密切的血肉联系。这就是干部的一项十分重要的基本功。……没有这样一套基本功,就不是一个称职的领导干部"②。领导干部特别是贫困地区的领导干部在地区脱贫致富的发展战略上要勇于担当、奋发有为,坚持走群众路线,建立领导联系服务群众的常态化制度,转变领导作风和领导方式,为群众办实事。习近平列举了当时宁德地区开展深入联系群众的三项活动:一是地县领导要基层现场办公;二是各级领导建立群众接待日制度;三是领导干部同基层单位挂钩联系。③

脱贫致富奔小康的根本依靠力量是人民群众。扶贫开发工作是一项具有特殊意义的群众工作,必须善于发动群众、依靠群众和组织群众。其实,贯穿《摆脱贫困》始终的鲜明特色,就是群众思维、群众观点。这充分体现了地方政府在扶贫开发、脱贫致富过程中要有民主治理理念,扩大群众和社会参与。《摆脱贫困》中的群众路线思想在习近平同志后来的从政生涯中得到了丰富和发展。在《之江新语》中,习近平同志提出"不求'官'有多大,但求无愧于民"④,

①　习近平:《关于〈中共中央关于全民推进依法治国若干重大问题的决定〉的说明》,《人民日报》2014年10月29日。

②　习近平:《摆脱贫困》,福建人民出版社1992年版,第5页。

③　同上书,第17页。

④　习近平:《之江新语》,浙江人民出版社2007年版,第3页。

"心无百姓莫为'官'"①,"做人民群众的贴心人"。②他所提出领导干部要练好密切联系群众这个基本功,在今天推进国家治理体系和治理能力现代化过程中更具有战略意义。党的十八大以来,"群众路线"成为国家治理的强势话语——党中央出台关于改进工作作风、密切联系群众的"八项规定";2013年在全党开展以为民务实清廉为主要内容的党的群众路线教育实践活动,把贯彻落实中央八项规定精神作为切入点,集中解决形式主义、官僚主义、享乐主义和奢靡之风这"四风"问题。③党的十八届三中全会总结归纳改革开放积累的宝贵经验,其中很重要的一条就是强调必须坚持以人为本,尊重人民主体地位,发挥群众首创精神,紧紧依靠人民推动改革。④

2015年6月30日习近平同志"在会见全国优秀县委书记时的讲话"成为各级领导干部组织地方治理的定向导航,他要求县委书记当然也包括各级领导干部做政治的明白人,发展的开路人,群众的贴心人,班子的带头人。"要适应和引领经济发展新常态,把握和顺应深化改革新进程,回应人民群众新期待,坚持从实际出发,带领群众一起做好经济社会发展工作,特别是要打好扶贫开发攻坚战,让老百姓生活越来越好,真正做到为官一任,造福一方。"⑤

二、理顺地方治理的主体间关系

(一)健全党政部门协同治理的体制机制

贫困地区在发展经济过程中,需要通过各部门具体的路线、方针、政策来体现,各部门是脱贫致富路线、方针、政策的具体执行者,只有各部门协调配合,共同合作,才能使脱贫致富的方针、政策得到有效执行。因此,在贫困地区治理中需要处理好政府间关系。习近平同志在第二篇《提倡"经济大合唱"》中指出:"'经济大合唱'就是要讲协调,讲配合。光有主旋律,不讲同心协力不行,搞内耗和摩擦更不行,需要调动各个部门、各个方面的积极性。既然是大合唱,各个部门就要自觉配合,主动协调。这不是简单的'1+1=2',我们要的是'1+1>2'——也就是我们通常所说的'整体功能效益'。"⑥习近平同志指

---

① 同上书,第26页。

② 同上书,第139页。

③ 《习近平谈治国理政》,外文出版社2014年版,第373页。

④ 同上书,第90页。

⑤ 习近平:《在会见全国优秀县委书记时的讲话》,《光明日报》2015年9月1日。

⑥ 习近平:《摆脱贫困》,福建人民出版社1992年版,第11页。

出,必须认真处理好党委、人大、政府之间的关系。这样有助于促进地区脱贫致富、振兴经济工作。①

《摆脱贫困》中的党政部门协同治理思想在习近平同志后来的从政生涯中得到了丰富和发展。在《之江新语》中,习近平同志提出领导干部要打好"团结牌",使整个领导集体形成整体合力②,党政"一把手"共演一台"二人转"的好戏。③ 他提倡"经济大合唱"和"打好'团结牌'",带给当前地方政府的主要启示,就是要坚持正确的方法论。党的十八大以来,习近平同志多次强调"更加注重改革的系统性、整体性、协同性"④,全面深化改革需要协同推进,就是要增强改革措施的协调性,形成改革合力。⑤ 推动国家治理体系和治理能力现代化,要求党委和政府作为主导力量,构建协同合作的公共治理体系,建立党政联动、多部门协调配合的协同创新机制,将不同部门的行政资源和能力,加以集成和整合,聚合党政部门、群团组织和社会力量协同推进治理现代化的正能量,形成全面深化改革的整体合力,使各部门发挥最大行政效能,从事高质量的公共政策制定和执行,持续提高公共服务供给质量与效率。

(二)处理好政府与企业、市场的关系

在发展地方经济过程中,政府做得太多或太少都可能阻碍经济增长,因此,必须正确定位政府调控的范围、方式与力度。习近平同志在《困境的突破——贫困地区发展乡镇企业的思路》一文中提出了在发展贫困地区乡镇企业经济过程中正确处理政府调控与市场调节、企业自主发展关系的基本思路:"有计划按比例规律与价值规律相互作用,相互协调,共同导向……首先,国家对乡镇企业的经济运行不直接干预,不能下达指令性计划。其次,国家对乡镇企业主要着眼于总量计划,从宏观上调控它的发展规模和速度。第三,国家对乡镇企业的管理,主要运用经济手段,实施间接的计划调节。第四,乡镇企业在计划调控中具有一定的灵活性"。⑥ 从中可以看出,在摆脱贫困过程中,必须加快政府职能转变,既要发挥好政府在扶贫开发中的引导和调节作用,加强

---

① 同上书,第135页。
② 习近平:《之江新语》,浙江人民出版社2007年版,第21页。
③ 同上书,第23页。
④ 《习近平谈治国理政》,外文出版社2014年版,第68页。
⑤ 中共中央文献研究室:《习近平关于全面深化改革论述摘编》,中央文献出版社2014年版,第32页。
⑥ 习近平:《摆脱贫困》,福建人民出版社1992年版,第135页。

政府在创造制度环境、编制发展规划、建设基础设施、提供公共服务、加强社会治理方面的职能,又要培育和提升企业的内功,不断增强企业适应市场经济发展的技术创新能力和自主经营管理能力。

《摆脱贫困》中的处理政府与市场和企业关系的思想在习近平同志后来的从政生涯中得到了丰富和发展。2002年8月,时任福建省长习近平通过中央媒体向全国总结推广"以市场为导向、以诚信促发展,立足本地优势、强化政府服务、发扬拼搏精神,通过激活民营经济、促进县域经济发展"的"晋江经验"。① 在《之江新语》中,习近平同志提出"宏观调控是市场经济条件下的一个常态"②,"从'倒逼'走向主动"③,"认识和处理好转变经济增长方式与实现经济增长速度的辩证关系……在制定有关政策、确定有关举措时把握好度,掌握好平衡点,既要防止经济出现大的波动,更要坚定不移地推进经济增长方式转变,真正在'腾笼换鸟'中实现'凤凰涅槃'"。④

党的十八大以来,习近平同志发表了一系列处理政府与市场、企业关系的重要讲话,提出了一系列具有标志性意义的重大创新观点,使得关于政府与市场关系的总体框架更加完整。党的十八届三中全会通过的《中共中央关于全面深化改革若干重大问题的决定》提出:"经济体制改革是全面深化改革的重点,核心问题是处理好政府和市场的关系,使市场在资源配置中起决定性作用和更好发挥政府作用。""科学的宏观调控,有效的政府治理,是发挥社会主义市场经济体制优势的内在要求。"习近平还强调:"转变政府职能是深化行政体制改革的核心,实质上要解决的是政府应该做什么、不应该做什么,重点是政府、市场、社会的关系,即哪些事应该由市场、社会、政府各自分担,哪些事应该由三者共同承担。"⑤在新常态背景下,从制定"稳增长、调结构、促改革"政策,推动经济转型升级,打造中国经济升级版,到创新社会治理体制,推动大众创业、万众创新,以习近平同志为总书记的新一届中央领导集体注重从政府、市场、社会三个宏观层面整体设计国家治理体系和治理能力现代化的全面战略。

---

① 《习近平谈治国理政》,外文出版社2014年版,第423页。
② 习近平:《之江新语》,浙江人民出版社2007年版,第116页。
③ 同上书,第133页。
④ 同上书,第158~159页。
⑤ 中共中央文献研究室:《习近平关于全面深化改革论述摘编》,中央文献出版社2014年版,第52页。

三、提升地方治理的能力与绩效

(一)发挥基层党组织在贫困地区治理中的核心作用

习近平同志在《加强脱贫第一线的核心力量——建设好农村党组织》中强调:"党对农村的坚强领导,是使贫困的乡村走向富裕道路最重要的保证。如何在农村实现党的领导,这是农村党组织的历史使命。……农村党组织能否发挥这样的核心作用,直接关系到脱贫致富事业的凝聚力的强弱。"①贫困地区的脱贫治理是党组织领导下组织化的和有目的的公共治理行动。这是一个复杂的治理过程,需要从全面整合的角度思考基层党组织作为治理主体的主要职责和基本功能。

发挥基层党组织在贫困地区治理中的核心作用,这主要体现在基层党组织具有强大的政治动员能力,掌握丰富的政治资源,是地方治理的领导者、组织者和脱贫政策的设计者和实施者。要增强基层党组织带领广大农民群众走共同脱贫致富道路的信心和决心,充分调动各方积极性,使广大农民群众从实践中得出共识:"要想脱贫致富,必须有个好支部。"②党的基层组织是党联系群众、服务群众的桥梁和纽带,是基层治理的领导力量。治理好贫困地区,关键要建立一个强有力的领导班子。习近平同志在《干部的基本功——密切联系人民群众》一文中指出:"党的领导是通过具体的路线、方针、政策来体现的,而我们的干部是党的路线、方针、政策的具体执行者,干部只有到人民群众中去,并且同人民群众保持血肉相联的关系,才能使党的方针、政策得到更好的贯彻。这是问题的一方面。另一方面,群众需要领导。没有领导,群众的积极性既不能提高,也不能持久。"③

《摆脱贫困》中的基层组织建设与治理能力的思想在习近平同志后来的从政生涯中得到了丰富和发展。在《之江新语》中,习近平同志提出"执政重在基层","基层干部是党和国家干部队伍的基础"④;领导干部必须做到"守土有责"。⑤ 党的十八大闭幕后不久,习近平同志在河北省阜平县考察扶贫开发工

---

① 习近平:《摆脱贫困》,福建人民出版社 1992 年版,第 159～160 页。

② 同上书,第 161 页。

③ 同上书,第 13～14 页。

④ 习近平:《之江新语》,浙江人民出版社 2007 年版,第 111 页。

⑤ 同上书,第 115 页。

作时强调"农村要发展,农民要致富,关键靠支部"。① 基层组织的治理体系和治理能力对于脱贫致富至关重要。党的十八届三中全会提出"推进国家治理体系和治理能力现代化",作为全面深化改革的总目标,治理体系和治理能力成为国家政治生活中的全新话语。正如习近平同志所指出的,只有以提高党的执政能力为重点,尽快把我们各级干部、各方面管理者的思想政治素质、科学文化素质、工作本领都提高起来,尽快把党和国家机关、企事业单位、人民团体、社会组织等的工作能力都提高起来,国家治理体系才能更加有效运转。②

党的十八届三中全会强调充分发挥基层党组织的战斗堡垒作用,为全面深化改革作出积极贡献。在此基础上,党中央出台了《关于加强基层服务型党组织建设的意见》,强调基层党组织要"通过服务贴近群众、团结群众、引导群众、赢得群众"。2015 年 6 月 30 日,在会见全国优秀县委书记时的讲话中,习近平同志从党执政兴国和治国理政的高度,深刻阐述了县委和县委书记的作用。他指出:"县委是我们党执政兴国的'一线指挥部',县委书记就是'一线总指挥',是我们党在县域治国理政的重要骨干力量。"③

(二)把机关效能建设作为地方治理方式转变的突破口

脱贫致富的科学路径是找对因地制宜的发展路子。实现脱贫致富,不仅要解放思想,更要把握方向、找对路子,要特别重视贫困地区的软环境建设。④ 地方各级党政机关的治理能力在地区脱贫致富过程中起关键作用和重要角色。习近平在《弱鸟如何先飞——闽东九县调查随感》一文中指出:"软功夫是贫困地区这只'弱鸟'借以飞洋过海的高超艺术。我们不要模仿大城市,搞一整套庞大的机构,从一开始我们就要有全新的办法,比如简化手续、降低费用、改善服务质量,'一个窗口,一个图章',等等。"⑤这实际上就提出了加强机关效能建设,转变地方治理方式的问题。

《摆脱贫困》中的机关效能建设思想在习近平同志后来的从政生涯中得到了丰富和发展。在福州工作时,习近平同志强调党政机关办事要"以便民为本",提出要大力弘扬"特事特办、马上就办、真抓实干"的工作精神。1992 年,他推动编辑出版《福州办事指南》和《福州市民办事指南》,方便了外商投资经

---

① 《习近平谈治国理政》,外文出版社 2014 年版,第 190 页。

② 《习近平谈治国理政》,第 105 页。

③ 习近平:《在会见全国优秀县委书记时的讲话》,《光明日报》2015 年 9 月 1 日。

④ 习近平:《摆脱贫困》,福建人民出版社 1992 年版,第 74 页。

⑤ 同上书,第 5 页。

商和市民生活出行,提高了机关行政效能。2000 年,习近平同志担任福建省省长后,率先倡导和推动机关效能建设,并担任省机关效能建设领导小组组长。他提出,要加快转变政府职能,减少审批事项和环节,不去管那些不该管的事,腾出手来把该管的事管好,建立有限政府和服务型政府。① 2001 年,福建省在全国第一个以省政府令的形式颁布了政务公开实施办法;全省所有的县(市、区)设立了效能投诉中心,给老百姓一个说话的地方,被称为党政机关与人民群众的"连心桥"。在浙江工作期间,习近平提出"落实才能出成绩,执行才能见成效"。② 换言之,要提升地方政府部门的行政效能,抓好贫困地区的软环境,提升政府治理能力。

担任党的总书记后,习近平同志告诫各级领导班子和领导干部"空谈误国,实干兴邦",要发扬钉钉子的精神,真正做到一张好的蓝图一干到底,切实干出成效来。③ 从宁德到福州,到浙江,再到中央,习近平同志关于机关效能建设的思想一脉相承,对于当前深化行政体制改革、加快转变政府职能和简政放权具有重要的指导意义。

四、优化地方治理环境

(一)在地方治理中加强人力资源开发和科学管理

人力资源是第一资源,是地区经济发展的重要条件。在贫困地区发展经济过程中,面临的一个现实问题就是农村富余劳动力的不断增加及其转移就业问题,即,如何把富余劳动力资源优势转化为经济发展优势,最大限度释放富余劳动力的人口红利,实现劳动力资源向人力资本转化。习近平同志在《一种崭新资源的开发——谈加强对农村富余劳动力转移的疏导》一文中指出:"用改革开放的眼光来看待劳动力的大量转移这件事,会惊喜地发现:我们又获得了一种极其宝贵、可带开发、可能创造巨大价值的崭新资源,我们应及时疏导,把富余劳动力引向山海开发,进行农副产品深度加工,大力发展外向型经济,抓住这一机遇,推动农村经济上新的台阶。"④

如何有序转移贫困地区农村富余劳动力,习近平同志提出的基本思路就是,把劳动力资源开发工作纳入贫困地区经济发展的规划,整体设计,有序推

① 《习近平谈治国理政》,外文出版社 2014 年版,第 423 页。
② 习近平:《之江新语》,浙江人民出版社 2007 年版,第 88 页。
③ 《习近平谈治国理政》,外文出版社 2014 年版,第 399 页。
④ 习近平:《摆脱贫困》,福建人民出版社 1992 年版,第 166～167 页。

进。具体包括①：第一，地方政府要加强对农村的思想教育，增强富余劳动者的市场意识，多方面拓展就业门路，通过信息引导和行政指导，提升农民就业创业的组织化程度。第二，地方政府要从本地实际出发，及时制定农村劳动力转移的长远规划和公共政策，综合运用经济手段、法律手段和行政手段进行综合治理，加强对富余劳动力转移的流向、流量、流速的科学调控。第三，进行就业前的针对性培训，把现有的富余劳动力培训成为具有一定技术知识的合格劳动者；加强战略性的培训，重视智力投资，办好职业教育，培养专业化人才，造就符合市场需求的高素质劳动者。另外，习近平还提出"大农业"发展思路促进闽东贫困地区经济发展，即通过以工补农和以工促农，实现农业内部产业结构从单一结构向多元化发展。②

百年大计，教育为本。教育投入、人力资本增加和知识创新是决定一个地区经济增长的重要因素。教育是一种有价值的人力资本投资，是脱贫致富的重要渠道。经济发展靠科技，科技发展靠人才，人才成长靠教育。人力资源是我国经济社会发展的第一资源，教育是开发人力资源的主要途径，必须把教育摆在优先发展的战略地位。他在《我们应当怎样办好教育》一文中指出，因为教育没有办好，闽东经济发展受到人才制约的困扰；并谈到了教育上的"马太效应"：越穷的地方越难办教育，但越穷的地方越需要办教育，越办不起教育就越穷。③

《摆脱贫困》中的农村劳动力转移和人力资源开发与管理的战略思想在习近平同志后来的从政生涯中得到了丰富和发展。在浙江工作期间，习近平同志提出"要跳出'三农'抓'三农'"④，这是以大农业思维破解城乡统筹发展问题。他提出的"大农业"发展思路下转移农村富余劳动力的政策经验对于今天我国在新型城镇化进程中有序推进农业转移人口市民化、推动城乡发展一体化具有重要的现实参考意义和指导价值。习近平还提出"实施素质教育是建设创新型国家的基础"。⑤ 因此，必须站在经济社会发展战略的高度来思考教育问题。他认为古人提出"兴贤育人，为政之先务"是很有见地的。

---

① 同上书，第 170 页。
② 习近平：《摆脱贫困》，福建人民出版社 1992 年版，第 71 页。
③ 同上书，第 172 页。
④ 习近平：《之江新语》，浙江人民出版社 2007 年版，第 43 页。
⑤ 同上书，第 162 页。

（二）营造地方治理的良好文化氛围

传统文化是一个国家和地区治理体系的重要组成部分。"建设社会主义文化强国""培育和践行社会主义核心价值观"等重大命题的提出，要求我们在推进国家治理体系和治理能力现代化过程中，注重弘扬社会主义先进文化，构建公共文化服务体系和文化治理体系，提高一个国家、一个地区的文化软实力。习近平同志在《闽东之光》一文中提出从文化建设的角度认识闽东的光彩和亮点，处理好文化建设与摆脱贫困的密切关系，"从整个国家来说，中华民族的传统文化在民族的延续和发展中起到了积极的作用。……通过文化建设，弘扬民族文化传统，不仅增强我们的自信心，而且提高外界对闽东的信心"。①

文化建设在地方治理和脱贫致富战略中发挥重要的宣传功能。习近平同志认为，探索地方特色文化的宣传形式，需要注意以下四点：第一，文化要体现出思想性；第二，文化要有群众性，不能搞脱离群众的文化形式主义；第三，文化建设要讲究经济性，少花钱，多办事；第四，文化要体现大众性，合乎大家的口味。习近平同志在《建设好贫困地区的精神文明》一文中还强调，"精神文明建设是实施脱贫致富战略的重大内容之一。……发展社会主义商品经济是闽东脱贫致富的根本出路。我们应该把发展社会主义商品经济与提高闽东人民的精神素质统一起来"②。习近平同志认为，必须正确认识脱贫致富和建设精神文明的关系。两者相互关联、相互协调、相互促进。脱贫致富的实践过程不但是我们改造客观世界、建设物质文明的过程，也是我们改造主观世界、建设精神文明的过程。

《摆脱贫困》中的文化治理思想在习近平同志后来的从政生涯中得到了丰富和发展。在浙江工作期间，习近平同志提出"文化是灵魂，文化的力量，构成综合竞争力的文化软实力"③，"文化育和谐"④，文化产品也要讲"票房价值"，文化产品的生产和宣传，绝大部分都要进入市场，最大限度地实现文化的宣传教育功能。⑤ 担任党的总书记以后，习近平同志高度重视文化特别是传统文化在治国理政中的重要功能和作用，在国内外重要场合多次强调"提高国家文

---

① 习近平：《摆脱贫困》，福建人民出版社 1992 年版，第 23 页。

② 同上书，第 148～153 页。

③ 习近平：《之江新语》，浙江人民出版社 2007 年版，第 149 页。

④ 同上书，第 150 页。

⑤ 同上书，第 9 页。

化软实力,关系'两个一百年'奋斗目标和中华民族伟大复兴中国梦的实现"①,"讲清楚中华文化的独特创造、价值理念、鲜明特色,增强文化自信和价值观自信"②。

(三)保护好地方治理的生态环境

习近平同志在福建工作期间,高度重视治水治林,注重保护地方经济发展的自然生态环境,这是习近平同志的生态文明建设和绿色发展战略思想的起源。他在《闽东的振兴在于"林"——试谈闽东经济发展的一个战略问题》一文中指出:"在闽东这样一个贫困地区,山林资源是一个重要的优势……林业具有很高的生态效益和社会效益……发展林业是闽东脱贫致富的主要途径,森林是水库、钱库、粮库,这样说并不过分。"③为此,他提出林业发展的指导思想:深化林业体制改革,充分调动各方面积极性,增强林业自我发展能力;广泛动员全社会力量大办林业,把林业发展同粮食生产、出口创汇、脱贫致富以及精神文明建设紧密地结合起来。④

《摆脱贫困》中的生态环境治理思想在习近平同志后来的从政生涯中得到了丰富、创新和发展。2002 年福建省在全国率先开展集体林权制度改革,后来成为全国林改的标杆。2001 年 7 月,时任福建省省长习近平到长汀县调研水土流失治理工作。针对长汀水土流失严重的问题,习近平同志于 2002 年率先提出建设生态省的战略构想,随后福建成为全国第一批生态建设试点省。在浙江工作期间,习近平又提出"既要 GDP,又要绿色 GDP"⑤,"让生态文化在全社会扎根"⑥,"生态省建设是一项长期战略任务"⑦,"绿水青山可带来金山银山,但金山银山却买不到绿水青山"。⑧

党的十八大以来,以习近平同志为总书记的党中央站在时代发展和战略全局的高度,将生态文明建设融入治国理政各个方面,建设美丽中国,实现中华民族永续发展。2013 年 4 月 2 日,他在参加首都义务植树活动时的讲话中

---

① 《习近平谈治国理政》,外文出版社 2014 年版,第 160 页。

② 同上书,第 163 页。

③ 习近平:《摆脱贫困》,福建人民出版社 1992 年版,第 110 页。

④ 同上书,第 111 页。

⑤ 习近平《之江新语》,浙江人民出版社 2007 年版,第 37 页。

⑥ 同上书,第 48 页。

⑦ 同上书,第 49 页。

⑧ 同上书,第 153 页。

指出"森林是陆地生态系统的主体和重要资源,是人类生存发展的重要生态屏障"。[①] 2013 年 5 月 24 日,中央政治局就大力推进生态文明建设进行第六次集体学习,习近平同志在主持学习时强调,要正确处理好经济发展同生态环境保护的关系,牢固树立保护生态环境就是保护生产力、改善生态环境就是发展生产力的理念,更加自觉地推动绿色发展、循环发展、低碳发展,决不以牺牲环境为代价去换取一时的经济增长。[②]《中共中央关于全面深化改革若干重大问题的决定》强调"加快生态文明制度建设"。2015 年 3 月 17 日,中共中央、国务院印发《国有林场改革方案》和《国有林区改革指导意见》,明确提出"保护森林和生态是建设生态文明的根基,深化生态文明体制改革,健全森林与生态保护制度是首要任务"。2015 年 3 月 24 日,中共中央政治局会议审议通过《关于加快推进生态文明建设的意见》,提出当前和今后一个时期,要按照党中央决策部署,把生态文明建设融入经济、政治、文化、社会建设各方面和全过程,协同推进新型工业化、城镇化、信息化、农业现代化和绿色化。这是中央政治局会议首提"绿色化"。从"四化同步"转向"五化协同",这充分体现了以习近平同志为总书记的中央领导集体正带领中国人民以绿色发展战略思维,全面推进国家治理绿色现代化创新。

"欲知大道,必先为史"。历史是现实的根源,今天是从昨天走过来的。《摆脱贫困》一书蕴含许多富有创见的地方治理、理念、观点和方法,深刻回答了地方治理尤其是贫困地区如何实现脱贫致富的重大理论和实践问题,其中包含了许多充满政治智慧和历史哲理的重要论述。该书对于当前全面深化改革背景下各级党委和政府破解发展难题具有重要的思想启迪价值和现实指导意义。该书中的思想观点在后来的《之江新语》和习近平同志担任党的总书记以来的系列重要讲话之中得到了继承、丰富、创新和发展。《摆脱贫困》一书是了解以习近平同志为总书记的新一届中央领导集体治国理政方略历史渊源与理论价值的一个重要窗口。认真学习和研读《摆脱贫困》一书,有助于从历史与现实两个角度深入了解习近平同志治国理政方略的形成和发展历程,加深领会党的十八大及十八届二中、三中、三四中全会精神,加深理解习近平同志担任党的总书记以来的系列重要讲话精神,加深对"四个全面"战略布局的科学认识;有助于各级领导干部在经济发展新常态下正确把握发展规律,以历史思维、创新思维和辩证思维,全面推进国家及地方治理体系和治理能力的现代化。

[①] 《习近平谈治国理政》,外文出版社 2014 年版,第 207 页。

[②] 同上书,第 209 页。

4-2 构建"马上就办"的高质量制度体系 *

当前,各地纷纷推行的"马上就办"、"最多跑一次"改革,是一场深刻的政府效能革命,生动体现了"群众利益无小事、民生问题大于天"的治国理念。然而,在实践过程中,个别地方出现了一些不按规矩的"马上就办",破坏了规则,消解了制度效能。这种做法,实际上是"文件比法还大,领导讲话又比文件大"的旧治理方式的延续。我们认为,要处理好"马上就办"与"按规矩办"之间的关系,关键在于构建与"马上就办"相适应的高质量制度体系,包括决策体系、执行体系和评估体系。"马上就办"不只是一个单纯的工作作风追求,还对整个政府部门的制度体系和运作效率提出了更高更严格的要求,是一个构建面向国家治理现代化制度体系的宏大问题。

一、"马上就办"的制度需求

从理论上看,马上就办与按规矩办并不矛盾,马上就办的事项需要纳入特定的制度体系中进行处理,形成常态化的工作机制。习近平总书记反复强调:治理一个国家、一个社会,关键是要立规矩、讲规矩、守规矩。法律是治国理政最大最重要的规矩。马上就办的制度化、法治化将是其未来的发展方向。

不过,在这个大方向之下,必须认识到制度与行为之间是存在张力的。制度的基本作用是以规则约束下的行为代替个人自发的行为,利用惯例来约束交易行为,解释含混不清的世界并减少不确定性。但是,制度和惯例并不是孤立存在的,它们存在于各种经验、各个地方和各种情境之中,其适用性常常是模糊的,甚至会"使得政治制度显得官僚气、僵化、迟钝甚至愚蠢"。解决这个问题的关键,就是使制度要具有恰适性。

具有恰适性的制度能够根据角色和情境的彼此关系,规定哪些行为是适当的,使人们进入一个情境就会试图发现规则,了解规则,分析情境是什么,要实现什么角色。在这个意义上,高质量的制度体系需要具备恰适性的逻辑,"应该包含自我重构的种子",能够不断地进步、发展、改革和创新,能够与快速变化的情境相适应。

---

* 原载《人民论坛》2018 年第 36 期(李德国为本文的合作者)。

从这个角度看,个别决策者在"马上就办"过程中不讲程序,不依法规,除了特权思想残留、法治意识不强等个体层面的因素之外,还要反思与"马上就办"相适应的制度体系是否真正建立并高效运转起来,是否能够有效地规定哪些决策行为、角色和过程是合适的。

因此,要处理好"马上就办"与"按规矩办"之间的关系,除了从改变思想、加强监督、引入技术等角度入手之外,还要提高制度的质量,使决策者相信规则,愿意使用规则,能够从规则运转过程中提高决策效果。实际上,习近平同志20多年前主政福州期间倡导"马上就办"时,就一直强调要建机制、谋长远,福州市先后推出了"首问责任制""限时办结制""全程代办制"等着眼于"马上就办"的办事机制,让"马上就办"走向常态化、制度化,并最终上升到地方性法规层面。

在现代社会中,各类事物异态纷呈,各种思想杂出其间,各种利益复杂纠缠,各种形式的不确定性日渐增多,我们更加需要一种谨慎、严密、周全和科学的态度来践行"马上就办",需要一个更加高质量的制度体系来保障"马上就办",这主要包括三个层面:第一,需要一个高质量的决策体系,能够尽量避免个体决策者的偏见、冲动或主观意志;第二,需要一个高质量的执行体系,使政令畅通并得到正确的遵从,办理的结果与预期设计的政策目标一致;第三,需要一个高质量的评估体系,合理评估"马上就办"的效果并加以反馈,使"马上就办"的事项产生举一反三的效果,进行前瞻性、类别化的处理,达到提升整体工作效率的目的。

二、"马上就办"的制度分析

对于不按规矩的"马上就办",或者低效率的"马上就办",我们可以从制度层面进行如下梳理和分析:

一是无章可循,纯粹凭个人地位、威望、意志、经验、直觉来独断,强调即刻决策,当场解决。对于这种类型的"马上就办",要从所"办"的问题类型来进行分析。一般来说,可以把公共部门每天所遇到的决策问题分为结构化、半结构化和非结构化三种类型。其中,结构化问题最容易定义,形式简单,决策过程和方法有固定的规律可循,能够用明确的语言和模型加以描述。例如,决定召开某项会议、采购某项办公材料、开展某项政策的评估等等。半结构化和非结构化问题含有大量的不确定因素,牵涉多元群体的利益和价值观冲突,甚至不存在明确解决的基准线。例如,是否对某项产业实施保护性补贴,如何处理邻避型群体性事件,是否需要实施机动车总量控制等等。

对于结构化的问题来说,单凭个人直觉的"马上就办"容易发挥威力,大大提高工作效率。但是,对于各种类型的半结构化和非结构化问题,如果仅仅追求"马上就办"的时间目标,就容易产生问题。这是因为,不论是个体决策还是群体决策,都会面临决策偏误(bias)的现象。

从个体决策的角度看,正如诺贝尔经济学奖获得者卡尼曼所说的,人类在决策过程一般有两种思维系统:系统1的运行是无意识且快速的,不怎么费脑力,没有感觉,完全处于自主控制的状态;系统2将注意力转移到需要费脑力的大脑活动上来,需要高度集中注意力。一般来说,人类会优先使用系统1,只有系统1遇到问题之时,才会向系统2寻求支持。[1] 正因如此,人类的决策是很容易产生偏误的,尤其是以经验规则为主要特征的直观推断会产生严重的系统性错误和偏差。对于一些复杂的问题来说,基于直觉的"马上就办"容易导致决策失效,甚至产生决策事故。例如,会产生过度自信偏误,系统高估自己的学识和能力;会选择性地接收能支持他们先验观念的信息,自动忽略那些不一致的信息;会将少量观察到的样本直接覆盖大样本等等。即使是群体决策,也可能存在群体思维(group think)的偏误,即由于责任分散或过分追求群体的一致性,决策会过分冒险,或者对决策信息的加工存在选择性的偏见。

二是初步实现了建章立制,但主要侧重加班加点,搞疲劳战术,宣扬"5+2、白加黑、天天一线"一类的工作方式。诚然,在人民群众对政府部门的效率不断提升要求的今天,一些政府部门出台了"马上就办"事项清单,明确了办理各类事项的条件、时限、流程等内容,为解决慢作为、不担当、推诿扯皮的懒政惰政问题奠定了制度基础,也产生了较好的效果。但是,如果一味求快,层层加码,级级加班,不仅对员工的身心健康带来危害,还容易导致"马上就办"变成救火式的应急措施,难以从根本上解决问题。

美国学者罗格·鲍恩(Roger Bohn)曾呼吁要停止救火型管理,指出其弊端在于:没有足够的时间去解决所有问题,问题多于问题的解决者;解决方案往往是不完整的,仅仅对问题打补丁,而不是彻底解决;不完整的解决方案导致问题一再出现,或者带来新的问题,甚至演变出新的危机;只解决紧急问题,而非重要问题。[2] 简言之,它们的时间都用在扑救最迫近的火灾上了,而四处

---

[1] [美]丹尼尔·卡尼曼:《思考,快与慢》,胡晓姣等译,中信出版社2012年版。

[2] Roger Bohn. Stop Fighting Fires. Harvard Business Review. 2000,78(4):82-91.

又会不时地冒出新的火焰,因为没有人采取预防火灾的措施。

哈佛大学的塞德希尔·穆来纳森和麻省理工学院的埃尔德·沙菲尔在其《稀缺:我们是如何陷入贫穷与忙碌的》一书中对美国国家航空航天局(NASA)一次失败的火星探测器计划进行了组织层面的分析,指出失败的一个重要原因是,NASA 一直标榜"更快、更好、更廉价"的口号,将工作重点放在了成本节约和进度缩减上,致使团队工作的时间出现短缺,疲于赶进度,牺牲了常规的检查与测试,忽略了可能存在的问题信号,最终酿成了大祸。[①]

又如,据报道,因受贿已被判有期徒刑 15 年的南京市原市长季建业,工作布置事情事先都是没有规划的,想到哪儿就做哪儿,经常当场拍板就布置下去,然后再补手续,甚至提出"只要不死人,怎么来都行",于是各种"瞎来、蛮干、发疯"的事情层出不穷。近年来,一些大干快上的新政成为了"烂尾政策""烂尾工程",给国家和人民造成了巨大的损失。

可见,从"马上就办"到"办就办好"中间仍有很长的道路要走,时间并不是唯一要考虑的因素,还要考虑在"马上就办"的过程中,问题的界定是否清晰,影响政策输出与政策效果的主要因素是什么,是否能够对政策目标形成共识,所影响的对象可能会以何种方式回应政策等等。否则,忙着赶进度的"马上就办",可能陷入"时间稀缺"的陷阱中,或者没有意识到解决某个人的问题可能会给另一个人带来问题,或者忽视了问题的存在往往具有多重原因,单一的措施并不能根除问题,或者导致解决问题的成本甚至比问题本身所损失的成本更大。

三是组织、制度建设已经比较健全,但是主要是单项式处理,做不到举一反三,将实践经验上升到规律,站在更高起点谋划工作。目前,一些地方建立了"马上就办"办公室,督促各部门提高工作效率,改变干部精神面貌;也有地方以行政服务中心为主体,优化审批制度,突出"马上就办、很快办成"的效率意识;还有一些地方大力推进"互联网＋政务服务",使更多事项在网上办理,力争做到"只进一扇门","最多跑一次"。这些都体现了"马上就办"的制度建设水平正在不断提高,也着实方便了群众和企业,降低了办事的成本,提升了"获得感"。

不过,必须看到,这些已经比较成熟的"马上就办"经验,还有进一步拓展的空间。还需要对"马上就办"的实际效果进行仔细的评估,了解它们消耗了

① 〔美〕塞德希尔·穆来纳森、埃尔德·沙菲尔:《稀缺:我们是如何陷入贫穷与忙碌的》,魏薇、龙志勇译,浙江人民出版社 2014 年版。

多少资金,为多少人提供了服务,这些项目是如何组织、管理和运作的,对民众或企业造成了何种程度的影响,这些影响是即刻产生的,还是需要经过一段时间后才会产生,是否还有更有效率的替代方案等等。

由此可见,"马上就办"不是盲目蛮干,不能头痛医头,脚痛医脚,按下葫芦浮起瓢,它需要系统思维和战略眼光,需要具备一定的预见能力,在解决近期目标的同时,还应考虑到中远期的发展。例如,1992 年习近平同志在主持编制《福州市 20 年经济社会发展战略设想》过程中,花了半年时间做前期工作,动员 1627 名干部围绕 581 个课题进行调查研究,完成了 367 篇调研报告,科学谋划了福州 3 年、8 年、20 年经济社会发展的战略目标、步骤、布局、重点,对福州发展产生了重大而深远的影响。

三、"马上就办"的制度供给

我们认为,"马上就办"不是简单的比时间、提速度,不是一两个部门的独角戏,也不是对群众诉求的被动应对。必须以"以人民为中心"的新发展思想作为指引,用更加科学的理论、更加先进的工具、更加系统的战略来打造与"马上就办"相适应的高质量制度体系,使"马上就办"成为一个完整涵盖"决策、执行和评估"的系统过程,将所有的政府部门,所有涉及群众利益的事,都纳入"马上就办"的制度框架中。

从决策的角度看,"马上就办"需要注意三个方面的问题:第一,突出问题导向,注重问题分析。在充分调查研究的基础上,运用科学知识与理性方法去识别和界定问题,分析问题产生的原因,分清决策问题的轻重缓急程度,优先处理人民群众最关心、最直接、最现实的利益问题和民生问题。要对问题的性质进行分类,弄清楚马上就办的环境条件是否具备,后续事件的概率能否估计。

第二,善于把握时机,当机立断。古人言,"夫功者,难成而易败;时者,难得而易失也"。"马上就办"实际是一种机会判断,利用各种事件及时打开政策之窗,顺势而上,趁热打铁,以获得事半功倍之效。这种机会有时是不可预测的,如某种危机、事故,也可能是可以预测的,如某个预算周期,某项过时政策的终结等等。①

---

① [美]约翰·W.金登:《议程、备选方案与公共政策》,丁煌、方兴译,中国人民大学出版社 2004 年版。

　　第三，重视循证检验，避免主观独断。要加强客观证据的使用，以证据为前提寻找有效的解决方案。英国政府在1999年制订的《政府现代化白皮书》中明确将循证决策作为其行为准则，提出政府要"更好地利用事实型数据和研究的方法来制定政策，更多地专注于能产生长期影响的政策。"这些证据材料来源自政府资料库、专家知识、利害关系人咨询、民意调查、研究报告、统计资料等。决策者要处处用心思考，展现学习与创新精神，依赖证据而不轻信现成说法或者执着于过去的成功经验，灵活吸收前人的智慧。对于一些比较复杂的问题，在"马上就办"之前还可以进行小规模的试验，有目的地收集证据资料。

　　从执行的角度看，"马上就办"既要准备充分"自上而下"的执行资源，也要关注"自下而上"的一线执行者。一方面，"马上就办"不能停留在起口号、挂牌子和立机构的层面上，还要为"马上就办"提供充分的人员资源、资金资源和激励手段，需要协调好组织与组织之间的关系，尽量做到"无缝隙"运行。要善于利用我国政府体系中的"办公室"打造"马上就办"的执行中枢，确保工作准确地落实到位。习近平同志在《摆脱贫困》一书中曾明确提出："办公室，是一个单位、一个系统、一个机构的关键部门。办公室工作如何，对党委及至一个地方全面的工作影响很大。"①另一方面，还要着重针对一线执行者，即直接为广大公民办事的公务人员，践行"马上就办"建立约束和激励机制。要提高一线执行者的政治素质和能力，增强他们对"马上就办"内容、目标和精神的理解。探索建立优质服务承诺标志与管理制度、顾客满意度评价制度、标杆管理制度、ISO9000等标准化制度，监察"马上就办"服务的品质。

　　从评估的角度看，评估是确保"马上就办"发挥效果的重要制度保障。目前，一些地方已经开始探索对"马上就办"引入第三方评估。例如，福州出台"马上就办、真抓实干"规定提出，除现有的督查等手段之外，还将建立健全社会评议制度，引入第三方评价，鼓励群众对各级各部门落实"马上就办、真抓实干"情况进行评议。

　　要善于利用论坛、博客、微博、微信等社交网络对某项特定话题所形成的大数据，掌握"马上就办"的执行效果和后续影响，将公众意见引入"马上就办"的过程中并及时发现公众的需求，构建"马上就办"落实情况的常态化监测分析评价机制。

---

① 习近平：《摆脱贫困》，福建人民出版社1992年版。

综合利用热力图、地理图、气泡图、弦线图等多种可视化手段,展现"马上就办"的落实情况和公众评价等信息。在这方面,可以借鉴美国等发展交互式数据跟踪和绩效管理工具的经验,探索数据驱动的管理。例如,美国巴尔的摩的 CitiStat 可以跟踪犯罪活动动态,能让巴尔的摩市警察部署在犯罪可能性最高的地区;匹兹堡就利用传感器来探测基础设施出现的问题和缓解交通拥堵;爱尔兰都柏林部分地区的太阳能垃圾桶一旦装满垃圾,便会发出通知给相关部门要求搬运。在未来,大数据将为"马上就办"提供更加科学的武器。

总之,"马上就办"不能草率行事,越过规则,破坏制度。相反,它是一个以制度为纽带,将思想、作风、技术、战略和策略等要素有机结合的系统工程。需要立足国情,以科学的理论为指导,及时总结已被证明行之有效的做法,并借鉴国外的先进技术及治理经验,构建"马上就办"的高质量制度体系,推动"马上就办"工作迈上新台阶,更上一层楼。

4-3　特区体制机制创新的目标与任务*

近几年来,由国家发布和批复的"新区""经济区""实验区"呈迅速上升态势,其数量之多、密度之大可谓前所未有。与此形成对比的是,在优惠政策日渐普适化的背景下,经济特区的"政策权""话语权"不断衰减。实际上,即使是今天的各种实验区域,其社会影响力已经非当年的特区可以相比,以致其中不少试验区并不为世人所熟悉。这当中很大一个原因,就是改革进入了"深水区""攻坚期",正如习近平同志所指出的:"中国改革经过 30 多年,已进入深水区,可以说,容易的、皆大欢喜的改革已经完成了,好吃的肉都吃掉了,剩下的都是难啃的硬骨头。"①从 1981 年至今的 30 多年间,从建设经济特区(1981)、开展两岸交流合作综合配套改革试验(2011),到成立自贸区(2014),厦门迎接、经历了一轮又一轮的发展挑战,在经济社会建设方方面面取得了巨大的成就,初步形成了体制机制创新的优势。但是,在特区政策"普适化"的背景下,厦门自身面临的各种问题,如经济总量小、腹地空间小、产业结构不合理,亦日渐突出。在这种背景下,厦门如何重新给特区建设注入新的血液,增加新的燃料,通过制度创新再次确立特区的优势,显得尤为迫切和重要。

一、特区体制机制创新的背景、制约因素与基本目标

1. 特区体制机制创新的主要背景

2013 年,厦门人均 GDP 达到 1.32 万美元(人民币 8.16 万元)。按照世界银行对低收入、中等收入和高收入国家(地区)的界定,②厦门已经迈入了高收入阶段。经济发展到一定阶段后,体制机制改革的重要性和紧迫性将与日俱增。

---

*　本文是作者承担的厦门市发展改革委员会委托的"十三五"规划前期研究项目"'十三五'期间厦门再创特区体制机制新优势研究"的调研报告摘要(课题组主要成员:李德国等)。

①　《国家主席习近平接受俄罗斯电视台专访》,新华网 2014-02-09。

②　世界银行根据人均 GNI 对各经济体进行划分(2010),组别分为:低收入经济体为 1005 美元以下;下中等收入经济体在 1006～3975 美元之间;上中等收入经济体在 3976～12275 美元之间;高收入经济体为 12276 美元以上。

从工业化进程的判别标准看,厦门正处于从工业化后期向后工业化时期过渡的阶段。根据钱纳里工业化阶段理论和霍夫曼系数的判断标准,十三五期间厦门应进入以技术密集型产业为主导的后工业化时期。在此时期,第三产业,特别是新兴服务业,如金融、信息、广告、公用事业、咨询服务等,开始由平稳增长转入持续高速增长,并成为区域经济增长的主要力量。根据2013年厦门统计局的报告,目前厦门第三产业服务业比重已经超过第二产业,成为经济最大的组成部分,但是第三产业的发展并不均衡,信息软件业、电子商务、科学研究和技术服务业、服务外包等新兴服务业尚未形成规模和竞争优势,这与厦门的工业化进行所属阶段不相符。

2. 特区体制机制创新的制约因素

经济新常态对厦门在十三五期间的发展质量、转型速度和效益提升提出了更大的要求,难度不可低估,主要表现为以下几个方面:

一是产业结构调整压力。随着特区政策优势的削弱和资源、环境等约束条件的进一步显现,厦门工业经济正面临着结构调整和转型升级的严峻挑战。

二是要素结构调整压力。从土地利用情况来看,2012年厦门市辖区土地总面积1699.39平方公里,建设用地52956公顷,建设用地占土地总面积的比例(即土地开发强度)已经达到31%,超过了30%的国际惯例生态宜居临界点。

三是需求结构调整压力。厦门市三大需求结构总体较为协调,但仍存在诸多制约,表现为民间投资占比偏低、过度依赖房地产、对外贸易对国外市场依赖度较高、外贸经营主体出现两极化、消费结构不合理等。

四是城乡结构调整压力。目前,厦门的城市化率已经达到甚至超过90%,形成了高度城市化的形态。从国际经验看,这一进程中城市化发展将由简单的量的提升转向质的提升,在这方面,厦门仍面临较大的挑战:例如,人口的"半城市化"问题突出、城镇化发展不均衡;城市化带来环保等相关问题难以解决;城市布局和形态不合理。

五是人口结构调整压力。厦门已经进入严重少子化社会,如果不加以重视,人口的均衡将难以恢复。

六是体制机制调整压力。厦门作为经济特区和深化两岸交流合作综合配套改革试验区,在体制机制创新上取得了积极的成效,但尚未形成一个鲜明的、可向全国推广、具有较大影响力度的改革模式。

3. 特区体制机制创新的基本目标

再创特区体制机制的"新优势",应该是一种"增质"的过程,包括全面改善政府质量(包括善治、公共精神、信息公开、效率、稳定性等)、经济质量(包括经济效益、经济结构、科技进步、创新能力等)和社会质量(包括社会经济保障、社会凝聚、社会保护和社会赋权等)。厦门新一轮体制机制改革的要务是推动地方治理体系优化和治理能力现代化建设,改革所形成的新优势主要是一个高质量的治理体系,使政府治理、经济治理和社会治理迈上新的台阶。在中央全面深化改革精神指引下,厦门必须用足用好改革先行先试的权力,保持和发扬邓小平同志倡导的敢"闯"敢"冒"的创新精神,提出全面的地方治理质量提升计划,再创特区体制机制新优势,再次打响"经济特区""综合配套改革试验区"的区域品牌。

结合厦门目前面临的挑战,我们认为十三五期间体制机制改革的总体目标包括以下三个方面:

(1)率先基本建成法治政府。十三五期间,要以在全省乃至全国率先基本建成法治政府为目标,以转变政府职能为改革核心,以行政审批制度改革为突破口,推进依法行政,规范行政行为,使厦门成为制度最健全、权力最规范、管理最高效、信息最透明、人民最满意的行政体制改革示范城市。要以行政审批制度改革为突破口,推动简政放权,放松限制性审批,简化审批手续,全面改善政府公共服务的方式,提高政府的效率和质量。

(2)率先打造成熟型经济体制。与赶超型经济体制不同,成熟型经济体制主要表现为相互联系、相互制约的四个方面:完善的市场体系、有效的产权保护和契约的实施、发达的资本市场、民主与法治。"十三五"期间,厦门要主动适应经济新常态的趋势,积极调整经济结构,实施共享式增长,建立新型的现代经济财富增长和分配机制。

(3)率先基本建成美好社会。"十三五"期间,要在《美丽厦门战略规划》基础上,全面提升推进社会建设,率先在全国范围内构建美好社会。加快民生领域的法治建设,建立和完善利益协调机制,用法律制度保障不同群体,尤其是弱势群体的利益,保护宪法和法律赋予人民的基本权益。

二、特区体制机制创新的任务清单

为了进一步弘扬改革创新精神,更好地发挥厦门经济特区的"窗口"、"试验田"、"排头兵"和示范区作用,根据全面提升地方治理质量的总体目标,确立政府体制、经济体制、社会体制三个领域的改革任务清单。

1. 全面融入依法治国布局,率先基本建成法治政府

按照率先基本建成法治政府的要求,进一步转变政府职能,简政放权,真正实现政企分开、政资分开、政事分开、政社分开。

一是制定权力清单,以法治方式推动改革。要把成熟的改革成果和成功经验及时总结提升,以法律的形式固定下来,将特区的制度优势和法律优势转化为治理国家的效能。全面落实权力清单制度,建立囊括行政许可、行政审批、行政处罚、行政征收、行政给付、行政裁决、行政确认等所有行政权力事项的"权力清单",落实依法治权。按照公开、透明、参与等原则设计行政执法程序,制定具体的权力运行流程图,细化具体权力行使规则,强化对执法权的制约。加强行政权监督,整合政府系统内部监督力量,深化廉政建设。

二是推动简政放权,改革行政审批制度。进一步向市场放权,真正使市场在资源配置中发挥决定性作用。推动政府向社会放权,制定政府向各类社会组织、企业、机构等社会力量购买服务的清单,明确社会在确定购买清单时的权利,全面完善并推行政府购买公共服务制度。进一步减少投资审批事项,落实企业和个人的投资自主权。引入信息化手段,创新审批和监管方式,实现在统一电子政务平台上审批项目,推动审批方式的阳光化、电子化。进一步完善行政服务中心功能,探索将行政服务中心升格为具有独立法律地位、能够独立开展行政审批的执法机构。探索建立限制权力的"负面清单",探索实行整个行政审批领域的负面清单管理模式,深化行政审批制度改革。

三是完善层级结构,强化功能区建设。根据特区发展需要,进一步理顺市、区、街道的层级关系和管理权限,探索合并街道设置功能区,减少行政层级,推动管理重心下移。探索设立不同特色的功能区,在强化城市功能区布局中推进城市生产力发展的合理化。构建大社区服务中心,把与居民密切相关的政府公共服务职能下沉到社区,增强基层综合服务功能。探索决策权、执行权、监督权既相互制约又相互协调的体制机制,增强政府运作的协调性。

四是建立现代治理体系,提升政府服务质量。构建一个以决策子系统为中枢,以信息、咨询、监控等子系统为支撑的现代化公共决策系统。以"公众需求"为核心,对政府部门有关组织机构、服务流程进行全面、彻底的重组,形成决策、执行、监督的有机联系和互动的无缝体系。建立健全决策咨询机制,建设新型智库和决策咨询机构,设立政策研究基金,加大对智库资助力度。加强信息公开,向社会公布权力清单和权力运行流程图,建设透明政府。建立特区现代化治理评估标准体系,在效能督查的基础上,建立现代化治理督查机构。减少命令、强制等单向管理方式的运用,更多地选择间接、协商、合作的方式,更加公开透明地运行,加强与其他社会主体的协同共治,形成治理合力,提升治理效能。更新公共治理机制,把合同制、标杆制、标准化机制、质量管理机制引入政府治理流程,全面提升政府服务质量。

五是推动跨岛发展,创新统筹城乡发展的体制机制。通过政府主导与市场机制相结合模式,引入更多的社会资本和专业人才,以提高城镇化建设的质量与效率。建立公共产品和服务向岛外地区倾斜的长效机制,逐步实现岛内外供水、供气、供电、排污、防洪减灾、通讯、垃圾清理等公共设施一体化。充分发挥社会组织的作用,引导企业、志愿团体、协会等社会力量来广泛参与实施跨岛发展战略。探索建立岛外社区与文化创意产业的互动机制,挖掘地方特色文化资源,将文化产业、文化资产、观光资源、文化和艺术活动整合起来,全面带动岛外地区的经济发展。

2. 全面适应经济新常态,率先打造成熟型经济体制

要主动适应经济新常态,率先形成创新驱动发展格局,积极发现培育新增长点,推动经济发展方式从规模速度型转向质量效率型,构建成熟型经济体制,打造经济升级版。

一是改革产业发展体制机制,探索新经济增长点。加快建设自贸区,全面推行"准入前国民待遇+负面清单"的市场管理模式,建设更高水平的对外开放体系。及时消除体制性障碍,创造良好的外部环境,引导产业集聚加快形成。拓宽招商引资渠道。加强招商资源统筹,建立完善招商项目信息库和产业载体资源信息库,实现全市招商资源共享。完善政策性和市场性的金融支持机制,发展与完善多元化和多层次的资本市场体系和货币市场信贷体系,充分发挥战略性新兴产业培育的支持效能。全面梳理整合扶持政策,形成"1+N"政策扶持体系,创造产业发展的软环境。

二是推动国有企业体制改革。推行国有企业分类管理,合理界定不同国有企业的功能,按照"一企一策"的混合所有制改革方式,使国企在股权多元化、董事会建设、股权激励、员工持股等改革方面实现有所差别。推进国有资产证券化进程,加快国有企业上市步伐,通过各种途径引进战略投资者,优化股权结构,改善治理机制,推动上市公司可持续发展,力争在"十三五"期间实现国有资产证券化率60%的目标。加快推进垄断行业改革。对于非关键领域的垄断行业,应该允许民营资本的进入。允许社会资本以参股等方式进入金融、公路、航空、电信、电力以及城市供水等基础和垄断行业。

三是推动民营经济体制改革。清理和修订限制民营经济市场准入的相关政策，保障民营企业在投融资、税收、土地使用和对外贸易等方面真正与国有企业外资企业享受同等待遇。健全基础设施，完善社会服务，为民营经济的进一步发展奠定基础。完善中小企业的服务机制，鼓励中小企业形成类似产业技术创新联盟的组织，成员企业联合开发、优势互补，通过竞争情报的协作与共享，提升联盟的竞争力，促进产业整体的发展。

四是完善创新驱动体制。完善科技公共服务体系，形成政府、企业、科研院所、金融机构、科技中介机构等相互依存、相互支持的创新支持系统。完善支持产业创新发展的融资政策，构建科技金融服务体系，形成多元化、多渠道、高效率的科技投入格局。支持多种形式的共性技术研究平台，如行业性研究机构、稳定的产学研联合体、面向中小企业的技术服务机构、临时性的联合研究开发团队等。大胆创新集聚人才的机制，促进人才与政策、产业、项目和资金有机融合，充分发挥高端人才在高新技术领域和培育战略性新兴产业中的优势和作用。强化创业教育培训，培养创新开拓精神，倡导全民创业理念。实施以"知识为基础发展"战略，加速城市社会、经济空间结构转型，以促进可持续发展和绿色发展，提升城市参与全球循环经济的核心竞争力。

五是推动公共资源体制改革。发挥市场的决定性作用，构建统一交易市场，为公共资源交易活动提供场所，为市场主体提供服务，为政府监管提供平台。推行土地资源管理体制改革，加强土地混合利用，用地弹性出让制，遏制企业圈地圈地，促进土地节约集约利用和实体经济转型升级。建立生态环境资源多元共治机制，促进资源节约利用。探索建立绿色统计制度，按照人口、资源、环境、经济与社会协调发展的要求建立相应的统计指标体系。推动绿色信贷、生态补偿、排污权交易、绿色保险等新型绿色经济制度，建立完善环保信息共享和披露机制，公开各项环境绩效及社会绩效指标，通过社会监督促使企业承担环境及社会责任。

六是推动绿色增长战略。要着力推进产业的绿色发展、循环发展、低碳发展，将厦门建设为幸福品质之城。要全面落实十八届三中全会提出的建立系统完整的生态文明制度体系，实行最严格的源头保护制度、损害赔偿制度、责任追究制度，完善环境治理和生态修复制度，用制度保护生态环境。积极探索具有厦门特色的生态文明发展模式，在城市环境保护、气候变化、能源资源等领域形成制度化的管控制度和机制。制定绿色增长制度，建立绿色社会机制和绿色投资计划,开展绿色行动活动,将发展绿色经济作为提升城市竞争力的重要途径。

3. 全面创新社会治理,率先构建美好社会

全面创新社会治理体制机制,激发社会活力、化解社会矛盾、维护社会秩序、促进社会和谐、保持社会稳定,构建一个与"美丽厦门,共同缔造"战略相适应的美好社会,为厦门的现代化发展营造良好的社会条件和环境。

一是探索事业单位管办分离。探索建立事业单位的大部门决策机构,在公共服务提供过程中充分引入选择和竞争机制,全面改革社会服务体制。完善事业单位的法人治理机构,合理划分决策权、执行权和监督权,形成三权适度分离又相互协调的制度安排。完善事业单位的监管方式,在产品和服务的准入资格、价格、服务质量、进入和退出,竞争秩序和公共补贴等经济性内容以及安全、健康、卫生、环境保护等方面加强宏观监管和标准制定。

二是推动社会组织体制改革。改革登记管理体制,推动社会组织直接登记。建立社会组织评估机制,将评估结果作为政府向社会组织转移职能、购买服务的重要依据和条件,对于达到一定评估等级的社会组织,优先作为转移职能和购买服务的对象。加强社会组织能力建设,探索引入社会组织的财务审计制度,建立社会组织的社会责任报告制度,逐步建立起一个行政监管、财务审计和社会监督相互协调的监督管理体系。建设社会组织孵化基地,打造政府扶持、发展、服务社会组织的平台,降低新成立的社会组织的日常运行成本,促进社会组织的发展。

三是构建现代社区协同治理体系。通过多元主体的参与协同、共同缔造,开发社会潜力、激发居民动力、形成社区活力。广泛征求群众意见和建议,了解群众诉求,从群众角度出发,问计于民,问需于民,问政于民,满足群众的服务需求。改变传统以单位为主体、以行政权力和资源垄断为依托、依靠自上而下的动员和命令来开展活动的基层治理方式,以推进基层治理现代化为突破口,构建具有厦门特色的"微治理"模式。

四是完善社会治理方式。建立法制化的矛盾纠纷解决机制,把群众利益诉求纳入制度化、规范化、法制化的轨道,实行纠纷解决的"体内循环"。健全行政执法岗位责任制和执法责任追究制度,强化行政机关的作为责任。建立完整而科学的社会信用调查和评价体系,努力提供各具特色、多样化、高质量的信用产品。健全权利救济机制,畅通公民维权的司法救济渠道,引导和鼓励公民更多地选择法律维权。健全重大决策社会稳定风险评估机制,制定风险

应对策略和预案。建立适合厦门实际情况的社会风险评估指标体系和评估体系,提升特区的社会风险识别能力和预警能力。建立网络舆情和社会心态监测系统,把握舆情和社会心态演变机理,及时化解社会焦虑。

五是建设社会保护和安全体系。率先推动从社会保障到社会保护的改革,对社会上最低收入群体提供最低生活保障,赋予其教育、医疗和就业等机会,促进社会公平和公正。大力推动社区医疗卫生服务体系的发展,构建包含预防、保健、健康教育、医疗、康复、计划生育等服务为一体的、功能齐全、能够有效满足社区居民医疗保健需求的初级医疗卫生保健服务体系。扩大社会保障覆盖面,通过各种形式的社会转移支付提供的基本的收入保障,包括养老津贴、残疾津贴、儿童福利津贴、收入支持津贴、就业保障、为失业者和有工作的穷人提供的服务。逐步改革以户籍制为标志的城乡分割制度,实现城乡人员享受公共服务待遇的均等化。在民生重点领域加强质量安全监管,建立食品原产地可追溯制度和质量标识制度。建立隐患排查治理体系和安全预防控制体系,遏制重特大安全事故。加强社会治安综合治理,创新立体化社会治安防控体系,依法严密防范和惩治各类违法犯罪活动。

三、特区体制机制创新的保障措施

1. 组织保障

目前,厦门已经成立了全面深化改革领导小组来统一部署全市重大改革,推动全市有关重大改革政策措施的实施,给特区改革创新、转型升级提供了坚强的组织保障。在此基础上,我们认为要加强社会公众对改革的参与度,打破改革的神秘色彩,实行"开门改革",调动不同层面的专家和群众参与到改革的过程中来。为此,我们建议:

(1)成立体制机制改革创新专家咨询委员会(专家顾问团)。联系国内外知名学者、专家,建立不受行政机关管制,直接向核心决策层负责的改革创新咨询委员会,为市委市政府重大改革决策提供咨询服务,提高公共决策的质量。

(2)建立体制机制改革的第三方评估委员会。厦门市可以探索长效化、制度化的第三方改革评估机制,与相关的科研单位联合组建第三方改革评估委员会,对各项改革措施的具体效果进行科学、准确、定期的评估,提升政府部门自我纠错的能力,消除改革过程中"推诿扯皮、拖延应付"等庸政懒政行为。

(3)建立体制机制改革的民众咨询平台。公众参与可以促进公共管理者工作的有效性和决策的有效性,同时可以提高公众对决策的接受程度,为改革提供更深厚的合法性基础。

2. **制度保障**

(1)建立改革标杆管理制度。新一轮改革中,厦门所要做的不仅是超越自己,更应该找寻自己在全球图景中的坐标点,以新加坡、中国香港以及韩国釜山等发展境遇、战略定位相似的城市为标杆,以更开阔的视野寻找创造性的新途径,加速成为国家治理体系与治理能力现代化建设的地方窗口。

(2)制定改革的进度表和红黄榜机制。改革举措出台以及设定改革标杆目标后,如何保证各相关部门和人员有条不紊、不折不扣地切实推行,事关改革最终成效。深圳光明新区在政策督导、落实改革方面推行的“红黄榜”值得厦门市学习和借鉴。

(3)推行社区授权制度。充分调动社区在城市规划和管理、养老、就业坏境卫生、治安等公共服务领域的能量,学习“借力与民”,提高治理水平。

(4)建立公众关系制度。进一步通过竞争性顾客选择、社区授权以及顾客关系管理等措施,进一步提高社会民众在政府改革中的发言权。

3. **人力保障**

(1)加强公务员培训。以实际需求为导向设计针对性的培训方案,提高公务员培训的吸引力;建立灵活、弹性的公务员培训管理机制,将公务员培训效果与公务员的使用挂钩,提高公务员参训的积极性。

(2)激发公务员士气。探索实施公务员 EAP(员工帮助计划)项目,提高工作绩效;落实公务员职级晋升渠道,为公务员提供成长空间;加强公务员聘任制制度建设,建立更加弹性的任用制度。

(3)严格绩效评估。一是要创新和完善干部考核评价体系。二是加强绩效沟通,特别是绩效评估后与被评估对象之间的沟通,改变为了奖惩而进行绩效评估的工作理念。

4. **技术保障**

(1)电子化技术。以服务公众、满足需求为导向,注重提供个性化服务。要通过各种渠道积极搜集并整合厦门市居民的各种需求,建设具有厦门特色的电子政务系统。

(2)大数据技术。在推动社区网格化的过程中组建统一的数据采集平台和分析中心,全方位收集厦门的各类数据,打破部门之间的“信息孤岛”,推动部门和街道协同、无缝对接,提升社会管理的效能。

（3）社交化媒体。可以建立一个面向所有居民的社交网络平台，邀请厦门市居民参与区内政府事务的讨论以及相关民生政策的制定。应用众包（Crowdsourcing）的新型工具推广"美丽厦门共同缔造"工作，建立移动新型平台。

（4）智慧型城市。将新型城镇化与网络化、信息化相融合，围绕推进特区治理体系和治理能力现代化，综合利用各种信息技术手段，对城市资源、设施、环境、产业等各类要素信息进行智能化处理，为厦门市的资源配置和城市运行提供智能控制，为社会治理和公共服务提供智能决策依据及手段。

（5）可视化技术。基于云服务架构，整合分析跨域、跨部门数据，以大屏幕的方式集中为地区和行业党政领导展现本地区、本行业网站（群）运行情况，为相关领导在政府互联网形象树立、网上服务供给、应急管理、政策宣传、舆情引导等方面提供可视化决策支持。

4-4 推进综改区社会管理的协同创新 *

党的十八大报告提出:实施创新驱动发展战略,更加注重协同创新;要围绕构建中国特色社会主义社会管理体系,加快形成党委领导、政府负责、社会协同、公众参与、法治保障的社会管理体制。可以说,当今的社会管理进入了协同创新时代。

复杂社会的公共治理议题需要多个部门和全社会的协同努力,现时代的社会管理创新应该是多元主体协同创新。社会管理创新的重点在于从国家发展的战略高度,构建有效的社会管理体制机制和政策体系,更为有力地实现对社会发展的整体调控,重构政府与社会、公众之间的关系,通过引入社会组织、公民有序参与,采用协同创新的方式,推动社会管理创新达到社会管理的目标。本文基于"协同创新"视角,研究如何推进厦门综合配套改革试验区(简称"综改区")社会管理协同创新,提出几点对策思考。

加强社会管理协同创新的顶层设计与战略规划。社会管理协同创新的关键是政府如何与外部网络、社会组织、社区和公众——合作解决不同类型的社会问题,寻找推动社会管理体制机制转型的创造性思路与方法。在社会管理的过程中,政府主动让渡一定的社会管理权限,给社会主体留出比较充足的发展空间,充分发动社会组织和广大群众的力量,共同实现公共事务的有效治理。政府在社会管理协同创新过程中,要发挥好创新目标追求者、创新资源整合者、创新精神催化者的作用,建立健全社会管理协同创新的愿景和目标、制度和机制。在互联网时代,推进厦门综改区社会管理协同创新,要以打造"智慧厦门""数字城市"和"协同性社会管理"为契机,转变单向的社会管理思维模式,树立起"开放、平等"的网络治理精神和思维模式,在网络空间常态发声,改变过去"以堵为主"的封闭式信息管理机制。建立"以疏为主"的开放式信息管理机制,积极回应利益群体在网络渠道的利益诉求,通过提高政府对网络虚拟社会的领导力和管控力,实现社会事务协同治理成本的最小化。同时,将"协商-共享"思维模式运用于现实生活中,以听证会等多形式、多层次的民主决

---

* 本文原载《行政改革内参》2014 年第 3 期(原标题为"厦门综改区实践:社会管理协同创新",吕志奎为本文的合作者)。

策,统筹效率和民主。

培育发展社会组织,夯实社会管理协同创新的基础。推进厦门综改区社会管理协同创新,要加快转变政府职能,推动政府部门向社会组织转移职能,形成政府社会管理与社会组织参与社会管理的合力。以强化社会管理和公共服务职能为核心,围绕社会组织登记管理、经费保障、功能拓展和监督评估等,探索创新,先行先试,加大对社会组织的培育和监管,力争社会组织管理改革有新突破、服务功能有新拓展、人员素质有新提升、外部形象有新建设,初步形成具有厦门特色的社会组织管理体制改革路径。发展参与型公民社会,充分发挥社会组织作为"第三只手"在基层社会治理中的作用,加大培育和提高公民参与意识,引进多中心、多元化的参与主体,注重发挥社会组织和公民在参与社会管理创新中的重要作用,形成政府、社会组织和公民协同创新的新机制,提高公共服务质量。理顺政府与社会组织以及公民的关系,尤其在政府职能转变、向社会转移部分职能的过程中,一方面要加强对社会组织的培育和监管,使其提供公共服务、参与基层社会管理的能力不断提高,增强公民的参与意识,制定公共政策、发挥政府的政策引导作用;另一方面还要加强政府的责任意识,在向社会组织和公民主体下放权限的过程中,不能将自己"管不好"和"不好管"的、属于自身职责范围之内的责任和职能一味地下放,对社会发展造成不利影响。

推进社会管理中的协商民主广泛、多层、制度化发展。推进厦门综改区社会管理协同创新,需要引入协商民主要素,以扩大公众和社会组织有序参与、推进公共决策信息公开、加强社会事务治理协商、强化权力监督为重点,拓宽社会管理中协商民主的范围和途径,丰富社会管理协同创新的内容和形式。首先,坚持党委的领导地位和政府的主导地位,在此基础上导入协商民主要素,夯实社会管理协同创新的合法性基础。其次,要根据其他社会主体的优势,选择不同的协同路径。社会组织因为其组织性、独立性以及专业技术性的优势,应在提供志愿服务和社区专业服务、丰富文化活动等方面发挥作用。公民作为基层社区的细胞和公共服务的直接受益者,要在社会管理中积极献计献策,配合政府以及社区的社会管理改革。再次,随着社会治理主体的多元化趋势加强,要充分利用信息技术,开拓协商民主的发展空间,不断拓宽社会主体参与渠道,建立基层社区民主治理机制,畅通政府与民间的常效性交流渠道,扩大公共政策制定透明度和普通公众参与度,让公众及时了解与自己切身利益紧密相关的重大事项。

健全涉台社会事务协同治理的制度化平台。《总体方案》提出"探索台胞融入社区生活的社会管理体制",涉及如何推进涉台社会事务治理创新的问题。首先,大胆探索厦门综改区涉台社会事务治理制度创新。国家综改区侧重于自主创新,以"立"为主,攻坚改革难题。厦门应该充分运用"先行先试"的特权,探索涉台社会事务治理创新。涉台社会事务治理创新的出发点和落脚点是充分考虑台胞利益,因此,制度创新离不开考虑台胞的制度需求。其次,扩大台胞有序参与,形成涉台社会事务共同治理共识。涉台社会事务治理创新必须"接地气",要将"自上而下"的顶层设计、领导推动与"自下而上"的基层创新、公民参与有机结合起来,调动台胞参与涉台社会事务治理的积极性。当作为两岸交流合作成果受益者的台胞能够认同涉台社会管理创新的愿景和目标时,当台胞能够信守社会价值观及其社会规范时,当台胞能够关心并参与涉台社会事务共同管理时,就有助于实现构建两岸同胞融合温馨家园的目标。

4-5 福建自贸区"放管服"改革的进展[*]

福建自贸试验区挂牌成立的两年半以来,大胆试、大胆闯、自主改,为全面深化改革和扩大对外开放积累了一批可复制可推广的成功经验。福州、平潭、厦门三大自贸片区着力打造"制度高地",在全国首创百余项创新举措。特别是在简政放权、放管结合、优化服务改革领域,福建自贸区迈出实质步伐为改革破题,先行先试的多项创新措施成为了全国范本,引领着全省"放管服"改革行动。

一、福建自贸区"放管服"改革的进展

(一)福州自贸片区

第一,行政审批制度改革。福州自贸片区将 170 项行政许可事项分类改革为"完全取消审批、审批改备案、实行告知承诺制、合并核准、提高透明度和可预期性、严格市场准入"。其中,把单一取消与组合取消有机结合起来的"合并核准"为全国首创。

第二,商事登记制度改革。福州片区在全省率先试点的"证照分离"改革,全国首创"一照一码"商事登记制度改革。从"三证合一"的纸质营业执照到全国首批电子营业执照,再到"五证合一"营业执照,为企业免去多头办证之苦。

第三,审批流程优化再造。以"多规合一"为基础,实施建设项目审批"一口受理",建立"一表申请、一口受理、并联审查、一章审批"的审批制度,极大地简化了审批流程和提高了审批效率。此外,福州片区推出首个省级社会管理和公共服务综合标准化试点项目,实现审批服务标准化规范化。

第四,加强事中事后监管。促进政府职能由"重审批"向"重监管"转变,所有改革事项将按照"一事一措施"的方式逐条制定措施,严格准入、强化监管。

第五,提速增效利企便民。梳理完成"一趟不用跑"和"最多跑一趟"事项清单,综合服务大厅得到省级服务标准化验收,实现"办事不出区、办事不出厅"。

---

[*] 本文是作者提交给福建省人民政府顾问月谈会(2017 年 10 月)的书面发言稿(刘祺为本文的合作者)。

第六，充分释放技术红利。在全国率先推出"行政审批全流程应用电子证照"创新举措，打通网上办事大厅与电子证照系统，率先启用企业营业执照自助打印一体机，推进市场主体登记注册便利化，全程电子化。

（二）平潭自贸片区

第一，行政审批制度创新。平潭自贸片区全国首创投资体制改革"四个一"，即在投资体制改革"并联审批"的基础上，试点实施"综合审批"；依托国际贸易"单一窗口"，实现对外贸易经营者备案登记和原产地证备案登记"两证合一"；外资企业设立"一表申报"和企业设立"快车道"审批机制，精简办理环节，提升企业设立审批效率。在全省率先实施《个体工商户简易注销登记管理办法（试行）》，简易注销当场受理、当场核准，注销通知书立等可取。在全省复制推广船舶证书"三合一"并联办理，国际航行船舶进口岸和船载危险品同步申报、同步审批，项目审批"以规划代立项"等创新举措。

第二，市场监管体制改革。制定自贸区监管风险防控清单，探索合格假定检验监管模式，在全国首创"六合一"案管系统，通过"六合一"机构改革与职能整合，解决了市场监管"职能交叉、资源整合、效率提高"等问题。

第三，部门内部优化整合。全国首创检验检疫"多证合一"改革，通过"一表申请、一口受理、信息共享、监管互认、联动审批、专窗发证"的方式，整合相关电子业务信息，实现企业"一企一证"。

第四，"互联网＋政务"创新。平潭推出营业执照"自助登记打照一体机"，改变传统商事登记的"面对面"服务，提升申报效率。在全国率先推出复合式声纹识别社保认证系统，以声纹、人脸和指静脉相结合的复合式认证法一次建模，终身认证，安全可靠，异地用户可利用 APP 直接进行认证。

（三）厦门自贸片区

第一，行政审批制度改革。厦门实施市场准入领域审批制度改革，审批改备案，部分或全面实行告知承诺制，简化、优化审批流程和材料。工程建设项目审批制度改革，从办事企业视角设计流程和制度，打造"流程最简、审批最少、服务最优、社会综合效益最高"的建设项目审批体系。

第二，行政事项规范化改革。对已有事项进行清理，确保关联、相近类别审批事项"全链条"取消、下放、转移和整合，最大限度精简优化，协同配套。

第三，审批流程优化再造。厦门片区对承接实施的省级事项实行"一口受理、部门分办、统一出件"规程，提供全部事项网上办事服务，网上流转给各市直审批部门审核办理后，由厦门自贸片区管委会盖章出具行政许可证或备案通知书等,实现"办事不出区"。

第四,探索国际贸易"单一窗口"模式。单一窗口是由多个部门共同建设和运营的国际贸易网上大厅,业务集中到网上来办,让数据"并联共享"代替人员"跑腿",简化通关跟报检的手续,船舶进出口岸、报关报检等口岸核心业务实现"一个窗口、一次申报、一次办结"。

第五,事中事后监管创新。对纳入改革试点的行政审批事项,逐一明确监管责任和措施,运用协同监管、信用监管、动态监管、智能监管和社会共管共治等方式,建立跨部门守信激励、失信联合惩戒机制,强化市场主体责任,形成一处违法、处处受限的局面。

二、福建自贸区"放管服"改革中存在的问题

福建自贸区"放管服"改革在祛病除弊、利企便民方面取得了显著成效,但同时出现了一些新情况、新问题亟待重视和解决。

——简政放权过程中的"错位放权"问题。简政放权越往后含金量会越高,权力下放得就越困难。有些权放得不彻底,各种审批要件、程序、环节等还是繁多;有些权放得不对路,本该直接放给市场和社会的,却由上级部门下放到自贸区,增加自贸委工作量,加之自贸委缺乏足够人手和技术力量保障,权力下放得效果打了折扣。有些权放的不配套,涉及多个部门、多个环节的事项,放权不同步,或是大部分环节放了,但某个关键环节没放。

——"条块矛盾"的体制阻碍了跨部门协作。一方面,"多证合一""综合窗口"等创新涉及多个政府部门及其行政流程,跨部门联合执法及事中事后监管更是需要多部门合作,而当前"条块体制"下,政府职责部门化、权力碎片化,部门间协作机制欠缺。另一方面,存在"数据壁垒""信息孤岛"等问题,各单位政务信息系统彼此独立,难以兼容,资源无法整合,加之数据格式不统一,标准不一致,跨部门信息共享遇阻。

——各地改革的行动偏差、标准不一。各自为政致使行动不统一、标准差异大,制度脱节难协调。政策供给过多过快,缺乏时间消化和落地,实际操作性欠佳;简政放权追求表面"数量"的变化,而缺乏内在"质量"的提升;未从相关方群体切实感受和需求出发,改革的群众获得感不足。有些改革措施(如清单管理等改革创新举措)缺乏法定依据,改革成果难固化,可持续性不足。

——改革缺乏整体规划,相配套系统措施跟不上。"放管服"改革强调统筹和协同,而从当前实践发现,改革整体谋划不足。一味的概念创新,创新举

措碎片化,忽视体系构建,改革效力打折扣;有些前置条件放宽解决了准入的首要问题,但准入后的规范与出口如何却没有给出;配套的事中事后监管体系不够完善,监管仍处于缺位状态;"放管服"所需配套的行政管理体制改革尚未跟进。

三、对于全省"放管服"改革的引领与借鉴

福建自贸区"放管服"改革的创新做法值得总结和借鉴,对于引领全省改革提供了一批可复制可推广的经验。

一是重塑行政体制,以流程再造和整体治理推动政务管理的全面升级。运用新一代信息技术"打破内部循环、倒逼体制改革",通过组织机构重组与调整、权力运行规范、内部结构优化、政务流程再造,构建管理规范、资源集约、运转高效、政务透明的整体型政府治理体系,着力边向跨层级、跨部门互联互通、资源共享、业务协同。如建设项目审批"一口受理"、国际贸易"单一窗口"模式,做到内部流转、信息共享、网上通办,简化了审批流程,提高了行政效率。"六合一"市场综合监管机制实现了事中事后监管的跨部门协作。

二是创新工作机制,以规范化创新管理凝聚改革合力、保持内生动力。"放管服"改革工作点多、线长、面广,需要通过政府创新管理机制持久发力推进。平潭采用分类式试验任务管理机制,将任务纳入动态台账,定期进行分类统计、分类通报、分类督查。全程式创新举措机制,对创新工作的各个环节进行了细化和规范,优化创新管理流程,提高创新质量。此外,定向式指标监测机制,立体式信息发布机制,标准式评估推广机制等,为创新保驾护航。

三是积极探索实践,自主创新与复制拓展相结合,并行政策创新扩散。三大自贸片区对标国内外先进规则,主动探索创新,一方面自主创新实现全国首创,如企业设立"一照一码"登记制度等,被列入全国自贸试验区最佳实践案例,由商务部印发全国各地学习借鉴;另一方面,加强交流学习,积极引鉴经验并复制拓展,如创新自贸试验区综合执法体制,在广度和深度上开全国之最。自贸区所开展的"政策创新试验",以增量式机制创新带动旧体制存量改革,自下而上为决策层提供有益参考,并迅速扩散得到其他地区学习模仿借鉴。

四是立足用户体验,打通改革"最后一公里",增强人民群众获得感。简政放权的根本目的是打通改革"最后一公里",让政府改革的红利惠及广大老百姓。福建自贸区转变政府观念,变革服务模式,从利企便民角度出发匹配政务服务"供给侧"与"需求端",推出"一趟不用跑"和"最多跑一趟"事项清单,实现

"办事不出区、办事不出厅",变"群众跑腿"为"信息跑路"、变"企业挨个找"为"部门协同办"、变"被动服务"为"主动服务",从"政府端菜"转为"用户点菜",大大降低了企业与群众的办事成本。

五是释放信息红利,应用"互联网＋"思维技术优化政务管理与服务。2016年国务院出台了《关于加快推进"互联网＋政务服务"工作的指导意见》等多份文件,旨在将"互联网＋"与"放管服"相结合,提升政务管理与服务水平。福建自贸区运用"互联网＋"思维和技术,将移动终端与政务服务深度融合,线上服务平台与线下服务大厅的紧密结合,零距离沟通,全天候服务,为办事企业和群众提供便捷、实用、有效和及时的精准服务。

总之,深化"放管服"改革是一场牵一发而动全身的深刻变革,是处理好政府与市场、社会关系的根本所在,是实现政府治理现代化的重要路径。我省各级政府部门应以"自我革命"和"啃硬骨头"的精神,围绕重点领域、关键环节加大改革力度,不仅关注表面"量"的变化,更要着眼内在"质"的提升,让"放管服"改革红利加速释放,实实在在地提升人民群众的获得感。

4-6　台湾地区科技体制改革评析[*]

　　在国际环境瞬息万变及强调知识力的全球化竞争新局下,科技创新在竞争力提升与经济成长中扮演着相当关键的角色。[1]　科技研发投入巨大,在整体资源有限、财政压力日益扩增的前提下,如何通过管理体制机制改革来提升科技实力,已成为科技发展的重要议题。国民党退居台湾后,并没有将科技发展提上重要议事日程。直到 1959 年,在吴大猷、胡适等学界人士的推动下,台湾才出台了第一部科技发展计划纲领。随着科技发展投入的加大,台湾经济社会快速成长,享有经济奇迹之誉。[2]　20 世纪 90 年代以后,台湾成为主要高科技资讯产品的供应地,其产值与产量皆为世界第一。[3]　进入 21 世纪,在全球化与信息化的浪潮下,台湾原有的高科技产业遭受外部市场的巨大冲击,面对科学技术不断更新的挑战,台湾地区通过改革科技管理体制机制,优化组织架构,推动基础研究成果之具体贡献及使用度,从而带动产、学、研合作,以科技创新为契机来促进台湾经济的发展。[4]　本文对台湾地区科技体制改革及其成败得失作出评述。在回顾台湾地区科技体制的演革之后,本文着重探讨如下问题:以组建"科技部"为主的新一轮台湾科技体制改革的主要内容及措施是什么? 科技体制改革对台湾的科技及经济的发展产生了什么影响? 台湾科技体制改革及科技发展面临的困境与挑战是什么? 台湾地区科技体制改革对大陆的科技体制改革有何借鉴与启示?

一、台湾地区科技体制的演革

　　台湾地区科技体制建立于 20 个世纪 50 年代末 60 年代初,迄今为止经历

---

　*　原载《台湾研究集刊》2017 年第 5 期(这里删去原文正标题"从'长科会'到'科技部'",张敏为本文的合作者)。

[1]　林浩钜:《政府科技创新政策规划机制之研究》,《T&D 飞迅》(台湾),2016 年第 214 期,第 1～21 页。

[2]　叶维铨、萧全政、戴宝村:《创新前瞻:继往开来——"行政院"组织改造档案专题选辑》,台北市:"行政院研考会"档案管理局,2011 年,第 32～39 页。

[3]　"行政院国家科学委员会":《台湾的故事·科技篇》,台北:新闻局,1999 年,第 1～4 页。

[4]　李罗权:《厚植科技发展量能——"科技部"的规划与使命》,《研考双月刊》(台湾),2011 年第 4 期,第 141～149 页。

了从"长科会"、"科导会"、"国科会"和"科技部"四个时期的演变。

（一）"长科会"时期（1959—1967）

国民党退居台湾后，并没有明确的科技发展相关的战略部署和主管部门。当时的台湾缺乏现代的科学基础，大量的科学人才因待遇问题而不断流失海外。有鉴于此，吴大猷提出"发展学术、培植人才"的计划，经胡适最终改定为"国家发展科学培植人才的五年计划的纲领草案"，建议政府制定相关的科学政策以改善岛内科学环境不佳，人才普遍缺乏的现状。[①] 在胡适与学术界的推动下，1959 年"行政院"正式公布了第一个长期而具体的科技政策"国家长期发展科学计划纲领"，并成立了台湾地区首个科技发展专责机构"国家长期科学发展委员会"（简称"长科会"）。鉴于当时科学基础薄弱的现况，作为科技发展工作的最高决策机构，"长科会"主要负责充实研究机构及大学的研究设备、延揽优秀学者、选拔科技人才赴外进修，以及补助出版学术刊物。[②] 但是，"长科会"得到来自政府的支持并不多，其组织规模仅限于"中央研究院"和"教育部"，工作职责局限于改善科研环境，充实学术奠基，缺乏工业界与学术界的互动机制。[③]

（二）"科导会"时期（1967—1972）

相对于台湾当局对科学发展的有限支持，大陆地区在建国后将科学技术发展纳入国家计划，国务院成立了科学规划委员会指导全国的科技发展，并制定了中长期科技发展规划，在国防科技为最高原则的优先考虑下，于 1964 年成功爆炸了第一个原子弹，这极大地震惊了台湾，促使其开始全面考虑未来的科技和国防战略规划。在这样的背景下，根据"动员戡乱时期临时条款"之授权，台湾成立了"国家安全会议"，并下设"科学发展指导委员会"（简称"科导会"），作为科学政策全盘考量的中央机构。"科导会"作为台湾当局最高科技政策决策机构，负责科学发展政策的制定、协调与督导，并确定了科学发展的总方针，即科学教育之改进、科学研究之增强和科学技术与经济建设之配合。[④]

"科导会"成立之初，就开始着手对"长科会"进行改组。1967 年原来的

---

① 《最后的岁月——晚年飘泊海外的胡适》，http://www.chinainperspective.com/ArtShow.aspx? AID=13949。

② 李罗权：《科技一百再创未来》，《科学发展》（台湾），2011 年第 1 期，第 4～9 页。

③ 《"国家长期发展科学委员会"》，http://terms.naer.edu.tw/detail/1309405/? index=73。

④ 杨翠花：《台湾科技政策的先导：吴大猷与科导会》，《台湾史研究》（台湾），2003 年第 2 期，第 67～110 页。

"长科会"扩充改组为"国家科学委员会",负责台湾地区科技发展的推动与执行,其主要职责为:辅助及支持一般科学基本研究,以配合台湾建设需要;辅助及支持科学教育之推展。这一时期的"国家科学委员会"在行政系统上隶属于"行政院",但工作方针及经费分配,均由"科导会"审定。由原来的"中研院"和"教育部"联署,扩大至"国防部""经济部""交通部"等多部会;由原来的三个专门委员会增添至五个;增大了执掌范围。① 事实上,成立初期的"科导会"和"国家科学委员会"的负责人均为吴大猷,在政策计划制定、经费分配、计划执行等方面,很难对两个组织进行分割。

(三)"国科会"时期(1972—2014)

1972 年,台湾当局开始缩减"国家安全委员会"的规模,其下设的"科导会"也随之不断改组精简,形同架空。到 1978 年台湾地区领导人更替,"科导会"被新上任的蒋经国搁置,工作几乎停顿。随着 1991 年动员戡乱时期的终止,"科导会"被裁撤,其组织章程也同时废止。② 在"科导会"组织精简的同时,"立法院"通过"国科会组织条例",将"国家科学委员会"改组为"行政院国家科学委员会"(简称"国科会"),将以往的会议制改为首长制,改审议委员会为咨议委员会,增设国际科学技术合作组,强化各业务单位,提高权责,"国科会"渐渐摆脱过去"科导会"的影响,组织功能逐渐强化,成为支配科技预算经费及执行科技政策任务的最高科技行政机构。③

为推动整体科技发展,协调各部会署共同配合科技发展政策,"行政院"于 1979 年聘请外籍资深学者担任科技顾问,就科技发展相关事宜提供建议与咨询。为加强科技顾问之间的联系,协调及整合各部会科技发展策略,"行政院"于同年组建"科技顾问组",作为"行政院院长"综理科技事务的幕僚单位。④ 围绕着"国科会"、"科技顾问组"和各部会署相关科技部门的三级组织架构,台湾当局还进一步加强科技政策决策的法制化。从 1978 年起,每四年召开一次

---

① "行政院国家科学委员会":《"国家科学委员会组织章程"(1967 年 8 月 4 日)收于"〈国家科学委员会年报"(1967 年 7 月—1968 年 6 月)〉》,台北:行政院国家科学委员会,1968 年,第445～446 页。

② 《"国家安全会议"》,http://www.president.gov.tw/nationalsafe/index.html。

③ 杨翠花:《台湾科技政策的先导:吴大猷与科导会》,《台湾史研究》(台湾),2003 年第 2 期,第 67～110 页。

④ 李罗权:《政府科技类研究发展管理机制与成果》,《研考双月刊》(台湾),2011 年第 10 期,第 26～44 页。

"全台科技会议",与会对象除科技管理组织外,还有"中研院"和各学术研究机构、以"工研院"为代表的应用研究及技术开发机构、产业界人士等,共同商议、拟定未来四年的科技政策。1999年,台湾第一部科技领域的基本法律《科学技术基本法》颁布,四年一次的"全台科技会议"正式被纳入该法之中。每届大会讨论通过的《科学技术发展计划》是政府相关部门推动科技发展的主要依据。《基本法》还要求其每两年对外公布科技发展的愿景、策略及现况说明,即《科学技术白皮书》。①

(四)"科技部"时期(2014年3月至今)

为跨部门整合科技发展事务并统筹科技发展政策,在参考美、日、韩等国的实践下,基于统筹科技发展政策、整合跨部会科技发展事务、协调推动整体科技发展之考量,为强化原有"科技顾问组"功能,将其改组为常设性任务编组"行政院科技会报",作为科技发展体系中最高之统筹与协调机制。在西方"新公共管理"运动的示范性影响之下,为提升政府行政效率,台湾当局开始推动"政府再造"工程,精简组织建构,于2000年组建"政府改造委员会",负责组织调整相关的改造方案,并于2010年正式颁布"行政院组织法"修正案等组织再造法案,②将原有37个部会精简到29个。③ 在组织精简的大背景下,科技主管部门未降反升,由"会"升格为"部",足见台湾当局对科技发展的重视程度。至此,台湾科技管理体系之组织改造已经全部完成,这标志着"台湾科技发展迈入新的纪元"。④ 改组后的科技组织体制主要透过四大机制推动科技政策,即"行政院"的重大政策及计划、"科技会报"会议决议、"科技部"每4年召开的"全台科学技术会议"及各部会依法定职责进行规划及执行机制。⑤ 台湾地区科技管理组织架构变革历程如图4-1所示。

---

① 《科学技术基本法》,http://law.most.gov.tw/LawContentDetails.aspx?id=FL009566&KeyWordHL=科學技術基本法&StyleType=1。
② 《"行政院"的变迁》,http://history.ey.gov.tw/Home/Story01。
③ 《"行政院"组织改造推动现况与展望》,http://yearbook.stpi.org.tw/pdf/2011/0-2.pdf。
④ 林浩钜:《政府科技创新政策规划机制之研究》,《T&D飞迅》(台湾),2016年第214期,第1~21页。
⑤ 《"行政院"组织改造推动现况与展望》,http://yearbook.stpi.org.tw/pdf/2011/0-2.pdf。

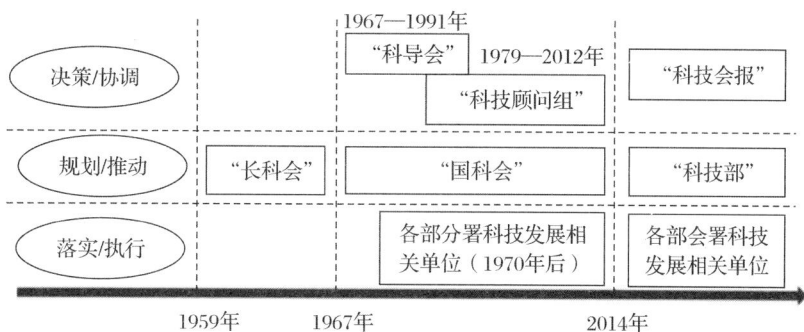

图 4-1　台湾地区科技管理组织架构的沿革

二、台湾地区科技体制改革的主要内容与措施

近一二十年来，在"政府再造"的背景之下，台湾地区科技组织架构有较大的变化。那么，近年来以组建"科技部"为主的新一轮台湾科技体制改革的主要内容及措施有哪些呢？

（一）台湾科技体制改革的主要内容

1. 从一元化向多元化转变的组织设计

科技发展是提升国际竞争力的重要议题，需要设置一个科学合理的科技发展体系，强化政府整体科技资源分配与管控的机制。组织改造后的台湾科技管理体制，形成了以"科技会报"为跨部会协调平台，以科技部为政策主导，相关部会协调发展的管理架构。过去的"国科会"在负责推动整体科技发展、支援学术研究及发展科学工业园区三大任务之外，还担负着台湾地区科技资源的分配、科技政策的审议以及其他相关部会的协调等任务。"经济部""交通部""卫生福利部"等部门设置的技术开发和产业发展研究机构以及以"工研院"为代表财团法人机构在推动应用研究与商业化发展方面都起到重要的作用。但是，原有机制将科技活动的上中下游资源分配集中在比"部"相对级别低的"会"，这种机制在一定程度上使得产学研之间的矛盾不断加深。为了维持台湾的科技实力和国际竞争力，新的"行政院组织法（修正案）"，从功能性与权责性方面对现有科技组织体系进行整合，使政策制定与执行能密切地结合，从而有效结合上中下游的科技发展活动，加强科技产业扎根工作，由科技研发成果引导产业结构改善、提高产业附加价值。① 从过去一元式的管理模式转向分权式的组织体系,注重水平化的跨部门整合,透过"科技会报""科技部"与相关部会署的统一整合,加速创新研发与科技资源的有效配置,落实以科技发展增强台湾国际竞争力的政策目标。

2. 构建跨部门水平化的科技资源分配机制

新一轮科技体制的改革,将科技资源分配权由"国科会"转移到"科技会报",新升格的"科技部"仅保留科技预算审议权。在"国科会"时期,各个政府部门年度科技经费需求均以计划的方式提出,由"国科会"办理书面审查及会议审查("国科会"计划由"科技顾问组"审查),个别计划审查意见及建议经费经"国科会"委员会审议后,送"行政院"核定,再由各主管机构编入预算案中,送"立法院"审查,完成当年度科技预算之配置。② 在"科技会报"第 1 次会议及第 5 次会议中,对"科技会报"与"科技部"关于政府科技预算审议的权责进行划分,确定由"科技会报"负责对科技资源分配比例、各部会整体施政方向及效益等进行预算审议;"科技部"负责科技计划技术可行性、计划经费合理性及执行成效等方面的预算审议。根据改革后的预算管理制度,基础研究与应用研究经费主要由"科技部"编列,技术发展及产业化的经费则由其他科技相关部会编列,③改革前后的科技经费配置与流程比较如图 4-2 所示。

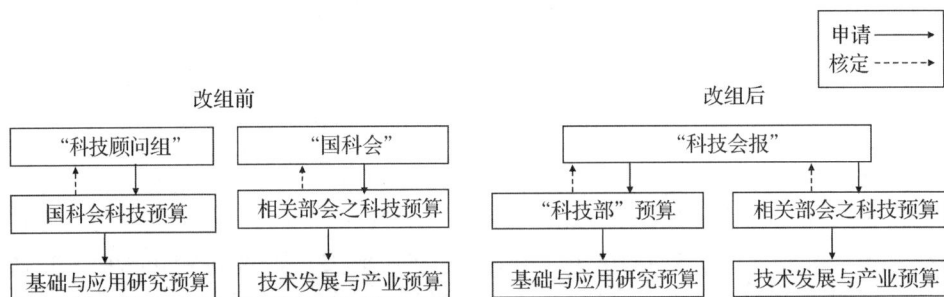

图 4-2　改组前后科技经费配置流程对比

资料来源:《"科技部"与"国科会"执掌差异》,http://www.slideshare.net/reicwang/ss-32295490。

---

① 《科学技术白皮书(2011—2014 年)》,https://www.most.gov.tw/most/attachments/10a4086b-26b9。

② 李罗权:《厚植科技发展量能——"科技部"的规划与使命》,《研考双月刊》(台湾),2011 年第 4 期,第 141~149 页。

③ 《科学技术白皮书(2011—2014 年)》,https://www.most.gov.tw/most/attachments/10a4086b-26b9。

3. 统整科技业务及组织归属

为推动跨部门科技发展事务并统筹科技发展政策,"科技会报"扮演政策引导的角色,由"行政院"院长担任召集人,科技政务委员与科技主管机关相关首长为召集人,委员包括科技相关部门首长及产学研界代表。通过首长及专家委员合议机制,进行政策与资源分配之决策,对重大科技计划进行评估监督,引导各部会科技预算及产业发展与整体施政目标相结合。① 根据 2014 年 1 月颁布实施的"科技部"组织法第 2 条第 5 款的规定,"科技部"在原"国科会"的职责范围的基础上,增加产业前瞻研发政策之规划、推动、管理、技术评估的职能,同年 4 月新增"行政法人国家灾害防救科技中心"负责有关灾害防救工作的相关咨询工作,加速灾害防救科技研发及落实,强化灾害防救政策及措施落实。② 与此同时,移除原"国科会"跨部会署协调业务以及科技政策之审议、科技资源分配,仅保留科技预算审议的职能。通过这次组织改造,台湾科技主管部门的职责由过去的"加强发展科学及技术研究"转变为"推动科学发展与技术研究及应用等相关业务"。③ 如何将学研能量转为促进科技创新,提升学研价值及产业高科技附加值,将成为"科技部"施政的重点。为不影响原科技相关部会署施政的专业性及一贯性,原有归各相关部会署推动的科技相关业务、机构及法人之隶属,仍维持现况。在政策执行层面,台湾地区科技发展组织体系可以分为推动机构、执行机构及计划评估体系三大部分,推动机构为"科技部"及相关部会;执行机构由"中研院"和大专院校、财团法人、公民营企业构成,分别承担基础研究与应用研究、应用研究与技术发展、商业化部分;评估体系则由"科技部"负责科技计划的审查、执行管制及成果考核。

(二)台湾科技改革的主要措施④

1. 配合产业结构,建立市场导向的研发策略及产学合作模式

由政府引导资源投入,整合上、中、下游及产、官、学、研各方能量,构建"研究至发现、发现至技术、技术至新事业的垂直发展"所需的跨领域、跨部门的整

---

① 《"科技会报"组织任务及架构》,http://www.bost.ey.gov.tw/Content_List.aspx? n=4C5E95EC82E3919C。

② 《"行政法人国家灾害防救科技中心"》,http://ncdr.nat.gov.tw/Introduction.aspx? WebSiteID=5853983c-7a45-4c1c-9093-f62cb7458282&id=2&subid=33&PageID=1。

③ 《"科技部"与"国科会"执掌差异》,http://www.slideshare.net/reicwang/ss-32295490。

④ 资料来源:《科学技术白皮书(2015—2018 年)》,https://www.most.gov.tw/most/attachments/03791ce9-0299-48f6-8c2c-b5d9d9c522f7。

合机制,推动自上而下的科技发展计划。建立"产官联盟出题,学研解题"的产学合作方式,并针对未来前瞻性产业技术,由政府资助学术界进行早期研发,协助产业界分散投资风险。为进一步衔接上游学术与下游产业间的发展,通过修正学术界科研产出绩效评价与职称评定标准,纳入科技普及、产学合作等社会及经济方面的绩效指标;并松绑学界借调至业界的相关规定,放宽学者在企业的兼职限制,鼓励教师或师生共同创业。

2. 推动知识产权布局,营造高科技产业创新环境

在早期技术知识产权保护与发展方面,由政府主导,推动产学研合作,完善研发专利地图;建立早期技术育苗补助,投入高风险、高附加值研发成果;筹组专业选题辅导团队,对科研成果运用于产业的可行性进行评估。在推动专利产业化方面,整合跨部门、跨领域资源,提供企业专利商品化所需的运营规划研究、商品化技术验证及开发新产品等;通过提供资源及服务,协助企业进行专利开发、办理交易展与公开让与等营销活动,促进专利技术交易。在人才培育和延揽方面,通过推动产学研知识产权教育,开办大学专利课程,强化大学科技、法律、管理与财务跨领域人才的培养,提升学术界知识产权素养与策略布局能力。同时强化产业界专利人员培训,提升专利人员质量,协助厂商专利布局,并引进国际人才,参与知识产权管理公司的运用。

3. 推动科技创业,建立早期投资机制和多元融资渠道

政、学、产三界成立跨界服务联盟。政府通过提供各种奖励及优惠措施,鼓励学研机构成立天使投资基金,培育内部新创企业,同时引入国际创投公司投资新创企业。政府还以优先采购的方式,购买科研创业商品,扶持新创企业发展。为解决科技创业公司融资难的问题,一方面建构多层次架构的特色市场,包括创柜板、创意集资资讯揭露专区、高科技产业筹资平台等,提供科技创新产业的多元融资渠道;建立知识产业及服务业等经济创业体的无形资产评价制度,以方便知识创新类产业的融资。另一方面,则通过政策松绑,推动"有限合伙法",强化创投运营机制,引进有限合伙组织形态,增加企业经营弹性与组织形态的多元化。

三、台湾地区科技体制改革的评价

科技体制改革推动了台湾地区的科技与经济的发展,尤其是促进台湾成长为以科技创新为驱动发展的经济体。但是,台湾的科技体制改革并不彻底,面临着诸多的困境与挑战。反思台湾科技体制改革的经验教训可以为今后大

陆地区科技体制改革提供某些有益的参考。

（一）台湾科技体制改革取得的成效

台湾科技体制改革的重点在于推动自上而下的科技创新推动模式，强调跨部门协作，加强产学合作，以研发引领科技产业发展，推动以文化驱动的科技变革，使得台湾的科技实力维持在一个较高的水平上，促进了台湾成长为以科技创新为驱动发展的经济体。台湾科技体制改革的成效具体表现在如下几个方面：

——国际竞争力位居世界前列。根据世界经济论坛（World Economic Forum，WEF）公布的 2016—2017 年全球竞争力报告，台湾地区在全球 138 个国家或地区中居第 14 位，较去年提升了 1 个名次。该论坛创建的竞争力评估指标，根据经济发展理论，将全球各国或地区的经济发展阶段划分为三类：要素驱动型、效率驱动型和创新驱动型，数据显示当前台湾地区经济发展处于最高的创新驱动型阶段。[1]

——科技发展成果各项指标看好。科技发展成果指标包括学术期刊论文、专利及技术产品世界竞争力等。根据 ESI（Essential Science Indicators）数据显示，台湾地区在 WOS（Web of Science）中发文数量排全球第 16 位；被引频次居全球第 20 位；高被引用论文数量居全球第 27 位。[2] 在工程索引（EI）论文发表数近五年内平均成长率为 2.8%，居全球第 14 位。[3] 美国专利局（USP-TO）最新数据显示，其专利拥有量居全球第 7，近十年的年均增长率为 8.38%，[4]其中，每百万人口的专利拥有量居全球第一。[5] 在科技创新驱动下，资讯通讯相关产品产值在全球居于领先定位。近年来又加大对绿色能源产业和医疗照护产业的重视与投入，推动了太阳能电池及行动辅具产业的成长，使

---

[1]　The Global Competitiveness Report 2016-2017，https://cn. weforum. org/reports/global-competitiveness-index。

[2]　Essential Science Indicators，https://esi. incites. thomsonreuters. com/IndicatorsAction. action。

[3]　《科学技术统计要览（2015 年版）》，https://ap0512. most. gov. tw/WAS2/technology/AsTechnologyDataIndex.aspx。

[4]　Patent Counts By Country，State，and Year-Utility Patents，https://www. uspto. gov/web/offices/ac/ido/oeip/taf/cst_utl.htm。

[5]　《高等教育与科技政策建议书》，http://as. sinica. edu. tw/advice/advice_edu2. pdf。

其市场占有率迅速跻身世界前三。①

——科学园区的产业群聚发展领先。科学园区政策作为台湾地区科技政策的重要组成部分,配合岛内高科技产业结构特色,分别于台湾北部、中部、南部地区设置核心园区,形成"竹科""中科"和"南科"三大产业聚落,以"竹科"为代表的科学园区发展模式成为世界各国学习的典型。在世界经济论坛(WEF)的评估中,台湾在产业群聚发展(State of Cluster Development)这一指标的得分,一直处于世界领先水平,曾三年蝉联世界第一。②

(二)台湾科技体制改革面临的困境

自 20 世纪 50 年代以来,岛内几次重要的产业转型与升级,都与科技体制的演变有着密切关系。但是,为了政策制定与执行的高度协调,台湾科技发展政策过于强调技术官僚在产业沟通网络中的作用,这种以政府引导科技产业转型的"发展型模式",在改革的实践中也遇到了越来越多的挑战。③

——分权式的管理体制导致部门职能交叉重叠。在"科技会报"的协调下,台湾科技政策组织架构打破了原"国科会"主导科技发展的模式,转变为从集权走向分权的跨部会协调合作模式。分权化的组织设计有利于因地制宜,深化科技发展和部门相关领域联系。但是,如果设计不当,就会增加各部门之间沟通协调的成本。台湾科技政策的重心在于推动产学研合作,将大学和研究机构的基础研究推向产业,促使大学基础科学知识的产业价值化。这主要是通过技术转移、育成中心(主要针对新创企业)、产学合作三个层面来推进的,分别隶属于"科技部""经济部""教育部",各部均在大学成立专责业务单位,以配合各部门产学合作之推动。这难免会造成部门职能交叉,各部门资源使用上的重复及浪费。

——科研资源分配重应用研究而轻基础研究的倾向。台湾地区现行的制度设计以科技产业发展为重,强调产学结合,并制定相关激励政策引导大学科研人员从事有利于技术开发及商业化发展的应用型研究。在科研经费分配方面,基础研究领域研究经费来源单一,仅有"科技部"有相关专项经费,而与产

---

① 资料来源:《科学技术白皮书(2015—2018 年)》,https://www.most.gov.tw/most/attach-ments/03791ce9-0299-48f6-8c2c-b5d9d9c522f7。

② 李罗权:《政府科技类研究发展管理机制与成果》,《研考双月刊》(台湾),2011 年第 10 期,第 26～44 页。

③ 翟宛文:《民主化与经济发展:台湾发展型"国家"的不成功转型》,《台湾社会研究季刊》(台湾),2011 年第 84 期,第 234～288 页。

业发展结合紧密的应用研究既可以向"科技部"申请计划补助,也有来自其他政府部门、财团法人以及私人部门的经费支援。"科技部"的经费不仅要支持大学和研究机构的基础研究,而且要将预算分配给应用研究及技术开发领域的研究,以及负责全台地区的科技教育推广工作。这就造成了投入研发的总体经费大幅增长,而基础研究经费并未同步成长的局面。从科研发展及创新的规律来看,如果基础研究得不到应有的重视和经费支持,就会阻碍科技发展以及所需人才培养的科技创新生态系统的运转。

　　——**产学研合作机制不完善。**台湾地区政府科技资源分配、预算配置及应用,多数由具有政府背景的法人机构及大专院校负责执行,而民营企业获得研发补助较少,且以公平分配原则为主,企业获得研发经费有限,无法满足产业技术变革所需的持续动力。在产学合作方案制定中,应由政府与学研界、产业界协商,确定未来产业发展的重点领域,由团队规划相应的项目进行执行,以实现"产官联盟出题、学研解题"的合作机制。① 但在实际运作中,"学研出题、自行解题"的现象却层出不穷,政府本来就有限的研发经费产出的研究成果却无法与产业界对接。② 此外,产学合作缺乏诱因与配套机制,相关法规不够健全,产业合作过程的利益揭露与利益冲突等问题,这阻碍了研究成果的商业化进程。③

　　——**科技创新发展中的资源分散与民间投入不足。**当前台湾的研发活动处于多头马车、资源分散的状态,不仅企业各自进行研发,各部门也有种种不同层级和形态的研发机制,导致整体的研发投入和技术创新成果,远落后于美日等先进国家。④ 特别是在研发领域,由政府决定未来科技产业发展的重点领域,并制定计划方案,通过公开征求解题的"自上而下"的模式,使得与市场联系最紧密的产业界缺乏开放创新的发展空间。如何利用政府有限的研发资源,投入基础性、高风险性以及策略性研发计划,借以带动民间投入高附加值

---

① 《"国家科学技术发展计划(2013 年—2016 年)"》,https://www.most.gov.tw/most/attach-ments/138057c1-ca3f-4101-8b84-38fec64a1a3d。
② 王绣雯:《驱动跨领域部门的科技计划机制——借镜欧盟经验》,《台湾经济研究月刊》(台湾),2016 年第 7 期,第 42~49 页。
③ 《"国家科学技术发展计划(2013 年—2016 年)"》,https://www.most.gov.tw/most/attach-ments/138057c1-ca3f-4101-8b84-38fec64a1a3d。
④ 王绣雯:《驱动跨领域部门的科技计划机制——借镜欧盟经验》,《台湾经济研究月刊》(台湾),2016 年第 7 期,第 42~49 页。

研发计划,是台湾未来科技政策布局的重点。①

(三)台湾科技体制改革的几点启示

台湾科技政策发展所面临的困境,大多是当前各国或地区普遍面临的问题,包括如何理顺政府、产业界和学研界之间的关系,如何处理好具有前瞻性的基础研究与以问题为导向的应用研究之间的关系,如何处理好科研资助中公平与卓越之间的关系等。

——理顺政府内部以及政府与学研界、产业界间的相互关系。科技创新发展不仅依靠企业、大学、政府研究机构等这些单个组织,更加依赖于这些组织之间的相互合作。政府科技管理体制应不断完善科技政策、法律制度、人才培育等措施,提升科技决策过程的公开化与透明化,建构科技创新发展的生态系统。政府资金先期导入高风险、高成本研究领域的同时,应当建立产业界主导且独立开放的议题设定平台,通过制度设计和法律保障来鼓励企业积极投入创新研发之中,形成公私协力形态,将公私部门双边的"社会承诺"制度化,确保双方资源投入与科技创新发展的推进。② 同时,政府要整合专利布局、创新技术、研发能量以及产业需求等层面的布局,协助学界了解产业界的人力需求与应用技术,将学界的研发能量转为产业界技术研发的动能。③ 学术市场化的兴起使得基础研究与应用研究联系更加紧密,④这也对科研工作人员提出更高的挑战,相应的激励机制、人事管理制度、职称评定制度等都亟待更新。

——处理好基础研究与应用研究的关系。从古希腊时代开始,以基础研究为代表的纯研究长期占据科学发展的主导地位,并被科学共同体视为准则。随着冷战的结束,在全球化和信息化科技革命的推动下,应用研究在推动经济发展和技术进步方面的作用日益凸显。众多技术变革的发展表明,从科学到技术进步的道路是多样且复杂的,技术的源泉不仅来自于纯研究领域,更需要

---

① 《"国家科学技术发展计划(2013年—2016年)"》,https://www.most.gov.tw/most/attachments/138057c1-ca3f-4101-8b84-38fec64a1a3d。

② 王绣雯:《驱动跨领域部门的科技计划机制——借镜欧盟经验》,《台湾经济研究月刊》(台湾),2016年第7期,第42~49页。

③ 《高等教育与科技政策建议书》,http://as.sinica.edu.tw/advice/advice_edu2.pdf。

④ Magnus,G. and Stig,S,The Third Mission and the Entrepreneurial University Model,In Universities and Strategic Knowledge Creation:Specialization and Performance in Europe. Edward Elgar,USA. 2007,pp.121.

基础研究与应用研究的不断融合。① 然而,当科技进步成为提升国际竞争力和推动社会经济发展的重要动力时,以产学研结合、专利申请、学术商业化等为代表的科技政策布局,在不断强化以问题为导向的应用研究的同时,也使得自由型探索的基础研究日渐式微。传统的科学准则已经打破,而新的科学准则如何建构,如何处理经济发展与科学发展之间的关系,这已成为全球面临的共同挑战。

——处理好科研绩效中的公平与卓越的关系。公平与追求卓越之间的张力广泛存在于科研资助分配之中,尤其是当前世界经济下行,许多国家或地区进入财政紧缩阶段,科研资金的投入也越来越紧张,如何更加有效地分配有限的资源,成为政府面临的重大挑战。事实上,洛特卡(Lotka)已经指出科学生产率的频率分布存在着"倒数平方定律",②科洛兹特等人(Clauset et al.)的研究亦表明作者发文和论文被引用中存在着稳定的幂次法则。③ 因此,万·布什(Bush)在制定美国科研资源分配政策时,坚持同行评议,根据计划本身的优劣决定资助与否,反对照顾地区之间、学校之间的公平分配。这一观点也遭到了诸多批评和挑战,从全球科研资助管理的实践来看,政府一直在致力于扭转这种分布不公平的局面。除了政治和机构自身利益的因素外,公平作为公众价值的一种普遍心理偏好,也对决策者造成无形的压力,使得分配更加偏向公平原则。然而,对公平的追求,在一定程度上会影响科学家追求卓越的积极性。④ 因此,如何在保障公平的同时,既不破坏科学共同体的内在激励,又能保持科学研究的总体系统效能,将是科技政策制定过程中需要重点关注的问题。

总之,在过去的六七十年中,台湾地区的科技体制经历了"长科会""科导会""国科会"和"科技部"的演变。台湾地区的科技体制改革有得有失,既促进了本地区科技与产业的发展,也存在局限、问题和挑战,其经验教训可以为大陆地区今后的科技体制改革提供有益的参考与借鉴。

---

① Stocks,Donald E,Pasteur's Quadrant:Basic Science and Technological Innovation. Washington,D. C.,Brookings Institution Press. 1997,pp.26~58,84~89.

② Lotka,Alfred J. The Frequency Distribution of Scientific Productivity,"Journal of the Washington Academy of Sciences",1926,16,pp.317~323.

③ Clauset,Aaron,Cosma Rohilla Shalizi and M. E. J. Newman,Power-Law Distributions in Empirical Data,"SIAM Review",2009,51,pp.661~703.

④ Hicks,Diana M and Katz,Sylvan,Equity and Excellence in Research Funding,"Minerva",2011,49,2,pp.137-151.

第五章　公共服务

5-1　人民对美好生活向往与高质量公共服务供给[*]

党的十九大报告将新时代我国社会的主要矛盾表述为"人民日益增长的美好生活需要和不平衡不充分的发展之间的矛盾",并明确指出"我国经济已由高速增长阶段转向高质量发展阶段"。这是以习近平同志为核心的党中央对我国经济发展和社会需求变化以及当代全球公共治理发展趋势的精准把握与刻画,指明了中国特色社会主义新时代的发展方向。高质量的公共服务供给是指为公众提供方便、快捷、优质、高效、回应和公平的公共服务以及形成惠及全民的公共服务体系。人民的美好生活以经济发展和民生改善作为前提,以高质量的公共服务供给作为保障。

一、高质量公共服务供给是当代全球公共治理变革的核心

回应公众更高的公共服务需求,改进和提升公共服务质量,这是当代全球公共治理实践发展的一个基本趋势,也是各国政府追求的一个共同目标。英国功利主义哲学家边沁(Jeremy Bentham)在近代就宣称:政府的最高目标应该是最大程度增加快乐和减少痛苦,为大多数人谋求最大的幸福。在当代,"各种调查和民意测验表明,公众希望看到政府改善和提高为民服务的方法和质量,即希望政府能够提供更优质的服务,切实有效地扩展服务的领域和范围;公民也希望政府提高公共服务能力,以较低的成本提供更多更优质的服务"(丹尼斯·A.荣迪内利)。

---

* 原载《福建日报》2018 年 6 月 25 日"求实"理论周刊(求是理论网、东南网 2018-06-25 转载),收入本书时做了拓展与更新。

　　《联合国千年发展目标》和其他人类发展的宣言规定的发展目标是实现平等、持续、参与性的经济和社会发展;其规定的政府职能是实现经济和社会的可持续发展,最终提高全体人民的生活水平。2016 年 1 月 1 日正式启动的联合国《2030 年可持续发展议程》提出了全球可持续发展的 17 个目标以及 169 个子目标,涉及经济发展、社会进步和环境保护三个方面,是一整套旨在消除贫困、保护地球、确保所有人共享繁荣的全球性目标,描绘了一张旨在结束全球贫困、让所有人分享繁荣并拥有体面工作、过上美好生活的路线图。该议程第 3 条说:"我们决心在现在到 2030 年的这一段时间内,在世界各地消除贫困与饥饿;消除各个国家内和各个国家之间的不平等;建立和平、公正和包容的社会;保护人权和促进性别平等,增强妇女和女童的权能;永久保护地球及其自然资源。我们还决心创造条件,实现可持续、包容和持久的经济增长,让所有人分享繁荣并拥有体面工作,同时顾及各国不同的发展程度和能力。"2017 年 9 月 5 日,中国国家主席习近平在厦门国际会议中心主持新兴市场国家与发展中国家对话会的致辞中,强调新兴市场国家和发展中国家应加强团结协作,共同落实 2030 年可持续发展议程。2019 年 6 月 7 日,习近平在第二十三届圣彼得堡国际经济论坛全会上的致辞中也指出:中国将共建"一带一路"同落实联合国 2030 年可持续发展议程有效对接,统筹协调好经济、社会、环境之间关系,走绿色、低碳、可持续发展之路。在致辞中他还强调:"我们要坚持以人为本,努力建设普惠包容的幸福社会。"①

　　改善公共服务是各国政府追求的基本的目标,政府治理变革的核心指向就是持续改进公共服务质量,以满足公众日益增长的公共服务需求。美国公共行政学会前会长马克·霍哲认为,改进公共服务质量和提高公共部门绩效成为当代公共管理改革的一项根本任务。② 习近平总书记在第二十三届圣彼得堡国际经济论坛全会上的致辞中明确指出:"各国人民对美好生活的向往,谁都无法阻挡。""提高人民生活水平是各国政府的首要任务。"③

　　目前衡量一个国家是否发达、国民是否幸福的标准,单有 GDP 或人均收入是不够或不充分的,必须是更综合全面的指标,如考虑健康、教育、住房、生活体面等人类发展指数或国民幸福指数,这些指数与公共服务质量高低密切

①③　《习近在第二十三届圣彼得堡国际经济论坛全会上的致辞》,人民网 2019-06-08。

②　Marc Holzer,Etienne Charbonneau,Younhee Kim,"Mapping the Terrain of Public Service Quality Improvement:Twenty-Five Years of Trends and Practices in the United States", *International Review of Administrative Science*,vol. 75,no. 3(2009),pp.403-418.

相关。近百余年来,西方发达国家通过大规模的社会福利立法和公共财政投入,建立了高质量的公共服务体系,缓解了阶级与社会矛盾,提升了人类发展指数,并拉开了与发展中国家之间的距离。欧盟社会保护政策的兴起-由边缘到中心的演进可以作为一个例证。西方发达国家公共服务改革与发展的趋势及经验在于:[①]

——细化公共服务的权利安排,公共服务被视为一项社会权利与政府义务,将平等权利从政治领域、经济领域延伸至教育、医疗、养老、住房等社会领域。

——加大公共服务的财政投入。目前,发达国家教育和医疗的成本大部分(欧洲约为 3/4,美国大约一半)由公共财政承担,开支已占到了国民收入的 10%~15%;养老金占到了国民收入的 10%左右。

——创新公共服务的供给机制。尤其是通过将政府定位为服务提供者或安排者的角色,大量引入公私伙伴关系、合同承包、特许经营等新型机制来改善公共服务质量(近年来,发达国家开始应用社会影响力债券等新型治理工具,以项目成功才付款的方式来鼓励实现更好的结果)。

——扩展公共服务的技术渠道。移动互联网、云计算、大数据和物联网为代表的新一代信息技术以及人工智能技术,将互联网与交通、医疗、教育、环境等公共服务前所未有地融合起来。

——不断加强公共服务的质量管理。通过引入激励机制、设立服务宪章、推动服务标准化和电子化服务、设立公共服务创新奖来改善供给侧的质量管理;应用社会指标、市民调查、满意度测评等方式了解公共服务需求,公共政策的目标逐步由 GDP 转向 GNH(国民幸福指数)。

在我国,近二十年特别是是党的十八大以来,党和政府提出了建设服务型政府,建立基本公共服务体系,推进公共服务均等化,让人民过上幸福生活或美好生活的号召。这正是对公众更高质量服务需求的回应,也成为从中央到地方政府治理与改革以及国家治理现代化的一个重心。突出强调建设幸福社会与追求美好生活,不仅是中国共产党不变的初衷,更是执政党追求的政治理念和价值;不仅是顺应新形势新变化,回应人民新期待的庄严回答,也是适应经济转型、社会转轨的迫切需要。提高人民的幸福感必须确立建立以人民为

---

① 参见李德国:《构建高质量公共服务的国外经验》,载《福建日报》2018 年 6 月 25 日"求实"理论周刊。

中心以及以人为本的发展观,基于提高人民幸福感的公共政策成为新时代中国特色社会主义建设的施政基础。不断改善和提升公众的幸福感应该是政府的重要使命,也是衡量一个社会和谐稳定的关键尺度。这就是所谓的"民惟邦本,本固邦宁"(《尚书·夏书·五子之歌》)。

与此同时,在理论上,公共服务质量管理与持续改进也逐步成为国内公共管理研究的一个新方向。当前的理论研究与实践探索皆表明,高质量的公共服务供给已成为中国政府治理与改革的一个核心内容,公共服务管理及质量改进研究正逐步成为中国公共管理研究的一个新领域。加强公共服务质量研究助力于实现对新时代人民美好生活需要的公共服务精准供给。

二、高质量公共服务供给是党的奋斗目标和国家发展的战略重心

习近平总书记在十八届中央政治局常委同中外记者见面会上指出:"人民对美好生活的向往,就是我们的奋斗目标。"在十九届中央政治局常委同中外记者见面会上他又重申这一庄严承诺。习近平还说:"我的执政理念,概括起来说就是:为人民服务,担当起该担当的责任。"这充分体现了以习近平同志为核心的党中央"以人民为中心"的鲜明执政品格与政策风格——始终把人民利益摆在至高无上的地位,实现好、维护好、发展好最广大人民根本利益是党的一切工作的出发点和落脚点,多谋民生之利、多解民生之忧,发展的根本目是增进民生福祉,不断增强人民的获得感、幸福感、安全感,把人民获得感作为"试金石",把人民的支持作为"发动机",不断推进全体人民共同富裕等等。

习近平在十九届三中全会上所做的"关于深化党和国家机构改革决定稿和方案稿的说明"中强调:要坚持从让人民群众过上美好生活出发等三个方面来全面理解、深刻领会和正确对待深化党和国家机构改革方案,改革要精准对接发展所需、基层所盼、民心所向,充分回应人民期待,着眼于满足人民群众对高质量公共服务的新需要,在教育文化、卫生健康、医疗保障、应急管理等领域加大机构调整和优化力度,组建一批新机构,完善公共服务体系。

自从十六大开始,党和政府就大力推进以保障和改善民生为重点的公共服务体系建设以及社会治理改革,促进基本公共服务的均等化与公共服务的高质量发展。党的十六届六中全会明确提出"逐步实现基本公共服务均等化"的目标。

2006 年 4 月 21 日,胡锦涛同志在美国耶鲁大学演讲时指出:"我们坚持以人为本,就是要坚持发展为了人民、发展依靠人民、发展成果由人民共享",这

意味着要"关注人的价值、权益和自由,关注人的生活质量、发展潜能和幸福指数,最终是为了实现人的全面发展"。在党的十七大报告中,他明确指出:"以人为本"是科学发展观的核心。

让人民群众过上幸福生活,是我党长期的奋斗目标。十六大到十七大,党和国家的重大发展方针和政策体现了为人民谋幸福、增加民众幸福感的目标导向,从科学发展观、和谐社会建设、基本公共服务均等化、服务型政府建设、包容性增长到改善民生、转变经济发展方式、节能减排等都如此。发展的目的是为了让发展成果惠及全体人民,让人民群众过上幸福生活,不断提升国民幸福指数。

顺应人民群众对美好生活的新期待,党的十八大报告从保障和改善民生的角度对公共服务质量提出了新要求,提出建设"人民满意的服务型政府","努力让人民过上更好生活","推动政府职能向创造良好发展环境、提供优质公共服务、维护社会公平正义转变"。

习近平总书记在十八届中央政治局常委媒体见面会上指出了人民期盼的"十个更(好)"——更好的教育、更稳定的工作、更满意的收入、更可靠的社会保障、更高水平的医疗卫生服务、更舒适的居住条件、更优美的环境,期盼孩子们能成长得更好、工作得更好、生活得更好,这凸显了新形势下我国公共服务质量发展的重要性和紧迫性。

党的十八届三中全会提出更好保障和改善民生,促进社会公平正义,推进基本公共服务均等化,促进共同富裕。党的十九大报告将"幼有所育、学有所教、劳有所得、病有所医、老有所养、住有所居、弱有所扶"作为改善民生与公共服务的主要目标和基本方向。

党的十九届三中全会将"坚持以人民为中心"作为深化党和国家机构改革的一个基本原则,并提出完善为民谋利、为民办事、为民解忧、保障人民权益、倾听人民心声、接受人民监督的体制机制。

党的十九届四中全会则指出:"坚持和完善统筹城乡的民生保障制度,满足人民日益增长的美好生活需要。增进人民福祉、促进人的全面发展是我们党立党为公、执政为民的本质要求。必须健全幼有所育、学有所教、劳有所得、病有所医、老有所养、住有所居、弱有所扶等方面国家基本公共服务制度体系,注重加强普惠性、基础性、兜底性民生建设,保障群众基本生活。满足人民多层次多样化需求,使改革发展成果更多更公平惠及全体人民。要健全有利于更充分更高质量就业的促进机制,构建服务全民终身学习的教育体系,完善覆盖全民的社会保障体系,强化提高人民健康水平的制度保障。坚决打赢脱贫攻坚战,建立解决相对贫困的长效机制。"①

推动高质量发展是当前和今后一个时期确定发展思路、制定经济政策、实施宏观调控的根本要求,直接关系新时代我国社会主要矛盾的解决和公共服务质量的持续提升。近年来,党和国家顺应人民群众对高质量公共服务的新期盼,出台了一系列相关政策文件,着力建构了具有中国特色的公共服务质量治理制度框架:②

——《关于简化优化公共服务流程方便基层群众办事创业的通知》(国办发〔2015〕86 号)。

——《关于运用大数据加强对市场主体服务和监管的若干意见》(国办发〔2015〕51 号)。

——《公共服务质量监测技术指南(2016 版)》(质检质函〔2016〕55 号)。

——《行政许可标准化指引(2016 版)》(审改办发〔2016〕4 号)。

——《关于加快推进"互联网＋政务服务"工作的指导意见》(国发〔2016〕55 号)。

——《关于建立统一的绿色产品标准、认证、标识体系的意见》(国办发〔2016〕86 号)。

——《社会管理和公共服务标准化发展规划(2017—2020 年)》(国标委服务联〔2017〕129 号)。

——《中华人民共和国标准化法(2017 新修订)》。

——《"十三五"推进基本公共服务均等化规划》(国发〔2017〕9 号)。

——《关于深入推进审批服务便民化的指导意见》(2018 年)。

——《中共中央国务院关于开展质量提升行动的指导意见》(中发〔2017〕24 号),这是中国质量发展史上第一个党中央、国务院制定的质量工作纲领性文件,是我国实施质量强国战略的动员令。

三、改革与创新是实现高质量公共服务供给的必由之路

我国经济已由高速增长阶段转向高质量发展阶段,正处在转变发展方式、

---

① 《中国共产党第十九届中央委员会第四次全体会议公报》,新华网 2019-10-31。
② 参见吕志奎:《高质量公共服务供给的实现路径》,载《福建日报》2018 年 6 月 25 日"求实"理论周刊。

优化经济结构、转换增长动力的攻关期。十九大报告提出,必须坚持质量第一,推动质量变革,建设质量强国。公共服务与民生领域的高质量发展承载着人民对美好生活向往的愿景。随着我国经济社会发展水平的提高,解决了温饱问题的公众对公共服务的需求呈现出不断增长的趋势,公众不仅对公共服务的种类和数量要求越来越多,而且对公共服务的质量要求也越来越高。"人民美好生活需要日益广泛,不仅对物质文化生活提出了更高要求,而且在民主、法治、公平、正义、安全、环境等方面的要求日益增长。"

"美好生活需要"折射出人民群众对高质量公共服务供给的更高的期待。公共服务是保障和改善民生的基本载体,是人民群众获得感、幸福感和安全感的重要支撑。公共服务需求的全面增长与高质量公共服务供给的不足,已成为公共服务与民生改善中的一个突出矛盾,成为满足人民日益增长的美好生活需要的一个制约因素。

对生活质量更高追求——愿望与实际的落差。一方面,在当代,民众对公共服务的需求越来越高,希望过上美好生活或幸福生活。另一方面,社会问题的累积,经济社会发展的不均衡性进一步显现,大量的涉及人民切身利益的重要问题如果得不到及时有效的解决,政府能够提供的公共产品和公共服务的能力与公众的需求就会形成的强烈矛盾,经济社会就难以持续高速发展。愿望与实际的差距,这是民众获得感和幸福感不高的一个重要原因。

公共服务供给的有效性问题——公平与效率的矛盾。由于公共服务生产和供给的主体、机制和方式的不完善,国家对公共服务的资金投入和产出的相对不足以及效率不高,既无法满足更高的公共需求,也容易导致资源的扭曲和浪费。与此同时,由于缺乏弹性的分配和输送途径,政府与其他服务供给主体的分工与协作关系未能全面理顺,因而加重政府提供公共服务的成本压力,并产生或加剧公共服务的公平或均等方面的问题。

高质量的公共服务供给不仅表现为供给的主体、体制、机制和方式的改善,而且表现为根据公众的需求和评价来改变基本公共服务供给的次序、重心和范围,及时有效回应公众的不断变化着的服务需求,还意味着建立政府公共服务绩效评价机制和效果跟踪反馈制度,使人民群众在基本公共服务的生产与提供过程中有知情权、参与权和监督权。

围绕公共服务供给侧结构性改革这一主线,持续改进公共服务供给质量。高质量的公共服务供给要通过公共服务体制的改革、提供主体的扩展、提供机制与方式的改进、公共服务体系的完善以及公共服务资源的充分利用等措施来实现。大胆创新公共服务的体制机制,合理选择供给主体,切实改进供给方式,推进对多样化公共服务的分类管理,构建高效、公平和权责对称的公共服务管理的体制机制模式,建设人民满意的服务型政府。

——处理好抓民生和抓发展的关系。在习近平看来,这两者是相互牵动、互为条件、相互依存、相互促进的关系,抓民生也是抓发展,新的增长点就蕴含在解决好人民群众普遍关心的突出问题当中;发展的目的是为了解决民生问题,民生改善也为发展提供源动力;推动经济社会发展,要注重破解民生难题,通过不断保障和改善民生创造更多有效需求,通过持续发展强化保障和改善民生的物质基础。经济学家刘易斯曾经说过,促进经济增长的方法之一就是发展足够的公共服务,因为这些服务是其他事业发展的必要基础。

——处理好政府与市场、社会的关系,创造多元主体参与的公共服务质量管理格局。特别是要推进"放管服"改革,明确政府的职能定位,确实履行好政府的公共服务职能。角色定位与职能配置是深化党和国家机构改革尤其是政府治理与改革的核心问题。职能配置的一个方面是理顺关系,减少交叉重叠,而另一个方面把公共服务及社会管理放在更加重要的位置,努力为人民群众提供方便、快捷、优质、高效的公共服务。

——推进基本公共服务体系均等化、普惠化和标准化建设,完善惠及全民的公共服务体系。抓重点、补短板、强弱项,把更多财政资金投向公共服务领域,把更多资源投向公共服务薄弱的农村、基层、欠发达地区和困难群众,着力解决公共服务发展中的不充分和不均衡问题。

——夯实公共服务质量可持续发展的财政保障能力,更好地满足人民对物质文化生活和民主、法治、公平、正义、安全、环境等方面的需要。

——深化"放管服"改革,构建简约高效透明的政务服务过程,把审批服务便民化作为推动公共服务质量持续改进的重要任务,不断优化营商环境。

——加强对政府购买公共服务的质量安全风险监测与评估,加强公共服务基础设施工程项目的廉政风险、环境风险和社会稳定风险评估,强化公共服务质量安全事故的倒查和问责制度硬约束。加强公共服务质量大数据监管,把公共服务质量风险、财政风险和法律风险纳入常态化治理。

——加快推进公共服务质量监测平台和队伍专业化建设,健全公共服务质量大数据信息公开制度,加快公共服务领域大数据集成和共享,推行公共服务质量年度报告制度,发布国家和地方公共服务蓝皮书。

5-2　公共服务质量评价与改进的实践探索 *

21 世纪是质量的世纪,质量成为经济社会发展的强大动力;而回应公众更高的服务需求,改进和提升服务质量,这是当代全球公共服务实践发展的一个基本趋势。党的十六大以来,党和政府提出了建设服务型政府,建立基本公共服务体系,推进公共服务均等化,让人民过上好日子,不断增强人民群众的获得感、幸福感、安全感的号召。这正是对公众更高质量服务需求的回应,也成为从中央到地方的政府治理与改革的一个重心。

20 世纪 90 年代中期,我国就开始了公共服务质量改进的新的实践探索。最初是国外公民宪章(或称服务宪章)在地方政府层面的应用。1994 年 6 月,山东省烟台市建委决定采用国外服务宪章经验,试行社会服务承诺制,在供气供热、房屋拆迁、公共交通等 10 个部门,向社会作出服务承诺,包括服务目标、服务内容、服务标准、投诉程序和投诉电话,以及达不到承诺如何自罚与赔偿。1995 年 5 月,烟台全市推行承诺制,即将公共服务以契约合同方式固定下来,并接受社会监督。1996 年 5 月,国务院纠风办和建设部在烟台召开推广服务承诺制现场会。同年 7 月,中宣部和国务院纠风办在京召开烟台市推行社会服务承诺制经验报告会。至 1997 年底,实行承诺制的部门和单位已经涵盖全国 31 个省、直辖市、自治区。

近一二十年来,我国的公共服务质量评价与改进方兴未艾。除了较早的服务承诺制之外,出现了政府绩效评估、公共服务白皮书、公共服务质量奖、公共服务标准化一类的创新实践。例如,这些年,政府的绩效评估、公众满意度调查、幸福感或幸福指数调查、生活质量调查、公共服务质量调查一类的评估、评价、测评在中国广为流行。而公共服务白皮书是一种比服务承诺制更加具体化和系统化的承诺方式。2009 年,深圳要求各部门以年度公共服务白皮书代替部门年度责任目标白皮书,公开向社会做出服务承诺。

近年来,在建设服务型政府的目标导向下,各地政府结合实际情况,在公共服务质量改进的机制、技术、方法、内容与模式等方面做出了有益的探索。

---

* 本文是《中国公共服务质量改进的理论与实践进展》(载《厦门大学学报》2016 年第 1 期,合作者耿旭)一文第三部分的拓展与更新。

例如,借鉴国际质量管理体系实施服务标准化,通过互联网、电话连线等技术推行电子化政府,引入合约制提高公共服务供给效率和质量以及设立公共服务质量奖项激励政府服务质量的改革,这些实践都推动公共服务质量改进在本土化上迈出重要的步伐。

一、实施公共服务标准化

公共服务标准化源自于将国际质量保证标准(如目前的 ISO9000 质量管理体系)引入公共管理尤其是政府管理之中。在 2010 年以前,在我国这项工作主要表现为政府机构的 ISO9000 质量管理体系认证。据中国国家认证认可监督管理委员会的统计,截至 2009 年底,我国已有 2000 多个政府部门通过 ISO9000 质量管理体系认证。2007 年浙江杭州市上城区政府展开的"政府管理与公共服务标准化"试验性探索,开启了我国地方政府公共服务标准化建设的风气之先。2010 年可以说是全国公共服务标准化的起始之年,因为这一年的 10 月,中国国家标准化管理委员会发布了《公共服务标准化指南(征求意见稿)》;此后,国务院及相关部委陆续出台了一系列政策文件。例如,2012 年 7 月国务院印发了《国家基本公共服务体系"十二五"规划》,同年 12 月国家标准委等 27 个部门关于印发《社会管理和公共服务标准化工作"十二五"行动纲要》;2015 年 10 月国家标准管理委员会发布《政务服务中心运行规范》;2015 年 12 月国务院办公厅印发《国家标准化体系建设发展规划(2016—2020 年)》;2018 年 2 月国家标准委会同 26 部委共同印发《社会管理和公共服务标准化发展规划(2017—2020 年)》等。

近十年来,公共服务标准化开始在许多地方政府得到推行。它被视为公共服务质量改进的一项重要的技术和方法,是公共部门管理与质量管理相结合的产物,也是近年来我国地方政府公共服务领域改革中广度最大、力度最深的一项实践。对政府部门而言,公共服务标准化从技术角度推动了政府职能转变、流程再造,保证了公共服务的效率与质量;对公民而言,公共服务标准化是一种服务承诺,提高了公共服务的可获得性与公平性。按照我国地方政府公共服务标准化的实践,可从宏观上将其分为基本公共服务标准化和行政服务标准化两种类型。

——从服务性质上看,基本公共服务的涵盖面较广,具有综合性,而行政服务仅涉及政府在行政审批审核过程中产生的服务。

——从服务内容上看,当前基本公共服务标准化涉及法律援助、社会保障、社区服务、公共场所和公共设施、人才服务、公共教育、公共卫生、养老以及住房等方面。行政服务标准化涉及投资建设项目审批、企业注册登记、房产地产交易登记以及广告审批等事项。

　　——从依托平台上看,基本公共服务标准化主要依托涉及公共服务供给的相关部门,行政服务标准化主要依托市、区、县的行政服务中心以及街道(乡镇)、居委会(村)的便民服务中心。

　　——从典型实践上看,基一公共服务标准化实践包括浙江杭州上城区"政府管理与公共服务标准化"建设,北京东城区国家级城市公共服务标准化示范区建设,上海市社区事务受理服务中心标准化、社区居家养老标准化,江苏南京江宁区国家级机关公共服务标准化示范区建设等;而行政服务标准化实践包括山东聊城市行政服务标准化、山东新泰市行政服务标准化、安徽省政务服务标准化以及福建漳州行政服务标准化等。

　　——从标准化体系上看,相比基本公共服务标准化体系,行政服务标准化体系更加系统与成熟。各地行政服务标准化体系具有共性内容,即都包括标准化工作方针、工作目标、适用的法律法规等,但也有一定的特色与差异,例如,山东新泰行政服务标准化体系包括行政服务通用基础标准体系、行政服务保障标准体系以及行政服务提供标准体系;安徽省政务服务标准化包括行政服务基础标准子体系、行政服务提供标准子体系、行政服务保障标准子体系以及行政服务评价与改进标准子体系;福建漳州市在全省率先实施行政服务标准化,制定了较为完善的行政服务标准体系,为福建省级行政服务标准体系的出台提供了参考(如图 5-1 所示)。

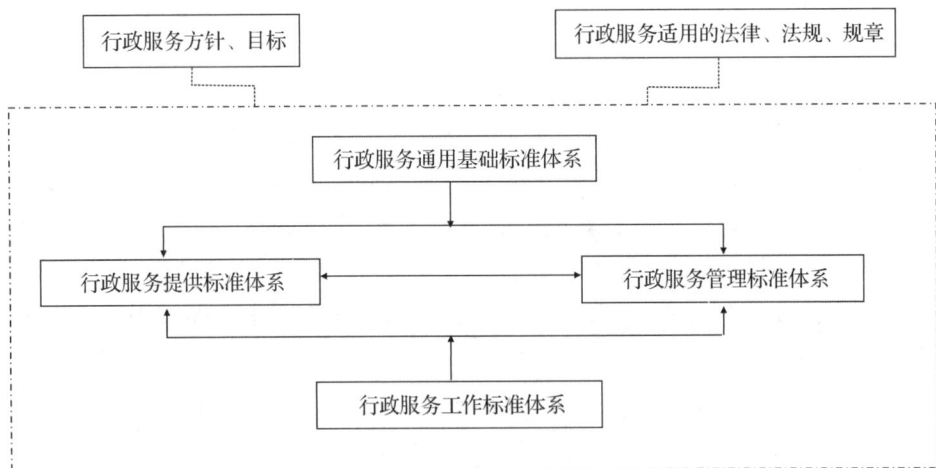

说明:┈┈指导关系线;╌╌标准体系范围;→ 直接作用关系联系;←→ 相互关系连线

图 5-1　福建省行政服务标准体系

(资料来源:《漳州市行政服务中心行政服务标准体系》,2014 年)

二、推行公共服务电子化和智能化

我国自 1999 年推行"政府上网"工程以来,各地政府在稳步推进电子化过程中积极创新策略,不断拓宽电子化运用领域,尤其在公共服务电子化建设方面取得突破进展。各地政府通过不同的信息服务设施(电话、网络、自助电脑终端),从最初的信息公布、有限的互动,发展到综合性电子服务平台("一站"式服务),极大地促进了信息公开与透明行政,提高了行政效率,增强了政府与公民之间的回应性。而在今天,伴随着网络化、数据化和智能化时代的来临,数据化与智能化公共服务全面展开,取得突破性进展。我国政府在公共服务电子化及数据化建设方面有以下举措。

——建立电子化服务平台,提供无缝隙服务。目前,电子化服务平台已在多个政府部门和多个领域得到运用,包括政府政务服务、行政服务以及税务服务等。政府政务服务平台或者与地方政府门户网站合二为一,形成综合性服务端口,例如北京市政府"首都之窗"政务门户以及广州省"网上办事大厅"等,这些服务平台所能提供的服务涵盖衣、食、住、行等方方面面;或者单独建立政务服务平台,提供相对专业的服务,例如福建省在全省推广的"12345 政务服务平台",以办理群众咨询诉求为核心内容,及时满足公民的服务需求。以行政服务中心为依托的行政服务电子化平台得到了更为广泛的应用,例如上海浦东打造的"小博士"行政审批智能导航以及福建漳州市的"96123 行政服务平台"等,公民可以通过这些平台逐步实现网上申请、受理、办理、缴费、咨询、监督以及联网核查等事项。

——采用多样化技术手段,满足多元主体的需要。为了增强服务的可获得性和便利性,适应不同群体的特征,各地政府在提供公共服务过程中充分利用新兴信息技术和新媒介,实现服务的全方位覆盖。第一,利用服务热线,实现 24 小时服务。例如,北京市"12345 非紧急服务热线"以及青岛的"12345 政务服务热线",通过设计完整的服务热线流程(受理来件—分类处理—跟踪督办—联动督查—反馈结果—责任追究—综合分析—发布信息),将自动语音查询、人工服务、信息资料处理紧密结合起来,切实解决公民遇到的问题。第二,利用 QQ、微博以及微信等新媒体,建立政府-公民互动平台。公民可通过添加政府相关部门的 QQ 号码、微博互动网页以及二维码扫描微信平台,及时了解政府最新服务信息,并实现与政府的实时对话。

——汇集大数据,实现服务管理智能化。以数据库为基础,充分利用物联网、云计算、移动互联网等新一代信息技术而形成的智能化管理已成为当前热门话题。"智慧城市"以及"智慧社区"正在纳入地方政府改革的进程中,全国已有 400 多个城市宣布建设智慧城市。上海已经发布了《上海市推进智慧城市建设 2014—2016 年行动计划》,将构建"政府、企业、社会组织"三位一体的公共服务体系,到 2016 年,基于网络的智能化公共服务将基本涵盖全体市民。同时,将整合已有的电子化服务平台,建设一体化的智慧政务,实施"互联网＋公共服务"战略,这将改变政府服务方式和服务管理流程,为公民提供安全、高效、便捷的数字化和智慧化服务。

三、引入公共服务购买机制

我国政府向社会组织购买公共服务还处在初步阶段,但政府对公共服务购买机制高度重视。2013 年 9 月,国务院办公厅以国办发〔2013〕96 号印发《关于政府向社会力量购买服务的指导意见》,明确要求在公共服务领域更多利用社会力量,加大政府购买服务力度。党的十八届三中全会通过的《中共中央关于全面深化改革若干重大问题的决定》强调,在全面正确履行政府服务职能,推进政府购买社会服务。2014 年 6 月,财政部印发了《关于推进和完善服务项目政府采购有关问题的通知》。与此同时,地方政府也在积极探索中。2008 年,广东省在全国率先出台《关于开展政府购买社会组织服务试点工作的意见》;2013 年 3 月,厦门市民政局、厦门市财政局印发的《厦门市政府购买和资助社会工作服务实施办法(试行)》明确规定,政府购买社会工作主要包括购买服务岗位和购买服务项目的方式;2014 年 1 月,甘肃省出台《关于政府向社会力量购买服务的实施意见》,制定 6 类 50 款购买服务事项;2014 年 6 月,河北石家庄市出台《关于政府向社会力量购买服务的实施意见》,指出在全市内开展试点工作,提出短期、中期以及长期目标,明确购买主体和承接主体,制定 19 类 154 项购买服务事项。

广东省公共服务购买实践一直走在全国前列,该省着重从购买制度、购买程序、购买规模以及购买方式四个方面进行探索,取得了一些成果,为处于探索阶段的政府购买社会服务提供大量的经验。主要内容包括:在制度建设上,通过出台《关于开展政府购买社会组织服务试点工作的意见》《政府向社会组织购买服务暂行办法的通知》《2012 年省级政府向社会组织购买服务目录(第一批)》以及《关于政府向社会组织购买服务供应方竞争性评审的管理办法》,明确服务主体、服务范围、服务程序、经费保障机制。在购买程序上,贯穿公正、公平原则,以公开竞争和招标的方式,严格执行"政府制定计划—识别服务类型—确定供给主体—选择供给方式"的程序路径。在购买规模上,打造多地区、多组织以及多领域购买服务的新格局,努力将购买服务延伸到边远农村和经济相对落后地区,将购买领域从养老服务等传统领域逐步拓展到外来务工人员服务、志愿服务等新兴领域。在购买方式上,不同市区和机构根据实际情况引入了非竞争方式、有限竞争方式以及充分竞争方式,同时有些城市还探索出以奖代补、岗位购买、全额支付、资助补贴等做法,共同促进购买方式的多样化。

四、设立公共服务质量奖

当前,我国激励地方政府公共服务质量改进行动的奖项包括学术研究机构和地方政府两个层面。为了鼓励地方政府改革与创新,总结先进经验与先进典型,自 2000 年开始,国内一些学术研究机构陆续设立了一系列民间奖项,其中中央编译局比较政治与经济研究中心、北京大学中国政府创新研究中心等机构发起的"中国地方政府创新奖"以及"中国社会创新奖"有较大的影响力。虽然,这些奖项并未冠以"公共服务质量奖"的名称,但却实质性地激发地方政府进行公共服务质量改进与创新。以 2014 年第七届"中国地方政府创新奖"为例,在 10 个优胜奖以及 10 个提名奖中(共 132 个申请项目),以公共服务类居多,分别涉及残疾人服务、基本医疗服务、政务服务、服务标准化以及便民服务中心等方面。

在地方政府层面,深圳市龙岗区 2009 年设立我国第一个也是目前唯一的"区长公共服务质量奖",旨在引导全区公共服务部门推进卓越绩效管理模式,提高本区整体公共服务质量水平。该奖项在《龙岗区区长公共服务质量奖评定管理办法》的指导下,自 2010 年开始评定,每两年评定一届。在评价标准上,借鉴《欧洲通用评估框架》,设立《公共服务卓越绩效评价准则》;在评价对象上,包括区政府工作部门,直属事务(业)单位,派出机构(各街道办),驻区政府职能部门等政府组织,和政府投资的医疗卫生机构,教育机构,城市供水、供电企业,公共交通企业以及其他由政府投资并提供公共服务的非政府组织。在评定组织管理上,设立区长公共服务质量奖评定工作委员会,委员们由知名学者、质量管理专家、行业人士和政府有关部门人员等社会各界人士组成。在评价方法上,采用外部评价方式,由企业、媒体和民众等服务对象给政府机关打分,充分保证评定过程的公平性和科学性。

五、若干实践案例

公共服务的基础理论与实践应用特别是公共服务质量管理的理论、方法与应用的研究,是近一二十年来笔者及学术团队的研究领域之一,承担了包括国家自然科学基金项目"公共服务提供机制与方式研究"(重点项目)和"公共服务质量持续改进机制的研究"(面上项目)等一系列课题的研究工作。在公共服务质量改进的基本理论、系统管理框架、激励约束机制、多元评价应用、创新经验提炼等方面形成了一个较为完备的研究成果体系,并在多个细分领域取得了较为明显的研究进展。在这里,列举几个公共服务质量评价与改进的实践案例(我们所承担的几个实证调研与咨询课题成果),从中可以窥见中国公共服务质量评价与改进的实践进展情况。

1. 中国城市公共服务质量指数调查

这是笔者所承担的 2010 年与南洋理工大学的联合研究项目。该调查由厦门大学公共事务学院新加坡南洋理工大学公共管理研究生院共同合作。此次调查在中国内地 32 个城市展开(主要是省会城市及副省级单列市),以客观数据和实地抽样调查两项内容综合评分。每个城市抽取 1000 位市民和 100家企业进行问卷调查,市民抽样方式选取公共服务机构场所随机访问,企业以规模和行业分配。2010 年 9 月 19 日上午,新加坡南洋理工大学和厦门大学在广州联合召开新闻发布会,公布了调查的结果。在"总体评价"中,公众视角排名为苏州、宁波、厦门、南京、北京、大连、深圳、杭州、天津、青岛;企业视角排名为苏州、上海、宁波、成都、广州、南京、北京、杭州、厦门、大连(深圳并列)。

特别需要指出的是,课题组基于对公共服务的理解以及公共服务指标体系的建构方法,同时结合近期在省和市级层面进行与地方政府合作实施的公共服务绩效评价的经验,构建起了由 4 个一级指标和 24 个二级指标、47 个三级指标构成的通用评价体系(如表 5-1 所示)。

表 5-1 公共服务质量评价指标体系

一级指标	二级指标	三级指标	数据来源
所有公共服务的满意度	公民满意度		市民问卷(1~10)
	企业满意度		企业问卷(1~7)

一级指标	二级指标	三级指标	数据来源
政府效能	政府行政效率	市地税办税厅税务登记速度	独立观察员
	政府服务态度指数（级）	市民感知的政府服务态度	市民问卷(14)
		企业感知的政府服务态度	企业主问卷(11)
	政府廉洁程度指数（级）	市民感知的政府廉洁程度	市民问卷(16)
		企业感知的政府廉洁程度	企业主问卷(14)
	政策制定中的公民参与指数（点）		市民问卷(11～13)
	政策信息获取的便利性（级）		市民问卷(15)
	政府网站绩效评价指数		人民网
企业经营环境	企业家信心指数（点）		统计年鉴
	投资成本指数（点）	非居民用水的平均价格	统计年鉴
		非居民用电的平均价格	统计年鉴
		固定与移动电话的平均价格	统计年鉴
		年底平均房价	统计年鉴
		在岗职工社会平均工资	统计年鉴
	企业成立手续办结平均承诺时间（天）		政府网站
	科技创新的政府效益指数（点）	科技投入(科研三项经费、科研事业费)	统计年鉴
		专利授权量	统计年鉴
	政府对企业的回应指数		企业主问卷(8～10)
	政府提醒告知服务指数	工商提醒告知服务	企业主问卷(12)
		税务提醒告知服务	企业主问卷(13)

续表

一级指标	二级指标	三级指标	数据来源
一般公共服务	就业服务	失业率(%)	统计年鉴
		登记失业人员再就业率(%)	统计年鉴
		城镇居民消费支出占可支配收入的比例(%)	统计年鉴
	住房服务	城镇居民人均居住面积(平方米)	统计年鉴
		城镇居民居住支出占消费性支出的比例(%)	统计年鉴
		城镇居民平均收入与平均房价比(%)	统计年鉴
	公共安全	人均火灾、交通安全事故的经济损失额(元)	统计年鉴
		治安案件查处率(%)	统计年鉴
		刑事案件破案率(%)	统计年鉴
	公共教育	适龄儿童入学(园)率(%)	统计年鉴
		高中阶段毛入学率(%)	统计年鉴
		高等教育毛入学率(%)	统计年鉴
	医疗卫生	万人专业卫生技术人员数(人)	统计年鉴
		万人医疗机构床位数(张)	统计年鉴
		传染病发病率(1/10万)	统计年鉴
	环境保护	绿化覆盖率(%)	统计年鉴
		一年中空气污染指数为良好(或二级)的天数(天)	统计年鉴
		垃圾无害化处理率(%)	统计年鉴
		污水处理率(%)	统计年鉴
	社会保障	社会保障和就业支出占财政支出比重(%)	统计年鉴
		医疗保险参保人次与常住人口比例(%)	统计年鉴
		农民参合率(%)	统计年鉴

一级指标	二级指标	三级指标	数据来源
	基础设施	水质综合达标率(%)	统计年鉴
		燃气普及率(%)	统计年鉴
		人均固定电话年末用户数(台)	统计年鉴
		万人公厕数量(个)	统计年鉴
		人均城市道路面积(平方米)	统计年鉴
		车均道路里程数(公里/辆)	统计年鉴
	公共交通	公交线路的平均等候时间(分钟)	独立观察员
		每万人占有城市公共交通营运车船数(个)	统计年鉴
	文体休闲	万人图书馆图书藏量(册)	统计年鉴
		万人文体服务休闲场地数量(个)	统计年鉴
		万人公园景点面积(公顷/万人)	统计年鉴

2.“'十二五'期间提升福建省公共服务水平的研究”

这是笔者所承担的 2010 年度福建省委政策研究室重点调研课题。课题研究报告指出,“十一五”期间,我省推进公共服务体制机制改革,强化政府的公共服务职能,加大对各项公共服务的财政投入,建设基本公共服务体系,公共服务水平逐步提高,公民满意度不断上升。但是,我省的公共服务体制机制不完善,政府公共服务职能履行仍然存在“越位”、“缺位”和错位现象,公共服务有效供给的总体水平还不高;同时,我省各项公共服务发展水平并不相同,各项公共服务的均等化程度也有较大差异,不同地区政府对公共服务的投入不同,重视程度各异。课题组基于对我省公共服务的现状及进展、成效与存在的问题做出分析评价,并借鉴国内外公共服务发展的有益经验,提出关于“十二五”期间提升我省公共服务水平的基本思路与具体对策的 15 条建议。

3.“'十四五'时期福建省构建高质量公共服务体系的思路和重点举措”

这是笔者所承担的 2019 福建省发展和改革委员会委托的“十四五”规划前期调研咨询课题。这两年,从中央到地方及各部门都在做“十四五”规划及其预研,其中公共服务成为一个非常重要的领域。本项目指出,构建高质量公共服务体系是中国特色社会主义新时代的战略安排,也是落实以人民为中心发展思想的重要举措。“十四五”规划是迈进新时代的第一个五年规划,是开启全面建设社会主义现代化国家新征程的第一个五年规划,迫切需要在改善民生和提供高质量公共服务方面下大力气以满足人民日益增长的"美好生活需要"。课题组在分析福建省"十三五"期间在公共服务领域取得的成效、存在问题及瓶颈和短板、面临的新挑战基础上,认为福建省有必要在发挥公共服务兜底作用基础上,在全国率先启动高质量公共服务体系规划,为满足人民群众的美好生活需要打造创造新经验,进而提出了构建高质量公共服务体系的基本思路和重点举措。

4. 福建省公共服务发展质量评价研究

这是笔者所承担的 2010 年福建省"四个一批"人才项目。本项目基于福建省八个设区市的公共服务实践,构建公共服务绩效评价指标体系,探索出有特色的公共服务绩效评价模式。课题组在理论研究的基础上,结合调研所发放的市民、企业问卷、访谈资料、统计数据、实地观察,对当前福建省公共服务水平进行评价,并对八个设区市的公共服务质量进行排名。课题组从公共服务受众的期望、满意度状况入手,发现福建省在公共服务各个领域的进展、成效和存在的缺口等方面给出了提升福建省公共服务水平的对策建议。

5. 厦门市公共服务发展的质量评价与改进

这是笔者所承担的 2010 年度厦门市社会科学研究项目。课题组采用公众满意度和公共服务供给情况相结合的方法,通过相应的数据获取方式,计算出满意度和供给数据值,最后根据两者权重的设置测评出指标的绩效水平。课题通过设计一套涵盖一般公共服务、政府效能的厦门市公共服务绩效评价指标体系并进行实际应用,给出厦门市公共服务整体绩效状况、政府公共服务供给与公众满意度等方面的结论;进而根据机构统计数据和问卷分析的结果,分析厦门市公共服务发展面临的现实困境;最后,立足实际,针对存在问题,提出改善厦门市公共服务绩效状况的对策建议。

6. 厦门市的公共服务质量及其与美国凤凰城的比较

这是笔者所承担的 2009 年厦门市思明区经济社会科学发展调查项目。项目研究中的厦门市的数据来自思明区委托我们所做的"2009 年厦门市思明区经济社会科学发展调查"。凤凰城的数据主要来自"2008 年凤凰城社区态度调查"。在针对城市所提供公共服务的总体评估上,凤凰城高达 88%,该满意度也大幅高于美国平均水平(53%)。相对来说,厦门市思明区的公共服务总体满意度低于凤凰城,只有 66%,但也高于美国平均水平。在总体生活质量上,凤凰城则比厦门市表现要差,只有 67% 的被调查者认为很好或好,甚至低于全美 77% 的平均水平,厦门市则接近这个平均水平。在适合居住程度上,凤凰城大幅领先于厦门市,有高达 91% 的居民表示凤凰城为适宜居住的地方,而厦门市相应的指标只有 76%。

　　总之,公共服务质量评价与改进业已成为中国政府治理与改革的一个核心内容,公共服务管理及质量改进研究正逐步成为中国公共管理研究的一个新领域。必须下大力气推进公共服务质量管理改进的理论与实践的发展。

5-3　高效能治理与公共服务高质量发展[*]

在 2020 年全国两会期间,习近平总书记在参加内蒙古代表团审议时提出:"要研究谋划中长期战略任务和战略布局,有针对性地部署对高质量发展、高效能治理具有牵引性的重大规划、重大改革、重大政策,在应对危机中掌握工作主动权、打好发展主动仗。"2018 年,习近平总书记在参加重庆代表团审议时要求重庆"加快建设内陆开放高地、山清水秀美丽之地,努力推动高质量发展、创造高品质生活"。习近平总书记的一系列重要论述,提出了"高效能治理、高质量发展和高品质生活"的三大战略目标,我们要以新的战略思维理解三者之间的关系,把公共服务高质量发展视为"高质量发展"与"高品质民生"的结合点,以高效能治理为引领,开创社会主义现代化建设的新局面。

一、公共服务高质量发展是高品质生活的根本保障

对"美好生活"的追求,贯穿整个人类社会发展史。在 2000 多年前,亚里士多德就论证了城邦与美德、正义、优良生活之间的联系,在他看来,"政治团体的存在并不由于社会生活,而是为了美善的行为"①。中国人的美好生活,更是一个伟大的理想,是"老有所终,壮有所用,幼有所长,矜、寡、孤、独、废疾者,皆有所养"(《礼记·礼运》),是"饱食、暖衣、逸居而有教"(《孟子·滕文公上》),达成"修身、齐家、治国、平天下"(《礼记·大学》)的大同世界。

在党的十九大报告中,习近平总书记重新界定了中国新时代的社会主要矛盾,即人民日益增长的美好生活需要和不平衡不充分的发展之间的矛盾。从"物质文化需要"到"美好生活需要",从"落后的社会生产"到"不平衡不充分的发展",既是 40 年来改革发展历程的深刻总结,也是对新时代中国发展方向的精准定位。美好生活需要以物质文化产品的不断丰富为基础,更需要公平而有质量的公共服务体系为保障。

经济高质量发展能够创造更多的物质财富和精神财富,公共服务高质量

---

* 本文的压缩版发表于《人民论坛》2020 年 10 月中(原标题为"以高效能治理引领公共服务高质量发展",李德国为本文的合作者)。

① 〔古希腊〕亚里士多德:《政治学》,吴寿彭译,商务印书馆 1965 年版,第 143 页。

发展让人民生活在不断共享发展改革成果中更加美好,两者是相辅相成、相互促进的关系。一方面,公共服务是供给侧结构性改革的重要领域,是我国解决经济社会发展主要矛盾的重要方面。公共服务不仅仅保障民生,也是经济发展的生力军。公共服务产业是服务业的重要组成部分,包含了教育、医疗、住房、文化、旅游、养老、体育等领域。李克强总理在 2016 年夏季达沃斯论坛就提出了旅游、文化、体育、健康、养老"五大幸福产业"的概念。这些产业都是关乎广大人民群众获得感、幸福感和安全感的民生产业、惠民产业。

另一方面,创造高品质生活,需要形成高质量的公共服务体系,是让人民共享改革发展的成果,在幼有所育、学有所教、劳有所得、病有所医、老有所养、住有所居、弱有所扶上体验到更加充实、更有保障、更可持续的获得感、幸福感、安全感。高品质民生与"生活质量"的概念密切相关,指能够在身体与心理状况、生活自主性、家庭、教育、财富、就业、住房、社会关系和环境等诸多方面拥有良好的体验,并较好地实现人生预期目标。要提升"生活质量",意味公共服务必须达到一定的水准,能够满足人民不断提升的需求。例如,创造更高的教育条件,提供具有性价比的高质医疗服务,实现充分的老年人权益保障,等等。

公共服务高质量发展是国家治理体系和治理能力现代化的重要组成部分。日本著名管理学家大前研一认为,当今世界正经历一场巨大变化,就是"品质国家"的崛起。所谓的品质国家,是把世界的繁荣当作本国繁荣的本质,以富有魅力的经营环境和生活环境吸引跨国公司、资金、富裕阶层、人才、研究者、留学生和信息。[①] 国家不仅仅是当代民族主义理论家本尼迪克特·安德森所谓的"想象的共同体",更是真实的、可见的日常生活。甚至可以说,我们是通过政府大楼、高铁、邮局、学校、医院、养老院等日常公共服务机构来观察国家,感受国家并认同国家的。[②]

在这个意义上,公共服务构成了国家的基础性权力,公共服务高质量发展是推动国家现代化的关键性力量。例如,英国在演变成近现代国家的过程中,既得益于制度变迁,也得益于公共服务的发展进步。在 1700-1830 年间,英国道路交通的效率提高了近两倍;运河的航运能力也几乎提高了两倍;率先开启

---

① ［日］大前研一:《品质国家战略》,顾丽霞译,中信出版社 2015 年版,第 21～22 页。

② Joyce, Patrick, & Chandra Mukerji. The State of Things: State History and Theory Reconfigured. Theory and Society, 2017, 46（1）: 1-19.

了时间标准化的先河;实施了济贫法,建立税收资助的贫困救助体系。这或许是 17 世纪 80 年代到 19 世纪 50 年代英国和中国出现大分流的影响因素之一。①

二、以高效能治理引领公共服务高质量发展

经济发展到一定程度后,国家能否承担更多的社会职能,是决定一个国家能否顺利跨过"中等收入陷阱"的关键因素之一。今天的发达国家在 19 世纪时政府只能履行基本的"王权"职能,如今其教育和医疗开支均占到了国民收入的 10%～15%,国民收入中用于社会开支的比重占到了 30～55%。② 而在一些欠发达国家,政府很难履行"王权"职能之外的社会化职能,导致了恶性循环:公共服务水平低下导致对政府信心不足,这又反过来使得增税难度加大。③

马克思在分析英国人在印度进行殖民统治的时候指出了统治者执行社会职能的重要性,不列颠人虽然在印度那里接受了财政部门和军事部门,却完全忽略了公共工程部门,其结果是"不能按照不列颠的自由竞争原则——听之任之原则——来发展的农业便衰落了"。④ 恩格斯则说:"政治统治到处都是以执行某种社会职能为基础,而且政治统治只有在它执行了它的这种社会职能时才能继续下去。⑤"这里所说的社会职能,就是指为社会发展提供公共产品,如法律、公共工程等。

在当今世界,拥有良好的工作条件以及不断改进生活条件等许多公共产品,是联合国《公民权利和政治权利国际公约》以及《经济、社会及文化权利国际公约》等国际公约所界定的人的基本权利,也是各国政府追求的重要目标。然而,这些权利的实现,离不开一个高效的政府。美国学者霍尔姆斯和桑斯坦认为,公民权利的实现,不论积极权利或消极权利,都依赖于一个有效的公共权威的存在。⑥

---

① [荷]皮尔·弗里斯:《国家、经济与大分流》,郭金兴译,中信出版社 2018 年版,第 390～391 页。
② [法]托马斯·皮凯蒂:《21 世纪资本论》,巴曙松等译,中信出版社 2014 年版,第 489～491 页。
③ [法]托马斯·皮凯蒂:《21 世纪资本论》,巴曙松等译,中信出版社 2014 年版,第 506 页。
④ 《马克思恩格斯选集》(第三卷),人民出版社 2012 年版,第 462 页。
⑤ 《马克思恩格斯选集》(第三卷),人民出版社 2012 年版,第 313 页。
⑥ [美]史蒂芬·霍尔姆斯、[美]凯斯·R.桑斯坦:《权利的成本——为什么自由依赖于税》,毕竞悦译,北京大学出版社 2004 年版,第 2～3 页。

在 20 世纪 30 年代,美国能够较为顺利地度过大萧条,与时任美国总统罗斯福大力扩展和改革新项目和机构的范围有着密切的关系。仅在 1933 年就创立了不少于五个机构来给人们提供工作,包括民用工程总署、平民保育团、联邦紧急救济署、公共工程管理局和田纳西河流域管理局。然而,今天的美国却面临着治理能力不足的严峻挑战。"20% 的美国儿童仍然生活在贫困中——这是世界上工业化国家的最高比例;数百万的美国年轻人受教育不足;数百万美国人失业;数百万美国人吃不饱;数百万美国人缺少医疗保障。"一个重要的原因是"太多的本国公民忽视了他们自己的幸福在多大程度上是每天惠及他们的政府制度的产物"。① 在今年新冠疫情冲击下,美国由于应对不力成为了当前全球疫情最为严重的国家,原有的贫富分化、种族冲突和人权等矛盾和问题更加严重,凸显了美国政府治理的效能赤字。

习近平总书记关于高效能治理的重要论述,既是新中国成立以后,特别是改革开放以来,我国综合国力显著增强,各方面建设都取得了伟大成就的经验总结,也为推动公共服务高质量发展指明了方向,提供了遵循。2000 年,习近平总书记在福建工作时就提出机关效能建设的决策部署,倡导"马上就办"的政务作风,在全国率先开展服务型政府建设。党的十八大以来,习近平总书记提出并强调要"提高政府效率和效能""释放积极效能""提升国家创新体系整体效能""推进以效能为核心的军事管理革命"等关于效能建设的系列重要思想和论述,进一步丰富了治国理政效能思想的理论与实践。②

高效能治理对公共服务高质量发展起到引擎与引领作用。第一,高效能治理是"后疫情时代"公共服务供给体系进行自我审视和系统变革的新基准。"后疫情时代"充满了风险、不确定性和危机。人类已迈进高风险社会,频频发生的灰犀牛事件和黑天鹅事件,对公共服务供给体系的效能提出前所未有的挑战。回应事件的机会窗口一旦失去就难以再现,负面影响将迅速放大和增强。公共服务体系需要更加敏锐、及时地捕捉来自各方面的信号,以有效的方式应对不断变化的公共需求。例如,随时存在暴发可能的疫情,需要城市服务体系保持"收放自如"的能力,在必要的时候快速反应。2020 年 3 月 31 日,习近平总书记在杭州城市大脑运营指挥中心考察时就指出,"该管起来就能够迅

① ［美］凯斯・R.桑斯坦:《罗斯福宪法:第二权利法案的历史与未来》,毕竞悦译,中国政法大学出版社,第 216 页。

② 王立民:《习近平总书记治国理政的效能思想》,2017-11-14,http://dangjian.people.com.cn/big5/n1/2017/1114/c413386-29645874.html。

速地管起来,该放开又能够有序地放开,收放自如,进退裕如,这是一种能力"。在后疫情时代,公共服务供给体系处于不确定性更高的社会环境之中,更加需要一种更加高效的管理方式,不断超越层级和信息烟囱,定期地重新审视政策和程序,形成敏捷反应的文化氛围。

第二,高效能治理为公共服务高质量发展提供了一系列制度、机制和工具。高效能治理不仅是一种管理理念、思想、理论和目标,而且是一种管理实践、制度、机制和工具。习近平总书记倡导"马上就办""精细化管理""全周期管理"等一系列关于高效能治理的思想、制度、机制和工具,这是我们推动公共服务供给侧结构性改革的重要抓手。目前我国政府全面正确履行公共职能的某些体制机制性的障碍仍然存在,关系人民群众切身利益公共服务的不平衡不充分发展的问题依然突出,迫切需要开展供给侧结构性改革,从产品供给、技术供给、制度供给等多个层面推动公共服务质量变革。只有以高效能治理为抓手,才能把收入分配、就业、社会保障、教育、医疗卫生或健康等方面制度建设,转化为使人民获得感幸福感安全感更加充实、更有保障、更可持续的治理效能。

第三,高效能治理是公共服务高质量发展的技术指引。高效能治理既是制度创新,也是科技革命。大数据、物联网、5G、云计算、人工智能、区块链等新一代信息技术的快速发展,为高效能治理创造了全新的渠道和实现场景。"一网通办""市民云""政务通""浙里办""皖事通"等一系列政务服务平台,以协同整合的方式为民众和企业提供了"极简化"的公共服务,有效降低了政府的治理成本,可以说是高效能治理的"最佳实践"。在信息化的时代,公共服务模式出现了新的特点,如根据市民的需求重组政府,提供更加具有选择性的服务,提供中立的信息帮助市民做出决策,定制服务(customize service)并注重政府与市民之间的交流,允许市民通过各种设备随地、随时地完成政府交易等等。依托一个整合了新一代信息技术的高效能治理,将是公共服务高质量发展的核心推动力之一。

三、以战略思维部署具有牵引性的公共服务高质量发展规划

习近平总书记一贯重视谋划中长期战略任务和战略布局。1985年,习近平从河北南下赴厦履新,担任市委常委、常务副市长,随即亲自领导制定了《1985年—2000年厦门经济社会发展战略》。该战略将经济、社会、文化、技术、精神文化等各类资源和手段纳入规划范围内,使其相互补充、协调与配合,

为厦门经济特区建立了长效的政策目标。1993年,时任福州市委书记的习近平领导制定了《福州市20年经济社会发展战略设想》,简称"3820"工程。2002年10月,习近平调任浙江后,在短短9个月内先后调研了69个县(市、区),对浙江省改革发展过程中遇到的新问题、新挑战进行了全面的梳理和总结。2003年,习近平在浙江省委十一届四次会议上代表省委完整、系统地阐述了"发挥八个方面的优势""推进八个方面的举措"的决策部署,简称"八八战略"

服务型政府是国家治理现代化的一个重要标志。进入21世纪以来,我国将公共服务发展纳入国家战略层面来加以推动。"十一五"规划首次在国家战略中提出了基本公共服务。"十二五"规划提出把基本公共服务作为公共产品向全民提供。"十三五"期间,基本公共服务均等化作为国家战略进行了全面实践。进入新时代,推动公共服务高质量发展成为社会发展领域的新命题、新战略。一方面,人们对公共服务的要求已经从"有没有"转向了"好不好",对美好生活有了更多的期待;另一方面,高质量公共服务已然成为发展不平衡不充分的典型领域之一,迫切需要形成新的发展战略来对这一问题进行系统性解决。

今年初突如其来的新冠疫情,不仅使国民的身体健康和生命安全受到了威胁,给我国经济造成了不可避免的冲击,也暴露了我国在医疗、公共卫生等民生领域的短板。一些大城市三甲医院数量不足,而中小城市更是普遍存在医疗资源配置不足、医治水平不足、医生护士不足等问题。越是面对危机,越要建立战略思维,系统谋划公共服务高质量发展的中长期战略任务和战略布局。习近平总书记"高效能治理、高质量发展、高品质民生"的重要思想,为我们以战略思维部署具有牵引性的公共服务高质量发展规划提供了科学依据和前进方向。

——以高效能治理为新基准,研究谋划公共服务高质量发展的中长期发展战略。要从后疫情时代的风险特质、社会需求特征出发,通过环境分析、资源分析、风险分析等手段及时总结现有公共服务体系的经验、优势和薄弱环节。要以高效能治理为新基准,不断捕捉风险信号,判断公共服务的运行体系是否具备足够的韧性、敏捷性,从而能够对经济社会发展过程中的一些系统性、结构性风险进行化解。例如,教育机构需要考虑如何更好地推动社会流动,防止出现一些已经在发达国家引起严重社会后果的"教育隔离"现象;又如,未来一段时间内,我国或将迎来人口负增长的重大转折性变化,如何减缓高龄少子化带来的冲击,就需要对生育养育服务体系、家庭服务体系进行前瞻性的重构。要加强公共服务之间的联合战略规划,将社区服务、社会服务和政府服务高效地连接起来,组建公共部门、市场部门和志愿部门的战略合作网络。

——以高效能治理为新管理体系,推动公共服务高质量发展战略规划的落地实施。当前,我国已经有多个城市提出了创建高质量公共服务体系的发展目标。例如,深圳将"幼有善育、学有优教、劳有厚得、病有良医、老有颐养、住有宜居、弱有众扶"作为建设中国特色社会主义先行示范区的重要内容;上海市把高质量发展和高品质生活作为实施《上海市城市总体规划(2017—2035年)》的根本落脚点;成都市提出了建设高品质生活宜居地的新战略定位。推动公共服务高质量发展战略的落地实施,需要系统整合"全周期管理""精细化管理""战略绩效管理""第三方评估""政策督察""全面质量管理"等高效能治理机制、手段和工具,使发展战略能够保持持续性和一致性,形成原则性和灵活性之间的平衡。要形成高效能治理的新管理体系和"工具箱",全面提升公共服务各项制度的执行力。

——以高效能治理为技术平台,推动"新基建"与"软基建"的战略对接。2020年3月,中共中央政治局常务委员会召开会议,提出要"加快5G网络、数据中心等新型基础设施建设进度"。公共服务高质量发展相对应的是"软基础设施",即医疗、公共卫生、教育、公共住房、养老院、体育场所、交通枢纽、停车场、旅游景区等公共服务的投资。"新基建"与"软基建"并非是相互排斥的战略,两者完全可以有效对接,形成互补局面。公共服务场所的全面提升,需要充分利用建立在"新基建"基础上的高效能治理技术平台,进行智慧化、便利化和人性化的设计与改造。要积极推动交通、医疗、通信、能源等领域的基础设施智能化、数字化,构建高速、互联、整合的智慧化基础设施网络,支撑都市圈、城市群公共服务共建共享。要瞄准公共卫生、物资储备、人居环境等方面的短板,把各项战略性的公共服务纳入智慧城市建设体系。要把高效能治理所涵盖的制度创新和技术创新有机统一起来,通过区块链的信任保障机制,推动公共服务深层次体制机制变革。

5-4　建设一个高质量公共服务体系
——福建省"十四五"公共服务发展的思路与举措[*]

党的十八大正式提出基本公共服务均等化原则,党的十九大提出从 2020 年到 2035 年基本实现基本公共服务均等化的目标。作为基本公共服务均等化"升级版"的高质量公共服务体系,应当顺应新时代的发展需求,及时纳入地方乃至国家的整体发展规划中来加以推进。构建高质量公共服务体系是中国特色社会主义新时代的战略性安排。党的十九大报告指出,中国特色社会主义进入新时代,我国社会主要矛盾已经转化为人民日益增长的美好生活需要和不平衡不充分的发展之间的矛盾。"十四五"规划是迈进新时代的第　个五年规划,是开启全面建设社会主义现代化国家新征程的第一个五年规划,迫切需要在满足人民日益增长的"美好生活需要"方面做出前瞻性、战略性的安排。

一、构建高质量公共服务体系的背景与动因

构建高质量公共服务体系是落实以人民为中心发展思想,打造"有福之地"的迫切要求。"有福之人,居有福之地"。2018 年福建省生产总值(GDP)为 35804 亿元,增长 8.3%[①];2019 年全省 GDP 突破 4 万亿,达到 42395 亿元,增长 7.6%[②];全年人均地区生产总值 107139 元,比上年增长 6.7%。按照世界银行 2018 年的标准,已经达到中等偏下收入国家的水平(人均 GDP 在 996 美元至 3895 美元)。这意味着,我省已经进入了新的发展阶段,公共服务的认识方式和管理方式必须与时俱进,建立与经济发展水平相适应的新型公共服务体系刻不容缓。

目前,福建省委省政府提出以福州都市区和厦漳泉都市区建设为引擎,进一步带动闽东北经济协作区和闽西南经济协作区加快发展,规划引导特别是对公共资源要素在"城市群、大城市、中小城市、小城镇、乡村"等区域空间形态上的优化配置,打造了高效的网络型城乡格局,进一步推动全省城乡融合发

---

* 本文是作者所承担的 2019 年度福建省发改委委托项目"'十四五'时期福建省构建高质量公共服务体系的思路和重点举措"调研报告的摘要(课题组成员:李德国等)。

① 《2018 年福建 GDP 达 35804.04 亿元同比增长 8.3%》,中国经济网 2019-01-30。
② 《2019 福建省 GDP 突破 4 万亿元增长 7.6%》,新华网 2020-01-20。

展。这就迫切需要打造省域范围的高质量公共服务体系,为全省高质量融合发展提供强劲的动力支持。

"十三五"期间,我省始终如一地坚持和践行以人民为中心的发展理念,着重围绕高质量发展和持续改善民生,在创新方法、制度构建、政策配套、综合改革试点等方面不断探索创新,亮点频出、成绩斐然、成效显著,形成并贡献了多个"福建率先""福建样本"。例如,在医疗服务领域,我省率先在三明试点"全民健康四级共保",示范性推进"三医联动"改革,开展县域紧密型医共体试点,连续三年获得全国公立医院综合改革效果评价考核第一名。我省还着力提升基层医疗服务水平,持续推进医联体建设和家庭医生签约服务,推进省属医院与国家高水平医院"一对一"的合作共建。又如,在养老服务领域,率先推进近家短期住养服务模式,打造"15分钟养老服务圈"。

2019年,我省民生相关支出占一般公共预算支出77%,27件省委省政府为民办实事项目全面完成。2018年,我省在教育、医疗卫生、文化体育与传媒、社会保障和就业四大领域的一般公共预算支出总额达到19,196,376万元(是2015年的1.6倍),继续保持上升。城乡居民人均可支配收入分别达到42121元和17821元(分别是2015年的1.27倍和1.29倍);城镇新增就业59.8万人(是2016年新增数量的2.09倍),完成年度目标108.7%。截至2019年,城乡居民基本养老保险参保率达98.4%,农村低保平均标准达到城市标准的98%;居家社区养老服务照料中心覆盖率提高到80%;农村养老服务设施覆盖率提高到53%;棚户区改造4.5万套;普惠性幼儿园覆盖率提高到73%;义务教育阶段大班额比例降至3%以下;高等教育毛入学率达50.7%,高出全国5个百分点。

"十三五"期间福建省高质量民生领域的发展成效显著,但存在的问题与面临的挑战也同样突出。主要表现为:高质量公共服务发展的不充分与不均衡,高质量公共服务供给的群众获得感仍需提升,政府与市场之间的分工与合作关系需要进一步理顺,省域、市域与村域之间的公共服务资源配置需要调整,公共服务信息技术的推进尚未与体制机制变革有效结合起来。从总体上看,福建省高质量公共服务相对薄弱,高水平医院、高水平大学总量较少,高技能人才发展后劲不足,文化高地文明高地尚未筑起,与目前经济发展水平相比还很不相称,与现代化都市圈的发展要求更是有较大差距。这是"十四五"时期我省高质量公共服务体系建设亟待解决的问题。

二、构建高质量公共服务体系的基本思路

"十四五"时期,为适应打造"高素质高颜值新福建"的战略目标,福建省有必要在发挥公共服务兜底作用基础上,在全国层面率先启动高质量公共服务体系规划,为满足人民群众的美好生活需要打造福建经验。

1. 加强高质量公共服务的省级区域统筹

积极发挥省级政府在体制机制创新整合过程中的主导作用,推动构建面向都市圈、城市群的高质量公共服务共建共享网络。通过设立区域高等教育中心、区域医疗中心、总部人才中心等方式,重点协调具有较强外部性、外溢性的公共服务共建共享,增强高质量公共服务提供的省域一致性。

2. 彰显高质量公共服务的市域优势

适应当前城市化发展趋势,将乡村振兴纳入高质量城市化进程,全面增强中心城市的人口承载能力,通过扩容优质公共服务发挥城市优势。以生活为导向,致力于提升人居环境,改善人的居住体验,构建以人为中心的服务体系,全方位提升"老年人、准备创业的年轻人、儿童、育儿人群、残疾人"等特定群体的公共服务质量。

3. 推动高质量公共服务的产业集聚

以"幸福产业"为核心,纵向拉长产业链条,横向做大产业规模,加速产业融合化发展,形成新的规模效应和竞争优势。在托幼托育、健康养老、家政助餐、文体旅游等非基本公共服务领域放宽行业准入,通过市场化、社会化的方式建立多层次多样化的公共服务供给体系。

4. 加强高质量公共服务的制度建设

推动高质量公共服务的长效机制建设,把习近平总书记的民生理念方法作风运用到高质量公共服务全过程,最大限度把制度优势转化为治理效能。率先建立高质量公共服务指标体系,准确把握民众对高质量公共服务的需求。

5. 夯实高质量公共服务的科技支撑

着重以深化"互联网＋政务服务"为重点,对标一流营商环境,全面提升政务服务规范化、便利化水平。推广运用可视化分析、虚拟现实、数据分析算法、机器视觉、区块链等技术来直观、及时地了解公共服务的深层次问题,监控公共服务多元主体的运行状况。

三、构建高质量公共服务体系的重点举措

"十四五"期间,我省将迈入新的发展阶段,公共服务的认识方式和管理方式必须与时俱进,建立与经济发展水平相适应的高质量公共服务体系刻不容缓。我们既要聚焦底线民生,做好普惠性、基础性、兜底性的民生建设,又要量力而行,顺势而上,打造质量民生,站在更高起点,定位更高水平,建设高质量公共服务体系。

1. 打造与发展相适应的现代化教育体系

推动高等教育超常规发展,至 2025 年实现 2～3 所高校在若干"四新"学科领域(新工科、新医科、新农科、新文科)达到世界一流水平;10 所左右高校在同类型高校中达到一流水平(进入全国 100 强);30 个左右的学科达到国家一流学科建设标准;推动产教融合、产城融合,建成 10 所左右达到全国一流水平的应用型大学,全面提升高等教育服务我省产业高质量发展的能力。推动基础教育优质均衡发展,全面做大优质基础教育资源蛋糕,优化农村学校布局,从根本上破解择校难问题。构建普及普惠、安全优质的学前教育公共服务体系,加快推进多形式、广参与的 0～3 岁托育服务体系建设。

2. 全面扩大优质医疗服务供给

到 2025 年,实现全省 4～5 所高水平医院进入全国百强医院行列,成为国家区域医疗中心。补齐薄弱专科医院短板,建成区域老年医疗中心、国家儿童区域医疗中心和国家癌症区域医疗中心。发挥市场力量,建设 1～2 所高端国际医院或医疗综合体,引入国际前沿的肿瘤诊疗新技术、新药物和新设备。引入一批一流医疗学术机构、医疗器械机构、医疗健康创业公司、医疗孵化器等,打造一流的医疗健康生态系统。全面落实分级诊疗制度,推动优质医疗资源下沉,为居民提供系统化、连续性、全方位的卫生健康服务。

3. 推动实现更高质量和更充分就业

建立健全适应就业形态新变化的公共就业创业、社保服务体系,支持和促进新就业形态的发展。建设以福州都市圈、厦漳泉都市圈为基础的大区域农村职业教育体系,整合都市圈内就业中介机构资源,建立都市圈就业的统一市场。建设都市圈优质公共服务共建共享体系,在教育医疗、健康养老、民生社保、居住出行、文化旅游等方面建立一批示范性共建项目,使都市圈成为人才集聚高地。

4. 全力打响福建文化品牌

加快建设文化强省,突出福建特色,全力打响闽南文化、客家文化、妈祖文化、朱子文化、红色文化、畲族文化、闽都文化、海洋文化等特色文化品牌,打造新时代文化高地文明高地。以传统文化为依托,积极引进新型创意文化,促进科技创新与文化深度融合。大力弘扬"晋江经验",提炼和展现福建典型企业家的企业家精神,将我省打造为企业家精神家园。推动传统文化繁荣发展,建立非物质文化遗产保护中心,建设一批非物质文化遗产展示馆和传习场所。

5. 建立多层次养老服务供给体系

建立长期护理保险制度和针对失能、患病、高龄、低收入老年人的补贴制度。推动社区养老向数据化、智能化和专业化转型升级,对已有的社区日间照料中心服务项目进行"互联网＋"升级。完善包括老年病医院、康复医院、综合院老年病科等在内的多层次老年医疗服务,形成预防、保健、医疗、康复、疗养五位一体的医养健康服务体系。打造国内一流的异地旅居式养老目的地,依托乡村振兴战略发展一批乡村养老、田园养老、高端养老养生综合体等示范项目。

5-5 以构建众创空间为抓手创新转产就业服务
——厦门市翔安区的实践探索与经验*

创业是发展之基、就业之源、富民之本。《国务院办公厅关于发展众创空间推进大众创新创业的指导意见》(国办发〔2015〕9号)提出,顺应网络时代大众创业、万众创新的新趋势,加快发展众创空间等新型创业服务平台,营造良好的创新创业生态环境,是加快实施创新驱动发展战略,适应和引领经济发展新常态的重要举措,对于激发亿万群众创造活力,打造经济发展新引擎意义重大。近年来,厦门市翔安区高度重视被征地农民和海域退养渔民转产就业创业工作,以实现农渔民收入倍增为基本目标,大力实施创业带动就业战略,以构建一批低成本、便利化、全要素、开放式的众创空间等创业服务平台为载体,有效整合资源,集成落实政策,完善服务模式,培育创新文化,加快形成大众创业、万众创新的转产就业新局面。

一、众创主体从"小众"到"大众"

随着转产就业工作从试点到全面铺开,翔安区农渔民转产就业创业的最大特点就是创业主体从"小众"到"大众"。自主创业不再是少部分人的权利和选择,越来越多的草根群体投身创业,让创业的理念深入民心,在全区形成大众创业的新浪潮,打造区域经济社会转型发展的新引擎。创业主体从"小众"到"大众"的转变,直接效应就是创业带动就业,让有专业化创业能力的人和社会力量发挥作用,政府相关部门顺势而为,充分发挥催化作用。创业带动就业是指自主创业者在创业的同时带动其他家庭成员就业或招用其他人员实现就业。以创业带动就业是解决被征地农民和海域退养渔民出路的根本路子。

1. 培育创业文化

面向翔安区被征地农民和海域退养渔民特别是有意向创业和正在创业的青年、妇女群体,着力培育创新创业文化,激发被征地农民和海域退养渔民的

---

* 本文是作者所承担的厦门市翔安区人民政府委托课题"被征地农民和海域退养渔民转产就业治理创新"的调研成果之一(课题组主要成员:吕志奎等)。

创业热情,进一步释放农渔民的转产创业活力。首先,围绕创业和服务创业主题,开展创业宣传"进企业、进学校、进社区、进乡村"活动,开辟"创业在翔安""创业项目好""与创业同行""创业达人秀""创业者足迹"等专栏,利用各种实体媒介和电子网络传媒宣传解读创业扶持政策,讲述创业典型和服务创业典型的事迹,传播创业基本知识,推广创业项目,弘扬翔安新区拓荒精神,倡导树立百折不挠的"创业精神",着力培育"崇尚创业、宽容失败,破除安逸、敢闯敢干"的全民创业文化,努力营造政府鼓励创业、社会服务创业的浓厚氛围。其次,通过政策解读媒体宣传和创业项目推介会等形式,转变农渔民思想观念意识,培育创客文化,鼓励农渔民自主创业。再次,举办"大众创业·万众创新"宣传周活动,弘扬"大众创业·万众创新"精神,向群众展示翔安区转产就业工作成果和创业带动就业系列扶持政策,传播推广创业典型,鼓励引导农渔民参与创业就业技能培训,进一步提升创业能力和激发创业热情。政府搭建平台,给予政策扶持,鼓励农渔民创业,这种创业文化的培育,使全区创业生态环境得到优化。扶持一个人创业,带动一群人就业,不仅有利于创业者实现个人价值,还能为社会创造更多就业岗位。

2. 提供创业培训

翔安区人力资源和社会保障局结合行业发展或岗位要求,开展了一系列特色培训。首先,为创业者提供免费创业培训,创业培训内容则主要包括"创业1+1群"培训班、创业沙龙和专题类培训,内容涵盖从项目选择、资金筹集、市场开发、经营管理、税收政策、青年创业贷款政策、小额贴息贷款等等方面使其掌握创业技能,提高创业可行性和成功率。例如,为进一步规范大嶝岛观光车市场,开展退养渔民电瓶车驾驶证培训,超过300名退养渔民参加培训并获得证书;针对区公交公司司机紧缺的情况,开展被征地农民和退养渔民公交驾驶员定向培训。2014年共举办了创业培训班53期,结业1825人。其次,举办创业沙龙暨"青年创业真人图书馆"活动,组建"创业能手"队伍,与有创业兴趣和创业需求的青年面对面地交流5场,125名青年阅读了"真人图书"。再次,开展专题培训等主题活动43场,包括税收政策、青年创业贷款政策、小额贴息贷款政策项目等方面,共约1400名青年参加。

3. 树立创业典型

翔安区通过评选"三个十佳""创业达人百人榜"等活动,在全区广泛寻找、挖掘成功的"创业达人",以评选表彰的形式树立典型,鼓励先进,发挥积极的引领和示范作用,在被征地农民和海域退养渔民群体中形成"创业热"。"创业达人"分批分次走进各街镇,通过宣讲、座谈、参观、指导等多种形式,让社区群众感受"创业达人"的亲身经历和创业"闪光点",帮助、引导和激励辖区群众转变观念,特别是激发失地失海农渔民就业创业的激情。2014 年 5 月,翔安区团委发起成立翔安区首家"创业就业示范岗"。"创业就业示范岗"提供的是"创业一条龙"服务,示范岗面向广大农渔民开放,让人们通过参观,了解如何应用最新最优惠的创业政策,找到身边可学的"创业达人",找到提升自身创业能力的有效途径,并能和创业同路人交流,分享创业经验,进行项目对接。

4. 开展创业宣传

鼓励社会力量围绕大众创业、万众创新组织开展各类公益活动,宣传提高"创业者之家"和各级创业联盟知名度,组织和发挥好其联系互助的作用。首先,由区人力资源和社会保障局牵头组织区团委、区妇联,分别在大嶝街道、马巷镇 15 个海域退养社区开展民生保障优惠政策进社区宣传活动,让创业者实实在在地感受到国家政策的支持。其次,组建"翔安好厝边——创业达人"宣讲团,通过宣讲、座谈、参观、指导等多种形式,让社区群众感受"创业达人"的亲身经历和创业"闪光点",帮助、引导和激励辖区群众,特别是被征地农民和海域退养渔民转产创业的激情,促进更多创业者的集聚。特别是让创业青年找到身边可亲可学的"创业达人",与创业同路人交流分享创业经验和对接开拓新项目,进一步提升创业能力,助力广大农渔民青年掀起创业热潮、弘扬创业精神、培育创业文化。

二、众创理念从技术供给到需求导向

翔安区为发挥创业带动就业的效用,对创业者提供创业培训、创业补贴、贴息贷款等优惠政策,通过政策创新,强化对众创空间的公共配套服务,提高农渔转产创业积极性和主动性,从根本上解决农渔民的转产就业问题,进一步实现农渔民"收入倍增"。

1. 提供众创财政资金引导

对参加创业培训、取得资格证书并持续创业一年以上的,每人一次性给予创业补助费 1 万元;对获评创业达人的创业者发放一次性奖励金 6000 元/人。其次是完善融资机制。为创业者提供小额贴息贷款,2014 年共发放小额贴息贷款 269 笔,贴息额度 4514 万元,贴息 330 万元。此外,翔安区不断拓宽小额贷款担保渠道,由区国企对我区的创业达人贷款给予担保,并由区民生保障基金与有关金融机构成立坏账(呆账)风险金,实现对小额贷款担保瓶颈的突破,对创业达人贷款最高不超过 100 万。例如,新店镇与民生村镇银行签订"创业达人贷"合作协议,为创业达人提供信贷支持,共同扶持新店镇沿海 17 个社区居民创业,并将评选"创业达人",制作"创业榜样"展板,以榜样的力量激励更多人创业,带动就业。相对于传统的政府拨款支持创业,与村镇银行合作推行创业贷款有许多优点,由于市场具有竞争性、回应性、质量成本意识,有利于降低治理成本,提高治理效益。

2. 提供众创空间场地

在翔安南街、新兴街、厦大学生街等多处政府开发的店面,对被征地农民和海域退养渔民中的创业者 3 年内给予租金 20%—40%的减免,并免收各类行政事业性收费,为其提供成本较低的创业场所。提供创业场地补贴。此外,自主创业扶持对象新创办经营实体,正常经营 6 个月以上,按其持续经营时间给了最长不超过 36 个月的 300—600 元的创业场地补贴。

3. 建立众创激励机制

建立创业带动就业奖励激励机制,最大限度调动众创主体的积极性和主动性。自主创业扶持对象新创办经营实体,自开业之日起 3 年内新吸纳本区户籍劳动力就业 12 个月以上,每吸纳 1 名给予 2000 元的创业带动就业奖励。针对失地失海农渔民,对于参加创业培训,取得资格证书,并且领取工商营业执照或在民政部门注册民办非企业的翔安籍的创业者,持续经营一年以上的,每人一次性给予创业补助费 10000 元。开展"创业达人百人榜"评选活动,2014 年共评选出 80 名创业达人,共发放一次性奖励金 48 万元(6000 元/人)。

三、众创服务从政府为主到市场和社会联合发力

翔安区在全面开展转产就业工作进程中,注重简政放权,加快转变政府职能,优化服务,创新管理体制机制,构建市场化、社会化、专业化和智能化的众创空间,即以满足个性化、多样化的创业需求为出发点,让市场和社会选择农渔民转产创业的方向,促进创业创意与市场需求和社会资本有效对接,用政府对创业的"小投入"来吸引社会资本的"大投入"。

1. 强化政府部门的创业服务职能

翔安区将促进农渔民大众创业作为政府治理创新的重要内容,注重加强对农渔民转产就业创业的宏观引导和公共服务,着力健全完善农渔民转产创业政策体系和制度体系,营造公平高效的创业生态环境,保障农渔民创业者合法权益和市场秩序。

首先,优化创业政策体系。出台《关于进一步促进被征地农民和海域退养渔民创业带动就业的实施意见》(厦翔委〔2014〕60号),进一步加大扶持创业带动就业力度,促进农渔民增加收入。其次,加强创业政策宣传力度。由区人力资源和社会保障部门联合工商、税务、银行、人社、司法等部门,建立创业优惠政策、法律援助服务团队,组建"创业达人宣讲团",共深入38个村(居)宣讲27场(次),聆听群众达3300多人。再次,举办创业推介会,为已创业或有创业意向的农渔民搭建项目对接平台,推动创业需求与市场需求和社会资本有效对接。翔安区每年都将举办一场区级创业项目推介会,邀请市级创业项目库中较适合翔安的创业项目来参会,对来参会的创业项目,每个给予1000元补贴。2014年创业项目推介会引进46个创业项目,涵盖餐饮、高优农业、教育咨询、手加工、服饰等多个领域,共吸引460多人前来洽谈,其中有125人与企业达成了创业合作意向。最后,创业服务职能下沉到基层社区。以翔安区提出"马上就办"为示范,按照"动态管理,多元选择,足不出村,一站办结"的定位,指导各街镇成立转产就业便民中心,作为各部门转变职能、服务群众、服务社区的平台。实施"一个窗口受理、一站式审批、一条龙服务"的运行模式,综合提供"摸底—宣传—培训—引导就业"等转产就业服务。

2. 引入创业融资市场化主体

吸引社会资本参与众创空间建设运营,完善创业投融资机制,设立创业扶持基金,大力支持被征地农民和海域退养渔民开展创业。发挥多层次资本市场作用,为农渔民转产创业提供综合金融服务。增强众筹对大众创新创业的服务能力,突破农渔民创业融资瓶颈,开展创业贷款三户联保,盘活农村资产;创新创业贷款模式,试行"两权一房"抵押贷款,即,股份经济合作社股权质押贷款、土地承包经营权抵押贷款、农村住房抵押贷款;与农商银行开展"绿荫计划",为诚信经营的优质小微企业提供融资绿色通道,创新融资模式;与民生村镇银行合作,提供多样化的金融产品和金融服务,扶持农渔民创业和转产就业,减轻了农渔民转产就业创业的融资成本。新店镇与民生村镇银行合作,设立厦门首个"创业达人贷",每年为新店镇被征地农民和海域退养渔民以及当地青年创业提供2亿元意向性信贷额度支持。按照"门槛最低、利率最优、速度最快"的原则发放贷款,扶持农渔民创业和转产就业。

3. 激活创业服务微自治主体

被征地农民和海域退养渔民这一群体有着自身的特性,只有充分调动其主观能动性,才能充分激发释放所蕴含的创业活力,形成"敢创业""能创业"

"创成业"的生动局面。加大外出创业扶持力度,充分发挥当地农渔民在特色产业上的传统优势,鼓励被征地农民和海域退养渔民走出去创业,通过调查摸底了解他们的创业意愿,做好优惠政策宣传和引导工作,由区农林水利局对有意向外出种植、养殖的农渔民进行培训和联系外地适合种植、养殖地区。把创业平台下沉到社区,通过成立"乡贤理事会"、深化"好厝边会所"等,构建党委政府主导、业界和公众多方参与的创业就业公共治理体系,形成转产创业服务的"微协同"格局,农渔民创业的主体作用得到较好体现。

例如,新店镇通过筹建欧厝创业者协会、创业扶持基金、乡贤理事会等,引入社会力量激励创业带动就业。欧厝创业者协会是全市惟一一个村居级的创业者协会,现有欧厝创业者58名,通过打造创业导师队伍,为创业者提供交流创业心得、探讨解决创业问题的平台,把社区利益与居民利益挂钩起来,引导居民主动参与社区事务。欧厝创业者协会是全市惟一一个村居级的创业者协会,现有欧厝创业者58名,通过打造众创导师队伍,为创业者提供交流创业心得、探讨解决创业问题的平台,为创客提供免费创业辅导,形成创客、企业家、创业导师的互助机制。乡贤理事会则以"共谋共建共管共享"为理念,通过承办各类社区服务项目,逐步承接政府部门剥离出来的部分社会职能,满足社区成员多层次需求,代表社区公民的利益,调动农渔民转产就业创业的积极性。

四、众创活动从内部组织到开放协同

翔安区在构建农渔民众创空间过程中重视强化开放共享,充分运用互联网和信息通讯技术,构建开放式创新创业生态系统,优化完善现有的创业就业服务模式,引导更多农渔民投身转产创业就业大潮,促进更多创业者加入和集聚众创空间。

1. 推动部门协同治理

翔安区在开展转产创业工作中,引入"共同缔造"理念,按照"决策共谋、发展共建、建设共管、效果共评、成果共享"("五共")原则,健全部门分工协作机制,推动多部门协调配合。首先,以区"保障和改善民生工作领导小组"(简称"领导小组")为依托建立转产就业职能分工与协作机制。由区委书记任组长,区其他领导、镇(街)、区各主要职能部门及区国企的负责人为小组成员,从组织机构上确保转产就业政策有领导抓,有专人管。领导小组办公室下设五个工作组:政策完善创新组、资金保障助学助困组、就业创业社保组、发展用地保障组、综合宣传报道组。领导小组办公室加挂"翔安区收入倍增行动办公室",

办公室主任由区委副书记担任,相关部门负责人担任副主任。其次,周例会成为制度化、常规化的集体协商与共识决策机制。周例会制度构成转产创业政策落实督查过程的一项基本制度保障,主要发挥统筹协调、实施督办的功能,协调解决转产创业就业政策落实中的重要问题,确保转产创业就业项目任务如期完成。

2. 打造众创空间载体

不断夯实转产创业就业基础设施,精心打造大嶝、欧厝和琼头三个转产就业基地以及翔安南街、新兴街、厦大学生街等众创空间,特别是培育翔安南街、厦大学生街、新兴街等典型创业街,打造省级农民创业园、海西明珠、微电子育成暨产业基地等新的创业平台,实现第一、二、三产业均有创业载体,均有效实现创业带动就业。

3. 打造众创服务网络

整合利用辖区内创业资源,推动政产学研协同创新,促进创业资源开放共享。打造创业服务综合体——翔安区"创业者之家",集宣传展示、培训交流、管理服务等三个功能区于一体。"创业者之家"让越来越多农渔民创客有了共同的归属感。"创业者之家"占地约 2000 平方米,同时开通微信公共平台,在实时发布最新最优惠的创业扶持政策及活动报道的同时,实现参观和阅读"真人图书"的在线预约登记。开馆以来,已接待了各级领导和创业青年等参观者千余名,成为翔安区众创空间品牌。打造"92580 就业我帮您"综合服务平台,开展精细化的培训、就业、招聘、创业四大服务内容。"创业者之家"和"92580就业我帮您"公共服务平台,发挥了政策集成和协同效应,实现创新与创业相结合、线上与线下相结合、孵化与投资相结合,为广大创新创业者提供良好的工作空间、网络空间、社交空间和资源共享空间。

4. 打造众创空间联盟

调动社会力量,为创客搭好"创业蜂巢",激发农渔民青年创客创业。成立全市首个镇级青年创业促进会——"马巷青年创业促进会",构建组织化、开放式和网络化的众创空间联盟,把散落在各处的创客结成同盟,最大限度地发挥众创空间的效能,让创业变得更便捷、成本更低。马巷镇的青年创业促进会由社区中办公司、开店、设加工点的青年所组建,其会长、副会长、秘书长等人选的确定,经过了广泛的征求意见和推荐。现有注册会员 200 多名,专门创设"青年创业贷",力争在 3 年内通过 2 亿元的创业贷款,扶持 200 名青年创业,创造 2000 个就业岗位。马巷镇的青年创业促进会在以下一些方面发挥了重要的作用。促进会通过资金扶持、技能培训、信息服务、政策协调,动员社会力量帮助青年创业,扶持青年创业,打造服务平台,形成有地方特色的互助共赢商圈。具体地讲,青年创业促进会通过担保贴息贷款为创业者送去了创业资金,通过创业达人的宣讲会为创业者送去创业经验,通过培训活动为创业者送去创业技能,通过搭建交流平台为创业者提供及时的政策资讯。马巷镇与民生村镇银行达成合作意向,专门创设"青年创业贷"风险补偿金,为协会会员在民生村镇银行获得贷款提供风险补偿。成立半年多来,已开展"邻里守望·爱心翔安志愿服务及2014跨海峡(厦门—金门)千人骑行冲击大世界吉尼斯纪录活动"等大型活动,受到各界的高度肯定。

五、众创载体从注重"硬件"到更加注重"软件"

众创空间是创业就业的新组织方式,个仅有助于创造新的就业岗位,还有助于催生出新的产业形态,培育新的经济增长点。翔安区在构建众创空间过程中,既重"硬件"建设,更重"软件"建设,注重体制机制创新,逐步健全农渔民众创空间微帮扶机制、微宣传平台和微学习平台,形成了众创空间新模式。

1. 构建众创空间微帮扶机制

翔安区注重加强创业政策集成,集聚整合创新创业资源和政策。进一步加大简政放权力度,在服务质量上下功夫,持续为农渔民创业就业清障搭台,优化市场竞争环境,建立开放式的创业公共服务平台,创新创业服务模式,释放以创业带动就业的无限活力。翔安区人力资源和社会保障局加强与相关部门的工作协调,研究完善推进大众创新创业的政策措施,加强对发展转产就业众创空间的指导和支持。通过完善创新创业政策体系,加大政策落实力度,降低创新创业成本,壮大创新创业群体。同时,鼓励"创业达人"所创办的企业建立创业实训基地,为新创业者提供理论与实践相结合的平台,积累创业实训经验,并建立起"1对1"创业帮扶挂钩体系,长期对其提供技术、项目和管理等方面的支持。通过市场化机制社会化、专业化服务和资本化途径,有效集成创业服务资源。

2. 构建众创空间微宣传平台

"创业者之家"是翔安农渔民了解创业条件、培养创业意愿、提高创业能力的平台。翔安区充分运用翔安区"创业者之家"微信公众平台,充分发挥信息发布、政策宣传、导师预约、风采展示、沟通交流等平台功能,广泛宣传民生保障政策。"创业者之家"为转产创业者提供了开放式社交平台,转产创业的构思、设计和创新,都可以在此平台得到交流。翔安区通过加强各类媒体对大众创新创业的新闻宣传和舆论引导,报道一批创新创业先进事迹,树立一批创新创业典型人物,让大众创业、万众创新在全社会蔚然成风。

3. 构建众创空间微学习平台

为树立和宣传转产就业"标杆",翔安区成立"翔安好厝边·创业达人"宣讲团,不定期举行创业沙龙、创业论坛,为创业青年提供交流合作网络平台,充分发挥自主创业者的优势和潜能。丰富创新创业活动,强化创业辅导,培育企业家精神,发挥资本推力作用,提高创新创业效率。鼓励大企业建立服务大众创业的开放创新平台,支持社会力量举办创业沙龙、创业大讲堂、创业训练营等创业培训活动。邀请创业导师在"创业者之家"定期开展创业沙龙,"创业者之家"还建立微信群,创业青年可通过这种方式对自己感兴趣的导师进行预约。翔安区"创业者之家"的培训交流区和管理服务区也成了创业者们交流学习的坚实平台——前者主体馆为"创业沙龙、青年创业真人图书馆",后者设有92580办公室、志愿者工作站、南街党支部、团支部、创业促进会、创业服务中心等。

面对"大众创业、万众创新"的新潮流,翔安区结合自身农渔民转产就业的实际情况,以改革创新思维顺势而为,通过营造大众创业文化氛围、完善创业扶持政策体系、搭建开放式的创业平台、发展市场化的众创空间等多举措形成合力,为方兴未艾的大众创业添薪加火,使农渔民大众创业成为转产就业的新动力、新模式。在"引导一个人创业,带动一群人就业"的乘数效应下,依托众创空间带动农渔民大众创业创新成为翔安区破解转产就业难题的新引擎,就业渠道得以不断拓宽,形成了以大众创业促万众就业的新局面。

翔安区以构建众创空间推进转产创业就业治理模式创新应被看作是以有序推进农渔民人口市民化为切入口、对新型城镇化进程中民生改善与基层治理机制的初步探索。以地方治理创新来解读和看待翔安区农渔民众创空间建设,我们就比较容易理解中国新型城镇化进程中地方政府职能转变的方向与路径,也更能够从整体上把握城镇化健康发展的应有内容。翔安区被征地农民和海域退养渔民众创空间发展所面临的主要问题为未来地方政府治理模式创新提供了可以探讨的空间。在由农村向城市转型发展过程中,如何通过政府治理模式创新来引导和激励大众创业万众创新,翔安区转产就业治理模式在一定程度上提供了鲜活样本。

第六章　人力资源

6-1　造就忠诚干净担当的高素质干部队伍[*]

中国特色社会主义进入新时代，以习近平同志为核心的党中央结合时代条件和实践需求，在吸取马列主义、毛泽东思想和中国特色社会主义理论体系中党的建设和组织工作思想精髓，分析借鉴历史上吏治的得失，总结提炼我党成立以来干部队伍建设的历史经验和党的十八大以来管党治党特别是干部队伍建设的创新经验基础之上，在解答干部队伍建设的重大理论和实践问题中，探索形成了新时代党的组织路线。

习近平总书记指出，贯彻新时代党的组织路线，建设忠诚干净担当的高素质干部队伍是关键，重点是要做好干部培育、选拔、管理、使用工作。深刻认识、科学把握和认真贯彻其丰富内涵和实践要求，对推进新时代干部队伍建设，激发干部队伍生机活力，鼓舞广大干部为实现"两个一百年"奋斗目标、实现中华民族伟大复兴的中国梦而不懈奋斗，具有重大理论与实践意义。

一、新时代干部队伍建设的理论和实践要求

习近平总书记关于党的建设和组织工作重要思想特别是其中关于干部队伍建设的论述要求，有一个孕育、发展到成熟的过程。党的十八大及其后是其成熟时期，集中体现在党的十八大文件和习近平总书记在 2013 年全国组织工作会议上的重要讲话等一系列文章和重要讲话中。党的十九大以来，习近平总书记在各种场合阐述有关干部队伍建设的要求，特别是在 2018 年全国组织工作会议上的讲话和《求是》杂志发表的《努力造就一支忠诚干净担当的高素

---

[*] 原载《中国纪检监察报》2019-01-29 第 5 版(人民网-中国共产党新闻网 2019-01-29 转载)。

质干部队伍》,对新时代党的组织路线特别是干部队伍建设理论和实践问题进行进一步深化、系统化阐发,形成了完整的理论和政策体系。

习近平总书记关于党的建设和组织工作重要思想特别是其中关于干部队伍建设的论述要求,涉及干部队伍建设及管理的方方面面,内容丰富、要求明确、思想深邃。主要内容包括:

——高素质干部队伍建设的极端重要性。习近平总书记从党和国家长治久安的高度看待高素质干部队伍建设的极端重要性,认为这是关系到党和国家事业兴旺发达与长治久安,事关中华民族伟大复兴与坚持和发展中国特色社会主义的头等大事,是落实新时代党的组织路线以及推进党的建设新的伟大工程的关键,也是治国理政之要。

——严把德才标准,坚持公正用人。习近平总书记强调,必须全面贯彻新时代党的组织路线,严把德才标准,以德为先;坚持公正用人,用人以公,方得贤才;拓宽用人视野,破除"四唯"(唯票、唯分、唯 GDP、唯年龄)难题,不拘一格选用干部。习近平总书记为新时代德才标准赋予新的内涵,即"信念坚定、为民服务、勤政务实、敢于担当、清正廉洁""忠诚、干净、担当";强调以德为先的同时,要求有过硬本领,指出领导工作要有专业思维、专业素养、专业方法,领导干部要成为经济社会管理的行家里手。

——建立从严管理干部的体系,推进干部管理的科学化。习近平总书记指出,党要管党首先是管好干部,从严治党关键是从严治吏,要把从严管理贯彻落实到干部队伍建设全过程;要建立素质培养、知事识人、选拔任用、从严管理和正向激励五大体系;要强化监督执纪问责,让干部知敬畏、存戒惧、守底线;要总结分析历史上吏治的得失,为干部管理及治国理政提供借鉴。

——激发干部队伍的生机活力,增强干部干事创业的精气神。习近平总书记深刻指出,调动干部队伍积极性的问题极为重要,也十分紧迫。要不等不拖尽快扭转"为官不为"这一消极现象;充分调动干部积极性、提升工作精气神;在强化责任约束的同时鼓励创新,宽容失误。

二、理解时代背景　把握鲜明特征

以习近平同志为核心的党中央高度重视干部队伍建设,推进党的建设新的伟大工程,全面深化党和国家机构改革,推进干部人事制度、体制、机制改革以及管理方式改进;注重建章立制,制度管人,为建设高素质干部队伍提供坚强制度保障;确立新时代党的组织路线,坚持党管干部原则;提出新时期选人用人及好干部标准,坚持德才兼备、以德为先;坚持五湖四海、任人唯贤;坚持事业为上、公道正派,拓宽用人视野;医治"带病提拔"杂症,坚持从严管理干部,严管与厚爱相结合;治理"为官不为"激发干部队伍生机活力……干部制度改革与干部队伍建设取得显著成效,确保了党和国家各项事业顺利推进。

习近平总书记关于党的建设和组织工作重要思想特别是其中关于干部队伍建设的论述要求,正是在决胜全面建成小康社会进而全面建设社会主义现代化强国的新时代背景下形成的。

当前,统筹推进"五位一体"总体布局,协调推进"四个全面"战略布局,实现中华民族伟大复兴的中国梦,亟需造就一支忠诚干净担当的高素质干部队伍。

习近平总书记关于干部队伍建设的论述要求,以实践与改革为指向,包含着一系列关于党员干部队伍建设与管理的具体方针、政策和策略,是习近平总书记关于党的建设和组织工作重要思想的重要组成部分,具有时代性、实践性、系统性、科学性和创新性等鲜明特征。这些关于干部队伍建设理论方面的突破,深化了对共产党执政规律、党的建设规律特别是干部队伍建设规律的认识,是对党的干部路线、组织路线的最新阐释和创新发展,在习近平总书记关于党的建设和组织工作重要思想中占有重要地位。

三、把新时代党的组织路线落到实处

如何把新时代党的组织路线特别是其中习近平总书记关于干部队伍建设的论述要求落到实处? 这涉及许多方面的问题,这里着重谈四点思考。

一是深刻领会习近平总书记关于党的建设和组织工作重要思想,特别是其中关于干部队伍建设的论述要求,准确把握其精神实质。习近平总书记关于干部队伍建设的有关论述要求,具有深刻的理论内涵与明确的实践要求,首先要在领会吃透上下大功夫。要把握好新时代干部队伍建设的根本方向和原则要求,坚持新时代党的组织路线以及党管干部原则,保证干部队伍建设沿着正确的方向前进,真正把新时代干部队伍建设的方针政策和具体要求落到实处。要充分认识新时代干部队伍建设特别是当前造就一支高素质干部队伍的重要性、必要性和紧迫性,增强做好干部队伍建设与管理工作的信心、决心、自觉性和责任感。

二是加强理想信念教育和专业培养,补充干部的精神之"钙"并提升专业能力。习近平总书记明确指出,没有理想信念,理想信念不坚定,精神上就会

缺"钙"，就会得"软骨病"。这正是现实生活中一些信仰迷茫、精神迷失干部形象的真实写照。作为贯彻落实习近平总书记关于党的建设和组织工作重要思想的一项重要措施，必须加强党员干部理想信念教育，增强党性修养，不忘初心、牢记使命，切实发挥模范作用。同时，针对当前干部队伍普遍存在的能力不足、"本领恐慌"这一突出问题，加快干部知识更新、能力培训、实践锻炼，不断增强干部的专业技能和干事能力。

三是深化制度、体制和机制改革，全面做好选人用人育人工作。干部管理涉及诸多方面、领域和环节，但核心是如何选人用人育人。必须推进相关制度、体制和机制改革以及管理方式改进，全面做好干部的选拔、培养和使用工作。落实"纪检监察机关意见必听，线索具体的信访举报必查"规定，纪检监察机关要严把政治关、廉洁关、形象关，把全面从严治党要求体现在选人用人具体环节中。

四是调动干部干事创业的积极性，激励干部锐意改革创新。习近平总书记反复强调，充分调动干部积极性、提升工作精气神。这既是对长期以来干部队伍建设实践及其经验教训的总结与反思，又是解决现阶段"为官不为"现象的"钥匙"。各级党委及其组织人事部门必须坚决落实《关于进一步激励广大干部新时代新担当新作为的意见》。建立健全容错纠错机制，纪检监察机关要全面落实"三个区分开来"，强化责任担当，为改革者撑腰，为创新者鼓劲，让广大党员干部轻装上阵、奋勇争先。

6-2　新时代干部队伍建设的行动指南
——习近平总书记关于干部队伍建设的重要论述研究[*]

随着中共十九大和 2018 年两会的胜利召开,习近平新时代中国特色社会主义思想先后被写入党章、宪法,在这一思想体系中,习近平把党员干部视为党和国家事业的中坚力量,[①]并提出了一系列新的要求。这意味着习近平总书记关于干部队伍建设的重要论述形成了完整体系,其核心内容之一是他关于"充分调动广大干部积极性,不断提升工作精气神"的重要指示。作为习近平新时代中国特色社会主义思想的重要组成部分以及党中央治国理政的一个新理念新思想新战略,该论述为推进新时代干部队伍建设,特别是允分调动广大干部积极性、主动性和创造性以及治理"为官不为"现象,为广大党员干部经受"四大考验"、克服"四种危险",教育引导广大干部为决胜全面建成小康社会、夺取新时代中国特色社会主义伟大胜利、实现中华民族伟大复兴的中国梦不懈奋斗,提供了指导思想和行动指南。2018 年中共中央办公厅印发的《关于进一步激励广大干部新时代新担当新作为的意见》将习近平上述重要指示精神具体化为党的政策文件。

一、"充分调动干部积极性不断提升工作精气神"思想的形成

习近平总书记关于新时代干部队伍建设的重要论述,有一个萌芽、发展到成熟的过程。习近平曾在延安梁家河村插队,后任职于河北正定、福建、浙江、上海,在工作中扎根基层,密切联系群众,理论思考与实际工作紧密结合,思想逐渐发展。1982 年至 1985 年,习近平同志在河北省正定县任职,其干部队伍建设及其充分调动广大干部积极性的思想开始萌芽。他强调党员干部"在大是大非面前态度要明朗"[②],要"自觉地纠正和杜绝不正之风,保持共产主义的纯洁性"[③]。他提出干部的知识更新问题,强调干部"根据工作任务去学习。

[*]　原载《中国行政管理》2018 年第 6 期(苏寻、慈玉鹏为本文的合作者)。

①　习近平:《决胜全面建成小康社会夺取新时代中国特色社会主义伟大胜利——在中国共产党第十九次全国代表大会上的报告》,人民出版 2017 年版,第 64 页。

②　习近平:《知之深 爱之切》,河北人民出版社 2015 年版,第 1 页。

③　习近平:《知之深 爱之切》,河北人民出版社 2015 年版,第 14 页。

要学马列主义基本理论、党的重大政策、经济管理知识、科学技术知识"①。在提拔干部标准上,习近平主张以政治品质为主,"坚决贯彻精干的原则,坚持'四化'的标准。"②他提出要保护和提拔敢于改革创新的干部,要为勇于创新的干部撑起"保护伞",对确因改革产生错误的干部"一律不抓辫子、不打棍子、不扣帽子"③。

1985—2002年,习近平在福建省任职。在这一时期,他强调干部与人民群众的血肉联系,更加关注选人用人机制建设,指出"干部的选拔要德才兼备,班子要注意年龄的梯形结构和知识结构"④。指出要为干部着想,解决其"政治、工作、生活等方面的待遇问题"⑤。提出要"正确区分违法乱纪与改革开放中出现的失误",目的在于"保护改革者的积极性,鼓励干部为人民事业敢为天下先"⑥;同时也要严格打击利用"权力去谋私、贪污受贿、鱼肉乡里"的干部。⑦他还要求干部"敢于公开接受群众的批评监督",并对"建章立制"提出构想:"建立一整套系统、全面的制度以制约和监督权力的使用,这是杜绝腐败的根本性措施。"⑧

习近平同志在浙江工作时期,更加注重干部精神状态,强调"精神状态是动力所在",要求"各级干部要……把为人民服务作为人生的最大追求"⑨。在多年工作经验中总结出好干部的标准,指出要特别留意"长期在条件艰苦、工作困难的地方工作的干部""不图虚名、踏实干事的干部""埋头苦干,注重为长远发展打基础的干部";还要善于辨别制造"虚假政绩"的干部。⑩ 在干部考核上,他要求"抓紧建立和完善干部政绩考核制度、考核标准和奖惩制度"⑪。

---

① 习近平:《知之深 爱之切》,河北人民出版社2015年版,第150页。
② 习近平:《知之深 爱之切》,河北人民出版社2015年版,第92页。
③ 习近平:《知之深 爱之切》,河北人民出版社2015年版,第170页。
④ 习近平:《摆脱贫困》,福建人民出版社1992年版,第105页。
⑤ 习近平:《摆脱贫困》,福建人民出版社1992年版,第105页。
⑥ 习近平:《摆脱贫困》,福建人民出版社1992年版,第7页。
⑦ 习近平:《摆脱贫困》,福建人民出版社1992年版,第60页。
⑧ 习近平:《摆脱贫困》,福建人民出版社1992年版,第22页。
⑨ 习近平:《干在实处 走在前列——推进浙江新发展的思考与实践》,中共中央党校出版社2006年版,第45页。
⑩ 习近平:《干在实处 走在前列——推进浙江新发展的思考与实践》,中共中央党校出版社2006年版,第418页。
⑪ 习近平:《干在实处 走在前列——推进浙江新发展的思考与实践》,中共中央党校出版社2006年版,第55页。

进入中央工作后,习近平总书记关于干部队伍建设的重要论述不断丰富。2007 年,习近平进入中央工作,担任中央政治局常委、中央书记处书记、中央党校校长,其后又担任中华人民共和国副主席,中共中央军事委员会副主席,中华人民共和国中央军事委员会副主席。作为中央党校校长,习近平总书记关于干部队伍建设的重要论述着重强调干部学习与教育培训。一方面,他要求培训工作注重干部的理论学习,特别要认真学习邓小平理论、"三个代表"重要思想以及科学发展观,努力掌握马克思主义立场、观点、方法,增强坚持中国特色社会主义道路、理论体系、制度的自觉性、坚定性。同时,要让干部坚持不懈地学习党的优良传统和优良作风,牢固树立正确的世界观、权力观、事业观,养成宽阔的胸襟和眼界、高尚的思想情趣、艰苦朴素的生活作风,永做人民的忠实公仆。① 另一方面,关于干部培训的方式、方法,习近平提出干部教育培训改革创新要在三个方面下功夫:第一,"分类培训和按需培训",要区分干部差异,提供个性化培训;第二,"坚持教无定法、贵在得法",灵活运用课堂教授、现场教学、行为体验、挂职培训、社会调研等多种教学方法;第三,"处理好组织调训与自主选学的关系",组织调训重点在于对干部的政治理论培训、党性教育、党和国家重点部署的学习,而对新知识和技能培训可用自主选学的方式满足干部多样化的学习需求。②

党的十八大之后是习近平总书记关于干部队伍建设的重要论述的成熟时期。党的十八大选举习近平为中央委员会总书记、中央军事委员会主席。其后,第十二届全国人大一次会议选举习近平为中华人民共和国主席、中华人民共和国中央军委主席。十八大以来,反腐斗争成为党和国家推进的重要工作。习近平要求坚定不移推进党风廉政建设和反腐败斗争,形成全面覆盖国家机关及其公务员的国家监察体系。③ 同时,他也强调要调动干部干事创业的积极性。2016 年 3 月 7 日,习近平在参加第十二届全国人大四次会议黑龙江省代表团审议时提出了"要充分调动广大干部积极性,不断提升工作精气神"的重要论断,这成为十八大以来党中央管理干部的基本原则要求之一。

党的十九大胜利召开意味着习近平总书记关于干部队伍建设的重要论述形成了完整的体系。在党的十九大和 2018 年两会上,习近平再次被选举为党

---

① 习近平:《在中央党校 2012 年秋季学期开学典礼上的讲话》,《学习时报》2012 年 9 月 10 日(01 版)。

② 习近平:《做好新形势下干部教育培训工作》,《学习时报》,2010 年 10 月 25 日(01 版)。

③ 《习近平谈治国理政》(第二卷),外文出版社 2017 年版,第 161～174 页。

和国家最高领导人。习近平新时代中国特色社会主义思想也先后被写入党章、宪法。在他的思想体系中,新时代干部队伍建设尤为重要,其核心和总纲是"建设高素质专业化干部队伍"。① 至此,习近平总书记关于干部队伍建设的重要论述形成了完整的体系,达到了理论新高度。

二、"充分调动干部积极性不断提升工作精气神"思想的内涵

习近平总书记关于新时代干部队伍建设的重要论述有着深刻而丰富的内容,既强调干部要有坚定的理想信念的引领作用,要求干部真抓实干坚决执行中央政策,又鼓励干部敢于担当、提升干事能力,并强调切实改进作风,加强监督管理工作。

(一)坚定理想信念扎实推进改革

坚定理想信念是干部"人生的头等大事"②,也是从严治党的"根本任务"③。崇高的理想信念是激发干部为人民服务的强大力量,促使干部更好地为人民服务。习近平一直强调不忘初心,永葆奋斗精神,是干部忠诚干事的精神动力。坚定理想信念扎实推进改革的思想包含的主要内容有:

坚持和发展新时代中国特色社会主义。中国共产党人以共产主义远大理想和中国特色社会主义共同理想作为其精神支柱和政治灵魂。新时代中国特色社会主义正是在新的历史背景下对共产主义和社会主义理想的重新声明和判断。习近平要求全党特别是党员领导干部加强对习近平新时代中国特色社会主义思想的理论学习,必须"用党的创新理论武装头脑,推动全党更加自觉地为实现新时代党的历史使命不懈奋斗"④。

共筑中国梦美好愿景。新时代是"全体中华儿女勠力同心、奋力实现中华民族伟大复兴中国梦的时代"⑤。2012 年 11 月 29 日,习近平在参观国家博物馆《复兴之路》展览后正式提出中国梦理念。把实现国家富强、民族振兴、人民

---

① 习近平:《决胜全面建成小康社会夺取新时代中国特色社会主义伟大胜利——在中国共产党第十九次全国代表大会上的报告》,人民出版社 2017 年版,第 64 页。

② 习近平:《在党的十九届一中全会上的讲话》,《求是》2017 年第 1 期。

③ 《习近平在十九届中央纪委二次全会上发表重要讲话强调:全面贯彻落实党的十九大精神以永远在路上的执着把从严治党引向深入》,《人民日报》2018 年 1 月 12 日(01 版)。

④ 习近平:《决胜全面建成小康社会夺取新时代中国特色社会主义伟大胜利——在中国共产党第十九次全国代表大会上的报告》,人民出版社 2017 年版,第 63 页。

⑤ 习近平:《决胜全面建成小康社会夺取新时代中国特色社会主义伟大胜利——在中国共产党第十九次全国代表大会上的报告》,人民出版社 2017 年版,第 11 页。

幸福的中国梦作为中国共产党的历史使命,是以习近平同志为核心的中央领导集体对全体人民的庄重承诺,成为全党全国各族人民共同的奋斗目标。十九大报告提出,"我们既要全面建成小康社会、实现第一个百年奋斗目标,又要乘势而上开启全面建设社会主义现代化国家新征程,向第二个百年奋斗目标进军"[1],这也是实现中国梦的核心内容。"党的干部是党和国家事业的中坚力量"[2],自然要在实现中国梦的过程中起到带头作用。

领导干部是落实新发展理念的关键。十九大报告提出,建设现代化经济体系是我国跨越"转变发展方式、优化经济结构、转换增长动力"攻关期的关键。[3] 在这一背景下,必须贯彻创新、协调、绿色、开放、共享的新发展理念,而"新发展理念要落地生根、变成普遍实践,关键在各级领导干部的认识和行动"[4]。干部处于推动经济发展的关键地位,要带头树立和践行发展新理念,加快提高贯彻五大发展理念的能力和水平,带领人民群众推动中国经济走上新征途。

(二)强化政治责任维护中央权威

党的干部忠诚于党和人民,加强党性修养、维护中央权威,是担当政治责任的基本要求。习近平强调,"对党忠诚、为党分忧、为党尽职、为民造福"是党员干部的"根本政治担当"[5]。坚持党管干部原则,强化干部政治责任,坚决维护中央权威,全面贯彻执行党的理论和路线方针政策是新时代成就中国特色社会主义事业的保证。这一思想主要包括:

领导干部必须"坚决维护党中央权威"。坚决维护党中央权威、保证全党令行禁止,是党和国家政策能够顺利施行的保障,是党和国家前途命运所系,涉及全国各族人民的根本利益,也是加强和规范党内政治生活的重要目的。坚持党的领导,就是坚持党中央的集中统一领导,最关键的是坚持政治领导。

---

[1] 习近平:《决胜全面建成小康社会夺取新时代中国特色社会主义伟大胜利——在中国共产党第十九次全国代表大会上的报告》,人民出版社 2017 年版,第 28 页。

[2] 习近平:《决胜全面建成小康社会夺取新时代中国特色社会主义伟大胜利——在中国共产党第十九次全国代表大会上的报告》,人民出版社 2017 年版,第 64 页。

[3] 习近平:《决胜全面建成小康社会夺取新时代中国特色社会主义伟大胜利——在中国共产党第十九次全国代表大会上的报告》,人民出版社 2017 年版,第 30 页。

[4] 习近平:《在省部级主要领导干部学习贯彻党的十八届五中全会精神专题研讨班上的讲话》,《人民日报》,2016 年 5 月 10 日(01 版)。

[5] 习近平:《决胜全面建成小康社会夺取新时代中国特色社会主义伟大胜利——在中国共产党第十九次全国代表大会上的报告》,人民出版社 2017 年版,第 63 页。

干部素质和能力的衡量标准,首要的是政治上是否站得稳、靠得住。① 习近平曾明确要求党员干部增强"四个意识",即政治意识、大局意识、核心意识、看齐意识。他指出,党员干部必须"自觉在思想上政治上行动上同党中央保持高度一致,坚决维护党中央权威和集中统一领导,在各项工作中毫不动摇、百折不挠贯彻落实党中央决策部署,不打任何折扣,不要任何小聪明,不搞任何小动作"②。他还要求全体党员尤其是领导干部要"把'四个意识'落实在岗位上、落实在行动上,不折不扣执行党中央决策部署,始终在思想上政治上行动上同党中央保持高度一致"③。

领导干部做表率,形成"头雁效应"。 毛泽东说:"政治路线确定之后,干部就是决定的因素。"④干部带头真抓实干才能以身作则动员普通党员和广大群众落实中央各项政策。习近平指出:"没有广大党员、干部的积极性和执行力,再好的政策措施也会落空。"⑤真抓才能攻坚克难,实干才能梦想成真。各级领导干部要成为抓落实的"行家里手"和带头人,出实策、鼓实劲、办实事,不图虚名,不务虚功,坚决反对形式主义、官僚主义、享乐主义和奢靡之风,身体力行带领群众把各项工作落到实处。广大党员干部必须"以马克思主义政治家的标准严格要求自己,找准政治站位,增强政治意识,强化政治担当"⑥。

领导干部要全面提高政治能力。 习近平强调,党员干部最重要的是具备"把握方向、把握大势、把握全局的能力和保持政治定力、驾驭政治局面、防范政治风险的能力"⑦。"把握方向、把握大势、把握大局"是政治能力在战略谋划上的体现:把握方向涉及根本、关系全局、决定长远;把握大势即所谓"知大势,才能伐谋";把握全局则要以全面、系统、联系的观点来认识问题、分析问题、处理问题,通盘考虑、统筹谋划。"保持政治定力、驾驭政治局面、防范政治风险"是政治能力在工作层面的体现:保持政治定力要求干部在大是大非和政治原则问题上毫不含糊、毫不动摇,旗帜鲜明、坚持不懈地与各种腐朽思想、不

---

① 习近平:《在党的十九届一中全会上的讲话》,《求是》2017 年第 1 期。

② 习近平:《在党的十九届一中全会上的讲话》,《求是》2017 年第 1 期。

③ 《习近平在参加党的十九大贵州省代表团讨论时强调:万众一心开拓进取把新时代中国特色社会主义推向前进》,《人民日报》2017 年 10 月 20 日(01 版)。

④ 《毛泽东选集》(第 2 卷),人民出版社 1991 年版,第 526 页。

⑤ 习近平:《在党的十八届五中全会第二次全体会议上的讲话》(节选),《求是》2016 年第 1 期。

⑥ 习近平:《在党的十九届一中全会上的讲话》,《求是》2017 年第 1 期。

⑦ 习近平:《在党的十九届一中全会上的讲话》,《求是》2017 年第 1 期。

法行为和敌对势力作斗争,坚决捍卫党和人民的利益;驾驭政治局面要求干部从党和国家的政治大局上出发,善于把控突发事件,维护安定团结的政治局面;防范政治风险要求领导干部强化"守土有责、守土负责、守土尽责"①意识,始终把维护党的政治纪律和政治规矩放在首位,坚决将各种政治隐患化解在萌芽状态。

（三）激励干部实干提升素质能力

党的干部要做到"在其位,谋其政",必须用实干落实贯彻中央决策,努力提升干事创新的能力和动力。习近平要求干部不仅要完成上级交代的任务,更需要具备创新的勇气和担当精神。

"坚持实干兴邦"。十九大报告重申"坚持实干兴邦"。实现中国梦,实现中华民族的伟大复兴,即"兴邦";达成这一理想的方式,即"实干"。"实干兴邦"四个字简明扼要地理顺了目的和方法。在全面建成小康社会决胜阶段、中国特色社会主义进入新时代的关键时期,落实党的各项目标任务,关键靠实干。以习近平为核心的党中央带头实干苦干,正身率下,坚持"改革不停顿、开放不止步",聚焦国家治理体系和治理能力现代化,把推进中国特色社会主义制度更加成熟更加定型作为时代使命,开辟了改革开放新境界。

全面增强干部本领。干部的工作能力是党的执政能力的重要基础。在新时代,随着全面开放新格局的形成和现代化经济体系建设的开展,"各项工作对专业化、专门化、精细化提出了越来越高的要求"②。提高党的执政能力,让国家治理体系有效运转,必须注重培养干部的"专业能力、专业精神,增强干部队伍适应新时代中国特色社会主义发展要求的能力"③。具体而言,习近平要求在八个方面强化本领:学习本领、政治领导本领、改革创新本领、科学发展本领、依法执政本领、群众工作本领、狠抓落实本领、驾驭风险本领。④ 他同时要求干部,特别是高级别干部严格要求自己,"要有知识不足、本领不足、能力不足的紧迫感,自觉加强学习、加强实践,永不自满,永不懈怠","努力成为兼收

---

① 《习近平在全国宣传思想工作会议上强调:胸怀大局把握大势着眼大事 努力把宣传思想工作做得更好》,《人民日报》2013 年 8 月 21 日(01 版)。

② 习近平:《在党的十九届一中全会上的讲话》,《求是》2017 年第 1 期。

③ 习近平:《决胜全面建成小康社会夺取新时代中国特色社会主义伟大胜利——在中国共产党第十九次全国代表大会上的报告》,人民出版社 2017 年版,第 63 页。

④ 习近平:《决胜全面建成小康社会夺取新时代中国特色社会主义伟大胜利——在中国共产党第十九次全国代表大会上的报告》,人民出版社 2017 年版,第 64 页。

并蓄、融会贯通的通达之才"①。

"敢于担当,踏实做事"。敢于担当、踏实做事是干部把理想信念转化为行动、贯彻党的思想和实现人民利益的基本要求。敢于担当已作为"好干部"的选拔任用标准写入《党政领导干部选拔任用工作条例》。党的十九大提出"建设高素质专业化干部队伍"的新要求和习近平曾提出新时期好干部的"二十字标准",都成为加强党的执政能力建设的重点。习近平强调各地党委要坚持好干部标准,把苦干实干、敢于担当、奋发有为、实绩突出的"担当有为的好干部"选拔到各级领导岗位上来。

"严管和厚爱结合、激励和约束并重"。打造高素质专业化的干部队伍也需要党组织培养、关心党的干部。习近平要求各级党组织重视选拔、培养锻炼年轻干部、女干部、少数民族干部和党外干部工作,敦促党组织完善干部考核机制,建立干部激励机制、容错纠错机制,同时要求做好离退休干部工作。②在新时代,让党员干部充分发挥干劲需要党组织为其提供良好的干事环境。习近平说要"旗帜鲜明为那些敢于担当、踏实做事、不谋私利的干部撑腰鼓劲","要关心爱护基层干部,主动为他们排忧解难"③。

(四)切实改进作风加强监督工作

干部作风是干部在思想、工作和生活方面形成的稳定态度和行为风格,是干部队伍建设的重中之重。习近平把干部作风视为"人民群众观察评价党风的晴雨表"。④作风建设是一项长期任务,需要不间断地巩固,所以"纠正'四风'不能止步,作风建设永远在路上"⑤。习近平不断告诫党的干部,要做到"勤勤恳恳为民,兢兢业业干事,清清白白做人"⑥。

密切联系群众,厚植执政基础。从群众中来,到群众中去,是党一贯坚持的工作方法和优良作风,最根本的原因在于"我们党来自人民、植根人民、服务

---

① 习近平:《在党的十九届一中全会上的讲话》,《求是》2017 年第 1 期。

② 习近平:《决胜全面建成小康社会夺取新时代中国特色社会主义伟大胜利——在中国共产党第十九次全国代表大会上的报告》,人民出版社 2017 年版,第 68～69 页。

③ 习近平:《决胜全面建成小康社会夺取新时代中国特色社会主义伟大胜利——在中国共产党第十九次全国代表大会上的报告》,人民出版社 2017 年版,第 64 页。

④ 习近平:《在党的十九届一中全会上的讲话》,《求是》2017 年第 1 期。

⑤ 《习近平近日作出重要指示强调:纠正"四风"不能止步 作风建设永远在路上》,《人民日报》2017 年 12 月 12 日(01 版)。

⑥ 习近平:《在党的十九届一中全会上的讲话》,《求是》2017 年第 1 期。

人民,一旦脱离群众,就会失去生命力"①。为此,习近平强调,"加强作风建设,必须紧紧围绕保持党同人民群众的血肉联系,增强群众观念和群众感情,不断厚植党执政的群众基础。凡是群众反映强烈的问题都要严肃认真对待,凡是损害群众利益的行为都要坚决纠正"②。他同时要求党的干部做到"勤勤恳恳为民",具体而言就是要"践行全心全意为人民服务的根本宗旨,做人民公仆,始终把人民群众安危冷暖放在心上,想问题、作决策、抓工作坚持从群众中来、到群众中去,时时做到与群众同甘苦、共忧乐、共奋进"③。

勤勉干事,清白做人,狠抓落实。优良作风最终要求党的干部用实实在在的工作表现出来。习近平从干事和做人两个方面向干部提出要求。一方面,他指出干部必须"兢兢业业干事",要"实干苦干,不务虚功,夙兴夜寐,勤奋工作,以一流业绩回报党和人民的信任和重托"④。另一方面,他要求干部"清清白白做人",做到"　身正气、两袖清风,自觉遵守廉洁自律准则,自觉遵守中央八项规定精神,自觉接受监督,敬畏人民、敬畏组织、敬畏法纪,公正用权、依法用权、廉洁用权,拒腐蚀、永不沾,决不搞特权,决不以权谋私,做一个堂堂正正的共产党人"⑤。此外他还强调,要在作风问题上狠抓落实,不能只限于嘴上功夫,特别要"针对表态多调门高、行动少落实差等突出问题,拿出过硬措施,扎扎实实地改"⑥。

强化监督,正风肃纪。构建有效的监督体系是保证改进作风的必要手段。十八大以来的反腐工作取得了重大进展。党的十九大及 2018 年两会则将党和国家的监察水平提升到了新高度。新成立的国家监察委员会成为党和国家提升监督能力、"夺取反腐败斗争压倒性胜利"的重要举措。习近平要求"赋予有干部管理权限的党组相应纪律处分权限,强化监督执纪问责。加强纪律教育,强化纪律执行,让党员、干部知敬畏、存戒惧、守底线,习惯在受监督和约束

---

① 习近平:《决胜全面建成小康社会夺取新时代中国特色社会主义伟大胜利——在中国共产党第十九次全国代表大会上的报告》,人民出版社 2017 年版,第 64 页。

② 习近平:《决胜全面建成小康社会夺取新时代中国特色社会主义伟大胜利——在中国共产党第十九次全国代表大会上的报告》,人民出版社 2017 年版,第 66 页。

③ 习近平:《在党的十九届一中全会上的讲话》,《求是》2017 年第 1 期。

④ 习近平:《在党的十九届一中全会上的讲话》,《求是》2017 年第 1 期。

⑤ 习近平:《在党的十九届一中全会上的讲话》,《求是》2017 年第 1 期。

⑥ 《习近平近日作出重要指示强调:纠正"四风"不能止步 作风建设永远在路上》,《人民日报》2017 年 12 月 12 日(01 版)。

的环境中工作生活"①。

三、"充分调动干部积极性不断提升工作精气神"重要论述的价值

习近平总书记关于新时代干部队伍建设的重要论述是习近平新时代中国特色社会主义思想的重要组成部分,既是对马克思主义理论和中国特色社会主义理论的继承与发展,又是新时代干部队伍建设的新理念新思想新战略,已成为新时代干部队伍建设的指导思想和行动指南,具有重大的理论与实践意义。

马克思主义理论、毛泽东思想和中国特色社会主义理论的新发展。习近平总书记关于新时代干部队伍建设的重要论述,具有深厚的马克思主义理论渊源。马克思主张廉价政府,认为国家公职人员是人民的公仆,强调对干部的监督,这是中国共产党干部队伍建设思想的重要源头。列宁主张干部应该加强学习,并及时监督考核,激发干部积极性。毛泽东主张关怀干部,大胆授权,发挥干部的主动性。邓小平总结经验教训,主张完善制度,发扬民主,采用正确的监督方式。习近平总书记关于新时代干部队伍建设的重要论述继承和发展了马克思列宁主义、毛泽东思想和中国特色社会主义理论,是党的干部队伍建设思想进入新时代的最新理论成果。

干部队伍建设的新理念新思想新战略。习近平总书记关于新时代干部队伍建设的重要论述是在当前建设现代化经济体系、决胜全面建成小康社会,进而全面建设社会主义现代化强国的新时代背景下提出的。习近平提出"中国梦"的"两个一百年"的核心目标以及中国特色社会主义事业"五位一体"总体布局和"四个全面"战略布局,要求党员干部带领人民群众深化改革、努力拼搏、实干兴邦。习近平深化了对共产党执政规律、党的建设规律、组织工作特别是干部工作规律的认识,是对党的干部路线、组织路线的最新阐释和创新发展。基于长期实践经验总结提炼,习近平总书记关于新时代干部队伍建设的重要论述在此得到了完整的表达。

习近平总书记关于新时代干部队伍建设的重要论述以干部队伍建设为基本,涉及党治国理政的方方面面,形成完整的思想体系。从理想到实践、从观念到制度、从组织到个人,习近平指出了当前干部队伍建设面临的新形势与出

---

① 习近平:《决胜全面建成小康社会夺取新时代中国特色社会主义伟大胜利——在中国共产党第十九次全国代表大会上的报告》,人民出版社 2017 年版,第 66 页。

现的新变化,对提高干部能动性提出了全方位的要求,成为新时代干部队伍建设的行动指南。习近平这一思想在动机与激励层面关注重视干部的主体性、发挥干部的主体作用,为干部提供足够的条件,满足干部物质和精神需求,以激发其为党和国家、为人民群众服务的热情。

近期成为国内外公共管理研究热点的公共服务动机理论也表明了这一思想。该理论主要着眼于如何调动被管理者的积极性和主动性,以及这种积极性主动性会给组织及其个人带来什么样的后果。该理论认为公职人员公共服务动机水平关系到整个公共部门的运行结果,提出允许雇员参与重要决策,通过调整组织结构以利于雇员发挥个人能力,提升雇员教育水平和工作能力;强调为雇员提供良好的医疗保健服务、帮助雇员体验成就感、提升雇员内部激励水平。公共服务动机理论研究从微观实证层面佐证习近平总书记关于新时代干部队伍建设的重要论述的正确性。

补充干部理想信念之"钙"。 习近平极其重视理想信念的作用,曾称其为"共产党人的精神之'钙'"①,要求党员和干部务必坚定共产党人的理想信念,"消除一切损害党的先进性和纯洁性的因素,清除一切侵蚀党的健康肌体的病毒"②。习近平要求加强干部的党性修养,学习和实践党章,发挥领导干部示范作用,这些都有助于营造积极向上的精神氛围。

推动干部人事制度改革。 习近平提出建立完善的制度,包括激励制度、用人制度、考核制度、晋升制度、福利制度、培训制度等一系列制度。激励机制是提高党员干部工作积极性的关键。他认为,建立激励机制,重在公平对待党员干部,使其工作得到党组织和人民的认可。他要求各级党组织严格遵照中央精神,构建选人用人激励机制,包括明确干部的权力和职责、树立正确的用人导向以及建立公平的考核制度等。

激励干部"锐意改革创新"。 习近平总书记关于新时代干部队伍建设的重要论述为干部发挥个人能力、实现个人价值提供了充足的条件。他在十九大报告中提出的党组织要为敢于担当、踏实做事、不谋私利的干部撑腰鼓劲,这与他一直强调的吸纳和使用优秀干部的观点异曲同工:"真正把那些想干事、

---

① 习近平:《决胜全面建成小康社会夺取新时代中国特色社会主义伟大胜利——在中国共产党第十九次全国代表大会上的报告》,人民出版社2017年版,第16页。

② 中共中央宣传部:《习近平总书记系列重要讲话读本》(2016版),学习出版社、人民出版社2016年版,第106页。

能干事、敢担当、善作为的优秀干部选拔到各级领导班子中来。"[①]这意味着党组织要为那些有理想、有能力、有责任的干部提供支持和条件,让他们发挥个人专长、成就个人的社会价值。在崇高的理想目标激励下,在完善的制度环境中,干部创新的积极性势必高昂。

总之,习近平总书记关于新时代干部队伍建设的重要论述是党在新时代做好干部工作的指导思想与行动指南。中共中央办公厅近日印发的《关于进一步激励广大干部新时代新担当新作为的意见》以习近平总书记关于干部队伍建设的重要论述特别是"充分调动广大干部积极性,不断提升工作精气神"的指示精神为指导,对建立激励机制和容错纠错机制,进一步激励广大干部新时代新担当新作为提出明确要求。

---

① 《习近平总书记关于干事担当的重要论述摘录》,《中国纪检监察》2016 年第 6 期。

6-3　城市人力资源发展的战略构想

——以 X 市"十四五"人力资源发展规划为例[*]

为政之要,首在得人。功以才成,业由才广。党的十八大以来,习近平同志就如何做好才与人力资源工作,加强干部管理,实施人才强国战略等方面提出了一系列新观点新论述,这是制定好从中央到地方"十四五"人力资源发展战略规划的指导思想。人才资源、人力资源是助推经济社会创新发展的第一资源、战略性资源。城市人力资源的配置必须与产业需求相适应,才能保障经济与社会又好又快发展。本课题组在调查研究掌握较为充分数据资料的基础上,描述 X 市人力资源发展现状,评估"十三五"X 市人才战略实施效果,预测"十四五"X 市产业发展人力资源支撑的需求,借鉴国内外城市人力资源发展的典型经验,进而提出 X 市"十四五"人力资源发展规划的初步构想。

一、深化人力资源管理的体制机制改革

——推进市场导向的改革,激发人力资源活力。必须转变政府职能,调动市场主体的积极性。通过奖励、财税优惠等方式,调动企业、中介机构、行业协会的积极性,积极培育新型专业人才市场,规范人才市场秩序和市场监管,提高市场配置人才资源的效能。进一步简政放权,以制度创新和管理创新为抓手,加快负面清单管理模式、建立权力清单制度、着力维护公平竞争的市场秩序;通过健全统一规范的人力资源市场体系,完善人才市场供求、价格和竞争机制,进一步落实用人主体自主权;对人才服务机构进行体制改革,以整合、重组等方式,积极培育大型人才服务机构,鼓励民间、境外资本参与人才中介服务产业,形成政府部门宏观调控、市场主体公平竞争、行业协会严格自律、中介组织提供服务的人才市场运行格局。还要根据行业特点,围绕"放管服"改革要求,健全人才评价体系,激发人才活力。

——加强系统性配套性改革,实现人力资源有序发展。一是建立健全人

---

[*] 原载《行政改革内参》2021 年第 2 期(这是作者所承担的某市"十四五时期人力资源发展战略和政策研究"课题调研报告之对策建议部分的摘要,课题组主要成员刘祺,博士生林荣全、陈昭、魏景荣等参加了课题研究)。

才工作体制机制。要形成科学决策机制,建立市级领导联系服务专家制度,充分发挥专家的政策咨询作用;健全人才工作专人沟通制度,选派专人担任人才工作联络员,推进与人才工作领导小组的日常联系、沟通协调等事宜,并通过领导定期走访、会议座谈等多种形式,与人才建立和保持密切联系,优化人才协调机制;建立目标考核制度,将人才工作纳入党政主要干部年度目标考核内容,明确人才工作专项考核权重,并将考核结果作为评选先优、提拔使用的重要依据,健全督促落实机制;建立人才工作负面清单,明确各部门各岗位人员的权责,明晰职能部门人才工作职责。二是强化人才政策和技术支撑。建设人才管理改革试验区,发挥政策叠加优势,推进人才政策先行先试,尤其发挥X市的对台优势,建立两岸人才交流示范区,推进两岸交流融合,并为人才工作创新突破探索可复制、可推广的经验;运用网络信息技术和智能化技术,构建人才引进、管理与服务的一体化协同办公平台和开放数据库,全方位促进基础数据全面共享,专业业务数据按需共享,进一步畅通信息传递渠道,整合利用行政资源开展人才一站式服务。

——以立法先行引领改革,规范人才流动的秩序。一是重视人力资源立法工作。以立法引领和推动人力资源管理改革创新,破除制约创新和发展的体制机制障碍,将长期适用的政策和实践中成熟的经验法定化。二是加强知识产权保护立法。建立健全侵权预防、预警和应对机制,完善惩罚性赔偿制度,建立人才信用征信系统,实行人才失信惩戒机制,鼓励知识产权证券化,创新知识产权投融资产品,完善知识产权信用担保制度;构建集权益保障机制、诚信惩罚机制、法律追诉机制相统一的人才法规体系。三是推动专业技术职务任职资格立法。打破户籍、地域、身份、学历、人事关系等的制约,对人才在市外、省外获得的专业技术职务任职资格予以承认。四是将人才服务纳入人才法制轨道。建立人才管理服务权力清单和责任清单,明确服务种类、性质、内容和方式,放宽人才服务业准入限制,将每项职权的行使主体、办理流程、办结时限和监督方式等以清单形式列出并向社会公布。

——树立全球人才视野,吸引海外高端人才。一是优化境外人才政策,简化人才服务流程。采用柔性吸引等一系列措施,吸引国际人才,利用国际人才智力,推进X市的经济发展;加大对海外高层次人才团队的引进和培养力度,对于产业发展急需、有重大影响、能带来重大经济效益和社会效益的海外高层次人才及其核心团队,给予高额资助;大力简化服务流程,缩短办证时间,吸引高端国际人才。二是营造国际化的环境,建设国际社区,提高外籍人才的归属感,打造国际化城市形象,提升公共服务质量。三是创建海外人才引进集聚新型平台,畅通人才交流渠道;建立国内外人才交流平台,打造外籍高端人才、外籍华人、外籍留学生、国内高层次人才等信息交流平台;建立国际人才创业创新园,引入外籍高层次人才,强化对国际人才创业创新的对接服务;增加驻境外人才工作站布点,支持有条件的企事业单位在境外设立研发中心,探索建立海外人才离岸创新创业基地,支持海外人才开展离岸创业创新活动,设立境外技术转移机构和孵化载体。

二、实施分层次人力资源引进战略

——**调整海外高层次人才引进计划。**为适应当前城市现代化、国际化发展需要,应根据更高的标准及时调整优化"双百计划",为"十四五"时期甚至更长一段时间引进海外高层次人才提供政策支撑。一是持续加大投入力度,形成引才优势。在对各类海外高层次人才的界定中应进一步扩大人才范围,涵盖高新技术、支柱产业、重大工程、新兴产业、科教文卫等领域,加强对博士后、科研人才的投入。二是强化对人才团队的引进,设立专门的团队引才计划,政策上要形成团队引进的服务链,加强对团队项目的全过程管理。三是灵活运用柔性引才机制,充分利用 X 市的环境、气候优势,引进和开发"候鸟型"人才资源;或通过网络在线上远程指导,探索"虚拟人才制",以"虚拟科研所"为载体的人才使用模式。

——**围绕重点产业和"三高"企业精准引才。**根据经济社会发展需要制定更加精细化的引才策略。要按照当前"双千亿"工作内容,根据十二条千亿产业链,做好全产业链的人才引进工作,并重点关注经济高质量发展趋势,提前布局引进数字经济、商业贸易类、城市规划、经济金融等领域人才,抓住发展先机。贯彻落实市委关于"加大培育和壮大总部经济","加快高技术、高成长、高附加值企业发展"的指示精神,围绕总部经济和"三高企业"发展提升引才效率,加快总部经济区域相关人才园区建设。要推进人才认定方式改革,赋予企业更多的自主权,推动"三高"企业人才由市场发现、认可和评价。

——**创新技能型人力资源引进方式。**技能型人力资源是推进"双千亿"工程和"三高"企业发展的中坚力量,必须创新引进方式,加大引进力度。一是充分发挥职业技能竞赛的引导作用。中国人工智能大赛已经永久落户 X 市,未来应围绕重点发展行业,寻求举办更多类似的职能技能比赛并设置相应的引才论坛,通过竞赛促使技能人才集聚 X 市、了解 X 市。二是强化引才载体建设投入。技能型人力资源更多关注未来职业发展和技能提升,应加大投入力度建设更多技师工作站、培训基地、实训基地、孵化园区等,通过创新创业平台搭建吸引人力资源。三是进一步发挥用人单位的作用,鼓励企业单位自主建立技能型人力资源认定标准,纳入全市行业人力资源评价体系,使企业在引进符合自身发展需求的紧缺人力资源方面获得更多自主权。

——**吸引并留住本地人力资源**。进一步加强宣传引导,通过推介会等形式加强对 X 市人才住房政策、保障性住房建造情况等的宣传,破除外界对 X 的固有偏见。加强对城市产业现状、未来发展规划、国际化水平等方面的宣传,塑造具有较好发展前景、国际化进程不断加快、人文气息浓厚的城市形象,支持企事业单位赴国内外高水平院校进行推介宣传;考虑增设专门的大学毕业生和人才回流计划用以吸引人力资源。

三、制定全方位人力资源激励措施

——**根据人力资源需求精准施策,提供灵活有效的激励措施**。根据人才需求,做好人才奖励的"加"和个税优惠的"减",灵活提供更符合需求、更有竞争力的物质激励。针对引进基础人才的物质激励,应着重以保障型物质激励政策为主,解决其安居乐业的基本生活问题;放开对大学本科生的补助条件,惠及所有的全日制本科毕业生,期冀吸引更多优秀本科毕业生。针对高层次人才的物质激励,要从职业发展环境和个税减免上提升。着力提升人才发展的环境,给予人才更多的自主权,给予更多的项目支持;加大个税减免力度,进一步扩大个税优惠;扩大个税奖励覆盖人群,将一般的中层人才纳入个税奖励的范围,做好对中层人才的激励。

——**发挥市场主体作用,畅通人力资源发展渠道**。要厘清政府与市场的边界。在留住人才上,以用人单位为主导,提供合理的薪酬、畅通人才发展渠道,为职工搭建良好的职业发展平台。引导用人单位建立健全符合当地经济发展水平的渐进式薪酬制度,最大限度地体现酬赏与贡献的匹配、收益与预期的契合;引导用人单位注重对人才在薪酬福利待遇方面的投入,设计合理的薪酬体系,让员工工作有动力,留得住;畅通职业发展渠道,注重培养人才对职业的认同感;搭建良好的发展平台和资源,使他们有更多机会寻找自身的定位,畅通晋升渠道,发展有"盼头";给予人才以更加宽容和自由发展的成长环境,包容其探索创新的"试错";通过多种渠道挖掘、发展人才的潜能,从而在恰当的领域、岗位上做出创新性的贡献,创造其独特的"人才"价值,同时也使其自身价值得以实现。

——**重视荣誉性的精神激励,增强人才荣誉感。**在加强物质奖励的同时,重视荣誉性的精神激励,如荣誉称号、专业技术职称等。建立健全杰出人才荣誉表彰制度,向为城市做出卓越贡献和重大贡献的杰出人才授予市级最高的荣誉称号,增强人才的荣誉感;完善市政府特殊津贴制度,加大相应的奖励力度;细化行业的荣誉表彰,细化对在科技、教育、文化、卫生、体育各行各业工匠的评选及表彰。

——**鼓励人才创新创业,优化成果转化环境。**要鼓励创新人才创新创业,建立有利于科技成果转移转化的激励制度。营造良好的自主创业创新氛围。要从公共服务、营商环境发力,打造宜居宜业城市,形成人才聚集效应;着力各类奖项的奖励办法,吸引创新创业人才;给予科技创新人才团队更多的自主权,并为基础学科的科研人员提供足够宽松的环境、持续的资金支持。建立有利于科技成果转移转化的激励制度。加快修订高新技术人才引进相关专利奖励政策;加快《知识产权促进与保护条例》立法进程,通过立法促进知识产权成果转化,为科技成果转化提供良好的法治环境。

四、建设高质量人力资源服务体系

——**简化人才服务流程,改善就业创业环境。**不断简化人才服务流程是深化"放管服"改革、改善营商环境的必然要求。近几年,X市在人才服务方面进行了很多有益的探索,但人才服务流程简化的进程相对缓慢。例如,毕业生接收业务办理手续过程依然比较繁琐,用人单位需要多次到相关业务窗口进行办理。可以参照其他先进城市的做法,加大"放管服"改革力度,简化人才服务流程,缩短申报审批时间,争取"跑一次"甚至"跑零次",进而改善引才环境。

——**拓展人才服务内容,提高人才服务质量。**一是扩大保障和服务的范围。例如,在住房方面,改变当前对新引进人才的生活补贴办法,重点加大对紧缺型人才、高层次人才、技能型人才等的住房补贴和对基础人才的租房补贴;同时要加快保障性住房建设,核准和盘点X市闲置居民住房,争取纳入人才租赁住房市场。二是强化金融服务。X市在金融服务方面较为滞后,对人才创新创业的支持不足。可以参照其他城市已有的经验,成立X市人才服务银行,从而为人才的创新创业提供专业化、精准化金融服务。二是提供法律服务。可以通过整合多方资源,建立人才法律服务工作站,为各个层次的人才提供精准化、专业化、全天候、一站式的法律服务。

——创新人力资源服务方式，建设人力资源服务产业园。可以借鉴上海、重庆、苏州等城市的做法，依托软件园等已有设施，建立 X 市人力资源服务产业园。该产业园可以凸显作为台胞、台企登陆的"第一家园"这一特色，可以采取"一园多区"的形式在岛外建立多个园区，既适应 X 市的总体发展思路，促进岛内外协同发展，也可以辐射周边地区，推进区域内人力资源服务的合作与共享；园区建设要做好生活配套，重点关注住房、医疗、教育等人才群体重点关切问题，可以探索"园区＋住宅区"等新模式。

五、强化人力资源开发的政策供给

——增强人力资源开发政策引导。我国重大城市人力资源工作重点正逐渐由人才引进向人力资源综合管理开发转变。政府必须制定符合实际的人力资源培养与开发规划，增强政策引导。无论北京、上海、广州、深圳等特大城市，还是苏州、杭州、郑州等新一线城市，皆采取积极的人力资源培养与开发政策，改革城市落户政策、医保政策、福利政策等以吸引优质人力资源落户本地，扩大本地人力资源总量。因而 X 市应当在人力资源培养与开发工作方面积极有为，在竞争日益激烈的人力资源工作中通过增加政策供给提高本地人力资源蓄积总量。

——推进人力资源开发制度化建设。参照加拿大、德国等人力资源培养体系较为健全国家的经验，开展人力资源培养工作的重点之一是加强人力资源管理与开发的制度建设，通过加强制度建设，将人力资源开发工作——培养规划、培养服务、服务评价、服务创新——等交由多元主体，将政府、市场、社会等不同主体的职责界定清楚，形成运转高效、持续发展的人力资源培养体制机制。X 市应当注重长效机制建设和短期工作开展相结合，探索制定包含人力资源培养规划、服务评价等内容的地方性人力资源管理法规，注重强化激励人才成长与发展的制度性安排，形成制度优势，将人力资源培养成果与推动地方社会发展结合起来。

——充分发挥对台对外优势。X 市应发挥区位优势，用好国家对台优惠政策，在相关行业与台湾地区企业、人力资源培训组织开展积极合作，学习借鉴其优势行业人力资源培养经验和方法，立足 X 市行业发展创新本地相关领域人力资源培养模式。在做好对台合作交流外，还应放眼国际，加强与发达国家或地区开展人力资源培养合作，把海外先进经验、科学做法引进来再吸收转化，创新本地人力资源培养模式；又要把辖区内的人才送出去，建设境内外长期交流合作平台。

六、营造良好的人力资源发展环境

——**夯实人力资源发展的经济环境。**要重视岛外发展,强力推进新城建设,拓展重大片区招商平台。岛内外人力资源发展要实行差异化战略。根据岛内外一体化建设战略部署,大力拓展岛外人力资源事业发展平台,辅之以加大公共资源配套的投入建设,加大对引进到岛外工作、生活的人力资源在住房、配偶安置、子女就学等方面的政策倾斜力度。X市应加强同周边的联动,凸显中心城市的龙头作用。积极探索区域一体化的体制机制,推动建设"大X市",形成人才、资金、技术等的聚集效应。

——**优化人力资源发展的文化环境。**要摒弃传统重视大学教育而忽视职业教育的做法,使得不同类型的人力资源共同成长,满足经济发展的需要。针对紧缺型的基础性人力资源,可借鉴德国"双元制"的职业教育模式。根据学生的不同特长来选择他们学习的中学类型,使其能够接受良好的技能学习,快速掌握所学技能及早为社会服务。针对紧缺的中高级人力资源,与X市高校通力合作,尤其与双一流大学X大学合作,形成具有国际水准的中高端人力资源教育,并成立多种研究院和专门学院。要进一步营造尊重知识与人才、任人唯贤的良好社会氛围及开放、文明的文化环境。加强文化基础建设,提高文化服务水平,致力于提升文化软实力,让文化成为吸引、集聚人才的不可或缺的关键因素。

——**改善人力资源发展的人居环境。**进一步改善人居环境,提高城市品位,加快提升城市综合承载能力。例如,进一步完善城市轨道交通的建设,减少拥堵现象以利于出行;建设周边的服务设施,尽全力打造与生活息息相关的幼儿园、医院、商店等生活配套设施和服务,为在这里打拼的人力资源解除后顾之忧;进一步探索垃圾分类,促进生态文明建设,让市民生活更美好。

6-4　推进人力资源的协同发展
——基于厦门案例的思考[*]

人力资源是最重要的发展资源,人力资源支撑体系是最重要的发展保障。习近平总书记在党的十九大报告中指出,要加快建设实体经济、科技创新、现代金融、人力资源协同发展的产业体系。这是对实体经济、科技创新、现代金融、人力资源各组成部分之间相互关系的战略定位。贯彻新发展理念,建设现代化经济体系,坚持质量第一、效益优先,推动经济发展质量变革、效率变革、动力变革,提高全要素生产率,离不开人力资源协同发展。而人力资源支撑体系作为一个多元性和多层次的社会系统,在不同区域面临不同的问题,结构性矛盾对人力资源如何协同发展提出了严峻挑战。因此,研究如何推进人力资源协同发展以及构建人力资源协同发展体系,具有重要的理论与实践意义。

一、人力资源协同发展的理论解释

(一)人力资源协同发展的内涵与特征

"协同"(synergy)一词来自古希腊语,意指协和、同步、和谐、协调、协作、合作等。按照哈肯(Hermann Haken)在《协同学》一书中的说法,自然界和人类社会的各种事物普遍存在有序、无序的现象,一定的条件下,有序和无序之间会相互转化,无序就是混沌,有序就是协同。"人力资源"(Human Resource)指的是能够推动整个经济和社会发展、具有劳动能力的人口总和,其具有三个层次的含义:一是指一个国家或地区内,具有劳动能力人口的总和;二是指在一个组织中发挥生产力作用的全体人员;三是指一个人具有的劳动能力。人力资源协同发展的几个基本特征:

——总量协同,即一定地区范围内所拥有或所能动员的人力资源的数量规模是否能够满足当地经济社会发展对人力资源提出的需求,其核心指标是常住人口中劳动年龄的人口数量。

——结构协同,指的是人力资源的供给是否能够满足经济、政治、文化、社会、生态文明等不同领域的需求,是否能够满足经济发展中一、二、三产业和产

---

* 原载《上海行政学院学报》2018 年第 6 期(吴新奎为本文的合作者)。

业内部不同行业的需求,是否能够满足社会领域内部教育、卫生、文化、科技、城市管理等社会事业发展的需求,是否能够满足城乡不同区域发展对人力资源的需求。

——质量协同,就是人力资源的层次结构必须适应各行各业各个领域发展的内在规律,能够满足用人单位对不同层次人力人才资源的需要。人力人才资源的供给是否适应转型升级、产业结构调整和新经济、新业态发展的需要,是否适应并是否能满足各类市场主体基础性的需求、高端的多样化个性化的需求,是否能与经济结构调整等客观环境保持紧密联系,是质量协同的重要体现。

——主体协同,主要指用人单位的协同。例如,在经济领域众企业主体是最为重要的,它代表的是一个地区的生产发展能力、财富创造能力。有如彼得·德鲁克所说,企业是社会的器官,企业的行动对于社会产生决定性影响。这也彰显了新时代"建设实体经济、科技创新、现代金融、人力资源协同发展的产业体系"的战略意义。

(二)人力资源协同发展中的几大关系

第一,当期与长期的关系。从生产、建设、科研等人力人才资源服务领域和教育培养、身体素质、劳动年限等人力人才生产以及再生产一般规律出发,"当期"一般限定在 10 年以内,不超过 2 个"五年规划"实施范围。当期性协同的核心是人力人才资源能够满足该区域当期发展尤其是实体经济发展的需要,包括不同产业行业、不同岗位工种、不同所有制、不同企业规模以及新业态、新模式、新兴领域发展提出的需要。当期协同性应该突出强调精准性,着眼于发展,服务于发展。与"当期"相对应,"长期"的时间范围笔者认为应界定在 10 年~30 年,也就是说,从当期开始,人力资源开发应关注 10 年、20 年、30 年之后该地区全社会的人力人才资源状况,从当期开始规划和谋划人力人才资源的使用、储备、再生产等问题。长期性协同的核心是适应未来发展的需要,适应培育发展潜力和动能、培育创新创造能力、培育影响力和国际竞争力的需要。在推进"长期性协同"过程中,与"当期性协同"是一个互动过程,过程的特征就是产业转型升级。理想目标是以当期需求为基础,以促进转型升级和创新发展为导向,以市场主体和政府规划互动为抓手,从用留并重、加强积累、自我培养、加大引进等多渠道着力,促进总量协同、质量协同、结构协同,逐步构筑起支撑未来发展和赢得未来竞争优势的人力人才资源的总量优势、质量优势、结构优势。

第二,宏观与微观的关系。人力资源开发经济性协同应处理好宏观层面和微观层面的投入产出协同。从宏观层面看,要重视人力资源或人才本身对投入产出的关注。人力资本理论认为,人力资本是由投资而形成、以某种代价获得的能力或技能的价值,投资的代价可在提高生产力过程中以更大的收益收回。因此劳动者将自己拥有的脑力和体力投入到生产过程中参与价值创造,要求据此来获取相应的劳动报酬和经济利益。从成本收益的角度强调投资付出的代价及其收回,考虑投资成本带来多少价值。正因为不同地区不同行业的产出水平不一,从而成为人力资源流动性不断增强的一个原因。从微观层面看,人力资源是企业生产经营成本的重要组成部分,在协同发展的体系中,应关注企业用人单位在招聘、用才留才、继续教育、提供员工基本公共服务等诸多方面的成本,建立有利于企业降低人力资源成本并有利于人才资源个体发展的政策制度,以帮助企业用人单位实现经济性的目标。

第三,静态与动态的关系。协同不是静止不变的,而是动态性的平衡。而流动性是人力资源市场的基本特征,市场机制的决定性作用同样在人力资源配置中起着关键性影响。适度的流动性有利于通过市场竞争作用促进结构协同和人力资源的再生产,但是过度的流动性也会增加企业用人单位的人力资源成本,影响企业预期,从而减少企业对人力资源再生产的投入,进而对该地区甚至全社会人力资源开发带来负面影响。如何应对人力资源流动性带来的负效应已经成为企业用人主体的共同课题。

(三)人力资源协同发展主体的功能定位

人力资源协同发展应重视相关主体之间的功能定位,进而形成相互关联、相互促进、正相关的协同体系。

一是发挥政府的宏观主导作用。人力人才资源是特殊商品,其生产和再生产具有自身的特殊规律性,与知识、技能、创新能力紧密结合在一起。解决人力资源的总量问题、结构问题、质量问题,当期性、长期性、经济性、流动性协同,仅靠市场的调节机制和市场配置难以达到高效率的要求。从生产环节看,人力资源生产所依托的人口规划和实施、教育规划和实施、继续教育等方面都呈相对独立状态,与发展对人力人才资源需求的匹配性、对接精准性还有不少差距。当前新成长劳动力,尤其是院校毕业生就业困难和企业缺工招聘难的结构性矛盾已经成为困扰政府和企业的共同问题。一方面,因就业困难,以高校毕业生为重点的群体就业已经列入了各地各级政府最大的民生事业;另一方面,企业等用工单位招聘难带来对生产的影响,使越来越多的企业对政府的用工服务提出了诉求,颠覆了市场经济体制下"不找市长找市场"的常态。从配置环节看,人力资源市场影响高效性的因素仍然不少。其一是信息不对称。全国每年大约800万的院校毕业生与用人单位的需求对接,仅仅依靠人力资源服务企业发布和对接,存在大量的无效信息和无效劳动。其二是无论对院校和企业,渠道有限问题仍未从机制上解决。院校找企业、企业找院校、校企合作和点对点的对接模式适应不了大规模、常态化的需求。从人力资源再生产看,由于流动性,担心无效投资,将影响企业用人单位在人力资本方面的后续投入,从而影响人力资源继续教育和技能提升,影响企业用人单位生产经营和劳动生产率的提高。从人力资源长期性协同看,企业的价值取向与政府目标存在差异性,仅靠企业主体作用很难实现区域发展的预期目标。所以,在人力资源协同发展体系中,应重视政府的宏观主导作用,按照发挥市场的决定性作用和更好发挥政府作用的指导原则,加强人力资源开发规划,构建有利于人力资源生产、开发的政策支持体系,能够有效提高人力资源配置效率,降低区域企业发展人力资源成本的配置体系,畅通人力资源供给、需求、流动、价格和信息交流机制,提高资源开发与配置效率,实现扩大有效供给、提高供给质量、保持适度流动性、降低交易成本的目标,着力降低人力资源开发的制度性成本。

二是发挥企业微观主体的关键作用。人力资源作为生产要素是为生产直接服务的,也是直接为企业创造利润服务的。因此,企业用人单位对人力资源开发具有关键性作用。从实践上看,企业提供的薪酬、工作生活环境、给人才的成长发展机会等对企业吸引人才至关重要;在使用环节,质量是否协同、层次结构是否匹配,用人单位具有独立的评价权;如何适应人才对美好生活的需要,在企业需求与个人需求协同方面,企业用人单位具有决定性作用。因而,在人力资源协同发展体系构建中,要积极引导企业认识人力资源对企业当期发展和长远发展的战略意义,增强企业在人力资源开发中的主体地位和责任,发挥能动作用。

三是发挥人力人才资源个体的基础性作用。人是特殊的生产力资源。彼得·德鲁克在《管理的实践》一书中说过:人具备独特的生理特质、能力和限制,应该将人当成不同于其他资源的资源,每位员工都有自己的个性和公民权,能够掌控自己是否要工作,以及做多做少和绩效好坏,因此需要激励、参与、满足、刺激、奖励、领导、地位和功能。因此,在协同发展体系构建中,应引导人力人才个体树立正确的价值取向,鼓励引导把个人责任与家庭责任、社会责任有机统一起来,把个人的人生价值追求与社会发展需要统一起来,破除"慢就业""不就业"高流动性等问题,提高全社会的劳动参与率,进一步挖掘人力资源潜力。

四是发挥教育和培训机构在人力资源可持续发展方面的功能。人力资源的可持续发展,一方面是指人力资源在数量上比前期有所增长,是一种外延型发展;另一方面是指人力资源在质量上的提高,包括劳动者的智力、文化水平、劳动技能、劳动经验、科技知识等,可通过劳动者的平均熟练程度和生产力水平得到提高,是一种内涵型发展。在人口老龄化、区域发展人力资源竞争日趋激烈的背景下,区域人力资源的协同发展,在可持续方面必须总量和质量同时关注,源头开发增加总量和提升质量内涵式发展并重。

在构建人力资源协同发展体系方面,人力资源开发涉及培养和引进、使用、留住人才等诸多环节,涉及企业用人单位、人才个体、教育培养机构、人力资源市场、继续教育机构等众多主体,如何以发展协同为导向,实现培养、使用、流动、再生产各个环节的精准性、经济性、高效性,应把发挥市场的决定性作用和更好发挥政府作用结合起来,注重政府、企业用人单位、人才或人力资源个体教育和培训机构多个方面的协同,注重市场机制作用、企业主体作用、政府作用的有机统一,努力实现人力资源开发与发展需要的协同,与企业用人主体的需要协同。同时在宏观环境和微观环境营造方面能够适应人的劳动价值观念的变化要求,人力资源管理的价值理念、法律规章、工作内容、行动方式、技术手段等能够有利于人力资本投资、人力资源再生、人力资源潜能挖掘。

二、厦门人力资源协同发展的现状分析[①]

厦门是我国最早建立的四个经济特区之一。2017 年全市登记法人机构和个体工商户超过 50 万家,全市重点用工企业超过 10 万家,用工规模超过 200 万人,GDP 总量超过 4300 亿元,人均 GDP 居于全国前列。统计数据显

---

① 本节的主要数据来源:厦门市统计局:《厦门经济特区年鉴》(2006—2016 各年度),中国统计出版社,2007—2017;国家统计局:《2016 年农民工监测调查报告》,中国政府网 2017-04-28;厦门市统计局、国家统计局厦门调查队:《厦门市国民经济和社会发展统计公报》(2006—2016 各年度),厦门市统计局网站 stats-xm.gov.cn;厦门市统计局:《2017 厦门统计分析资料汇编》,厦门市统计局编印,2017;厦门市发展研究中心编:《厦门发展报告(2016—2017 年)》,厦门大学出版社,2017;中商产业研究院:《2017 年中国主要城市房价工资比排行榜》,凤凰网 2017-06-30。

示:近十年来,厦门全市人口净流入近 50 万人,截至 2016 年底,厦门人才总量近 80 万,其中高级职称 9.8 万人,中级职称 20 万人;博士 1.5 万人,硕士 9 万人;高级技师 4102 人,技师 10434 人。另外,厦门每年吸纳高校毕业生 2.5 万人,2017 年首次突破 3 万,达到 3.5 万,引进专业技术性人才 3000 人左右。从总量和结构看,全市人才总量占就业人员的 37.21% 左右,比全国高出将近 16个百分点。厦门人力资源与经济社会发展总体保持了一个协同发展的态势,人力资源的服务和保障作用逐步增强。主要表现在:

一是人力资源供应总量与实体经济发展基本协同。2017 年,厦门全市企业登记用工 197.67 万人,与 2010 年全市企业登记用工 131.81 万人相比,增长 49.97%。2010 年全市国内生产总值 2053.7 亿元,2017 年全市国内生产总值 4351.2 亿元,增长 111.9%。从 2010 年至 2017 年,全社会企业用工与经济增长基本保持了同步增长。

二是人力资源的产业分布与产业结构调整基本协同。2010 年厦门三次产业结构为 1.1∶50∶48.9,相应的用工占比为 0.67∶42.73∶56.6。2017 年厦门三次产业结构为 0.5∶41.7∶57.8,相应的用工占比为 0.58∶37.61∶61.81。从 2010 年至 2017 年,产业结构调整与用工保持了匹配调整趋势。

三是企业员工待遇与全员劳动生产率比较协调。2016 年厦门市人均GDP 增长率为 6.3%,规模以上工业企业全员劳动生产率增速为 5.66%,城镇单位非私营单位职工平均工资增长率为 7.62%,城镇居民人均工资收入增长率为 7.9%,劳动生产率的提升与收入增长总体比较协调。2007—2016 年厦门人均 GDP 平均增长率为 7.31%,规模以上工业企业全员劳动生产率增速为 8.04%,城镇单位非私营单位社会平均工资增长率(扣除物价因素)为8.02%,城镇居民人均工资收入增长率(扣除物价因素)为 7.54%,亦体现出企业发展与员工收入增长协同特点。

但厦门人力资源协同发展中也存在一些突出问题。主要表现在如下几个方面:

——自给不足。这是厦门不同于很多城市和地区的特点。从源头看,本市户籍人力资源不足,外来务工人员是厦门人力资源的主要来源。2017 年厦门市劳动就业管理中心统计资料显示:2017 年 8 月末,厦门全市就业登记在职职工总数 198.98 万人。主要来源有三部分:本市户籍职工 60.51 万,占全市职工总数 30.41%;市外省内来厦就业人员 63.54 万人,占 31.93%;省外来厦就业人员 74.71 万人,约 37.55%。从 2010 年至 2017 年,本市户籍职工总数都没有超过全市就业登记总数的三分之一,说明厦门人力资源对外依存度大。国家统计局《农民工监测调查报告》相关数据显示:2016年,全国外出农民工16934万人,比上一年度增长0.3%,增长率下滑0.1个百分点。2011—2016年以来,我国外出农民工增长速度逐年下滑,增速分别为3.4%、3%、1.7%、1.3%、0.4%和0.3%。农民工外出数量下降将进一步加剧厦门的用工困难。

——增量有限。根据厦门市人力资源和社会保障局统计资料,2012年—2017年,厦门每年接收高校毕业生一般在2万~3万之间,占全国每年高校毕业生总量不足三百分之一。2017年厦门吸纳高校毕业生35194人,占全国高校毕业生总量0.44%。2017年厦门国内生产总值4351.18亿元,超过全国总量84万亿的二百分之一。相较经济总量,厦门每年接收高校毕业生和引进人才规模比较小。

——稳定性差。这表现在就业登记和失业登记人数呈同步、逐年走高态势。根据厦门市劳动就业管理中心的统计资料,2017年全市就业登记120.95万人次,失业登记102.3万人次,两者之比为1∶0.85;2010年全市就业登记80.21万人次,失业登记61.09万人次,两者之比为1∶0.76。高校毕业生引进后外流保持一定比例。厦门市社会保险管理中心统计资料表明:2017年全市参保人数273.39万人,比2012年参保人数210.46万人增加62.93万人,增长29.9%;2017年全市社保当年断缴未接续缴费48.39万人,比2012年断保人数29.87万人增加18.52万人,增长62%,比参保人数增速高32.1个百分点。从当年断保人数与参保人数占比看,2012年占比14.19%,2017年占比17.7%,上升了3.51个百分点。

——竞争力弱。这指的是留住人才的综合环境竞争力不强:一是企业开展员工技能培训积极性不高。根据厦门市人力资源和社会保障局的《厦门市人工成本水平及构成情况》报告,2016年厦门企业用工职工教育经费占企业人工成本比例仅为0.30%,远低于国家提出的最低1.5%、最高8%的比例。二是工资水平不具吸引力。国家统计局统计数据显示,2016年全国城镇非私营单位就业人员年平均工资为67569元,比上年增加5540元,增长8.9%,其中东部、西部、中部和东北地区分别为77013元、62453元、55299元和54872元。《厦门经济特区年鉴》(2017)的数据显示:2016年厦门市城镇非私营单位就业人员职工平均工资为69218元,比2015年增长7.56%,仅略高于全国平均值,比东部地区平均值要低10.12%。三是房价高涨。以2015年为基数,

2017年8月厦门市新建商品房价格指数为152.2(增幅52.2%),若以2010年为基数计算,则增幅为206.08%;而根据中商产业研究院《2017年中国主要城市房价工资比排行榜》提供的数据,2010—2016年间城镇非私营单位职工工资增幅仅为71.83%,居民工资性收入增幅则更低,仅为40.34%。

三、人力资源协同发展的路径选择

厦门发展在人力资源协同发展中的瓶颈,是人力资源协同发展一般规律在区域上的具体表现。破解上述难题,需要遵循人力资源协同发展的一般规律。那么,基于厦门的案例,如何推进人力资源的协同发展及构建人力资源的协同发展体系呢? 我们提出如下几点思考。

(一)确立发展型导向,以总量协同为基础

总量协同是结构协同、质量协同、主体协同的基础,没有总量支撑,其他协同就无从谈起。人力资源开发在总量上是不是协同,关键要以发展为标准,用发展提出的人力资源需求进行衡量。总量协同在不同地区、不同发展阶段会体现出完全不同的性质:总量不足或总量过剩。厦门是一个典型的人力资源不足、对外依赖程度极高的城市,解决总量协同的着力点在于解决源头不足的问题,应强化源头开发体系建设,把民生型就业服务转变为发展型就业服务,把重点放在为厦门发展开发、增加人力资源总量上。

在普通用工方面,要重点加强五大源头开发。一是省外劳务输入基地,在全国建档立卡农村贫困劳动力比较集中、与厦门物理距离比较短、流向已成基本定型的地区建立劳务输入基地并配套相应的政策措施,确保基地能够正常运作并组织劳务输入。二是省内村居招聘网络。以"就业大回归、建设新福建"为主题,适应"就近就业"的趋势和需求,在农村劳动力富余比较多、转移就业意愿比较高的地区建立以村居为单元的招聘网络,依托村居两委,建立招聘信息发布平台,吸引新成长劳动力和原来在省外务工劳动力回归,对组织引导入厦的村居或招聘点,同样赋予劳务输入的奖励措施,实现输出地和输入地的"双赢"。三是校企合作。依托全国技工院校群体,举办全国技工院校的校企合作会,搭建实习见习、就业合作平台,并延伸定向招生、定向培养等合作。2018年2月,国家教育部、国家发展改革委、工业和信息化部、财政部、人力资源和社会保障部、国家税务总局联合发布《职业学校校企合作促进办法》,对完善校企主导、政府推动、行业指导、学校企业双主体实施的合作机制进行了明确,在建立健全校企合作的促进支持政策、服务平台和保障机制方面具有重要

指导作用。四是失业群体开发。把失业登记人员作为用工开发的关键群体,完善信息登记系统,建立平台式联系渠道,在失业登记人员失业登记后第一时间推送企业招聘信息,确保失业登记人员继续留在厦门就业。五是农村失地失海人员、"4050"人员、残疾人等特殊群体,要有针对性地开展技能培训和就业岗位推荐,增加社会用工总量。

在专业技术人才方面,坚持以需求为导向,实施"院校毕业生招聘行动计划"。针对需求情况和特点,开发五大源头:一是厦门生源,与教育部门和厦门各所高中学校联动,建立厦门生源高考升学后的联系机制,通过开展在校期间回厦实习见习、毕业年度精准推送岗位招聘信息等活动,引导高校毕业后返乡就业,利用家在厦门的优势,形成比较稳定的人才群体。二是福建生源,利用厦门环境、产业、机会的比较优势以及相对就近的特点,吸引福建生源高校毕业生入厦就业,增强稳定性。三是厦门高校毕业生,要通过精准推送岗位信息尽量留住厦门地区高校毕业生。四是其他院校,要加强市场化招聘,加强城市推介、产业推介、政策推介、需求信息推介;利用各种渠道提高精准推介的水平和精准招聘的效率。同时,鼓励支持有需求的企业在高校集中、环境合适、房价等生活成本较低的地方建立企业研发基地,以厦门就业、厦门薪酬、厦门保障、厦门养老与在心仪的地方工作生活总部型的"双城"选择模式吸引外地高校毕业生为厦门发展服务。五是海外留学归国人员、港澳台和其他境外等引才渠道,也是厦门人才引进的重要来源。

(二)强化企业主体作用,破解质量协同结构失衡难题

一方面,在企业内部,要着力通过薪酬与工作生活环境给人才以扎根、成长和发展的机会,实现留住人才的目的。积极营造用才留才助才成长的微观环境,注重员工与组织的协调发展,既着眼于生产力与效益的提高,又着眼于员工满意度与工作生活质量的提高,对员工实行人本化的管理,解决员工稳定性和忠诚度问题;重视加强员工的培训与继续教育,发挥激励核心手段作用,通过合理的奖酬与福利调动员工工作的积极性。另一方面,要引导企业认识人力资源对企业当期发展和长远发展的战略意义,呼应政府在人力资源开发方面的战略和政策,增强引进人才、储备人才、留住人才、支持人才成长的主动性。引导企业探索"机器换工",缓解人力资源不足问题。

(三)发挥政府主导作用,降低协同发展的制度成本

一是构建区域统一、区域与区域之间可联、全国可通的人力资源统一市场。统一市场应具有三方面基本功能:第一,能够汇集和分析各地区、各行业、

各领域、各种层次的人力资源供给、需求信息,可实现一站登记,全网发布,打通供求双方、各行政区域的孤岛通道,降低求职者和招聘单位的搜寻成本。第二,能够适应企业和人才双方的个性化需要,运用大数据分析技术,推行供求双方精准匹配、有效匹配、即时匹配、远程匹配等智能化服务方式。第三,能够承担企业用人单位和人才在网上申请、经办各种相关的服务事项。

二是建立需求开发系统,精准掌握人力资源的当期需求和预期需求。在人力资源部门成立产业企业服务机构,建立与各行政区、发改局、经信局、商务局、招商局、产业园区、研发机构、高等院校、众创空间的业务联系,作为精准开发人才需求的组织基础。将"四上"企业、重点产业企业、新投产项目和当年预计投产项目、研发机构、众创空间运营企业、人力资源服务企业纳入需求开发平台,实行有组织的人力资源需求申报登记,并对需求登记进行普通用工、技能人才、专业技术人才、专业、学历层次、来源渠道、工资福利、工作地点分布等方面的细化分析,为招聘引进提供依据。同时,要结合用工季节性特点和高校毕业生特点,建立周期性开发机制,使需求开发与招聘工作有机衔接,招聘工作与高校毕业生实习见习、毕业时间相衔接。

三是重新构建市场经济条件下政府与企业之间的工作网络、服务网络、监管网络。由政府统一开发人力资源管理系统软件,免费提供企业使用,通过重新构建政府与企业的联系机制,主动推送政府在企业用工、企业技能培训、企业人才引进、企业劳动关系及降低企业成本方面的政策措施,更好地发挥政府的引导指导作用。

四是积极发展人力资源服务业。依法规范实施人力资源服务行政许可,促进公共服务和经营性服务协同发展,推进统一规范的人力资源市场建设。构建"劳动者自主择业,市场调节就业,政府促进就业"的工作格局,依托公共就业服务机构开展各类人才交流招聘活动,发挥线下市场的作用。加强人力资源线上、线下市场监管,建立人力资源市场反欺诈机制、招聘信息发布定期检查和不定期抽查制度,持续开展人力资源市场秩序清理整顿专项行动。

五是适应用工方式变化,规范劳动关系,促进人力资源开发。适应学生勤工俭学、实习、见习,职工兼职、退休返聘、家庭雇工、工地聘用农民工等非标准用工发展趋势,探索建立管理规范,完善劳动合同、社会保险等政策,明确双方用工管理、工资支付、职业伤害主体责任以及纠纷协调处理机制,为开发劳动力资源消除制度性障碍。

（四）强化政府与企业之间联动，顺应趋势营造产出协同环境

人才流动取决于城市的生活成本、公共服务、人文关怀和成长机会等因素。应坚持"以人为本、公平共享，统筹兼顾、优化布局，城乡一体、改革创新，分类推进、逐步实施"的原则，为来厦就业人员提供均等的公共就业创业服务；依法将与用人单位建立稳定劳动关系的外来务工人员及其随迁子女纳入城镇职工社会保险体系，不断完善社会保险关系转移接续政策；积极推进城镇基本公共服务由主要对本地户籍人口提供向对常住人口提供转变，保障符合条件的外来务工人员随迁子女平等接受义务教育权利和公共卫生服务权利；积极实施人才安居工程，推动用工人员融入企业、子女融入学校、家庭融入社区、群体融入城镇，有序推进外来人员市民化，努力营造市场经济体制下有竞争力的人才环境，以留住人才为基础，实现人力资源开发的可持续。

总之，人力资源与经济社会发展之间是相互联系、相互作用和相互促进的，两者的协同发展具有突出的经济效益、社会效益、综合效益。人力资源协同发展是发展型的人力资源观，是对我国人力资源开发理论的重大转变与创新，充分体现了中国特色社会主义市场经济的制度特征。以40年前的改革开放为分水岭，我国的人力资源开发和配置经历了从计划体制到市场体制的重要转变，当前正在进入一个发挥市场决定性作用和更好地发挥政府作用的新阶段。要在习近平新时代中国特色社会主义思想以及党的十九大报告精神的指引下，坚持以总量协同为基础，以企业为主体，以政府为主导，政府作用、企业作用有机联动与融合，不断营造人力资源政府开发、企业开发、自我开发的协同环境、协同机制和协同效应，培育人力资本服务方面新的增长点，形成新动能，开创人力资源协同发展的新局面。

6-5　优化干部队伍结构的思考
——以厦门市为例[*]

党的十八届三中全会提出了国家治理体系和治理能力现代化的宏大目标,这离不开一支具备现代管理能力和服务理念的,年轻化、知识化、专业化的干部人才队伍。这样一支队伍的建设是一项长期任务,但在新时期下又具有迫切性,需要我们从顶层设计的高度统筹公共部门人力资源管理战略。改革开放几十年来,中央和地方层面上公共部门自身内部管理有了很大提升,对机关事业单位干部选拔、聘任相关制度作了大量改革,但是仍然缺乏统筹整个公共部门的人力资源管理战略。近年来,随着我国人口逐渐步入老龄化,公务员队伍年龄结构老化,队伍知识结构老化的问题日渐突出,公共部门绩效和政府治理创新面临挑战。如何破解这一难题需要组织上高度重视,政府相关部门协同创新、探索,深入实际调研、准确把脉,找准理论,摸清战略方向,有针对性地制定与实施人才干部队伍管理改革的战略规划。

一、完善以《公务员法》为核心的干部管理体制

长期以来,公务员人才队伍一直是党的干部队伍的基础,2006年《公务员法》开始实施,取代了多年的《公务员管理暂行条例》,一个现代化、专业化的公务员队伍管理制度逐渐形成,这意味着党组织选拔人才、任用干部的软环境发生了变化。

在本次课题调研中,我们发现了厦门公务员队伍存在的一些问题:队伍结构老化、编制配备不合理、知识和能力相对缺乏以及队伍士气方面的问题,这并不是简单地多进一些年轻、学历高、专业对口的人员就可以解决,其彻底解决需要提升到完善公务员管理制度的制度层面上,归根到底需要完善以《公务员法》为核心的干部管理体制,需要我们从顶层设计的高度统筹公共部门人力资源管理战略。

---

* 本文来自作者所承担的2014年度中共厦门市委组织部委托课题"厦门市党政机关干部队伍来源结构优化"调研报告的第四部分"对策建议"(课题组成员:陈芳、林亚清、林东海、孟华等)。

20世纪80年代以来,现代劳动经济学发展了"内部劳动力市场"理论,揭示了为什么一些企业的薪酬、劳动力结构以及劳动力流动方面明显区别于整个劳动力市场。研究发现,具有内部劳动力市场制度的企业和组织具备人力资源管理和开发上的明显优势,并提升了组织内部文化和总体竞争力。不仅西方的大企业都各自发展了各具特色的内部劳动力市场,公共部门,包括中央和地方政府各个部门也逐步形成了内部劳动力市场制度,从而在人力资源上为西方政府公共服务和政府治理提供了保障。我国《公务员法》的实施,意味着一个覆盖政府部门的内部劳动力市场正在制度化。

但是,内部劳动力市场制度也带来了一些相关的问题,终身雇员和长期劳动契约可能带来员工队伍老龄化的困境;单位内部,新员工和老员工的士气难以凝聚,每年都会有在竞争擢拔中失利的老员工士气受挫。虽然我国的《公务员法》已经打破了干部铁饭碗、终身制,但是公共部门内部公务员流动性低,能进不能出已经成为中央到地方普遍面临的问题。干部队伍老化可能仅仅只是一个表象,其内部可能还存在知识结构老化、团队凝聚力下降、士气低下等问题。

二、塑造"三位一体"的公共部门人力资源管理体制大格局

厦门市现有干部人才队伍存在的老龄化、知识结构老化、队伍士气问题,事实上在全国各地方也都存在。这些问题是我国当前公务员管理体制不完善,传统的干部管理思维僵化,缺乏公共管理和公共服务理念所导致的。《公务员法》在对公务员职务和职级划分的基础上,形成了考核晋升、薪酬激励、退出管理、"三位一体"的大格局、大思路。尽管大格局已经确立,但是"三位一体"的人力资源管理制度的很多实施细则却需要地方政府进行创新和探索。这种探索,需要地方政府党委解放思想、转变观念,不仅要以"政治思维管理干部队伍",还要以"公共服务理念"优化干部来源的管理,以"公共管理"的绩效理念考核干部队伍,以"公共利益"理念把握干部队伍退出管理。我国的《公务员法》实际上形成了一个巨大的公共部门内部劳动力市场,应该多研究,熟悉和了解内部劳动力市场运行的一些规律,例如,内部劳动力市场是如何处理老员工士气低下的问题的。本课题组就此次调研发现的一些问题,从公共部门人力资源管理大战略的高度提出一些有针对性的政策建议。

1. 主动出击,海选优才,优化结构

一是主动出击,改变军转干部安置的"被动"思维。随着公共管理和公共

服务的发展,公共部门人力资源管理日趋专业化,这在西方国家最终导致了现代公务员制度和内部劳动力市场的形成。这种内部劳动力市场的主要特征之一,就是入口年龄低龄化、专业化,受过高等教育,具备专业知识的年轻的大学生和研究生毕业通过公开招录和选调生路径进入公务队伍,这些人将来是干部骨干成长的基础。

入口低龄化有利于公务员今后的职业塑造和专业化的成长,这也是目前很多大企业、大公司在人力资源管理上的一个战略。每年毕业季学生尚未毕业,各用人单位争相涌进高校,把各类优秀人才网入罗中。当一个毕业生进入一个大单位,若干年后逐渐被塑造成适应企业文化的"单位人",成为高效的内部劳动力。同样,一个高校毕业生进入政府部门,经过若干年职业塑造,他的劳动效率才能发挥到极致。低入口年龄的公务员可塑性强,发展空间大,这是公共部门人力资源管埋应具备的埋念意识。

然而,我国的公共部门,由于特定的政治制度和政治环境,在干部来源和入口上还需要考虑特定的政治任务和要求。邓小平在 20 世纪 90 年代提出的干部异地交流制度,我国长期以来实行的军队转业干部安置政策,这两项政策成为可能与公务员正常成长规律有异的入口途径,入口年龄偏高,相对缺乏专业知识,缺乏可塑空间,如一个 45 岁军转干部专业安置到地方,工作 15 年就退休了,可能导致占用一个职数而没有相应的职绩的现象。

在理论上,我们可以通过内部劳动力市场指数(ILI)来评估一个地方公共部门人力资源管理的专业化程度,以及政治环境对公共部门人力资源专业化管理造成的影响。

$$ILI = (\frac{公开招录和选调}{总的入口人数} + \frac{初级干部内部擢拔}{初级干部总职数} + \frac{中层干部内部擢拔}{中层干部总职数}) \div 3$$

目前课题组所掌握的数据尚没办法进行系统、全面的评估。但从厦门市近五年的公务员入口数据来看,政治环境因素的影响是显著的。军转干部安置和交流干部占每年公务员入口人数的比例大致为 25%。如何把军队转业干部安置工作,从当作一个政治任务来抓向人力资源管理思路转变?

2000 年 5 月 30 日,国务院和中央军委联合发布了《关于建立依托普通高等教育培养军队干部的决定》,同年清华大学开始招收国防生,目前国内已经有 100 多家高校招收国防生。2004 年第一批国防生毕业到现在已经 10 年,这也就意味着,再过 10 年军队转业干部的专业水平本身会有很大的提升,不再是像现在缺乏专业背景。既然军队转业干部具备专业背景,并在军队体制中获得专业的成长,地方政府未来军转干部安置,应该改变那种"等着送上门、被动接受"的观念,变成主动出击,主动派出招聘队伍到军营,预先搜罗网织那些即将退伍的军队人才。军队人才体系和地方政府干部人才队伍,将来可能成为两个平行、并列的,具有交互协作和流动的人才大市场,甚至一些优秀军队干部退伍可以带来"军转民"技术,如军队中的无线电专业人才。未来的军转干部安置工作,需要实现人力资源管理思维上的转变,优化人才队伍入口将不成问题。

二是海选优才,充实社会治理基础。十八大以来,结合厦门市人文、自然资源、区位和地理等多方优势,厦门市委市政府提出了建设"美丽厦门"的宏伟目标。"美丽厦门"的战略方案的实施,厦门亟待破除当前以岛内思明区为行政、经济和商务中心的资源和区位发展瓶颈,通过多中心平衡发展打通岛内到外、城市乡村的发展禁膈。

目前厦门市岛内土地和商业资源的利用已接近饱和状态,岛外海沧、集美、同安、杏林、翔安多区仍然呈现明显的城乡二元结构,美丽厦门计划的实施,未来5年和10年内行政、经济和商业向岛外拓展的过程中,是一个城乡二元治理结构逐渐向城乡融合的现代型都市的发展过程。这个过程必然面临社会管理、社会治理能力方面带来的新挑战。过去,广大农村的治理主要依靠村集体自治,未来美丽厦门伴随着工业化、城市化的城乡融合的发展必将带来社会管理和社会融合的压力。

厦门市公务员队伍人才结构优化应预见到未来面临的这一挑战,从公务员队伍的社会阶层代表性出发,更进一步拓宽人才入口。在目前已有的公务员公开考录、选调生(主要面向毕业生)和军转干部入口途径的基础上,考虑让适当的具有工人和农民职业经历和背景的人才进入公务员队伍,作为应对未来城乡社会融合、社会治理能力提升的必要准备。这样,未来管理、服务于农村城市化发展的公务员中,具有农业从业经历或农民身份背景的,思想素质过硬,专业技能优秀的人才将发挥积极作用。从这个角度,人才的定义基础要适当拓宽,即来自于工人、农民阶层的优秀成员,也应纳入优才的定义。

2. 破除"官本位"思想束缚,打通基层干部队伍晋升空间

《公务员法》颁布以来,我国开始了对公务员实行分类管理。国家公务员分成领导和非领导职务,并划分成1~15级实行职级晋升的管理;同时为了提高管理效能和管理的科学性,公务员划分为综合管理类、专业技术类、综合执

法类,以职位进行分类管理。在公务员法确立的具有纵向和横向相结合的职位、职务和职级划分的分类管理体制的基础上,各个地方政府根据自身行政级别,分别出台了各自的领导干部选拔和任用条例,这种公平、透明的晋升机制塑造了干部队伍成长的制度基础,初步形成了公共部门金字塔等级的内部劳动力市场结构。在这种制度下,一大批年富力强的干部根据相应的年限、资历,以德、能、勤、政等多方展开晋升竞赛,由于我国行政管理体制长期以来存在的"官本位"思想严重,公务员晋升的焦点往往集中在综合管理类具有行政职务的职级晋升上,相比之下,公务员法颁布以来,多数地方政府在干部队伍管理中忽略了专业技术类和综合执法类的晋升和激励的管理。

干部晋升以官职为目标,一旦晋升失败可能导致士气受挫,这是内部劳动力市场不可避免的一个问题。如何抚慰那些在职务晋升竞赛中失败的干部和职工,加强整个团队的凝聚力? 这是企业和政府部门始终在探讨和解决的问题。在内部劳动力市场金字塔等级结构下,老龄化意味着老员工越多,就意味着晋升失意的员工可能增加,团队士气可能存在问题。在一次公共管理硕士入学考试复试中,一个参加工作几年的基层公务员吐露了心声:目前一些基层老员工在新员工前倚老卖老,工作推诿,基本上不干事,这势必严重影响整个团队的工作士气。我们此次课题调研,又恰逢"八项规定"三令五申,很多以前惯于享受隐性福利的老公务员有些"想不开",这说明公务员队伍确实存在士气方面的问题。

由于传统的"官本位"思想束缚,广大干部纷纷把职业生涯发展聚焦于有限的领导岗位,而非领导岗位——调研员似乎也只用来抚慰那些未能获得领导职务晋升的资深员工。实际上,《公务员法》设定了综合管理类、专业技术类、行政执法类三类横向职位划分,综合管理类几乎成为干部职务晋升的代名词,相比之下,各地方政府针围绕着专业技术类和行政执法类干部考核、晋升管理展开的改革探索力度不足。非综合管理类干部职级晋升空间没有打通,可能会使老龄化的干部队伍的士气长期受压抑。

《公务员法》实施不久,广东等一些地方即开始出现"副厅级县委书记",这种干部任用提拔办法就是在官员职务不变的基础上给予相应的级别提拔,使这些官员能够享受相应级别带来的待遇的提升,给基层公务员晋升更大的成长空间。职务和级别相分离的干部考核、任用和晋升办法,体现了干部队伍管理思维向人力资源管理思维的转变,在某种程度上破解了干部提拔"为官升"的本位思想。

　　但是,对专业技术类和行政执法类公务员的职级晋升的探索,仍显得相对滞后,事实上仍然是"官本位"思想在作祟。干部一旦走向综合管理类,如果晋职失败可能获得调研员非领导职务的抚慰,现在"职务和级别分离"的思维又进一步打通了综合管理类干部的晋升空间。这种不平衡可能导致公务员对专业技术和执法岗位的工作缺乏热情和信心,这两类岗位的职级晋升机制,应该是未来干部队伍管理需要重点探讨的问题。

　　现在改革恰逢其时。在此次调研中,有受访的公务员表露了这样的心态:现在当干部没有灰色收入,吃喝不能签单,又经常担心被查,没什么人想当官了。党的十八届三中全会以来,党内反腐力度不断加大,"八项规定"刹住了领导干部吃喝和公款消费的歪风,切断了官员吃、拿、卡、要和公款消费的隐性福利,公务员与级别相应的职务待遇显得更加重要。下一步改革重点应在于聘任和薪酬改革的联动,非综合管理类的职级晋升机制改革应该是一个重点领域。应该抓住当前机遇努力实现干部队伍管理去官本位化。

　　3. 探索以公共利益为核心的公务员退出机制

　　公务员分类管理体制下,不同职位公务员晋升激励机制完善对公务员队伍士气提升是必要的,但是并非晋升激励机制的完善就可以充分保证所有公务员能够有良好的士气。公务员做好本职工作,服务于公共事务,归根到底还是要有为人民服务的理念,要有吃苦和奉献的精神,没有这种精神就意味着他(她)不再适合公务员职业,应该离开公务员队伍。

　　在世界上任何国家和地区,不管是企业还是政府部门,临近退休的老龄员工的工作士气始终是一个问题,需要有效的退出机制,退休制度是人力资源管理一个主要的工具。针对日益老化的队伍结构,西方大部分公司和政府部门一般都不定期地通过退休激励计划鼓励员工提前退休。根据内部劳动力市场制度的特征,如果一个老员工退休,将能在入口处换来一名低龄员工入口,低龄员工较低的薪酬成本可以补偿激励高龄员工提前退休的成本。退休政策作为人力资源管理工具,本身是符合组织和部门绩效的。

　　公务员退出机制以退休制度为主,但不仅仅包括退休制度。纵观西方发达国家和亚洲一些发达地区的公务员退出管理机制,不仅有正常的退出——退休机制,还有勒令退休、激励退休、劝诫退休等多种退出机制,而所有这些机制事实上都围绕着一个核心——公共利益。下面是几个可供参考的案例资料:

专栏 1:晋升的失败与日本公务员的"再就职"

　　日本的公务员退休年龄虽然是 60 岁,但是政府一直鼓励公务员在 60 岁之前退休。在 20 世纪 70 年代以前,日本政府为鼓励公务员提前退休设立了"退职奖"。但是随着日本进入老龄社会,财政压力增大,政府无法继续用退职奖激励员工提前退休。80 年代以后,日本开始推行公务员"再就职",公务员如果提前退休,愿意到企业发挥余热,那么政府出具推荐函鼓励企业接收。

　　"再就职"后来成为那些晋升失败的老公务员的退出渠道,在日本,如果老公务员晋升失败,那么主动请求退休并去企业"再就职"成为心照不宣的规则。因为继续留在政府部门,获得晋升的官员往往不愿意对昔日的同事发号施令,觉得这是一件很难堪的事情。退休再就职事实上,对整个团队的士气和凝聚力提升是有益的。事实上,这种情况在企业更普遍,很多著名跨国公司的管理层如果晋升失败,很快就会在一两年之内离去其他企业。

专栏 2:美国公务员退休制度的弹性

　　美国公务员退休制度比较有弹性。在美国,公务员退休年龄规定和企业社会保障不一样。通常来说,政府部门也鼓励老年公务员提前退休。美国联邦政府部门规定,工龄满 30 年的职工 55 岁就可以退休,工龄 20 年的 60 岁可以退休,工龄满 5 年的 62 岁可以退休。一旦符合条件,职工便拥有退休年龄的选择权。一般情况下,55 岁就可以考虑退休,而目前美国社保的正常退休年龄已经延长到 67 岁。

　　美国公务员退休体系的退休年龄比社保提前好几年,这说明政府试图保持公务员队伍的年轻化。除了退休制度本身鼓励老员工提前退休,政府会不定期地通过"买断"退休解决政府机构的人事臃肿问题。1993 年,克林顿政府推行过一项联邦政府买断退休计划,通过给予员工大约 25,000 美元的一次性补偿,在 5 年之内让 2.5 万联邦雇员提前退休。

专栏3：香港公务员退休金变廉洁年金

在香港，公务员退休制度和公务员廉政与纪律管理有机结合起来，产生了廉洁年金。香港特区政府的公务员如因违法犯纪被惩处，可能因此损失养老金福利。对那些2000年6月前入职的可享退休待遇的公务员，其违纪后的养老金惩罚分三类：(1)开除公职并完全褫夺退休金福利；(2)勒令退休延领退休金，并处以罚没部分退休金的处罚，罚没数额最多不超过25％；(3)勒令退休延领退休金，但不褫夺养老金福利。

对于那些2000年以后入职，享受公积金而不是退休金的公务员，公积金计划也被设计成廉洁年金。公务员违法犯纪，同样可能伴随三类养老金处罚：(1)开除公职并完全褫夺自愿缴款公积金的所有权；(2)勒令退休，并罚没部分自愿缴款公积金权益，最多可褫夺25％的权益；(3)勒令退休，但保留个人自愿缴款公积金的所享权益。这样，不论是享受退休待遇的老公务员还是享受公积金福利的新公务员，其违法犯纪所遭受的养老金处罚基本做到了一致。

专栏4：美国公务员退休金变廉洁年金

美国的联邦公务员退休制度始于20世纪20年代，退休待遇优厚，职工退休时，根据退休前几年工资和工龄计发待遇，一般养老金的替代率能超过80％，相当于我国当前公务员退休替代率。后来，一个法律事件使得美国的联邦公务员退休金的性质发生了变化。1948年联邦公务员西斯(Hiss)被以间谍罪起诉，后经两年诉讼(1950)被判提供伪证罪，随后西斯被联邦政府褫夺了享受退休金福利的权利。

美国政府吸取了西斯案的教训，在1954年通过了旨在制裁联邦公务员违法犯纪行为的法律，这个法律通常被称为《西斯法》(Hiss Act)。该法规定凡公务员有危害国家安全或国防安全的行为，或者是受贿、渎职、滥用权力、享有特权以及违背公共利益的行为，将被褫夺全部或者部分退休金福利。这个法律把公职人员职务和职权犯罪的行为都纳入其中，体现了公共部门职业伦理对养老金制度的渗透，使公务员退休金变成廉洁年金。事实上，在《西斯法》出台时，美国已经有9个州也通过了相应的廉洁年金立法，对职务腐败的公务员实施养老金福利的处罚。

可以看出，在西方，围绕着公务员养老和退休制度，存在着公务员正常退休制度、退休买断计划、勒令退休、劝诫退休等多种退出机制，以公共利益为核心，形成公共部门人力资源管理和公务员廉政纪律管理相结合的管理体系。这种公共利益为核心的多途径的退出机制，对公共部门的机构和人事臃肿、机关作风涣散、腐败渎职,都能够起到预防和管理功能。

我国的干部退休制度尚未对干部队伍老龄化问题做出及时调整。一直把退休制度看作是一种福利制度,忽略了它作为人力资源管理重要工具的方面。《公务员法》实施以来,在干部薪酬、考核、晋升机制上有新突破,但除了传统的一刀切退休年龄管理,公务员退出机制的改革几近空白。近年来公务员福利提高导致了持续多年的公务员热,纳新而无法吐故导致了公务员队伍膨胀,机构日益臃肿,年龄和学历结构难以优化。

厦门市近几年来已经展开探索,针对那些年满58岁的老龄公务员推出提前退休计划,这是值得肯定的改革探索举措。这表明厦门已经用管理的思维,而不是用福利的眼光来看待公务员退休制度。但是,接下去面临的问题是,这种小范围的政策探索和试验如何在总结经验和成果的基础上进一步合法化、制度化。例如,能不能更大胆地对退休制度进行改革,推行年满55岁30年工龄的奖励性退休(自愿性的);加大机关效能建设,把效能考核与退出机制有机挂钩,通过效能考核(压力性)迫使低效能者提前退休;对那些主观懈怠、工作推诿的"老油条",通过劝诫退休,甚至勒令退休。

公务员薪酬和福利相对优厚,公务员提前退休可能会被认为是"变相福利"。确实,当我们从个人的角度去看的时候,一个理性的公务员会从符合自身利益的角度考虑是否提前退休,从而提前退休计划可能被误读。相比之下,公务员提前退休计划对组织产生的积极绩效符合公共利益原则,对个人和组织是"双赢"。如果政府不作一定的宣传,可能会被忽视。应该转变思维,对近年来实施的鼓励公务员提前退休的政策绩效进行评估和宣传,获取公众的支持和中央的肯定。

三、设立"公共治理软实力开发综合改革试验区"平台

十八大以来,党和政府对公共服务与政府治理提出了更高的要求。国家治理能力现代化的推进,更需要未来公务员队伍年轻化、知识化、专业化和廉洁自律。需要公务员管理体制全面完善,这是一个公共部门软实力开发的巨大命题,也是一个政府改革试验的良机,必须全面推进和深化改革,做好改革规划设计。

为什么要制定改革战略规划?因为干部队伍和人才队伍建设涉及党的干部政策、公务员聘任制度改革、公务员退休制度改革,要实现干部人才队伍结构优化,必须要有一系列制度变革和创新,而且是上述几个领域的协同创新。

应该说,一些地方已经开始大胆改革探索,相比之下,厦门市的公务员人才队伍管理改革探索略显迟滞,目前需要一个中长期改革规划蓝图。

当前的改革面临着一系列良好的机遇:一是党的十八大提出的国家治理现代化是总目标,已经明确;二是《公务员法》实施多年,公务员分类管理的聘任、考核、晋升机制需要更进一步完善,尤其需要探索公务员退出机制;三是当前恰逢党风廉政建设风气大张的好时机,把公务员退出机制和反腐败结合,建立廉洁年金制度体现了经济手段反腐的新思维;四是当前恰逢公务员养老改革试点探索在各地展开,应该以公共利益为核心,探索退休养老、奖励退休、劝诫退休、勒令退休等多种公务员退出机制。

应该借此机遇启动以公务员管理制度为核心的一系列综合改革,根据十八大以来中央一再强调的顶层设计思维,从顶层设计的高度做好改革规划。从上述分析来看,改革至少涉及:分类管理的公务员考核聘任机制、晋升和薪酬激励制度、公共利益为核心的退出制度、养老和退休制度。

这种涉及诸多领域,需要相互交叉配合、协调推进的综合改革任务,在一般的行政体制架构下是很难完成的,建议厦门市委市政府以此作为未来五年、十年的改革规划,启动"公共治理软实力开发综合改革试验区",通过向国务院申请综合改革试验区,在获得中央授权的行政和立法架构下制定规划,推进改革。

6-6　提升人才政策制定质量　增强城市人才竞争优势
——厦门市人才流入流出现状的调查与思考*

人才资源是经济社会发展的第一资源。根据《国家中长期人才发展规划纲要(2010—2020年)》的界定,人才是指具有一定专业知识或专门技能,进行创造性劳动并对社会做出贡献的人,是人力资源中能力和素质较高的劳动者。本课题通过调研,在掌握基本数据的基础上,对厦门市人才流入流出现状和问题及成因进行分析,进而提出提升厦门人才政策制定及执行质量,增强城市人才竞争优势的若干建议。

一、厦门市人才流入流出的现状及特点

1. 厦门市人才流动的总体情况

根据厦门市相关部门的统计资料,近十年来,厦门市共有993871位人才流入(数据统计对象为企业,不含机关事业单位人才)。从流入人才的年龄来看,25岁以下人才392799人,占流入人才的39.52%;25～35岁人才488761人,占流入人才的49.18%;35岁以上人才112311人,占流入人才的11.30%。从流入人才的学历来看,博士研究生学历1388人,占流入人才的0.14%;硕士研究生学历33672人,占流入人才的3.39%;大学本科学历482359人,占流入人才的48.53%。从职称来看,具有正高职称人才2229人,副高职称人才2374人,中级职称人才2150人,初级称职人才5872人。从流入行业来看,近十年流入人才主要集中在租赁和商务服务业,批发和零售业,制造业,信息传输、计算机服务和软件业,科学研究、技术服务和地质勘查业,分别为159926人、144086人、126788人、118547人和72803人。

近十年来,厦门市流出各类人才共517671人。从流出人才的年龄来看,25～35岁年龄段流失的人才最多,为352726人,占流出人才的68.14%。从人才的学历来看,大学专科学历人才流出最多,为275776人,占53.27%。博士研究生学历、硕士研究生学历、大学本科学历的流出人才分别为461人、

---

*　本文是作者所承担的2019年度厦门市社会科学重点调研课题"厦门市人才流入流出情况及成因分析"调研报告摘要(课题组主要成员:刘祺、林荣全等)。

12939人和228495人,分别占比0.09%、2.50%和44.14%。从职称来看,初级职称人才流出最多,为1279人,具有正高职称、副高职称和中级职称人才流出人才数量较为接近,分别为386人、374人和435人。从行业来看,近十年流出人才行业分布与流入人才情况较为一致,流出人才也主要集中在制造,批发和零售业,租赁和商务服务业,信息传输、计算机服务和软件业。

根据人才流入流出统计分析,厦门市近十年人才流入率为66.07%,说明厦门市具有一定的人才吸引力。但从2009到2018年,人才流入率从增长到慢慢回落,并在2015年落到谷底值,2015年人才流入率仅为60.58%。但从2015年后又慢慢回升,在2017年达到小峰值,2017年人才流入率高达71.14%,为近十年的最高值。而厦门市近五年的技能型人才流入率为72.66%,高于学历型人才的66.07%,说明厦门市更受技能型人才的欢迎,对技能型人才更有吸引力。

2. 厦门市人才流动的特点

一是人才流动趋向结构性梯次性。人才竞争,主要在高层次人才的竞争。厦门市大力实施高层次人才政策,加强领军人才、核心技术研发人才培养和创新团队建设,聚集具有较强创新创业能力或较高学术技术、经营管理水平的高层次人才群体。近年来,厦门市流入人才呈现金字塔式的结构性,人才衔接有序、梯次配备的合理结构。从学历来看,主要是大学本科人才最多,其次是大学专科,而硕士研究生和博士研究生学历人才总量偏低,呈现金字塔式的结构性。从职称上看,正高人才最少,副高次之,中级和初级人才最多。从技能上看,高级技师、技师、高级工、中级工、初级工人才规模的分布也体现结构性,高级人才少,初级人才多。

二是人才流动处于低层次的平衡状态。根据人才流入流出统计分析,近十年厦门市人才流入与流出双双增长,且流入的幅度更大,在2017年达到峰值。如前所述,人才总量呈现增长态势,流入与流出基本维持平衡状态,但处于低层次的平衡状态。当内外部环境发生变化时,这种平衡状态可能会被打破,最终导致人才过度流动从而带来负效应。如2012—2016年四十个重点城市商品房销售均价,厦门商品房销售均价一路上升,由2012年的12281元/平方米上升到2016年的20021元/平方米。在新一轮的城市"抢人大战"中,高房价是厦门丧失人才吸引力的主要因素之一,也是遏制厦门人口规模扩张的重要阻力。

三是人才对工作要求更具现实性。当前人才对工作要求更具有现实性,在选择工作地点和工作单位中显现"马太效应",人才流动从着重看报酬待遇到看行业产业转变,人才资源的流动更多地看产业发展是否符合自身的发展,出现了人才资源从低端产业跳到高端产业、从供应链上游到下游等现象。从流出人才的工作年限来看,十年内流出的人才资源中,工作年限为2~5年的流出最高,3年左右是人员去留的关键期。这一时间段内,劳动者对于自己的工作匹配如何,工作满意度、发展前景等问题掌握了足够的信息,可以分析判断要离开还是留下。

四是人才流动具有自发性和差异性。随着户籍制度的改革和人才发展体制机制改革,大多数城市实行本专科学历毕业生零门槛进入,同时还推动落户手续便利化,促使人员流动更加频繁,更加普遍。在厦门市人才流动中,高学历层次的人才流动率低而低层次人才流动率高。大学本科生流动率最高,人才流动具有自发性。不同年龄段的人才流动存在差异性。人才流动随着不同年龄段而有所不同,呈现中间高两边低的正态分布,主要的流动群体是青年人才。在流动人才年龄上,25~35岁是人才流动的活跃年龄。

二、厦门市人才流入流出存在问题及其成因

1. 人才总量不足,人才结构失衡

截至2018年底,厦门市人才资源总量为71.28万人,人才密度17.34%,总体上高层次人才匮乏,人才聚集效应还未形成。根据《厦门市人才发展中长期规划》文件要求,厦门人才发展主要指标中2015年及2020年人才资源总量分别为74万人和99万人,可见当前厦门市人才总量还远远不足规划要求。同时,人才分布结构性失衡现象突出。一是学历职称结构失衡。具有博士学位研究生的高学历人只占人才总量的0.32%,具有高级职称人才近十年的平均占比为17.57%。二是技能人才结构不尽合理。高级技能人才所占比重偏低,占比仅为2.96%。高、中、初级专业技术人才比例约为1∶12∶77,出现高技能人才供不应求甚至严重短缺的现象。三是行业结构失衡,在行业分布上过于集中,2013年以来厦门市流入人才主要分布在制造业,批发和零售业,租赁和商务服务业,信息传输、计算机服务和软件业这四个行业领域,而这四个行业共聚集了62.43%的大专以上人才。资本、技术和知识密集型服务业和现代服务业的人才资源短缺,难以满足行业转型升级及创新的需要。

2. 城市吸引力减弱,人才流失问题突出

厦门市面临人才流失的严峻考验。一是近十年厦门市人才流出总量大于

流入总量,其中共流出 51.76 万人,平均每年流失 5 万多人,人才流失问题突出,尤其是应届毕业生以及年轻的基础人才、技能人才流失率较高,新入职员工在工作前三年流出数量较大。二是对本地人才和本地毕业生吸引力不足。厦门市毕业生审批报到人数与厦门市每年输送到高等院校培养的大学生人数相比,还存在很大的差距,这一差距在 2018 年高达 0.8 万人,可见本地毕业生留厦门服务的意愿比较低。厦门本地院校的毕业生留厦工作意愿也不强,例如厦门大学毕业生留厦比例由 2014 年的 29.4% 下降至 2018 年的 24.3%。三是厦门市在吸引高端人才方面表现乏力。2018 年,厦门市引进高端人才数量只有 0.4 万人,高层次人才流入率较低。

3. 政企联动不足,供需匹配度较低

当前厦门市人才的总量、结构、质量与产业发展需求适配性均较低,这在一定程度上说明厦门市人才供给和需求并不匹配,尤其是人才结构与产业发展需求不相匹配。主要原因在于,厦门市人才政策由政府主导制定,企业尤其是中小型企业和初创型企业在引才方面参与度不足,尚未建立起政府、企事业单位、猎头公司等多方联动的体制机制。厦门并未设置专业化的人才政策研究与制定的专门机构,缺少人才中介机构市场力量的政策咨询与数据支撑,因此单一行政主体力量主导下的政策制定往往脱离用人单位实际发展需要,政府对人才的评价与市场导向的人才评价需要也不一致。还有,厦门市岛内与岛外发展并不均衡,各区的功能定位、发展规划、人口规模、产业基础、经济发展重心和公共服务水平差距较大,而目前各区出台的相关政策同质化程度较高,未能突出区域发展特色。

4. 政策配套欠缺,需求回应不足

厦门市人才政策实施效果评价结果显示,当前厦门市人才政策实施仍具有较大的改进空间,突出表现为人才政策缺陷与刚性人才需求之间的矛盾。一方面,引进后的人才存在一体化的需求,包括自身的工作条件,家庭所需的教育、医疗、养老等服务。而调查数据显示人才群体在住房问题解决、子女入学、配偶安置等方面满意度较低。当前厦门市一揽子配套政策措施呈现碎片化格局,未形成统一完整的政策体系和一体化服务流程,服务效果欠佳。另一方面,当前厦门市人才政策执行力也有待提升。在执行主体方面,人才管理简政放权程度不够,未能充分发挥市场在人才培养、吸引和使用中的主导作用,相关实施细则还有待完善;执行方式方面,存在政策宣传不到位、政策对接不通畅的问题;在执行监控方面,人才政策实施监控仍然主要由行政机构内部进

行,缺乏独立、专业的第三方评估机构参与,难以做到对政策执行效果的跟踪评估以及随时沟通反馈问题和及时调整政策。

5. 偏重引才数量,引才成效有待提高

近两年厦门市通过降低落户门槛、给予毕业生住房补贴等试图吸引更多人才,但并未精准引进经济社会发展所急需的人才,导致未能很好起到招才引才效果。一方面,2017年以来在全国范围内爆发城市"抢人大战",许多城市为争夺人才竞相出台一系列优惠政策,厦门市人才政策出台一定程度也受"抢人大战"的影响。当前厦门市人才工作未深度融合新一代信息技术,人才数据库不够健全,无法根据产业需求和人才流入流出的实时情况进行精准引才,造成人才引进中的重数量而轻质量的倾向。另一方面,当前厦门市人才政策内容集中于引进、激励、服务和保障,针对培养、使用等人才发展环节的政策体系及配套措施相对缺乏。而且现有厦门市关于人才后续发展和本土人才培养的政策措施内容还有待完善,或者政策缺乏有效衔接。例如在人才培养方面,厦门市人才培养政策仅为部分人才提供专项培训,覆盖面较小,且人才培养专项的培养方式较为单一。此外,部分受访人才表示,一些配套设施门槛设置过高,造成"政策红利"没有真正落实在具体行动,这往往直接影响了人才引进的工作实效。

三、若干对策建议

针对人才流入流出上述存在问题,课题组基于人才战略和政策理论,在借鉴国内外先进城市经验做法基础上,提出提升厦门人才政策制定及执行质量,增强城市人才竞争优势的如下四条对策建议。

1. 深化人才工作体制机制改革

突出市场导向的人才工作机制。理清人才工作中政府与市场的关系有助于提升人才供需匹配程度,最大限度发挥人才效能。要充分发挥市场在人才引进、评价、使用方面的主体作用,打造一支国际化、复合型、领军型猎头人才队伍,构建企业和行业对人才自主认定、自主评价的体制机制,由政府牵头组建或培育支持为各层次人才提供服务的社会组织,如高层次人才促进会。同时转变用人单位思维,不能仅仅依赖向政府要政策,应引导企业建立健全符合当地经济发展水平的渐进式薪酬制度,最大限度地体现人才报酬、发展与贡献的匹配。

构建跨部门协同和政策执行监控机制。在人才工作领导小组牵头下,协调人社、教育、科技等相关部门,构建人才引进、管理与服务的一体化数据处理中心和基于大数据挖掘技术的人才信息动态数据库;根据数据中心对人才流动实时把握,增设人才研究中心,以便为政府决策部署和政策调整提供科学参考依据,同时研究如何适度降低部分人才政策享有门槛,以便优化人才需求梯队建设;利用网络信息技术和智能化技术,加强人才工作重点领域的风险管理,充分考虑人才引进、保障、激励等执行环节隐含的风险,建立政策执行全过程跟踪与反馈机制,尤其是对人才申报的重大项目应作风险评估并予以公开(涉密的除外)。

依托特区立法优势构建人才法规体系。人才政策立法有助于人才工作有章可循、有法可依,增强人才政策吸引力。与深圳等其他城市相比,厦门尚无人才立法,接下来可充分利用特区立法权,将人才政策的成功经验上升为法规。通过制定全局性的人才法律,明确政府与人才的权利义务关系,对社会组织人才工作的职责范围进行界定。同时根据实际需要进行相关立法并予以落实,例如加快修订高新技术人才引进相关专利奖励政策,通过立法促进知识产权成果转化。还可以在各区设置人才法律服务工作站,为高层次创业人才提供企业经营管理、风险控制、制度建设等方面的咨询,也帮助一般基础性人才强化法律观念和法律意识,提升其运用法律知识和法律手段处理问题、维护权益的能力。

2. 实施分层次精准化引才战略

推动经济高质量发展,多渠道引进高端人才。针对当前海外高层次人才、高学历人才、高技能人才等高端人才比例较低的问题,厦门应立足自身发展优势和特色,推进经济朝高质量方向发展,强化十二条千亿元产业链建设,重点完善产业上下游布局,大力引进国内外数字经济领域的领军企业,加快推进部分"三高"企业发展成为区域知名企业,建设国际知名综合航运中心,区域文化、旅游和会展产业中心以及金融服务中心,依靠产业集聚吸引高层次人才。同时持续加大投入力度形成引才优势,充分利用厦门的环境、气候优势,在高端人才比较集聚的区域反向设立人才改革发展试验区,以反向人才飞地的方式柔性引才,引进"候鸟型"人才或开发以"虚拟科研所"为载体的高层次人才使用模式。

创新技能人才引进方式,弥补紧缺人才缺口。技能人才是推进"双千亿"工程和"三高"企业发展的中坚力量。一是发挥职业技能竞赛的引导作用。中国人工智能大赛已经永久落户厦门,未来应围绕重点发展行业,寻求举办更多类似的职能技能比赛并设置相应的引才论坛,通过竞赛促使技能人才集聚厦门、了解厦门。二是强化引才载体建设投入。技能人才更多关注未来职业发展和技能提升,应加大投入力度建设更多技师工作站、培训基地、实训基地、孵化园区等,通过创新创业平台搭建吸引人才。三是进一步发挥用人单位的作用,鼓励企业单位自主建立技能型人才认定标准,纳入全市行业人才评价体系,使企业在引进符合自身发展需求的紧缺人才方面获得更多自主权。

坚持引进与培育结合,吸引并留住本地人才。近年厦门本地院校应届毕业生留厦比例呈现下降趋势,毕业生选择离开厦门的一个重要原因是过高的房价,因此要进一步改变宣传策略,通过推介会等形式着重加强对厦门市人才住房政策、保障性住房建造情况等的宣传,努力破除外界对厦门的固有偏见。此外,厦门本地毕业生回厦工作意愿也不高,但受闽南传统文化影响,回厦工作对在外闽南人才仍具有较高吸引力,对此要加强对城市产业现状、未来发展规划、国际化水平等方面的宣传,塑造具有较好发展前景、国际化进程不断加快、人文气息浓厚的城市形象,支持企事业单位赴国内外高水平院校进行推介宣传,考虑增设专门的大学毕业生和人才回流计划用以吸引人才。

3. 打造一流人才发展生态环境

实施差异化激励策略。3~5年这个期限是人才流出的关键时期,当前厦门人才激励政策评价得分处于中等水平,人才激励应朝更加多元化、精细化方向发展。在物质激励方面,对引进基础人才应着重以保障型物质激励政策为主,根据需求解决其基本生活问题。例如,放开对大学本科生的补助条件、改一次性住房补贴为人才租房补助,而对于较高层次人才要扩大个税奖励覆盖人群,提高个税奖励力度。精神激励方面,探索建立健全杰出人才荣誉表彰制度,向为厦门做出卓越贡献和重大贡献的杰出人才授予特定市级荣誉称号,恢复和完善市政府特殊津贴制度,对行业工匠设置多种奖项评选,将获奖人才作为高层次人才吸纳的重点对象。创业激励方面,给予创新创业人才团队更多的自主权,支持技术成果可作为人才创办企业的无形资产入股。

健全人才评价体系。应根据行业特点,尤其是用人单位实际需求进一步健全人才评价体系。在评价内容上要突破传统的科研导向,破除唯论文、专利论,突出实际工作业绩和工作能力的评定,同时注重对人才思想品德、职业道德和政治素养的综合评价;在评价方式上要加快建立引进人才的分类评价体系,在广泛征集用人单位、行业协会意见基础上,构建与岗位匹配程度较高的评价指标体系,尤其需要注意对于一些工作复杂、创造能力高的岗位适当延长评价周期。在评价对象上探索人才引进单位和引进人才的双向考核,在人才认定期满时,对其人才及其单位成果做出总体评估,注重质量持续改进。

强化政策供给与合作培养。扩大人才培养专项体系覆盖面,重点面向当前培养力度不足的教育事业、医疗卫生、社会工作、文化旅游、创新创业等领域的人才提供个性化、有针对性的培养;依托厦门大学等高等院校及科研院所构建金融等领域的人才合作培养;推动厦门本土知名企业加快建设高水平实训基地和企业大学,加强与发达国家和地区合作,引入境外先进经验,创新本地人力资源培养模式,例如与我国台湾地区开展人才培养合作;建设区域高等教育高地,引进若干所国内外一流大学在厦门建设分校或国际校区,扩充人才培养体量。

4. 建设更具回应性的高质量服务体系

着力改善住房、教育和医疗服务,满足最迫切需求。高企的房价收入比以及岛内外公共服务分布不均衡,已成为厦门逐渐丧失人才吸引力的主要因素。因此,除调整对于新引进人才的生活补贴办法,重点加大对紧缺型人才、高层次人才、技能型人才等的住房补贴和对基础人才的租房补贴;应在住房增量方面寻求突破,继续增加保障性住房地铁社区建设,分批次设置不同比例产权购买形式,满足多样化购房需求;同时核准和盘点厦门市闲置居民住房,争取纳入人才租赁住房市场。在教育服务方面,坚持跨岛发展战略,加快推进基础教育集团化办学,构建紧密型学区制,再推进一批岛内名校跨岛设立分校。医疗卫生服务方面,推动岛外新城,例如集美新城、翔安新城等地引进高水平医院及布局特色专科医院。

建设人才服务产业园,满足多层次需求。厦门产业发展势头强劲,跨岛发展、"三高"企业培育、总部经济规模形成对人才需求量非常大。落实人力资源与社会保障部关于大力培育建设人力资源服务产业园区的政策文件,借鉴深圳人力资源产业园建设的先进经验,厦门市未来应围绕重点产业布局建设人才服务产业园,采取"一园多区"的形式,建设岛内高端人才服务区、集美新城园区、翔安新城园区、同安新城园区等,探索"园区+住宅区"等新模式,依靠服务平台建设发挥其在集聚产业、集聚人才、集聚信息和创新服务产品的作用,加快推动人力资源服务业发展。

建设高质量服务体系,满足多元化需求。一是高层次人才及海外人才对服务需求层次较高,未来厦门应加强城市整体规划,坚持人才宜居环境打造,重点加快建设若干未来学校、国际学校、国际化医院,充分满足高层次人才的公共服务需求。二是厦门市整体城市开放包容程度不够,部分外来人员认为在日常生活中社区邻里关系冷漠、在厦门缺乏融入感等,因此需要着力推进人才服务工作与基层社区工作相结合,打通人才服务"最后一公里",增强外来人才的归属感。三是厦门市可以寻求整合厦漳泉都市圈的公共服务资源,通过发放都市圈人才卡等方式,建立互通互认、共建共享的都市圈人才一体化机制,加强都市圈优质公共服务共建共享,建立一批示范性共建项目,使都市圈成为人才集聚高地。

6-7　领导关系型行为对下属变革型组织公民行为的影响[*]

近年来,变革型组织公民行为作为组织改变现状、应对外部环境迅速变化的重要员工行为特征受到了广泛关注,但相关研究主要以企业为研究对象,鲜有文献针对政府部门展开深入讨论。本文根据已有的领导理论、公共服务动机理论以及管理学相关理论,首次以我国的政府部门为研究背景,实证检验了领导关系型行为与下属变革型组织公民行为的关系,以及下属公共服务动机和组织支持感在其中所发挥的中介、调节作用。以 383 名厦门市公务员的问卷调查结果为研究样本,研究发现,领导关系型行为可以显著提升下属的变革型组织公民行为,且下属公共服务动机在其中发挥了完全中介的作用;同时,组织支持感则在领导关系型行为与下属公共服务动机的二者关系中具有显著的正向调节作用。本文的研究有助于丰富政府部门背景下变革型组织公民行为的相关文献,也为政府部门发展员工的变革型组织公民行为提供了有价值的启示。

一、立题旨意

变革型组织公民行为(Change-oriented Organizational Citizenship Behavior),是指个人为改善工作现状和绩效而针对工作方法、程序与政策等提出建议和建设性意见的行为。[1] 鉴于外部环境复杂多变,已有的管理实践难以应对这些挑战,组织往往需要改变它们已有的工作方法、政策与程序。在这种背景下,员工自身的能动性与想法的表达就显得尤其重要,因此变革型组织公民行为日益引起了理论界和实务界的广泛关注。[2][3] 遗憾的是,针对这一行为的

---

* 原载《公共管理学报》2016 年第 1 期(林亚清为本文的合作者,原标题为"政府部门领导关系型行为影响下属变革型组织公民行为吗——公共服务动机的中介作用和组织支持感的调节作用")。

[1] Choi, J. N. Change-Oriented Organizational Citizenship Behavior: Effects of Work Environment Characteristics and Intervening Psychological Processes[J]. Journal of Organizational Behavior, 2007, 28(4): 467-484.

[2] Bettencourt, L. A. Change-oriented Organizational Citizenship Behaviors: the Direct and Moderating Influence of Goal Orientation[J]. Journal of Retailing, 2004, 80(3):165-180.

[3] Seppala, T, Lipponen, J, Bardi, A, Pirttila-Backman, A. Change-oriented Organizational Citizenship Behaviour: An Interactive Product of Openness to Change Values, Work Unit Identification, and Sense of Power[J]. Journal of Occupational and Organizational Psychology, 2012, 85(1): 136-155.

相关研究仍然有待深入。与此同时,近年来,领导关系型行为,即领导体贴、支持下属,重视高质量、互相信任的工作关系建立的行为,也备受重视。[1][2] 虽然以往的研究发现,领导行为对于员工行为具有重要影响,[3]但是围绕领导关系型行为与变革型组织公民行为等员工工作行为二者关系所展开的研究还十分有限。

值得关注的是,虽然诸如变革型组织公民行为等员工行为的研究、领导行为的研究在企业管理研究领域中已有较为广泛的讨论与检验,但是两者之间的关系研究及相关的作用机制与发生条件在公共管理研究领域却鲜有深入讨论,[4][5][6]针对我国政府部门为研究背景的文献则更是匮乏。不可忽视的是,我国目前正处于转型经济的关键时期,尤其是党的十八届三中全会以来中央做出了全面深化改革的决定,政府部门如何应对这一形势,进行行政体制改革,建设职能科学、结构优化、廉洁高效、人民满意的服务型政府,已成为当前我国政府工作的一项重要内容。已有研究发现,服务型政府的建立依赖于公务员的创新与积极参与。[7] 具体而言,公务员对于自身的实际工作情况最有发言权,他们的变革型组织公民行为能够有效降低政府官僚的繁文缛节以及缓慢死板的程序所带来的负面影响,有助于政府提升工作效率和管理水平,进而提供更为优质的公共服务。因此,顺应政府改革的现实要求,努力提升公务员的

① Uhl-Bien, M. Relational Leadership Theory: Exploring the Social Processes of Leadership and Organizing[J]. Leadership Quarterly, 2006, 17(6): 654-676.
② Gilbert, G. R., Myrtle, R. C., Sohi, R. S. Relational Behavior of Leaders: A Comparison by Vocational Context[J]. Journal of Leadership & Organizational Studies, 2015, 22(2): 149-160.
③ Carmeli, A., Ben-Hador, B, Waldman, D. A., Rupp, D. E. How Leaders Cultivate Social Capital and Nurture Employee Vigor: Implications for Job Performance[J]. Journal of Applied Psychology, 2009, 94(6): 1553-1561.
④ Van Wart, M. Public-Sector Leadership Theory: An Assessment[J]. Public Administration Review, 2003, 63(2): 214-228.
⑤ Vigoda-Gadot, E, Beeri, I. Change-Oriented Organizational Citizenship Behavior in Public Administration: The Power of Leadership and the Cost of Organizational Politics[J]. Journal of Public Administration Research and Theory, 2012, 22(3): 573-596.
⑥ Ritz, A, Giauque, D, Varone, F, Anderfuhren-Biget, S. From Leadership to Citizenship Behavior in Public Organizations When Values Matter[J]. Review of Public Personnel Administration, 2014, 34(2): 128-152.
⑦ 谢庆奎:《服务型政府建设的基本途径:政府创新》,《北京大学学报》(哲学社会科学版),2005 年第 1 期。

变革型组织公民行为等主动性行为,无疑将成为我国政府应对改革全面深入以及向服务型政府转变的重要举措。同时,20世纪80年代兴起的新公共管理学派在理论上为世界各国政府的变革提供了新的公共行政理论和管理模式。该学派认为,公共部门与私营部门在管理上并无本质差异,并倡导将私营部门前沿的管理理论与实践运用到公共部门,进而提高政府效率。[①] 事实也是如此,越来越多的文献对此展开了深入探索,旨在为政府的成功变革提供有意义的借鉴。[②] 鉴此,本文试图基于新公共管理学派的视角,将企业管理中的领导关系型行为与变革型组织公民行为二者关系的研究引入到我国政府部门的背景中进行考察,并进一步讨论公共服务动机与组织支持感在两者关系中的中介作用与调节作用。

本研究的理论价值主要有以下四个方面:首先,本文首次检验了公务员公共服务动机在领导关系型行为与下属变革型组织公民行为二者关系中的中介作用,揭示了变革型组织公民的动机过程以及领导关系型行为影响变革型组织公民行为的关键环节,补充了已有的变革型组织公民行为影响机制相关文献。再次,本文在检验了政府部门领导关系型行为与员工公共服务动机关系的基础上,更为深入地考察了组织支持感在上述关系中可能存在的调节作用,不仅深化了变革型组织公民行为影响因素的相关研究,而且拓展了变革型组织公民行为产生的边界条件。最后,本文首次将变革型组织公民行为引入我国的公务员管理研究,不仅扩展了我国公务员行为管理研究的视角,也丰富了变革型组织公民行为研究的应用领域。此外,本文通过对政府部门背景下领导关系型行为如何影响下属变革型组织公民行为的内在机理与边界条件进行探讨,为政府机关强化领导关系型行为的重要性、培养公共服务动机、发展变革型组织公民行为提供了重要的实证依据,具有关键的实际指导意义,从而为我国政府转变公务员工作作风、全面贯彻和发展服务型政府的理念提供了更为切实可行的建议与对策。

二、文献综述与研究假设

1. 领导关系型行为与下属变革型组织公民行为

领导关系型行为这一概念最早源于早期的组织领导研究,即领导关系导

---

① 李军鹏:《公共服务型政府》,北京大学出版社2004年版。

② Liu,B.,Hu,W.,Cheng,Y. From the West to the East:Validating Servant Leadership in the Chinese Public Sector[J]. Public Personnel Management,2015,44(1):25-45.

向型行为的研究。而随着"关系"这一概念的研究日益深入,关系的构建已逐渐成为领导理论中的一个关键组成部分。已有研究发现,有效的领导能够通过关系开展工作并且促进其所在组织内部关系的健康发展。[1] 虽然在日常工作场所中,关系型领导的重要性不断地提升,但是在已有的领导研究文献中却仍然往往被忽视。[2]

变革型组织公民行为是一种挑战现状、具有风险性的行为,除了自身特征的影响外,领导等组织环境的影响也不容忽视。[3] 以往的研究发现,领导关系型行为鼓励员工的相互合作、公开交流以及工作环境中的相互信任,从而有助于组织成员对于工作背景与情境的理解和判断、提升被重视的意识、使得组织成员获得更多支持和安全感。[4][5] 可以说,领导关系型行为正是影响员工变革型组织公民行为的一个重要组织背景。具体地,领导的这种行为在为员工传递其所处组织情境信息的同时,传递了领导对于员工的重视,给予员工更多的支持与帮助,在一定程度上提升了员工的自我效能感以及工作积极性,从而激励员工尝试更多诸如变革型组织公民行为等具有挑战性的行为。因此,我们提出:

假设1:领导关系型行为对下属变革型组织公民行为具有显著的正向影响。

2. 领导关系型行为与公共服务动机

Perry 和 Wise 正式提出公共服务动机这一概念,将其定义为"个人对公共部门所具有的重要或特有目标做出敏感反应的心理倾向"。[6] Rainey 和 Steinbauer 将公共服务动机进一步定义为"一种服务于团体、地方、国家或全

① Carmeli, A., Ben-Hador, B, Waldman, D. A., Rupp, D. E. How Leaders Cultivate Social Capital and Nurture Employee Vigor: Implications for Job Performance[J]. Journal of Applied Psychology, 2009, 94(6): 1553-1561.

② Fletcher, J. K. The Paradox of Postheroic Leadership: An Essay on Gender, Power, and Transformational Change[J]. Leadership Quarterly, 2004, 15(5): 647-661.

③ Bettencourt, L. A. Change-oriented Organizational Citizenship Behaviors: the Direct and Moderating Influence of Goal Orientation[J]. Journal of Retailing, 2004, 80(3): 165-180.

④ Carmeli, A., Ben-Hador, B, Waldman, D. A., Rupp, D. E. How Leaders Cultivate Social Capital and Nurture Employee Vigor: Implications for Job Performance[J]. Journal of Applied Psychology, 2009, 94(6): 1553-1561.

⑤ Kahn, W. A. Meaningful Connections: Positive Relationships and Attachments at Work. In J. E. Dutton & B. R. Ragins (Eds.), Exploring Positive Relationships at Work: Building a Theoretical and Research Foundation[M]. Mahwah, NJ: Erlbaum, 2007.

⑥ Perry, J. L., Wise, L. R. The Motivational Bases of Public Service[J]. Public Administration Review, 1990, 50(3): 367-373.

人类利益的利他主义动机"。[①] 与以私营部门为研究对象的传统动机理论相比,公共服务动机作为一种新兴的动机理论,主要以公共部门为背景展开,旨在进一步解释和指导公共部门人员的行为并提高管理效率。[②] 已有实证研究发现,公共服务动机的形成与社会历史背景、组织环境、个体特征和行为等四个方面紧密相关。[③] 遗憾的是,领导作为组织环境中的一个重要因素,虽然对于下属动机的形成发挥了重要作用,[④]但是围绕诸如领导关系型行为这一领导行为特征与员工公共服务动机的关系研究仍然需要进一步检验。理论上,当领导在组织中鼓励合作、公开交流、塑造值得信任的工作环境时,他们可以更好地建立互惠互利关系,从而有助于形成良好的员工与领导关系。[⑤] 也有国外实证研究发现,在政府部门背景下,领导的关系型行为所构建的这一良好员工与领导关系能够显著地影响公共服务动机。[⑥] 基于以上分析,我们提出:

假设 2:领导的关系型行为对下属公共服务动机具有显著的正向影响。

3. 公共服务动机在领导关系型行为和下属变革型组织公民行为关系中的中介作用

(1)公共服务动机与变革型组织公民行为

虽然以往的研究发现公共服务动机能够显著地预测组织公民行为,[⑦]但是对于公共服务动机是否能够促进变革型组织公民行为,仍然缺乏相关的实

---

① Rainey,Hal. G.,Steinbauer,P. Galloping Elephants:Developing Elements of a Theory of Effective Government Organizations[J]. Journal of Public Administration Research and Theory,1999,9(1):1-32.

② 叶先宝、李纾:《公共服务动机:内涵、检验途径与展望》,《公共管理学报》2008 年第 1 期。

③ Perry,J. L. Bringing Society in:Toward a Theory of Public-service Motivation[J]. Journal of Public Administration Research and Theory,2000,10(2):471-488.

④ Bass,B. M. Leadership and Performance beyond Expectations[M]. New York:Free Press,1985.

⑤ Carmeli,A.,Ben-Hador,B,Waldman,D. A.,Rupp,D. E. How Leaders Cultivate Social Capital and Nurture Employee Vigor:Implications for Job Performance[J]. Journal of Applied Psychology,2009,94(6):1553-1561.

⑥ Camilleri,E,Van Der,Heijden,B. I. J. M. Organizational Commitment,Public Service Motivation,and Performance Within the Public Sector[J]. Public Performance & Management Review,2007,31(2):241-274.

⑦ Ritz,A,Giauque,D,Varone,F,Anderfuhren-Biget,S. From Leadership to Citizenship Behavior in Public Organizations When Values Matter[J]. Review of Public Personnel Administration,2014,34(2):128-152.

证依据。与组织公民行为强调互助和顺从的员工特征不同,变革型组织公民行为更加强调员工对于已有工作的推动性以及挑战性。[1] 值得指出的是,变革型组织公民行为更具有风险性,有可能破坏员工已有的社会关系,使得自身在工作场所中处于被动的地位。[2] 因此,变革型组织公民行为与自身的责任感以及角色相关的感知紧密相关。[3][4] 公共服务动机以激励个体服务公众利益的无私倾向为特征,[5]也就是说,高公共服务动机的公务人员往往会拥有更强烈的为公众服务的角色定位,从而促使其具有更强的责任感去挑战已有工作的现状并做出改变,可能实践更多的变革性组织公民行为。因此,我们提出:

假设3:公共服务动机对变革型组织公民行为具有显著的正向影响。

(2)公共服务动机在领导关系型行为和下属变革型组织公民行为关系中的中介作用

根据以上分析,本文进一步结合公共服务动机这一公共管理研究中重要的研究成果,对于政府部门背景下的领导关系型行为与变革型组织公民行为二者关系的作用机制进行讨论。以往的研究指出,公共服务动机的产生是由公共部门独有的特性所激发的,[6]这种动机是一种高于自身和组织利益的、服务大众的个人动机,本质上是一种内在动机。[7] 与其他内在动机一样,公共服务动机是个体为了满足自身内发性精神发展的需要,由于工作或任务本身的

① Bettencourt,L. A. Change-oriented Organizational Citizenship Behaviors: the Direct and Moderating Influence of Goal Orientation[J]. Journal of Retailing,2004,80(3):165-180.

② LePine,J. A.,Van Dyne,L. Predicting Voice Behavior in Work Groups[J]. Journal of Applied Psychology,1998,83(6): 853-868.

③ Van Dyne,L.,Kamdar,D.,Joireman,J. In-role Perceptions Buffer Negative Impact of Low LMX on Helping and Enhance the Positive Impact of High LMX on Voice[J]. Journal of Applied Psychology,2008,93(6):1195-1207.

④ De Dreu, C. K. W., Nauta, A. Self-interest and Other-orientation in Organizational Behavior: Implications for Job Performance,Prosocial Behavior,and Personal Initiative[J]. Journal of Applied Psychology,2009,94(4): 913-926.

⑤ Bright,L. Does Public Service Motivation Really Make a Difference on the Job Satisfaction and Turnover Intentions of Public Employees? [J] The American Review of Public Administration,2008,38(2): 149-166.

⑥ Perry,J. L. Bringing Society in: Toward a Theory of Public-service Motivation[J]. Journal of Public Administration Research and Theory,2000,10(2): 471-488.

⑦ Vandenabeele,W. Toward a Public Administration Theory of Public Service Motivation-An institutional approach[J]. Public Management Review,2007,9(4):545-556.

某些特性所引发的一种伴有积极情绪体验的行为倾向,是外部环境特征与员工行为的重要纽带。[1][2] 鉴于此,本文认为在政府部门背景下,公共服务动机是一种能够有效传递领导关系型行为这一外部激励信息的重要的员工内在动机,进而有助于下属变革型组织公民行为的提升,即领导关系型行为是通过下属公共服务动机这一特殊的内在动机的传递从而对下属的变革型组织公民行为产生作用。基于以上分析,本文提出:

假设4:公共服务动机在领导关系型行为对下属变革型组织公民行为的影响过程中起到了中介作用,即领导关系型行为通过公共服务动机影响下属变革型组织公民行为。

4. 组织支持感在领导关系型行为与公共服务动机关系中的调节作用

组织支持感的产生与发展是建立社会交换理论的基础,它反映了员工与其所在组织的关系状况。[3] 具体而言,组织支持感被认为是员工对组织重视他们贡献、关心他们的幸福程度的信念,与组织政策和措施紧密相关。[4] Rhoades 和 Eisenberger 研究指出高水平的组织支持感会引起员工对组织的信任、长期义务和组织认同感,从而提高员工对雇主的忠诚度,并且激励员工参与到实现组织目标的行动中来。[5]

以往的研究发现,诸如公共服务动机等动机的形成会与个人所处的情境因素相互作用,可以说,情境因素在一定程度上影响了个体动机,并且促使其转化为实际行为。[6] 领导和组织作为员工获取工作支持的两大关键组织背景

---

[1] 陈志霞、吴豪:《内在动机及其前因变量》,《心理科学进展》2008年第1期。

[2] Guo,Y,Liao,J,Liao,S,Zhang,Y. The Mediating Role of Intrinsic Motivation on the Relationship between Developmental Feedback and Employee Job Performance[J]. Social Behavior and Personality: an International Journal,2014,42(5): 731-741.

[3] Wayne,S. J.,Shore,L. M.,Liden,R. C. Perceived Organizational Support and Leader-member Exchange: A Social Exchange Perspective[J]. Academy of Management Journal,1997, 40(1): 82-111.

[4] Eisenberger,R.,Huntington,R.,Hutchison,S.,Sowa,D. Perceived Organizational Support [J]. Journal of Applied Psychology,1986,71(3): 500-507.

[5] Rhoades,L.,Eisenberger,R. Perceived Organizational Support: A Review of the Literature [J]. Journal of Applied Psychology,2002,87 (4): 698-714.

[6] Von Rosenstiel,L.,Grundlagen der Organisations Psychologie[M]. Stuttgart: Schaffer-Poeschel,2007.

无疑会对员工公共服务动机产生重要影响。[1][2]　因此,我们将进一步考察不同组织支持感水平对于领导关系型行为与员工的公共服务动机关系的影响。一方面,在强组织支持感的环境中,员工能够获得更多的组织关心与帮助,使得员工更愿意为组织投入,并且更有可能正面诠释领导的支持性行为,积极地进行配合与投入,从而增强领导关系型行为的实施效果,进而使其对公共服务动机的影响作用进一步加强。另一方面,在强组织支持感的环境中,组织和员工的目标更加一致,有助于激发员工的积极性,使其更有动力去支持和配合诸如领导的支持性行为,使得组织支持与领导支持在对员工公共服务动机的影响过程中,共同提升员工的公共服务动机。基于以上分析,本文提出:

假设5:组织支持感在领导关系型行为与公共服务动机的关系中起调节作用,即高组织支持感会强化领导关系型行为和公共服务动机之间的关系,而低组织支持感则削弱两者之间的关系。

综上所述,本文的研究模型如图 6-1 所示:

图 6-1　本文的研究模型

三、研究设计

1. 研究程序与样本分布情况

厦门市是我国四大经济特区之一,也是十五个副省级计划单列市之一,厦门市的政府治理质量在全国位居前列。以中国社科院金融研究所"中国地区金融生态环境评价"课题组报告的统计数据为例,在 2008 年中国 100 个大中城市金融生态环境的"政府治理"维度评价结果中,厦门市的政府治理质量高

① Erdogan,B.,Kraimer,M. L.,Liden,R. C. Work Value Congruence and Intrinsic Career Success:The Compensatory Roles of Leader-member Exchange and Perceived Organizational Support[J]. Personnel Psychology,2004,57(2):305-332.

② Self,D. R.,Armenakis, A. A.,Schraeder. M. Organizational Change Content,Process,and Context:A Simultaneous Analysis of Employee Reactions[J]. Journal of Change Management,2007,7(2):211-229.

居全国第4位。① 鉴此,本文选取厦门市这一政府治理水平较高的城市作为调研区域,并随机选取厦门市500名公务员为调研对象。问卷的发放主要采用以下两种方式:一种是通过课题组成员亲自到现场发放问卷并回收;另一种是采用与政府合作的方式发放问卷,将问卷放入调研信封,由市委组织部联系人收集后,课题组成员取回。经过两个月的努力,共回收了其中的421份问卷,最终获得383份有效调研数据,问卷有效回收率为76.6%。调查对象基本信息如表6-1所示,大部分被调查者完整地填写了个人基本信息,并且被调查者的性别、年龄、教育程度、工作年限、所在部门、职级与个人月收入等各类特征所覆盖的人群都较广,样本具有较强的代表性。

表 6-1   问卷调查对象基本信息

	统计项	人数	比率(%)		统计项	人数	比率(%)
性别	男	185	48.3%	工作年限	5年及以下	125	32.6%
	女	169	44.1%		6~10年	83	21.7%
年龄	24岁及以下	27	7%		11~15年	51	13.3%
	25~34岁	177	46.2%		16~20年	36	9.4%
	35~44岁	99	25.8%		20年以上	81	21.1%
	45~54岁	60	15.7%	职级	科员及以下	162	42.3%
	55岁及以上	15	3.9%		副科	69	18.0%
教育程度	大专及以下	30	7.8%		正科	95	24.8%
	本科	281	73.4%		副处级及以上	44	11.5%
	硕士	59	15.4%	个人月收入	4999及以下	39	10.1%
	博士及以上	2	0.5%		5000~5999	88	23.0%
所在部门	党政系统	175	45.7%		6000~6999	137	35.8%
	政府职能系统	103	26.9%		7000及以上	109	28.5%
	其他	105	27.4%				

注:(1)所在部门中的党政系统包括宣传部、组织部、纪检监察等党政机构;政府职能系统则包括工商、税务、海关等政府相关职能部门;其他系统包括公安、法院、检察院等公检法系统及其他系统;(2)个人月收入包括津贴、加班费和奖金等总收入;(3)鉴于存在漏填的现象,同一组数据的比率之和可能不为100%。

---

① 李扬、张涛:《中国地区金融生态环境评价》,中国金融出版社2009年版。

2. 变量测量

本文所使用的调查问卷均由国外较为成熟的测量量表组成,由精通英语的专业人士、公共管理专家、人力资源管理专家共同完成量表的适用性评估、调整与翻译工作。并且,在大规模调研之前,我们对被调研的相关政府部门的负责人及工作人员进行了充分访谈,来确保问卷中的条目在中国情境下的运用与我国政府的实际情况相符,最终形成了本文的问卷。

领导关系型行为的测量,主要借鉴以往的研究,[①]采用下属评分来度量,包括了 Carmeli 等所使用的"我的上级鼓励合作"等三个条目测度量表;[②]变革型组织公民行为的测量,则采用了 Vigoda-Gadot 和 Beeri 所使用的九条目测量量表,包括了"努力地采用改善后的程序来工作"等条目;[③]公共服务动机的测量量表则使用了 Wright 等所采用的五条目测量量表,具体包括"对我而言,从事有意义的公共服务是非常重要的"等条目;[④]此外,关于组织支持感的测量,则选取 Eisenberger 等开发的组织支持感量表中六个高因子载荷条目进行测量,具体条目包括"公司重视我为它作出的贡献"等。[⑤] 最后,借鉴已有研究文献,本文将性别、年龄、教育程度、工作年限、职级、所在系统、月收入七个变量列为主要的控制变量。[⑥⑦] 其中,对性别、职级和所在系统,采用虚拟变量处

---

① Li,Y.,Sun,J. M. Traditional Chinese Leadership and Employee Voice Behavior:A Cross-Level Examination[J]. Leadership Quarterly,2015,26(2):172-189.

② Carmeli,A.,Ben-Hador,B,Waldman,D. A.,Rupp,D. E. How Leaders Cultivate Social Capital and Nurture Employee Vigor:Implications for Job Performance[J]. Journal of Applied Psychology,2009,94(6):1553-1561.

③ Vigoda-Gadot,E,Beeri,I. Change-Oriented Organizational Citizenship Behavior in Public Administration:The Power of Leadership and the Cost of Organizational Politics[J]. Journal of Public Administration Research and Theory,2012,22(3):573-596.

④ Wright,B. E.,Moynihan,D. P. Pulling the Levers:Transformational Leadership,Public Service Motivation,and Mission Valence[J]. Public Administration Review,2012,72(2):206-215.

⑤ Eisenberger,R.,Huntington,R.,Hutchison,S.,Sowa,D. Perceived Organizational Support[J]. Journal of Applied Psychology,1986,71(3):500-507.

⑥ Vigoda-Gadot,E,Beeri,I. Change-Oriented Organizational Citizenship Behavior in Public Administration:The Power of Leadership and the Cost of Organizational Politics[J]. Journal of Public Administration Research and Theory,2012,22(3):573-596.

⑦ Li,Y.,Sun,J. M. Traditional Chinese Leadership and Employee Voice Behavior:A Cross-Level Examination[J]. Leadership Quarterly,2015,26(2):172-189.

理,1 代表男、党政系统以及科员及以下,0 代表女、其他系统以及其他职级;年龄从 24 岁及以下到 55 岁及以上划分为 5 个层次,由低到高分别赋值为 1～5;教育水平从大专及以下到博士及以上划分为 4 个层次,由低到高分别赋值为 1～4;工作年限以员工在组织中工作的年份数进行计算,从 5 年及以下到 20 年以上划分为 5 个层次,由低到高分别赋值为 1～5;月收入由 4999 及以下到 7000 及以上划分为 4 个层次,由低到高分别赋值为 1～4。

3. 统计方法

本文主要采用 SPSS17.0 和 AMOS 17.0 进行相关的统计分析。具体的统计分析包括:首先,运用 AMOS 软件对本文的主要变量进行验证性因子分析以考察所使用量表的区分效度;其次,采用 SPSS 软件进行描述性统计分析和变量间的相关性分析;再次,采用 SPSS 软件进行中介回归分析考察公共服务动机在领导关系型行为和下属变革型组织公民行为关系中的中介作用;最后,采用 SPSS 软件进行层级调节回归检验组织支持感在领导关系型行为与公共服务动机关系中的调节作用。

四、实证结果与讨论

1. 问卷的信度与效度检验

为保证研究的可靠性和有效性,我们首先对本文所使用的量表进行了信效度检验,结果如表 6-2 所示。其中,在信度检验方面,本文所使用量表的内部一致性系数 Cronbach α 均超过 0.7,这表明所使用的量表均具有较好的信度。而在效度检验方面,由于本文的主要变量均为单一维度变量,与已有文献一致,本文主要检验了这些变量的区分效度。为此,我们对领导关系型行为、变革型组织公民行为、公共服务动机以及组织支持感组成的四因子模型进行了验证性因子分析,测量项目的载荷如表 6-2 所示。可见,四因子模型中所有因子载荷数值均远远高于 0.4 的一般建议标准,这表示同一因子下的测量项目,能有效地反映出同一构念。并且,该模型的拟合度指标如下:$\chi^2/224 = 4.857$,RMSEA $= 0.100$,TLI $= 0.87$,CFI $= 0.917$。可以说,四因子模型的各项拟合度指标均达到了较高的标准。综上所述,本文的问卷数据具有较高的信效度,为后续的实证研究奠定了良好的基础。

表 6-2 验证性因子分析:信度与测量项目的因子载荷(n = 383)

因子	测量项目	载荷值
领导关系型行为 Cronbach α = 0.762	我的上级鼓励合作。	0.944
	我的上级创造一个信任的工作环境。	0.944
	我的上级鼓励公开的交流。	0.494
变革型组织 公民行为 Cronbach α = 0.976	努力地采用改善后的程序来工作。	0.903
	努力改变工作完成的方式以提高效率。	0.881
	努力为组织引进改善后的工作程序。	0.897
	努力建立提高组织工作效率的新的工作方法。	0.921
	为改善组织的运作,提出建设性意见。	0.917
	努力纠正不够完善/错误的工作程序或措施。	0.907
	努力消除多余的或不必要的工作环节。	0.899
	努力为部门面临的问题提出解决措施。	0.897
	努力引进新的工作方法以提升工作效率。	0.904
公共服务动机 Cronbach α = 0.934	对我而言,从事有意义的公共服务是非常重要的。	0.849
	日常琐事常常提醒我,生活中人们的确是相互依靠的。	0.837
	与我的个人成就相比,能够为社会做贡献更为重要。	0.916
	我时刻准备着为社会利益做牺牲。	0.853
	即使遭到冷嘲热讽,我也会为他人争取权益。	0.845
组织支持感 Cronbach α = 0.944	所在单位重视我为它作出的贡献。	0.811
	所在单位重视我个人的目标及价值观。	0.847
	当我在工作上遇到问题时,单位总能够提供帮助。	0.880
	所在单位关心我个人各方面的情况(如工作、家庭及身心健康等)。	0.866
	对于我在工作上的成就,单位会引以为傲。	0.890
	所在单位尽量使我的工作有趣味。	0.865

注:"Cronbach α"为内部一致性信度系数。

2. 描述性统计与相关性分析

本文的各主要变量的平均值、标准差和相关系数如表 6-3 所示。可以看到,领导关系型行为与变革型组织公民行为显著正相关($r = 0.566, p < 0.001$),这表明领导关系型行为对员工的变革型组织公民行为具有重要意义。

同时,领导关系型行为与公共服务动机具有很强的正相关关系($r=0.661$,$p<0.001$),而公共服务动机对于变革型组织公民行为也具有明显的正向影响($r=0.828$,$p<0.001$)。整体而言,相关性分析结果初步支持了本文的研究假设1~3。同时,表6-3还发现,组织支持感与领导关系型行为、变革型组织公民行为以及公共服务动机也有较强的相关性,相关系数分别为0.671、0.605和0.635,显著水平都在0.001以下。当然,上述单变量分析结果并未控制其他因素的影响,为获得更为稳健的实证证据我们接下来进行多元回归分析。

表6-3 主要变量的描述性统计与相关系数分析($N=383$)

变量	平均值	标准差	1	2	3	4
1. 领导关系型行为	5.289	1.598	1			
2. 变革型组织公民行为	5.321	1.251	0.566 ***	1		
3. 公共服务动机	5.305	1.282	0.661 ***	0.828 ***	1	
4. 组织支持感	4.940	1.421	0.671 ***	0.605 ***	0.635 ***	1

注:*** 表示 $p<0.001$,** 表示 $p<0.01$,* 表示 $p<0.05$,双尾检验。

3. 领导关系型行为与变革型组织公民行为:公共服务动机的中介作用检验

本文借鉴 Baron 和 Kenny 提出的四步骤中介变量检验方法,考察公共服务动机在领导关系型行为与下属变革型组织公民行为之间是否具有中介效应。[①] 具体而言:(1)检验领导关系型行为对公共服务动机是否具有显著影响;(2)考察领导关系型行为对变革型组织公民行为是否具有显著影响;(3)检验公共服务动机对变革型组织公民行为是否具有显著影响;(4)如果前三个方程成立,继续检验领导关系型行为、公共服务动机对变革型组织公民行为是否具有显著影响。此时,如果领导关系型行为对变革型组织公民行为的作用减弱甚至不再显著,则公共服务动机的中介作用成立。我们将实证结果报告于表6-4。

表6-4的模型1显示,在所有的控制变量中,仅有年龄能够显著影响公共服务动机($\beta=0.270$,$p<0.05$)。进一步地,模型2表明领导关系型行为对公共服务动机具有显著正向影响($\beta=0.487$,$p<0.001$)。在控制其他变量的影

---

① Baron,R. M.,Kenny,D. A. The Moderator-Mediator Variable Distinction in Social Psychological Research:Conceptual,Strategic,and Statistical Considerations[J]. Journal of Personality and Social Psychology,1986,51(6):1173-1182.

响之后,领导关系型行为可以解释公共服务动机 35.5% 的变异,该结果支持了本文的研究假设 2。而模型 3 的回归结果表明,控制变量中的教育程度对变革型组织公民行为具有显著影响($\beta = 0.317, p < 0.05$)。在考虑了所有控制变量的基础上,我们进一步将自变量领导关系型行为放入回归方程,结果发现它对变革型组织公民行为具有显著正向影响($\beta = 0.369, p < 0.001$),额外的变异解释量增加了 22.1%(见模型 4),所以本文的假设 1 也成立。同时,公共服务动机对变革型组织公民行为也有显著正向影响($\beta = 0.743, p < 0.001$),能够额外解释变革型组织公民行为 52% 的变异量(见模型 5),因此该实证结果验证了假设 3。最后,我们进一步考察领导关系型行为和公共服务动机共同对变革型组织公民行为的影响,如模型 6 所示。研究发现,公共服务动机对变革型组织公民行为具有显著的正向影响($\beta = 0.722, p < 0.001$),而领导关系型行为的影响不再显著。根据上述的判断方法,上述实证结果表明,公共服务动机在领导关系型行为和变革型组织公民行为之间起着完全中介的作用,即假设 4 得到了证实。

我们还进而试图采用 Sobel 检验对上述中介作用进行更为准确的分析,[①]可以计算得到统计值 z 为 11.980($p < 0.001$),这说明中介效应是显著的。因此,Sobel 检验的结果进一步支持了本文的假设 4。这意味着,领导关系型行为影响下属变革型组织公民行为的过程中,公共服务动机发挥着至关重要的作用,即领导关系型行为要能够对变革型组织公民行为产生响,必须建立在组织能够通过领导关系型行为获取公共服务动机的基础上。

表 6-4　领导关系型行为与变革型组织公民行为:公共服务动机的中介作用检验($n = 383$)

变量类型	公共服务动机		变革型组织公民行为			
	模型 1	模型 2	模型 3	模型 4	模型 5	模型 6
常数项	3.700***	1.988***	3.549***	2.250***	0.816*	0.811*
1. 控制变量						
性别	0.050	−0.027	−0.129	−0.185	−0.146	−0.152
年龄	0.270*	0.191	0.221	0.159	0.013	0.012
教育程度	0.277	0.173	0.317*	0.244	0.134	0.123

---

① Sobel, M. E. Asymptotic Intervals for Indirect Effects in Structural Equations Models. In Leinhart, S. (Ed.), Sociological Methodology[M], San Francisco: Jossey-Bass, 1982.

续表

变量类型	公共服务动机		变革型组织公民行为			
	模型 1	模型 2	模型 3	模型 4	模型 5	模型 6
工作年限	0.103	0.022	0.155	0.093	0.074	0.074
科员及以下	−0.096	−0.127	−0.092	−0.115	−0.031	−0.022
党政系统	0.249	0.067	0.228	0.093	0.058	0.056
月收入	−0.025	−0.044	0.022	0.007	0.028	0.036
2. 自变量						
领导关系型行为		0.487 ***		0.369 ***		0.020
3. 中介变量						
公共服务动机					0.743 ***	0.722 ***
R^2	0.114	0.469	0.146	0.367	0.664	0.663
ΔR^2	0.114 ***	0.355 ***	0.146 ***	0.221 ***	0.520 ***	0.297 ***
F 值	5.733 ***	34.366 ***	7.479 ***	22.141 ***	76.724 ***	66.759 ***

注:(1)$^{***}p<0.001$,$^{**}p<0.01$,$^{*}p<0.05$,双尾检验;(2)表中回归系数均为非标准化回归系数。

4. 领导关系型行为与公共服务动机:组织支持感的调节效应检验

为了验证本文的假设 5,即组织支持感在领导关系型行为与公共服务动机的关系中起调节作用,本文采用阶层调节回归分析的三步骤检验方法,并采用变量的交互项来检验组织支持感的调节效应。具体而言,我们采用以下步骤进行实证检验:首先,检验领导关系型行为对公共服务动机的影响;其次,考察领导关系型行为和组织支持感二者共同对公共服务动机的影响;最后,将领导关系型行为、组织支持感及两者的交互项加入方程,检验这些变量对公共服务动机的影响,如果加入交互项的时候,ΔR^2 是显著的,那么调节效应存在。具体实证结果如表 6-5。

表 6-5　领导关系型行为与公共服务动机:组织支持感的调节作用检验($n=383$)

变量	公共服务动机		
	模型 1	模型 2	模型 3
常数项	3.700 ***	0.692 ***	0.388 ***
1. 控制变量			

续表

变量	公共服务动机		
	模型 1	模型 2	模型 3
性别	0.050	−0.104	−0.136
年龄	0.270*	0.246**	0.267**
教育程度	0.277	0.271*	0.287**
工作年限	0.103	0.008	−0.008
科员及以下	−0.096	0.015	0.013
党政系统	0.249	0.141	0.104
月收入	−0.025	−0.003	−0.018
2. 自变量			
领导关系型行为		0.264***	0.316***
3. 调节变量			
组织支持感		0.395***	0.391***
4. 交互项			
领导关系型行为×组织支持感			0.148**
R^2	0.114	0.571	0.582
ΔR^2	0.114***	0.457***	0.011**
F 值	5.733***	45.422***	42.685***

注:(1)***$p<0.001$,**$p<0.01$,*$p<0.05$,双尾检验;(2)表中回归系数均为非标准化回归系数。

根据表 6-4 中模型 2 的实证结果,领导关系型行为对公共服务动机有显著的正向影响。同时,表 6-5 的模型 2 研究显示,领导关系型行为和组织支持感对公共服务动机都具有显著的正向影响,回归系数分别为 $\beta=0.264(p<0.001)$ 和 $\beta=0.395(p<0.001)$。为了检验假设 5,本文进一步在表 6-5 的模型 3 中加入了领导关系型行为与组织支持感的交互项进行回归分析。实证结果表明,该交互项的回归系数在 1% 水平下显著为正($\beta=0.148,p<0.01$),并且 $\Delta R^2=0.011(p<0.01)$。依据前文所述的判断方法,组织支持感在领导关系型行为与公共服务动机二者关系中具有显著的正向调节作用,即本文的研究假设 5 得到了支持。也就是说,当政府部门人员的组织支持感较强时,领导关系型行为对于公共服务动机的影响会明显增强。

为了更为形象地阐述组织支持感在领导关系型行为与公共服务动机二者关系中所扮演的调节作用角色,我们根据 Aiken 和 West 推荐的方法绘制了图6-2。[①] 如图 6-2 所示,无论是在组织支持感水平高还是低的情况下,领导关系型行为都对公共服务动机具有显著的正向影响作用。但是,高组织支持感的员工样本组的直线斜率要明显大于对照组,这说明在企业组织支持感水平较高的情况下,领导关系型行为对于公共服务动机的积极作用更为明显。

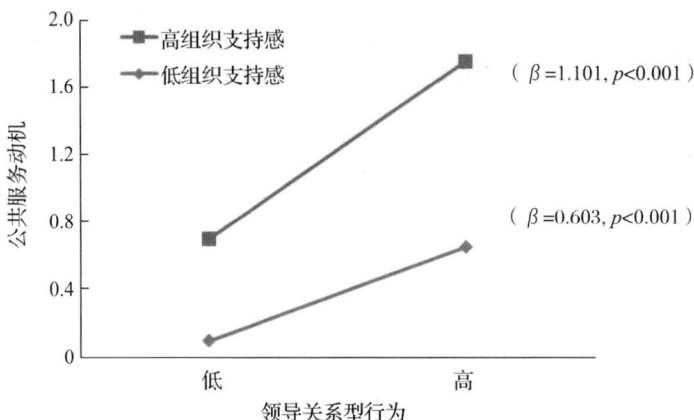

图 6-2　组织支持感在领导关系型行为与公共服务动机二者关系中的调节作用

五、研究结论与启示

近年来,以政府部门为背景展开的领导行为、公共服务动机以及变革型组织公民行为等研究受到了学术界与实践界的日益关注与讨论。本文首次以我国政府部门为研究背景,结合上述多个研究领域,较早地检验了领导关系型行为对于下属变革型组织公民行为的影响,并且首次探索了公共服务动机在上述关系中的中介作用以及组织支持感在领导支持行为与公共服务动机二者关系中的调节作用。实证结果表明:领导关系型行为显著提升了下属变革型组织公民行为,且公共服务动机在其中起到了完全中介的作用;组织支持感在领导关系型行为与公共服务动机的二者关系中具有显著的正向调节作用。

以往针对领导关系型行为以及变革型组织公民行为的相关研究,主要在

[①]　Aiken,L. S.,West. S. G. Multiple Regression:Testing and Interpreting Interactions[M]. Newbury Park,CA:Sage Press,1991.

私营部门展开讨论,鲜有以政府部门这一研究背景展开。本文首次以我国政府公务员为研究对象,实证检验了领导关系型行为对下属变革型组织公民行为的作用及其影响机制与作用条件,大大丰富和扩展了已有的研究成果,具有重要的理论意义。首先,本文检验了政府部门背景下,领导关系型行为与变革型组织公民行为的关系及其影响机制,揭示了在我国政府部门中塑造良好的领导关系型行为具有重要意义。这一研究发现不仅为领导关系型行为对于下属公共服务动机、变革型组织公民行为的作用提供了关键的实证依据,而且进一步扩展了领导关系型行为的已有研究成果。其次,本文对领导关系型行为与公共服务动机的研究表明,领导关系型行为对于员工公共服务动机的发展不容忽视。以往的研究文献鲜有探讨领导行为对于员工公共服务动机发展的影响,本文则从领导关系型行为为切入点延伸了相关研究,为我国政府部门公务员公共服务动机的培养提供了新的视角。再次,结合政府部门的具体背景,以相关的动机理论为基础,本文进一步探讨了公共服务动机在领导关系型行为与变革型组织公民行为二者关系中所发挥的中介作用。这一研究结论弥补了以往领导行为对于变革型组织公民行为影响机制的研究不足,同时也为我国政府部门的领导行为与员工行为研究提供了有意义的借鉴。最后,本文检验了组织支持感在领导关系型行为影响公共服务动机过程中的调节作用,丰富了领导关系型行为影响公共服务动机的重要边界条件研究。

与此同时,本文的研究结论对于我国政府部门公务员的公共服务动机以及变革型组织公民行为的培养与发展具有重要的现实启示意义。

首先,政府部门应该进一步加强公务员的公共服务动机建设。本文研究表明,公共服务动机不仅能够直接影响员工行为,而且在领导关系型行为影响下属变革型组织公民行为的过程中起到了完全的中介作用。这表明,下属的公共服务动机不仅是影响其变革型组织公民行为的重要因素,而且是领导关系型行为影响下属变革型组织公民行为的关键环节。这一结论有助于增进政府管理人员更深刻地理解领导关系型行为影响下属变革型组织公民行为的作用机制,也为推动政府重视公职人员公共服务动机培养提供了重要的实证依据。本文的研究结论意味着,政府在鼓励与发展领导关系型行为的同时,同样需要关注通过公共服务动机这一重要环节的建设来传递和加强领导关系型行为对于下属变革型组织公民行为的影响。

其次,政府部门应该将领导行为的塑造与组织环境的建设相结合,使得两者相得益彰,促进公职人员公共服务动机与变革型组织公民行为的发展。以往的相关研究发现领导行为确实能够促进公共服务动机、变革型组织公民行为的提升,本文的研究结论不仅系统地整合了以往的研究,而且首次指出了政府部门不仅有机会而且有责任去创造使得公务员能够为公众服务的环境,这一环境既包含了领导因素也包含了组织因素。并且,我们的实证结果发现,领导支持行为、组织支持两大因素在提升员工公共服务动机上缺一不可。换而言之,组织支持感会增强领导支持行为对员工公共服务动机的积极作用。因此,对于政府部门管理人员而言,在塑造领导关系型行为的同时,应该同样关注组织支持这一重要环境,从而能够更加有效地提升公职人员的公共服务动机、变革型组织公民行为。

最后,政府部门应该进一步借鉴诸如领导行为塑造、组织环境营造等企业微观管理理念来加强对公职人员变革型组织公民行为等员工行为的发展。以往以私营部门企业为背景的研究发现,诸如员工变革型组织公民行为等员工行为的管理需要综合考虑领导行为、组织环境、员工个体等多方面的因素。然而,本文的研究进一步将这些企业微观的管理理念运用到了政府部门领域,不仅为政府部门发展公职人员公共服务动机、变革型组织公民行为提供了有益的借鉴,也为我国构建服务型政府、为人民服务提供了重要的启示,即应进一步强化政府部门中领导行为、组织环境等因素在员工行为塑造过程中的重要角色,更为全面地理解公职人员行为塑造的过程,有的放矢地进行人力资源的开发与管理。

当然,本文的研究仍然存在一定的研究局限,值得未来进一步探索。首先,本文使用的研究样本具有局限性,所调研的 383 名公职人员均来自政府治理质量较高的厦门市政府相关部门,未来的研究可以扩大样本的地域调查范围及调查数量。其次,本文的数据均采用公职人员自我报告的形式获得,可能存在同源方差问题。虽然通过了区分效度检验,但是未来的研究可以对相关数据的收集采用其他形式(如直接上级领导或同事报告等),以减轻这一问题。再次,本文主要采用西方较为成熟的测量量表进行调研,未来的研究可以结合中国情境开发本土化的量表进行更为深入的讨论。最后,本文所收集的数据均为横截面数据,只代表了公职人员某一时点的状态,未来的研究可以结合纵向研究、案例研究进一步探讨本文研究结论的适用性。

第七章　智库建设

7-1　新型智库建设与政策科学发展*

当前中国特色新型智库建设非常重要而且迫切。党的十八大提出"坚持科学决策、民主决策、依法决策,健全决策机制和程序,发挥思想库作用,建立健全决策问责和纠错制度"。十八届三中全会提出要"加强中国特色新型智库建设,建立健全决策咨询制度"。近年来,习近平多次对智库建设作出重要批示,指出智库是国家软实力的重要组成部分,是推进国家治理体系和治理能力现代化的重要内容,为建设中国特色新型智库指明了根本方向。2015 年 1月,中共中央办公厅、国务院办公厅印发了《关于加强中国特色新型智库建设的意见》,提出重点建设一批具有较大影响力和国际知名度的高端智库。2015年 12 月 1 日国家高端智库建设试点工作会议在京召开(有 25 家机构入选首批试点单位)。刘云山强调要精心组织试点工作,着力建设一批国家亟需、特色鲜明、制度创新、引领发展的高端智库。要推进中国特色新型智库及其专业化建设,必须高度重视作为其知识支撑的政策科学的发展。

一、智库推动政策科学的成长

政策科学或者政策分析及智库的发展史表明:作为现代政策科学的发源地和成长的摇篮,智库或思想库的成熟是政策科学兴起的一个重要推动力,是智库的专家首先将政策分析的知识和方法系统化而凝聚成为一个相对独立的学科。

智库的成熟是政策科学兴起的催化剂。德洛尔指出思想库(智库)不仅是

---

　*　本文是作者 2016 年 9 月 18 日在清华大学中国农村研究院所作的同名学术讲座的演讲稿。

政治设计的有意义的发明,也是政策研究成长的摇篮。在政策科学产生前后,美国已有不少的智库存在,包括兰德公司在内。[①]

智库是现代公共决策的一个不可或缺的组成部分。"谋"与"断"是公共决策过程中的两种基本职能,因而咨询子系统、决断子系统是最主要的两个子系统。两者是"多谋"与"善断"的关系,二者相辅相成而非相互取代。

智库对政策科学的贡献表现在:一是智库发展政策研究的理论与方法论,开发或应用政策分析的方法及技术,包括系统分析、理性选择、可行性研究、预测与评估技术、博弈论、PPBS(计划项目预算制)以及成本效用分析、德尔菲法、头脑风暴法等。二是智库的专家把政策研究的成果凝聚为一个独立的学科。德洛尔的政策科学"三部曲"构成政策科学发展的第二个里程碑;奎德和克朗等人对运筹学、系统分析以及政策分析推动了政策科学发展。三是智库作为实验室或测试基地,可以把政策设想或方案推广到实际运用中;为来自学术界和政府部门中的专业政策学者创造一个良好的环境;是产生可靠的、可能被有关部门接受的政策研究成果的主要机构。在德洛尔看来,智库是政策研究的最纯粹的组织体现,每一位政策科学家都应把他的部分工作时间花在至少一个智库中,以提高处理政策科学理论与政策制定现实之间的关系能力。

二、智库发展离不开政策科学

何谓政策科学?拉斯韦尔认为政策科学是以制订政策规划和政策备选方案为焦点,运用新的方法对未来的趋势进行分析的学问。那格尔则说:政策科学是为解决各种具体社会问题而对不同的公共政策的性质、原因及效果的研究。政策科学具有如下四个区别于其他学科的范式特征:跨学科、交叉学科、综合性研究的取向;倡导以问题为中心的知识产生方式;着力于实践应用;注重价值分析与价值评价等。

那格尔说过,尽管在原则上那些处在最高层次上的人有权正式决策,但实际上往往只是批准专家提供的方案。德洛尔也说,公众作为影响政策制定与执行的重要因素参与了政策运行的全过程,向社会及公众进行政策宣传与启蒙教育就成为政策执行过程的一个重要环节。

[①] 关于兰德公司的历史可参看 Alex Abella, *Soldiers of Reason:The RAND Corporation and the Rise of the American Empire*,2008(中译本:《兰德公司与美国的崛起》,新华出版社,2009、2016。

——智库以改进政策制定为目标,并围绕这一目标展开活动。智库通过政策辩论形成主流政策建议,变成具体政策方案,由政府及决策者在这些方案中进行选择。

——智库的作用还在于发现和传播短期内不会成为政策的学术思想,使决策者逐渐接受这些思想,具有强烈的未来研究倾向,从而区别于一般研究机构。

——智库具有政策宣传的功能。智库通过广泛持久的政策科学知识普及教育和对各项具体政策的宣传教育,履行把政府的基本政策传播给大众,把各界的观念传播给决策者的功能。

——智库还提供政策结果信息,充当评估机构。通过对政策进行检查、评估和衡量,来评判政府政策利弊得失,从中不断地寻找和发现存在的问题,提出或调整解决问题的方案。

三、新型智库建设需要政策科学的支持

2013 年 4 月,习近平总书记就中国特色新型智库建设做出了重要批示,将智库建设提高到国家战略高度,指出智库是国家软实力的重要组成部分;提出中国特色新型智库的建设目标;要求探索中国特色新型智库的组织形式、管理方式;要求加强智库自身建设,为中央的科学决策提供高质量的智力支持。2014 年 10 月 27 日,中央全面深化改革领导小组第六次会议审议了《关于加强中国特色新型智库建设的意见》。习近平强调,我们进行治国理政,必须善于集中各方面智慧、凝聚最广泛力量。重点建设一批具有较大影响和国际影响力的高端智库,重视专业化智库建设。2016 年 5 月 17 日,习近平总书记在哲学社会科学工作座谈会上再次强调中国特色新型智库建设的重要性。

国家高端智库何为?这可以以兰德公司为例来说明。一是着眼长远与未来研究。以国家的重大需求与重大战略为导向,致力于国家总体发展战略以及部门或领域的重大政策的研究与咨询,注重未来研究及趋势预测,提出远见卓识(从一开始,兰德不负责短期的应急计划,而是致力于长远的研究发展)。

二是理性分析与询证检验。这是智库发展的根基,是其区别于政府机构的重要之点。智库的人员构成以专家为主,掌握先进的分析技术,对社会问题或政策问题做长期跟踪研究,所提出政策建议以经验数据与实证分析及检验为基础。

三是思想引领与理论建构。开社会风气之先,提出新理念、新观点、新思

想；向社会宣传主流思想或价值观，为政府的决策进行舆论宣传；注重基础理论以及政策科学研究及政策分析技术的开发（兰德公司的宗旨：促进科学、教育和慈善事业的发展，一切为了公众的利益和美国的国家安全）。

四是输送高官与培养人才。"思想库不仅仅是思想"，为政府输送高级官员或顾问，这是智库影响决策的最直接和重要的方面；与此同时，为公共部门尤其是政府培养和输送政策分析的专门人才（这是智库的一大不容忽视的功能）。

当前必须大力发展政策科学，助力中国特色新型智库建设。首先，提升政策科学的学科地位。按照目前国家教育与学位主管部门有关学科专业设置的新精神，可以考虑将政策科学设置为一门相对独立的交叉学科（或一级学科），提升政策科学的学科地位，重视来自不同学科领域科的政策研究成果的吸收，夯实学科的知识基础。

其次，培育政策科学的学科体系。政策科学既包括政策科学理论、政策分析方法与技术、本国公共政策、比较公共政策、公共政策伦理、战略研究、未来研究、制度分析与公共选择等学科分支的研究；也包括各个实质性政策领域研究，如政治政策、经济政策、社会政策、文化政策以及科技政策、教育政策、环境政策等的专门化；还包括政策过程基本环节或功能活动，如政策制定（政策设计、政策规划）、政策执行、政策评估、政策周期、政策实验、政策扩散、政策变迁、政策创新等的研究。

再次，加强政策分析专门人才培养。为了给中国特色新型智库与咨询业以及其他公共部门源源不断输送政策分析专门人才，有必要将设置独立的公共政策硕士（MPP）专业学位提上议事日程，展开培养方案的论证和招生的前期准备工作。

最后，强化政策科学知识的应用及技术开发。探索中国特色新型智库的组织和管理方式，创新政策知识应用的体制机制，充分发挥智库作为沟通学界、政界及社会联系的桥梁和纽带作用，发挥政策科学在政策实践中的理论指导作用，拓展政策知识应用的范围、深度与广度，增强中国政策科学的现实性和生命力。

总之，政策科学和智库发展相互依赖、相互促进。必须高度重视政策科学的地位与作用，以政策科学的大发展助推中国特色新型智库以及现代化的咨询制度的建设，推进我国公共决策的科学化民主化。

【链接】

陈振明解析新型智库建设与政策科学发展

清华大学公共管理学院网 2016-09-19

2016年9月18日上午,厦门大学公共事务学院与公共政策研究院院长、教育部"长江学者"特聘教授陈振明做客清华大学中国农村研究院,作了题为《新型智库建设与政策科学发展》的学术讲座。农研院副院长、公管学院教授王亚华主持讲座。清华大学文科处处长、公管学院教授孟庆国,农研院指导委员会秘书长曾劲松,公管学院教授朱旭峰等出席讲座。

陈振明以美国兰德公司与政府政策的关系为例,阐释了智库建设与政策科学发展间的关系。他认为,智库是政策科学的发源地和成长的摇篮,而政策科学是智库建设最直接和最主要的支撑学科之一。

陈振明指出,智库的成熟是政策科学兴起的重要推动力,在当代公共决策过程中占有举足轻重的地位,是现代公共决策不可或缺的组成部分。

陈振明强调,应以政策科学的发展推进中国特色新型智库建设及现代化的咨询制度的建设。国家高端智库应着眼于长远与未来研究,通过理性分析与询证检验,建构新理念、新观点、新思想,为政府输送高级官员和顾问,培养和输送政策分析的专门人才。

最后,陈振明从政策科学的学科专业设置、学科分化、公共政策硕士(MPP)专业学位的设立及政策科学知识的应用及技术开发四个方面提出了加强我国未来政策科学学科建设的相关建议。

现场互动环节,陈振明认真回答了现场听众对智库的绩效评估,智库的价值观引领,我国新型智库与美国智库的区别,以及中国的智库产生等问题的提问。

演讲结束后,王亚华总结发言。他指出,陈振明对新型智库建设与政策科学之间的关系做了非常精深的研究,对学术机构开展智库建设和政策科学研究具有重要的参考价值和启发意义。

农研院、公管学院及北京高校师生等50余人聆听了讲座。

7-2　智库专业化建设与公共决策科学化[*]

中国特色社会主义进入了新时代,这是我国发展新的历史方位。新时代我国经济社会发展对我国公共决策的科学化民主化以及新型智库建设提出了新的、更高的要求。在当代,数据分析、行为实验、模拟仿真和循证检验构成公共决策链条的重要环节,这也成为当代全球公共政策理论与实践发展的新趋势。数据分析通过严密的逻辑推理和精确的计算,为行为分析、模拟仿真和循证检验奠定数据基础;行为实验和模拟仿真通过对可能的政策结果进行预测,为循证检验的证据生产提供高质量的原料;而数据分析、行为实验、模拟仿真和循证检验等科学化决策链条环节及专业化智库功能的实现,需要以数据中心与实验室作为基础平台或技术纽带。必须顺应公共政策实践发展的新趋势,推进智库专业化和决策科学化,尤其是加强数据中心与实验室的建设和利用,推动政府决策流程再造,推广循证决策新模式,提高我国公共决策的科学化水平。

一、公共决策数据化和智能化发展的新方向

数据分析是政策分析的重要前提。现代公共决策必须建立在可靠的事实和数据以及理性分析的基础上。由于公共政策的专业性,决策者不能仅凭个人或小团体的智慧或主观设想进行经验决策;只有通过基于数据的理性分析以及严密的逻辑推理和精确的计算,才能使复杂的政策问题更容易把握,更好地界定问题、确定目标,设计、比较和选择科学的备选方案。尤其是在当前全面深化改革背景下,我国正面临极其错综复杂的国内外形势,诸多矛盾交织叠加,各种风险挑战接踵而至,国内外很多情况是改革开放以来没有碰到过的,[①]各实质性政策领域的问题充满复杂性与不确定性,理性分析对于我国公共政策分析的必要性更是不言而喻。理性分析不仅需要采集大量的决策所需数据,而且需要运用现代分析技术和方法(如矩阵方法、统计分析、趋势分析、

---

* 原载《公共行政评论》2019 年第 3 期(内容有所删节,并删去了副标题"当代公共政策发展的新趋势及其启示",黄元灿为本文的合作者)。

① 李克强:《政府工作报告》,人民出版社 2018 年版,第 1、16 页。

建模仿真与优化逻辑/因果分析方法、情景分析方法、价值/决策辅助/经济方法、定标比超、风险评估与分析、技术评估等①)进行计算、分析和预测,这是决策者个人做不到的,必须发挥智库的数据提供和分析优势,依靠智库对公共政策问题进行数据化、理性化和经验化分析。美国"白宫第一智囊"兰德公司又被称为"科学与死亡的研究院"或"数字理性主义研究院",它主张"一切重要事物皆可简化为数据""数据和理性分析先于感知和理解";它的数据库资料浩如烟海,涉及各种领域、活动、人物和事件;它开创的系统分析工作程序是其对美国联邦政府决策最引人注目的贡献之一。②

"数据是决策的生命线。"③特别是随着全球化、信息化演进以及网络化、数据化和智能化时代的来临,公共决策的信息资源呈现动态化和系统化特征,以不间断的"流"或"片"等各种各样的数据形式存在,④这就更需要发挥智库的信息子系统功能。大数据与智能化改变了人们的思维方式、认知方式及思想观念——一切皆可量化(主要是指量化成非结构化的大数据,而非局限于简化成结构化的小数据),数据自己发声,总体高于样本,庞杂优于精确,相关重于因果;大数据与智能化增强了人类行为的可预测性,这有助于揭示人类管理及决策行为的规律性,提高了管理及决策的科学性;大数据与智能化改变了我们发现、分析和解决问题以及将政策方案付诸执行的方式,推动政府决策的民主化和科学化。⑤ 当代公共决策正朝着数据化和智能化方向发展,大数据分析正成为当代公共决策过程的必不可少的重要环节。数据化决策(或数据驱动决策)通过大数据分析寻找社会问题或政策问题的解决方案,持续监测并反馈政策执行效果,进而决定后续的行动方案或政策措施;智能化决策(或智慧公共决策)则是以大数据分析为核心,以云计算、物联网、区块链和移动互联网等新一代信息技术为支撑的全新公共决策模式,其在技术操作上是对数据驱

① 王宏广等:《高端科技智库建设要力争做到"九有":兰德公司智库建设及其对我国科技智库建设的启示》,《科技中国》2018年第5期。
② [美]亚历克斯·阿贝拉:《白宫第一智囊:兰德公司与美国的崛起》,梁筱芸、张小燕译,新华出版社2009年版,第2、5、13、66页。
③ World Bank, *World Development Report* 2016: *Digital Dividends*, World Bank Group, 2016, p. 244.
④ 涂子沛:《大数据推动精细决策》,《人民日报》2015年4月9日,第14版。
⑤ 陈振明:《政府治理变革的技术基础:大数据与智能化时代的政府改革述评》,《行政论坛》2015年第6期。

动决策的承接和发展。[①]

  与传统的公共决策模式相比,数据化智能化的公共决策数据的收集、管理和应用的深度广度及规模已不可同日而语,传统的舆情中心和专题数据库的数据采集和分析方式已无法满足数据化智能化公共决策的发展要求,必须转向以大数据和智能化为中心的新的数据收集、挖掘、分析和利用方式。例如,传统的基于随机调查和浅层语义分析等碎片化的舆情调查、监测和挖掘方法,难以对社情民意大数据进行有效收集和分析,而必须依靠智库数据中心的数据挖掘、关联分析、数据整合及可视化等数据技术;[②]传统的专题数据分析只针对结构化数据(样本数据、面板数据或时间序列数据),难以对价值和伦理等非结构化问题进行精确测量和建模分析,必须借助大数据技术,将非结构化问题转化成非结构化数据(如图片、视频、文本等),通过数据重组和算法揭示相关性,进而有效处理非结构化问题。[③] 在数据化与智能化时代,每个人都不知不觉地融入数据采集过程,数据获取从调查统计转变为感知记录,预测成为大数据分析的核心,公共决策需要通过智能终端、物联网、云计算、区块链等可拓展人类感知能力的技术来追踪数据足迹,通过"机器学习"(Machine Learning)、模式识别等方法进行探索式数据挖掘,通过相关关系分析法等进行海量的全样本分析,[④]进而发现社会规律和预测人的行为;与此同时,还需将数据挖掘、关联分析、数据整合与传统政策分析的政治学、经济学方法等相结合,使其更直接地服务于公共决策。例如,基于文本语义挖掘的政策文本环境建构研究,基于大数据的政策效果预测与分析,基于用户创作内容分析的政策过程公众反馈态度研究等。[⑤] 因此,大数据与智能化时代的公共决策必须重视专业化智库数据中心的建设和利用。

二、公共政策研究中的行为、模拟、实验和预测的新路径

  行为实验、模拟仿真和预测研究是政策分析的基本内容。政策环境是复

---

① 胡税根等:《基于大数据的智慧公共决策特征研究》,《浙江大学学报(人文社会科学版)》2015 年第 3 期。

② 李梅等:《面向决策支持的社会舆情大数据服务机制研究》,《理论月刊》2015 年第 9 期。

③ 范如国:《公共管理研究基于大数据与社会计算的方法论革命》,《中国社会科学》2018 年第 9 期。

④ 米加宁等:《第四研究范式:大数据驱动的社会科学研究转型》,《学海》2018 年第 2 期。

⑤ 徐宗本等:《大数据驱动的管理与决策前沿课题》,《管理世界》2014 年第 11 期。

杂自适应的、动态演化的社会技术系统或社会生态系统[①]（即公共政策与社会系统、技术系统或生态系统相互嵌套耦合的复杂性系统）；政策过程的行为主体（包括政策活动者和政策对象）是异质的智能体或适应性主体，他们根据自身认知、策略、利益和目标采取行动，并在与环境和其他主体交流的过程中学习，进而改变自身结构和行为方式，造就其行为方式的适应性和多样性；[②]基于有限理性和信息的不完全性，政策系统的整体行为或政策过程由众多微观行为主体或利益相关者之间的局部交互构成，[③]是众多微观行为主体相互影响、相互依赖和相互制约的博弈过程，呈现出非线性、不确定性、多态均衡等复杂性特征；政策执行由于受到政策问题本身的可行性、政策本身的规制能力以及政策以外的变数等多重约束因素的制约和影响，[④]往往无法达到预期效果，甚至相去甚远。考虑到政策环境、行为主体和政策过程的复杂性，为了在实际的政策执行过程中排除干扰，消除不利因素，保证政策得到有效执行，必须全面理解行为主体的行为过程，开展复杂性公共政策的行为、模拟、实验和预测研究。

　　近 20 年来，认知科学、神经科学、脑科学等学科的迅速发展，使深入理解人类行为过程的生物学基础成为可能，也为行为科学打开了一个新的发展视野。[⑤] 例如，认知神经科学研究表明，社会决策受神经机制约束，人类纹状体等大脑区域的激活状态与个体在社会决策过程中的奖惩处理机制、复杂情绪反应以及策略推理能力等密切相关，甚至直接影响个体的选择行为，[⑥]这可为

---

① 参见 E. Schlager and M. Cox, "The IAD Framework and the SES Framework: An Introduction and Assessment of the Ostrom Workshop Frameworks", *Theories of the Policy Process*, eds. C. Weible and P. Sabatier, Routledge, 2018, pp. 215-247; E. Ostrom, "A General Framework for Analyzing Sustainability of Social-Ecological Systems", *Science*, Vol. 325, No. 5939, 2009.

② 李大宇等：《公共政策仿真方法：原理、应用与前景》，《公共管理学报》2011 年第 4 期。

③ 罗杭、孟庆国：《安理会改革与大国博弈的多智能体模拟》，《世界经济与政治》2013 年第 6 期。

④ P. Sabatier and D. Mazmanian, "The Implementation of Public Policy: A Framework of Analysis", *Policy Studies Journal*, Vol. 8, No. 4, 1980.

⑤ 陈振明等：《公共服务质量管理：理论、方法与应用》，科学出版社 2017 年版，第 228 页。

⑥ A. G. Sanfey, "Social Decision-making: Insights from Game Theory and Neuroscience", *Science*, Vol. 318, No. 5850, 2007; J. K. Rilling et al., "A Neural Basis for Social Cooperation", *Neuron*, Vol. 35, No. 2, 2002; T. Dalgleish, "The Emotional Brain, Nature Reviews", *Neuroscience*, Vol. 5, No. 7, 2004; H. L. Gallagher and C. D. Frith, "Functional Imaging of 'Theory of Mind'", *Trends in Cognitive Sciences*, Vol. 7, No. 2, 2003.

社会决策的行为分析及因果关系检验等提供神经生物学研究途径。若能汲取人类社会行为研究的最新成果，对政策执行人员、目标团体或利益相关者的行为驱动因素进行全面诊断分析，在政策设计阶段开展前期实验（如行为实验等），预测政策执行效果并创建政策反馈循环，从而持续不断地完善干预措施，则可使公共政策的制定和执行更为有效。[①] 例如，行为科学提出了新的公共决策途径即"行为公共政策"，它运用行为科学的见解为决策者提供明确的选择，使其了解何种工具或行动方案可能带来更好的社会结果；[②]它通过"测试—学习—调适"的随机对照实验以测试公共政策工具是否有效。其中，测试是指明确政策工具（方式、范围、单位以及支出的成本），学习是指对政策干预的结果进行分析和评估，调适是指根据评估结果重新调整政策工具。[③] 这就是基于行为实验的公共决策新途径。目前，已有美国、英国、澳大利亚等经合组织（OECD）国家和欧盟等开展了"行为洞察"（Behavioural Insights）、行为经济学或"助推理论"（Nudge Theory）的应用工作，涵盖消费者保护、教育、能源、环境、金融、健康与安全、劳动力市场、公共服务提供、税收和电信等政策领域。[④]

　　行为实验突破了社会科学无法开展实验的限制，使决策者可以设计更加有效的政策，但是由于政策环境、行为和过程的复杂性与不确定性，行为实验的可重复性及其结果的普适性或多或少存在一定的限制，还需通过进一步的计算实验或政策仿真，对政治、经济、社会和文化政策等复杂性政策的备选方案进行检验、评估和结果预测。政策仿真是社会仿真方法在政策分析领域的应用，类似于自然科学的实验方法，可通过建立仿真模型实现可重复性，并可通过改变运行条件探索不同变量的影响。目前，影响较大的社会仿真方法主要包括系统动力学仿真、微观仿真、离散事件仿真、多层级仿真、元胞自动机、

---

① World Bank, *World Development Report* 2015: *Mind*, *Society*, *and Behavior*, World Bank Group, 2015, p. 5.

② P. John, "Behavioral Approaches: How Nudges Lead to More Intelligent Policy Design", *Contemporary Approaches to Public Policy*, eds. B. G. Peters and P. Zittoun, Palgrave Macmillan, 2016, p. 128.

③ 朱德米、李兵华：《行为科学与公共政策：对政策有效性的追求》，《中国行政管理》2018 年第 8 期。

④ OECD, *Behavioural Insights and Public Policy*: *Lessons from around the World*, Organisation for Economic Co-operation and Development, 2017, pp. 3, 401.

多智能体仿真等。①　其中，"多智能体仿真"（Multi-agent Simulation，MAS）以复杂适应性系统（Complex Adaptive System，CAS）理论为基础，属于自下而上的建模方法，考虑了众多人工智能体的分布演化及宏观涌现（Emerging），可进行微观宏观一体化的社会仿真，是目前最具活力的仿真方法之一。在MAS模型中，每个智能体（Agent）具有自主性、交互性、反应性、主动性，可以学习知识、积累经验、进行推理、智能计算和适应复杂、动态且不可预期的外部环境，②因此可用于模拟政策执行的真实情境，模拟异质性行为主体的交互、适应、学习、博弈或选择过程，对备选方案的可能结果进行预测，为决策者提供有关方案抉择或改进的建议。

与此同时，随着人工智能领域的"机器学习"或"深度学习"（Deep Learning）技术的不断发展，计算机程序已可通过经验学习来增加它们的知识和程序技能。例如，"人工神经网络"（Artificial Neural Networks）和"进化计算"（Evolutionary Computation）等具备机器学习能力的仿真模型，不仅可用于模拟行为个体的认知过程或社会群体对新环境的适应过程，而且可用于寻找复杂问题的最佳解决方案。③若将学习仿真方法应用于政策分析，并将其与现有的政策仿真方法（如多智能体仿真等）相融合，使政策仿真模型通过机器学习不断调整自身的运行参数，甚至改变模型自身以响应外部环境变化，不断逼近政策执行的"真实情境"，从而提高政策仿真与预测研究的有效性，为决策者提供最佳备选方案。

综上所述，为了最大限度地改进公共政策质量，复杂性政策方案在付诸抉择和实施之前，必须经过行为实验、模拟仿真和结果预测等科学化决策环节，而这些都属于智库及其实验室的专业化功能。一方面，行为实验、政策仿真和预测研究必须立足学科交叉融合，结合脑科学、认知科学、神经心理学、社会计算学、复杂性理论、控制论、信息论、系统动力学、人工智能、知识工程等理论与技术，这就需要专业化智库提供学理支撑和方法论支持；另一方面，由于政策

---

① N. Gilbert and K. G. Troitzsch, *Simulation for the Social Scientist*, Open University Press, 2005, pp. 13-14.

② 王飞跃等：《社会计算的基本方法与应用》，浙江大学出版社2012年版，第107页；罗卫东、程奇奇：《社会仿真研究：中国社会科学跨越式发展的可能路径》，《浙江社会科学》2009年第2期。

③ N. Gilbert and K. G. Troitzsch, *Simulation for the Social Scientist*, Open University Press, 2005, pp. 9, 217-253.

环境、行为和过程的复杂性,开展政策实验需要计算环境、平台和技术支持,包括仿真支撑系统、电子决策剧场、云计算平台以及各种分析、应用和集成工具等。因此,必须重视智库实验室的建设和利用,依靠专业化智库运用行为研究、实验研究、政策仿真、结果预测等方法和技术,检验政策方案,评估政策执行效果,提升政策分析水平。

三、基于证据或数据的"循证决策"新范式

循证检验是政策分析的必要环节。决策者通过将高质量的证据置于政策制定的核心位置,[①]使公共决策更加科学和理性,进而确保政策执行的效果,这就是所谓的循证决策。它源自循证医学,即通过实验研究和系统评价等途径衡量临床干预措施的有效性,从而确定有效的治疗方法;在过去50年间它取得了非凡的进步。[②] 可以说,正是循证医学的成功诱导了当代"循证决策运动"的兴起——西方政府改革者试图重塑或再造决策流程以提高政策有效性而倡导的"新行动"(相对于上世纪旷日持久的"政策科学运动"而言),他们致力于通过提供更多的政策相关信息和以理论为指导的实证分析,使决策者优先考虑"基于证据或数据"的决策标准,更好地从经验中学习,从而避免或最大限度地减少因政府期望与现实条件不符而导致的决策失误。[③] 经过近二十年的发展,循证检验逐渐在经合组织(OECD)国家的政府改革与治理实践中占据重要地位,成为当代全球公共决策的一个新趋势。例如,作为循证决策的主要倡导者,英国政府通过颁布相关政策法规(《现代化政府白皮书》和《21世纪的专业化决策》)和设置相关机构(管理与政策研究中心)等举措推行循证决策模式,将循证原则贯穿于英国社会政策的整个生命周期;[④]英国政府赞助的"行为洞察团队"(BIT)虽以"助推小组"(Nudge Unit)闻名,但本质是政策实验室和改革推动者,它通过科学地测试政策选择实际如何影响社会问题来为

① P. Davies,"What is Evidence-based Education?",*British Journal of Educational Studies*, Vol. 47,No. 2,1999.

② J. Parkhurst,*The Politics of Evidence from Evidence-based Policy to the Good Governance of Evidence*,Routledge,2017,p. 15.

③ M. Howlett,"Policy Analytical Capacity and Evidence-based Policy-making:Lessons from Canada",*Canadian Public Administration*,Vol. 52,No. 2,2009.

④ 李乐、周志忍:《英国社会政策循证决策的理论与实践:对中国的启示》,《中国公共政策评论》2016年第2期。

政府提供决策支持,它倡导的社会实验方法成为循证决策运动的核心。①

作为当代科学决策的一种"新范式"或"新模式",循证决策超越了传统的理性主义模式:(1)强调"信息"向"证据"的转换。传统理性主义模式所倚重的信息只是证据的原始成分,信息需要向证据转化,从而为决策提供更有效的支持。②(2)强调政策评估对正确决策的重要作用,将政策制定和政策评估紧密相连,而非就决策而论决策。③(3)强调证据来源的多样性。高质量的证据不仅应从传统的社会研究和政策评估中获取,还应从行为实验、模拟仿真以及预测研究中获取,特别是"曾经模糊的证据术语,如随机对照实验(RCT)、系统评价和元分析(Meta-analysis)等变得司空见惯,甚至成为证据的黄金标准或最高等级"。④(4)突破了传统理性模式的技术局限性。西蒙认为,完全理性决策的障碍因素包括决策者的选择和认识能力的限制、政策后果的不可预测性以及区分有利与不利后果的困难。⑤而随着人工智能、社会计算、大数据等新技术的发展以及科学研究的"第四范式"(即数据科学)⑥的出现,通过综合应用大数据分析、行为实验和政策仿真技术,公共决策将突破人类的认知、计算和预测能力的局限性,使完全理性由不可能变为可能。(5)重视决策支持的制度建设(包括建立相关法规、机构、设施和流程等),而非简单地回归传统的理性模式。

循证决策的关键在于"从社会研究和评价中获取的证据的性质或质量"以及"实践者或专业人员在决策过程中使用证据的方式"。⑦前者涉及证据生产的科学性,后者涉及证据使用的有效性。就证据生产的科学性而言,高质量的

---

① K. B. Smith and C. W. Larimer, *The Public Policy Theory Primer*, Routledge, 2018, p. 138.

② 周志忍、李乐:《循证决策:国际实践、理论渊源与学术定位》,《中国行政管理》2013 年第 12 期。

③ 郭巍青:《政策制定的方法论:理性主义与反理性主义》,《中山大学学报(社会科学版)》2003 年第 2 期。

④ J. Parkhurst, *The Politics of Evidence from Evidence-based Policy to the Good Governance of Evidence*, Routledge, 2017, p. 17.

⑤ 转引自郭巍青:《政策制定的方法论:理性主义与反理性主义》,《中山大学学报(社会科学版)》2003 年第 2 期。

⑥ Tony Hey 等:《第四范式:数据密集型科学发现》,潘教峰等译,科学出版社 2012 年版,第 x-xi 页。

⑦ I. Sanderson, "Making Sense of 'What Works': Evidence Based Policy Making as Instrumental Rationality?", *Public Policy and Administration*, Vol. 17, No. 3, 2002.

证据一般具有科学和真实,系统和量化,动态和更新,共享和实用,分类和分级等共同特征;[①]但不应将"证据等级"或"随机对照试验"等单一方法作为衡量证据质量的唯一标准,还应综合考虑可信度(技术证据的充分性)、显著性(评估与决策者需求的相关性)、公正性(证据生产过程是否公平对待不同利益相关者)等标准。[②] 就证据使用的有效性而言,要建立知识转移机制以促进证据使用,使决策者可用、能用和善用证据。不仅要发挥智库专家作为信息中介、知识提供者或知识经纪人的作用,培训研究人员如何更有效地提供决策证据,培训决策者如何查找、了解和使用证据;而且还要通过制度化途径改进证据使用或促进知识向政策转化。比如,建立关于各政策领域备选方案有效性的"证据库",形成循证决策实践指南,完善智库作为结构化知识经纪人的作用,建立由相关机构、规则和实践规范组成的专门服务于循证决策的"证据咨询系统"。[③]

无论是证据生产,还是证据使用,都离不开专业化智库的有效参与。只有发挥智库数据中心与实验室的证据生产功能,通过政策评估、数据收集、数据分析、行为实验、仿真模拟、预测研究、系统评价和元分析等决策支持技术,将政策相关信息转化为"决策证据",才能建立可经受时间和实践检验的高质量证据库,随时随地提供各种实质性政策有效执行的行为证据和制度证据,并以通俗易懂的方式呈递给决策者;只有通过构建由智库数据中心与实验室、相关政府部门、政策法规、实践规范和技术设施共同组成的证据咨询系统,形成并推广循证决策模式,才能促进高质量证据的有效使用,实现良好的公共治理或循证治理。

总之,随着网络化、数据化和智能化时代的来临,大数据分析正成为当代公共决策的必不可少的重要环节,以云计算、物联网、移动互联网等信息通信技术及智能化平台为基础的数据化与智能化决策成为当代公共决策发展的新方向;脑科学、认知科学、神经心理学、社会物理学、人工智能等前沿学科的突破,行为实验、社会计算、政策仿真、虚拟现实、机器学习等技术方法的应用,为复杂性公共政策的行为、模拟、实验和预测研究提供了新路径;基于证据或数据的循证决策超越了传统的理性模式,成为当代公共决策的一种新范式或新

---

① 李幼平等:《注重证据,循证决策》,《中国循证医学杂志》2008 年第 1 期。

② J. Parkhurst, *The Politics of Evidence from Evidence-based Policy to the Good Governance of Evidence*, Routledge, 2017, pp. 109,118.

③ Ibid, pp. 30-32.

模式。必须顺应新时代中国特色新型智库建设的新要求以及全球公共政策实践发展的新趋势,以数据中心与实验室建设为重点推进智库专业化和决策科学化,推动政府决策流程再造,将数据分析、行为实验、模拟仿真、预测研究以及循证检验等决策咨询环节纳入重大或复杂性政策的制定与执行过程,构建以智库数据中心与实验室为核心的证据咨询系统,探索数据化与智能化公共决策新途径,形成并推广循证检验或循证决策新模式,提高我国公共决策的科学化水平。

7-3　中国特色新型智库发展的必由之路*

党的十八大以来,以习近平同志为首的党中央高度重视智库或思想库建设。党的十八大报告提出"发挥思想库作用,建立健全决策问责和纠错制度";十八届三中全会提出"加强中国特色新型智库建设,建立健全决策咨询制度";党的十九大报告重申"加强中国特色新型智库建设"。近年来,习近平总书记多次就智库建设做出重要批示或指示,强调要从推动科学决策、民主决策,推进国家治理体系和治理能力现代化、增强国家软实力的战略高度,把中国特色新型智库建设作为一项重大而紧迫的任务切实抓好;高度重视、积极探索中国特色新型智库的组织形式和管理方式,加强智库自身建设;重点建设一批具有较大影响和国际影响力的高端智库,重视专业化智库建设等等。这为中国特色新型智库建设指明了方向、目标和任务。专业化是智库的生命力之所在,掌握先进的政策分析方法和技术是智库的最大优势。新时代中国特色新型智库的发展,必须高度重视智库的专业化以及政策分析的职业化建设,充分发挥智库的专业化优势,提升智库服务党和国家决策的能力和水平。

一、专业化是智库的本质特征和生存根基

作为主要由各领域专家、学者和前官员组成的跨学科多领域的综合性政策及战略研究与咨询机构,智库或思想库致力于为决策者提供政策相关知识与信息。"思想库是产生可靠的,可以被有关部门接受的政策研究成果的主要机构。"(那格尔语)。智库是现代组织化专业化了的政策研究机构,是政策及战略研究最纯粹的组织载体,而政策科学或政策分析则是智库最直接和主要的学科基础。智库开政策科学的先河,是现代政策分析的发源地与成长的摇篮,政策科学的产生和发展离不开智库的政策分析实践。有如作为政策科学奠基人之一的德洛尔所说:"思想库不仅是政治设计的有意义的发明,也是政策研究成长的摇篮。"

掌握并应用现代的政策分析方法和技术,这是智库区别于一般的党政机关和学术机构的关键之点。开发并应用先进的政策分析方法和技术,提供政

---

* 原载《行政改革内参》2019年第1期(原标题"推进中国特色新型智库的专业化建设")。

策相关知识和信息,这既是智库的目标和方向,也是智库存在的理由和优势之所在。智库注重探索政策研究的理论和方法论,发展政策分析的方法与技术,特别是包括系统分析在内的论证性方法。这也是以兰德公司为代表的国外著名智库或思想库成功的一个秘诀。作为政策分析或政策科学发源地,兰德公司开发出系统分析、可行性分析、成本效用分析、头脑风暴法、德尔菲法等政策分析的基本方法和技术。

2015年1月中共中央办公厅、国务院办公厅印发的《关于加强中国特色新型智库建设的意见》指出:"中国特色新型智库是以战略问题和公共政策为主要研究对象、以服务党和政府科学民主依法决策为宗旨的非营利性研究咨询机构",其基本功能是"咨政建言、理论创新、舆论引导、社会服务、公共外交"。

二、政策分析及数据提供是智库专业化的集中体现

民意调查、数据提供、政策分析以及循证检验是智库的核心功能,是智库专业化的集中体现。智库为政府和社会提供数据、信息、技术和思想观念服务,超越了学术研究和应用研究的纯粹科研层次,致力于改进公共决策系统,提高政策制定与执行质量。

智库既要开展公共政策的基础理论和方法论研究,更要从事政策分析与咨询的实务,包括背景分析、问题界定、政策设计(方案规划)、决策模拟、行为实验、结果预测和政策评估等一类的活动,而这些都是专业性、分析性很强的工作,其中的重要基础则是收集数据及民意,进行数据处理和舆情分析。智库不仅为决策者输送政策建议和学术思想,而且为他们提供决策依据和政策结果信息。

决策的科学化必须依靠基于事实和数据的政策分析尤其是理性分析及循证检验。随着当代全球化、信息化演进以及网络化、数据化和智能化时代的来临,社会问题日益复杂多变,政策制定不能单凭决策者(们)个人或小集团的智慧、以往的经验或主观设想,必须建立在可靠的事实和数据以及政策分析尤其是理性分析的基础上。面对大量的动态信息和瞬息万变的复杂社会问题,只有获取充分的、经过严格检验而确立的客观证据,通过把可能获得的最佳证据置于政策制定和执行的核心位置,才能做出更好的决策。问题越复杂就越需要政策分析,只有通过政策分析以及严密的逻辑推理和精确的计算,才能使复杂而又不确定的政策问题更容易处理,使仿真模拟成为可能,从而更好地界定

问题、确定目标、设计方案和预测结果,最大限度地提高公共政策的质量,实现政策效益的最大化,促进公共决策的科学化合理化。

政策分析尤其是理性分析的基本前提是系统地采集决策所需的数据和社情民意。特别是作为理性决策"新范式"的循证检验或循证决策,使政府的政策行动更具理性,在更大程度上建立在明智证据的基础上。循证检验的关键在于获取充足而高质量的客观证据,其质量高低受证据质量高低及其数量多少的影响。

三、专业化是中国特色新型智库发展的必由之路

近年来,我国智库如同雨后春笋般迅速发展,在出思想、出成果和出人才等方面的成就斐然。但存在的问题也很突出,包括智库的重要性未被人们普遍认识,高质量智库、高水平成果和杰出人才缺乏,资源配置效率不高,智库体系不完整,智库的组织方式、管理体制、机制和方式的改革与创新不足等。其中的一个主要问题或突出制约因素则是中国特色新型智库专业化及职业化发展的不成熟。正如中国社科院政治学研究所所长房宁所说:"专门化、专业化和职业化是当前中国智库发展面临的主要问题。"

专业化是中国特色新型智库发展的方向和目标。习近平总书记强调要高度重视专业化智库建设。《关于加强中国特色新型智库建设的意见》已对中国特色新型智库及其专业化的基本标准做出规定(共八条):遵纪守法、相对稳定、运作规范的实体性研究机构;特色鲜明、长期关注的决策咨询研究领域及其研究成果;具有一定影响的专业代表性人物和专职研究人员;有保障、可持续的资金来源;多层次的学术交流平台和成果转化渠道;功能完备的信息采集分析系统;健全的治理结构及组织章程;开展国际合作交流的良好条件。

推进中国特色新型智库专业化及职业化发展需要从多方面着手。在深化智库的制度、体制、机制和方式的改革与创新的同时,需要从夯实学科基础-开发分析技术—培养专门人才—促进职业化发展这四个密切联系的维度来推进。

一是加快作为智库学科基础的政策科学或政策分析的学科建设。政策科学是智库的最直接和主要的支撑学科,智库建设与政策分析如同一个硬币的正反两面,相互依存、相互促进。必须充分认识政策科学或政策分析在智库兴起与发展中的极端重要性,以该学科的构建与发展来推进中国特色新型智库的专业化建设。虽然我国政策科学的发展已经起步,但学科的地位不高、视野

不宽、知识体系不完整等问题制约该学科的进一步发展与突破。作为当务之急,需要整合来自不同学科的政策研究力量,提升政策科学或政策分析的学科地位。二是加大政策分析方法和技术的开发应用以及技术平台建设的力度。智库掌握并应用先进的政策分析方法和技术,尤其是广泛借助现代信息通信技术,建立以模拟仿真、预测和评估模型和数据库为基础的决策支持系统;重视新媒体的开发与运用,利用网络平台进行信息交流;注重通过政策分析的实践验证研究方法分析工具的科学性、实用性和有效性,以此提高咨询报告及政策建议的质量。因此,要大胆引进和借鉴国外先进的政策分析方法和技术,并重视本土化政策分析方法和技术的开发及应用,特别是总结与提炼在我国政策研究与咨询长期实践中行之有效有特色的方法与技术,丰富我国智库政策分析的武库。与此同时,针对我国智库的技术平台建设相对滞后的问题,加强数据库(中心)与实验室建设。党委政府要出台相关措施,重点支持建设一批有基础、有特色的数据中心与实验室,拓展党委政府与智库的联系渠道,建立常态化联系机制;智库要加强自身建设,学习借鉴国外著名决策实验室与数据库建设经验,练好内功,提升智库的专业化水平以及数据提供与决策咨询的能力。

三是加强政策分析专门人才特别是公共政策硕士(MPP)的培养。中国特色新型智库的建设与发展,迫切需要大批专门人才即政策分析者。20世纪60年代末70年代初,当政策科学刚刚兴起时,一些著名高校和智库的专家学者就在这个新领域开展研究生教育,尤其是设立公共政策硕士项目(MPP:Master of Public Policy)。这是一个与公共管理硕士(MPA:Master of Public Administration)既有联系又有区别的学位项目。兰德公司在全美乃至全球智库中首设公共政策研究生院,培养政策分析专门人才,它宣称培养出全球第一位政策分析博士。为了给中国特色新型智库与咨询业以及其他公共部门源源不断输送政策分析专门人才,有必要将设置独立的公共政策硕士(MPP)专业学位提上议事日程,在扩大MPA中已设立的公共政策方向培养规模的同时,着手展开MPP培养方案的论证和试点工作。

四是促进政策分析的职业化发展。政策分析职业化是指"政策分析者"或"政策分析师"成为一种正式的职业角色,就业者掌握并应用政策分析的专业知识与技能,从事政策研究与咨询的专门活动。作为20世纪后半期兴起的知识工业的一个重要的组成部分,政策分析日益成为西方发达国家的一个热门职业。例如,在美国,从20世纪60年代末70年代初开始,"政策分析者"一词便经常被人们用来表示政策研究的实践者或学术家的身份。弗兰克·费希尔在《公共政策评估》一书中说：公共政策分析早已成为美国的一项重要产业。在我国的党政机关、高校、科研院所及其智库中有大量人员从事与政策分析与咨询相关的工作。只是在我国目前还没有"政策分析者"或"政策分析师"的正式职业名称，他们的职业角色定位还是一般的"公务员"、"教师"或"科技人员"等。随着中国特色新型智库建设的推进，我国政策分析的职业化已是大势所趋。职业化建立在专业知识及技能的掌握与从事专门化的活动基础之上。为了推动中国特色新型智库的专业化发展，有必要推进政策分析职业化，将"政策分析师"界定为一种正式职业角色，逐步扩大政策分析的职业化规模。可以预见，在不远的将来，政策分析(师)在我国必将成为一个体面而热门的职业。

总之，智库的专业化及其成熟程度成为衡量一个国家公共决策水平高低的重要尺度。科学决策离不开科学的咨询，智库依靠自身专业化优势及其手中所掌握的政策分析方法和技术的锐利武器，成为现代公共决策系统中不可或缺的重要组成部分以及政策链条中必不可少的环节。智库的出现在一定程度上带来了公共决策的客观性和科学性，减少了决策的主观性和随意性。当代公共决策中的分析者与决策者(谋与断)相分离业已成为一种趋势，智库的成长象征着现代决策咨询制度的成熟及政策分析者的崛起。

7-4　加强智库的数据中心与实验室建设*

习近平总书记指出:"改革发展任务越是艰巨繁重,越需要强大的智力支持",并强调"重视专业化智库建设"。① 当前我国发展正面临"多年少有的国内外复杂严峻形势","可以预料和难以预料的风险挑战更多更大"②,智库专业化对于决策科学化的必要性和紧迫性不言而喻。与此同时,当代全球公共政策实践出现了一系列新的变化。例如,数据化与智能化成为公共决策发展的新方向,行为实验、政策仿真和虚拟现实一类的新技术新方法得到了日益广泛的应用,循证决策新模式的兴起等等。③ 面对当代公共政策实践发展新变化新趋势,必须加强智库专业化尤其是数据中心与实验室建设,借鉴世界著名思想库发展及国外循证决策实践经验,推动决策体制改革与流程再造,构建决策证据咨询系统,培育决策数据及咨询服务市场,引入数据化与智能化决策新途径,推进循证决策模式创新。

一、智库专业化以数据中心及实验室为基础

专业化智库致力于改进公共政策质量,所提政策建议以数据分析、行为、模拟、实验和预测研究及循证检验等政策分析技术为基础。④ 数据分析、行为实验、模拟仿真、结果预测及循证检验既是专业化智库的核心功能,也是当代公共决策流程的重要环节。从数据分析到行为、模拟、实验和预测研究以及循证检验,决策链条环环相扣,无不以智库数据中心及实验室为技术平台或纽带。

现代公共决策尤其是数据化智能化决策必须发挥智库的理性分析功能。

---

* 原载《行政改革内参》2019 年 11 期(原标题为"顺应公共政策实践发展新趋势,加强智库数据中心与实验室建设",黄元灿为本文的合作者)。

① 《习近平谈建设新型智库:改革发展任务越重越需要智力支持》,人民网-中国共产党新闻网:http://cpc.people.com.cn/xuexi/n/2015/0121/c385475-26422432.html,2019 年 8 月 22 日访问。

② 李克强:《政府工作报告》,人民出版社 2019 年版,第 1、12 页。

③ 陈振明、黄元灿:《智库专业化建设与公共决策科学化:当代公共政策发展的新趋势及其启示》,《公共行政评论》2019 年第 3 期。

④ 陈振明、黄元灿:《推进地方新型智库建设的思考》,《中国行政管理》2017 年第 11 期。

由于公共政策的专业性,政府决策必须建立在事实、数据及理性分析基础之上,这就需要发挥专业化智库的数据提供及分析优势。特别是随着大数据和智能化时代的到来,当代公共治理与决策正朝着数据化智能化方向发展,大数据分析逐渐成为公共治理与决策过程的必不可少的重要环节。数据化与智能化使近乎实时的公共决策成为可能。例如,通过建立基于大数据分析的"连续评估模型",将政策评估贯穿政策过程始终,有望取代传统的阶段途径。[①] 这不仅将显著缩短决策流程,提高决策效率,而且将大幅增强公共决策的科学性。与传统决策模式相比,数据化智能化决策的数据采集、存储、分析及应用的深度广度及规模已发生根本性变化,[②]必须转向以大数据和智能化为中心,以物联网、移动互联网、云计算、机器学习等信息通信技术及人工智能技术为支撑的数据挖掘、整合、关联与分析。

非线性复杂公共政策的科学制定与有效执行必须依靠智库开展行为、模拟、实验和预测研究。政策环境是复杂的社会技术系统,政策执行往往是众多具有异质性、适应性和互动性的行为主体或利益相关者共同参与的过程,[③]是相互影响、相互依赖和相互制约的博弈行为,具有相当大的复杂性和不确定性。政策执行由于受到政策问题的特性、政策本身的因素以及其他变量等多种因素的制约和影响,有时可能无法取得效果。为了最大限度地确保政策执行效果,复杂性或综合性政策方案在付诸抉择和实施之前,必须经过公共政策实验室的行为实验、政策仿真和预测研究等科学化决策环节。例如,通过利用多智能体仿真(MAS)等先进仿真方法,从多重约束因素出发建构政策执行的"真实情境",描述行为主体的目标利益函数以及博弈主体的利益组合,模拟不同主体间的博弈行为和选择,[④]预测备选方案在不同情境下的可能结果,尽可能为决策者提供最优方案。

作为公共决策新模式的循证决策离不开智库的有效参与。循证决策以及循证检验以政策评估、实验研究、模拟仿真和预测分析结果等为决策依据,通过把最佳证据置于决策的核心位置,使公共政策制定更加科学理性,从而避免

① Johann Höchtl, Peter Parycek, Ralph Schöllhammer, "Big Data in the Policy Cycle: Policy Decision Making in the Digital Era". *Journal of Organizational Computing and Electronic Commerce*, Vol. 26, Nos. 1-2, 2016.

② 陈振明:《政府治理变革的技术基础》,《新华文摘》2016 年第 9 期。

③ 李大宇等:《公共政策仿真方法》,《公共管理学报》2011 年第 4 期。

④ 陈振明:《合约制治理研究论纲》,《厦门大学学报》(哲学社会科学版)2017 年第 4 期。

或最大限度地减少决策失误。循证决策超越了传统的理性主义决策模式。例如,它运用大数据分析、随机对照实验、准实验方法(如工具变量、断点回归、双重差分等)、[1]行为研究、政策仿真和机器学习等新方法新技术进行证据生产、结果预测和方案优化,突破了传统理性模式的决策信息不完全,决策者认识、判断和选择能力有限,政策后果难以预测等技术局限性。循证决策质量的高低取决于证据的来源和质量以及是否充分有效地使用证据。[2] 高质量的循证决策既要发挥专业化智库的证据生产功能,建立各种政策有效执行的高质量证据库,也要构建以智库数据中心与实验室为核心的证据咨询系统,通过制度化途径促进证据的有效使用。

二、智库数据中心和实验室建设的现状

近年来,中国特色新型智库建设成效显著,各级各类新型智库如雨后春笋般涌现,智库专业化包括数据中心和实验室建设及决策咨询技术应用也随之展开,并取得一定进展。这主要表现为如下几个方面:

一是大数据中心和专题数据库建设取得一定成效。大数据中心建设方面,国务院印发《促进大数据发展行动纲要》部署大数据发展战略,工信部制定《大数据产业发展规划(2016—2020 年)》推动大数据中心建设,全国各地相继建立以"云上贵州"等为代表的各级各类大数据中心;专题数据库建设方面,少数高校和科研机构持续开展大规模的基础数据收集,中国综合社会调查(CGSS)、中国健康与养老追踪调查(CHARLS)等有代表性的社会调查数据库获得进一步发展。

二是已有少数高校智库建立了公共政策实验室,对推动政策仿真研究起到积极作用。[3] 例如,作者所在的厦门大学公共政策研究院已建立设备先进、国内一流的公共政策实验室,具备数据挖掘、理性分析、行为研究、模拟预测、循证检验等专业化智库功能,在公共政策与地方治理、公共服务质量管理、人才发展战略与人才竞争力评价等领域提供了决策咨询服务。

[1] Eugene Bardach,Eric M. Patashnik,*A Practical Guide for Policy Analysis : the Eightfold Path to More Effective Problem Solving*. Washington D.C. : CQ Press,2019,p. 177.

[2] Ian Sanderson,"Making Sense of 'What works':Evidence Based Policy Making as Instrumental Rationality?". *Public Policy and Administration*,Vol. 17,No. 3,2002.

[3] 吴建新:《面向区域开发开放的社会科学实验室建设探究》,《实验室研究与探索》2012 年第11 期。

三是大数据分析和政策仿真等决策咨询技术已在公共决策中发挥了一定的作用,数据化与智能化等公共治理与决策的新方向逐渐成为各级政府关注的热点。例如,宏观经济领域的政策模拟和预测分析应用相对较为成熟;"大数据成为提升政府治理能力的新途径"被写入《促进大数据发展行动纲要》;"智慧城市"和"数字政府"成为地方政府改革与治理或城市公共服务质量改进的创新举措。在实践上,2017年广东率先在全国部署"数字政府"建设,探索与数字经济发展相适应的政府治理新模式;浙江省及杭州市大力加强"数字政府"建设,推动政府数字化转型;作为全国首个信息共享无障碍城市,厦门搭建了跨部门、跨层级的政务信息共享协同平台,推动智慧城市及数字政府不断向深层次发展。

但无论是对照《关于加强中国特色新型智库建设的意见》(中办发〔2014〕65号)规定的"中国特色新型智库建设标准"(如功能完备的信息采集分析系统,多层次的成果转化渠道等),还是与国外著名思想库的专业化水平相比,中国特色新型智库建设存在一些比较突出的问题,尤其是数据中心和实验室的建设及决策咨询技术的应用相对滞后,智库的专业化程度不足(这也成为当前我国智库发展的主要问题或关键制约因素之一)。问题的成因在于以下几个方面:

其一,已有数据中心(数据库)的数量、质量及可及性远远不够。智库的数据中心建设主要局限于基于随机调查或非等概率抽样调查以及浅层语义分析的专题数据库,缺乏循证检验所倚重的各种实质性政策的第三方评估等系统性数据;政府统计数据的开放程度普遍较低,非委托或非招标类政府治理课题(如智库自主选题)的调研及基础数据获取比较困难;智库数据中心之间、智库数据中心与国家及地方大数据中心之间缺乏数据共建共享机制,存在不同程度的"数据孤岛"现象。而数据库建设问题已成为新型智库建设及我国社会科学研究的瓶颈,正如学者甘犁等指出"缺乏基础数据是当前中国经济研究面临的最大制约"。[①]

其二,由于政府部门的支持力度不够和资金投入不足,智库不仅面临数据收集的成本有限和调查对象不够配合等困难,而且存在数据中心与实验室的

---

① 甘犁、冯帅章:《以微观数据库建设助推中国经济学发展》,《经济研究》2019年第4期。

软件及技术队伍建设普遍滞后等问题,[①]其中熟练掌握大数据分析、先进仿真方法及行为实验技术的高级专门人才尤为缺乏,以致智库的政策分析优势无法充分发挥。

其三,政策仿真研究存在两种脱节情况,不仅学术研究与应用实践脱节[②],而且模型设计也与政策过程理论等支撑学科理论脱节[③];仿真应用主要集中在宏观经济领域,而对于微观经济和非经济领域政策的研究应用不足;仿真研究成果主要局限于系统动力学仿真,适用于政治、社会、文化等非线性复杂政策的先进仿真方法(如 MAS 等)研究成果较少。[④]

其四,大数据分析如何应用于公共决策科学化尚处实践探索阶段;作为公共政策研究的新路径的行为实验尚未进入政府决策实践;由于人们对循证检验的重要性认识不足以及缺乏循证决策制度体系,智库数据中心和实验室无法为政府提供循证决策支持。虽然已有一些决策证据库(如"中国循证决策和政策证据库"),但主要局限于循证决策方法在我国公共卫生领域的推广。[⑤]

三、推进智库数据中心与实验室建设的措施

专业化水平的高低是中国特色新型智库建设成败的关键。推进智库专业化需要从体制机制创新、智库建设的支撑学科发展、数据中心与实验室的建设(或技术开发应用及平台建设)、专门人才培养、政策分析职业化等多方面着手。[⑥] 其中,加强数据中心与实验室建设是当前智库专业化的一个当务之急或重中之重。

以美国兰德公司和哈佛大学决策科学实验室等为代表的国外著名思想库及公共政策实验室在智库专业化尤其是数据中心和实验室建设方面形成了可供我们借鉴的先进经验。例如,立足作为实验室发展根基的基础理论及前沿科学研究,致力并引领方法论及政策分析方法与技术的创新开发,注重专题数据库及大数据中心等信息中枢建设,充分利用政策实验室开展行为、模拟、实

---

① 罗智超:《德国洪堡大学经济风险研究数据中心考察及启示》,《实验技术与管理》2011 年第 5 期。

② 李大宇等:《公共政策仿真方法》,《公共管理学报》2011 年第 4 期。

③ 赵德余:《政策模拟与实验》,上海人民出版社 2015 年版,序言第 3 页。

④ 娄成武、田旭:《中国公共政策仿真研究》,《中国行政管理》2013 年第 3 期。

⑤ 童峰等:《循证决策:一种忠于证据的公共卫生决策模式》,《医学与哲学》2015 年第 5B 期。

⑥ 陈振明:《提升中国特色新型智库专业化水平》,《行政改革内参》2019 年第 1 期。

验和预测研究。此外,以英国和美国为代表的经合组织国家近20年来积极倡导循证决策原则,在循证决策实践方面积累了丰富的经验。例如,通过设立循证议程、出台政策法规、成立培训机构等制度化途径塑造循证决策文化,推行循证决策模式。

加强数据中心与实验室建设不仅要求智库自身要练好"内功",大胆借鉴国外先进经验,重视基础理论与前沿科学及跨学科研究,加强技术平台的软硬件建设和人才队伍建设,加快政策分析方法和技术的开发应用,提升智库的专业化水平与决策咨询能力,而且需要党委和政府扮演好引导者、使用者和培育者等多重角色。作为引导者,要出台政策措施和加大财政投入,以项目制等方式引导和支持智库加强专业化建设;作为使用者,要完善决策体制,再造决策流程,建立证据咨询系统,形成知识转移及成果转化机制,引入数据化智能化决策途径,探索循证决策模式,从而充分有效地使用决策数据和咨询服务;作为培育者,要建立竞争机制、准入规范和中介组织,培育决策数据和咨询服务市场。当前推进智库数据中心与实验室建设以及提升智库的专业化水平可以采取如下几个措施:

(一)支持国家级智库数据中心和实验室建设。以国内现有的发展较成熟的智库数据中心(数据库)和实验室为基础,重点建设一批各有侧重和特色的国家级智库数据中心与实验室。围绕党中央和国务院的战略决策以及国家部委的中心工作,定期发布重大调研和实验课题,使之成为中央及部委决策的重要信息来源;推动建立智库数据中心和实验室与各类大数据中心的数据共享机制;支持智库建设大数据、模拟仿真、实验研究、政策评估等系统性数据库;加强面向政治、经济、社会、文化等领域复杂性政策的行为、实验、模拟及预测研究的实验室建设。

(二)重视基础理论与前沿科学及跨学科研究。借鉴世界著名政策实验室的经验,发挥"院士""长江学者""千人计划""万人计划"等各类国家级学术领军人才在基础理论和前沿科学方面的研究优势,推动社会科学与自然科学及技术科学的交叉融合,重视政策科学和前沿科学(如脑科学、神经心理学、行为科学、数据科学、社会物理学等)领域的理论研究,夯实智库实验室发展的学理基础。

(三)促进先进政策分析技术的开发和应用。鼓励智库引进具有丰富的大数据分析、实验研究及模拟仿真经验的海外高级技术人才,为大数据分析、行为、实验、仿真、预测研究提供技术支撑;支持智库实验室设立专门的政策分析方法中心,推动不确定性决策、博弈论、大数据分析、机器学习、深度学习、虚拟现实、算法、仿真、预测、行为实验、心理模型等先进分析方法技术及工具的创新开发与实践应用,构建适合中国情境的"下一代政策分析方法与工具体系"。

(四)推动决策体制机制创新与流程再造。创新决策体制,推动党委和政府将理性分析以及循证检验等政策分析环节,逐步纳入非线性复杂政策领域的政府决策流程;以智库及其数据中心和实验室为核心,构建由智库、政府部门、政策法规、实践规范和技术平台等共同组成的"证据咨询系统";构建党委和政府所属政策研究机构与智库及其数据中心和实验室的"双向联系机制",如"协作会议机制""决策咨询服务平台"(类似"办公自动化系统")等,党政部门与智库通过双向联系机制互通决策咨询信息,形成知识转移及成果转化机制。

(五)培育决策数据及决策咨询服务市场。建立充当政府与智库沟通桥梁的智库行业协会,使其发挥结构化知识经纪人的作用;培育各实质性政策领域作为市场中介的同行评审组织;基于同行评审机制,建立"公开招标及询价为主,邀请招标、竞争性谈判和单一来源为辅"的决策数据、咨询服务及智库成果政府采购制度体系(包括合同承包和直接购买两种方式),形成市场竞争机制;建立市场准入规范,依托智库行业协会对决策数据及咨询服务市场进行监管和仲裁。

(六)探索基于数据或证据的循证决策新模式。充分利用国家大数据中心的数据资源,以大数据分析为核心,以云计算、物联网、移动互联网等新兴信息通信技术及智能化平台为支撑,引入数据化与智能化公共决策新途径;以大数据、实验研究、政策仿真、模拟预测、政策评估结果等作为证据生产的基本原料,逐步建立政治、经济、社会、文化政策等全覆盖的高质量证据库体系;探索公共部门循证决策立法,出台循证决策指导文件,形成循证决策指南,设立循证决策培训机构,塑造循证决策文化,通过制度化途径形成并推广循证决策新模式。

总之,面对当代公共政策实践发展新趋势,必须加强数据中心与实验室建设,不断提升智库的专业化水平。党委政府要予以高度重视,从政策、资金和项目等方面大力支持政策分析技术开发应用及平台建设;着手进行循证决策制度建设,完善决策体制,再造决策流程,构建证据咨询系统,形成知识转移及成果转化机制;通过建立竞争机制、准入规范和中介组织,培育决策数据和咨询服务市场;切实将理性分析和循证检验落到实处,形成循证决策指南,探索循证决策新模式。

7-5　推进地方新型智库建设的思考[*]

中国特色新型智库建设是国家治理现代化的有机组成部分,也是国家软实力的重要体现。就地方而言,新形势下要重视智库的专业化建设,完善地方新型智库服务公共决策的体制机制,以适应地方治理体系和治理能力现代化的需要。本文将从加强专业化建设、推进体制机制创新、培育和发展智库的思想市场三个维度探讨如何推进地方新型智库建设,提升智库服务党委政府决策的能力和水平。

一、加强新型智库的专业化建设

专业化是智库的本质特征。理性分析与循证检验是智库发展的根基,作为主要由各种专家、学者、退休官员以及社会贤达组成的跨学科多领域的综合性决策咨询机构,智库掌握先进的民调和数据分析技术,对社会问题或政策问题做长期跟踪研究,所提出的政策建议以经验数据与实证分析及检验为基础,致力于改进政府部门的政策质量,为政府和社会提供数据、信息、技术和思想观念服务,超越了学术研究和应用研究的纯粹科研层次,最终推进现代国家决策的科学化和合理化;专业化智库特别是专业化高端智库着眼长远与未来研究,致力于国家总体发展战略、区域发展战略以及部门或领域的重大政策的研究与咨询,注重未来研究及趋势预测,提出远见卓识;专业化智库注重思想引领与理论建构,开社会风气之先,提出新理论、新观点、新思想,向社会宣传主流思想或价值观,为政府的决策进行舆论宣传,注重基础理论以及政策科学研究及政策分析技术的开发;专业化智库还应为政府输送高官与培养人才。推进中国特色新型智库建设,要加强智库的专业化建设。对地方而言,要从省级专业化高端智库的培育、智库建设的支撑学科的发展、民调与数据中心的建设、政策分析人才的培养等方面加强专业化建设,提升地方新型智库服务党委政府决策的能力。

（一）加快培育省级专业化高端智库

中国特色新型智库尤其是专业化高端智库,以国家或地方的重大需求与

＊　原载《中国行政管理》2017 年第 11 期(收入本书时有所改动,黄元灿为本文的合作者)。

重大战略为导向,是党和政府科学民主依法决策的重要支撑,是国家和地区软实力的重要组成部分;专业化高端智库是智库体制机制创新的试验田,是智库建设的领头羊,引领中国特色新型智库的发展方向。在如何推进新型智库建设方面,党中央和国务院实施了国家高端智库建设规划,出台了《国家高端智库建设试点工作方案》(中宣发〔2015〕36 号)等政策文件,遴选了 25 家机构作为首批国家高端智库建设试点单位,启动了国家高端智库建设试点工作,中央层面的新型智库建设取得实质性进展。但是,由于地方智库与中央智库的定位和着力点有所不同:中央智库主要面向国家亟需,重点围绕国家重大战略需求开展前瞻性、针对性、储备性政策研究;地方智库主要面向地方亟需,重点围绕地方中心任务和重大决策,开展服务地方公共决策的战略和政策研究。要落实省级高端智库建设规划,做好省级高端智库建设试点,加快培育省级专业化高端智库。

——**落实省级高端智库建设规划**。为贯彻落实党中央和习近平总书记关于新型智库建设的指示精神,各省、直辖市、自治区纷纷出台关于加强新型智库建设的实施意见,积极培育和发展地方新型智库(特别是高校新型智库)。各地普遍形成以高校智库为基础、政府智库为主导的新型智库发展格局。但是,相对于中央层面的智库建设,大部分省市区在地方新型智库建设的制度安排和省级专业化高端智库建设上相对滞后。新型智库建设特别是专业化高端智库建设是一项长期的系统工程,而且目前我国地方专业化智库平台数量普遍较少、影响力相对不足。必须加快落实省级高端智库建设规划,完善地方新型智库建设布局,统筹整合本地区现有智库的优质资源,重点建设若干涵盖区域发展战略、地方治理、公共政策、公共服务、生态文明、精准扶贫等重点研究领域的省级专业化高端智库。

——**做好省级高端智库建设试点**。政策试点与推广是中国特色的政策过程,是落实国家战略和政策思想的有效途径。应高度重视省级专业化高端智库建设试点与推广工作,根据国家高端智库建设试点工作的精神,结合本地区实际情况和地方智库发展现状,紧紧围绕"四个全面"战略布局和本地区中长期发展规划,以服务省级党委政府决策为宗旨,立足地方重大战略需求,优先选择若干基础条件较好、专业特色突出的研究机构(例如,省级政府研究中心、省级党委党校、省级社科院,本地区高水平知名大学的研究院、所、中心等)进行试点,在制度保障、经费支持、项目供给等方面为试点单位提供充分的政策支持,并在试点工作基础上,及时总结经验,按照"成熟一个发展一个"的原则进行推广,不搞批量式发展,逐步培育和发展省级专业化高端智库。

(二)夯实智库建设的学科基础

政策科学与智库建设的关系犹如一个硬币的两面,密不可分。作为政策研究与咨询的专门机构,智库是现代政策科学兴起与发展的重要推动力量,也是决策过程必不可少的环节,其发展程度是衡量一个国家公共决策水平的重要尺度;而政策科学(政策分析或公共政策学)作为智库的知识基础,是智库建设最直接和最主要的支撑学科之一,也是政策分析家手中的锐利思想武器,智库需要通过政策科学的支持发挥基本功能。目前国内公共政策学科的发展势头良好,在培育和发展省级专业化高端智库的过程中,应着力夯实智库建设的学科基础,重点扶持本地区有条件的高校的政策科学学科建设,发挥政策科学在政策实践中的理论指导作用,拓展政策知识应用的范围、深度与广度,以智库建设的主要支撑学科的发展推进地方新型智库以及现代化咨询制度建设。

——**支持高校将政策科学设置为交叉学科。**政策科学具有广泛的理论框架与学术视野,是当代最典型的跨学科、交叉学科和综合研究领域之一。在目前我国的学科专业设置中,政策科学(或公共政策分析)被列为公共管理及政治学的一个二级学科或专业,但政策研究不只是公共管理与政治学的一个分支,它也构成人文社会科学、自然科学和技术各学科的一个重要主题领域。经济学中的经济政策研究、社会学中的社会政策研究、教育学中的教育政策研究、人文科学中的文化政策研究、自然科学及技术中的科技政策研究等都具有悠久的历史;当代人文社会科学和自然科学及技术的政策研究已取得长足发展,积累起丰硕的知识成果。必须进一步拓宽政策科学研究的视野。笔者曾经多次呼吁"将政策科学设置为交叉学科或一级学科",并专门撰文对其进行论证。[①] 对地方而言,可考虑支持本地区有相关学科优势的高校将政策科学设置为一门相对独立的交叉学科,提升政策科学的学科地位,重视吸收来自不同学科领域的政策研究成果,夯实学科的知识基础。

——**支持高校培育政策科学的学科体系。**作为一个相对独立的交叉学科领域,政策科学包含着众多的分支或主题领域。但是,目前在我国,除了政策科学理论、政策分析方法和若干实质性政策领域的研究之外,政策科学的大部分分支学科并未分化、成型。[②] 应支持本地区有政策科学学科优势的高校在

---

① 陈振明:《政策科学与智库建设》,《中国行政管理》2014 年第 5 期。

② 陈振明:《寻求政策科学发展的新突破》,《中国行政管理》2012 年第 2 期。

设置交叉学科基础上,开拓公共政策的各个主题领域,展开对各分支主题的研究,促进政策科学学科分化,培育政策科学的学科体系。

（三）支持民调与数据中心建设

数据提供、理性分析与循证检验是智库专业化的最重要体现。汇集民情民意与建立数据库,随时随地为决策机构及决策者提供各种决策数据及社情民意,是智库的基本功能。

智库专业化建设的一个当务之急是支持民调与数据中心的建设。不少地方新型智库在社情民意调查与数据中心建设方面已有较好的基础。但是,总体而言,地方新型智库建设的专业化程度不足,主要表现在:智库自身发展不成熟;党委政府对社情民意调查与数据中心建设的支持不够;智库与党委政府之间的联系机制不畅,智库不能随时随地为地方党委政府尤其是省级党委政府提供数据以及基于数据的理性分析与循证检验等。因此,加强专业化建设的一个当务之急是以各省市区既有智库实验室为基础,重点支持建设一批各有侧重和特色的民调与数据中心。各中心建立专题数据库,实行政府购买数据制度,随时随地并源源不断地为党委政府提供决策依据和数据分析;建立数据中心与决策部门的常态化联系机制,充分发挥智库的民意汇集上传与数据提供和分析优势。

（四）注重政策分析人才的培养

现代智库提供给政府或者社会的不仅仅是政策思想、备选方案或者政策结果信息,为公共部门尤其是政府培养和输送政策分析的专门人才,也是智库的一大不容忽视的功能。政策分析人才教育或培训是国外著名智库的重要活动内容,并与政策研究和决策咨询密切结合,成为智库整体工作不可分割的组成部分。美国一些高校和著名智库尤为重视政策分析人才培养,早在政策科学作为一个独立研究领域刚趋向成熟的20世纪60年代末,美国便出现了首批公共政策学院或研究所,包括兰德公司研究生院、密歇根大学公共政策研究所、哈佛大学肯尼迪政府学院、加州大学伯克利分校公共政策学院、杜克大学政策科学研究所等,开始了公共政策硕士和博士教育。

智库专业化建设迫切需要大批专门人才即政策分析者,这需要以相关的人才培养项目为依托。其中,前述美国著名高校和智库率先开展的公共政策硕士（MPP）以及公共政策博士是培养这种专门人才的学位项目。虽然公共管理硕士（MPA）和公共政策硕士（MPP）是世界各国公共事务类职业研究生教育的两个主要项目或专业,"但对两个学位所依托的公共管理和政策科学两个学科的缘起及其学位设置演变的历史与现实的分析表明,MPP 是有别于 MPA 的相对独立的学位项目"。①

我国目前已有公共政策专业的学术型硕士、博士教育以及 MPA 专业学位教育,然而尚无 MPP 专业学位教育,不能满足智库专业化建设对政策分析人才的需求。因此,对地方而言,省级党委政府应支持本地区有公共政策学科基础的高水平知名大学试点 MPP 教育,为地方新型智库与咨询业以及相关公共部门源源不断地输送政策分析专门人才。与此同时,还应支持地方党委政府相关职能部门与高水平知名大学建立人才联合培养制度,将干部培训和智库研究相结合,构建整合各种优质资源的政策分析人才培养平台;支持以决策咨询研究为主要工作职责的省级党政机关智库设立博士后科研工作站,与高水平知名大学博士后流动站建立合作关系,培养高层次的熟悉政府治理实践的政策分析人才。

二、推进智库的体制机制创新

体制机制创新是新型智库建设的重要内容,智库功能的充分发挥有赖于智库体制机制的不断完善。智库的组织和管理方式不合理,智库与智库、智库与政府、智库与社会之间缺乏常态化的人才流动渠道,智库与决策部门之间的联系机制不畅,新型智库建设的考核评价机制不健全等体制机制问题是制约当前新型智库发展的主要因素。智库是政策研究的最纯粹的组织体现,要探索中国特色新型智库的组织形式和管理方式,创新政策知识应用的体制机制,为充分发挥智库作为沟通学界、政界及社会联系的桥梁和纽带作用,发挥其决策咨询、方案提供、信息提供、思想引领、政策宣传、政策评估、人才培养等重要功能提供制度保障。要围绕地方新型智库的战略定位和发展目标,从管理运作机制、人才流动制度、沟通联系机制、合作交流模式和考核评估机制等方面推进体制机制的改革创新,探索"四位一体"智库运作机制和多元、开放、动态、协作的科研组织模式,试点中国特色"旋转门"制度,构建新型智库考核评价体系,通过搭建"政府—智库"协作会议制度、"政学研用"协同研究网络和供求信息共享平台等,建设定位明晰、特色鲜明、功能独特、管理科学的地方新型智库。

---

① 陈振明:《政策科学与智库建设》,《中国行政管理》2014 年第 5 期。

（一）探索"四位一体"智库运作机制

作为跨学科、跨领域的综合性决策咨询机构，智库的组织结构和运行方式合理与否是决定智库决策咨询功能能否充分发挥的根本因素。智库必须具备合理的管理运作机制。但是，目前我国智库的组织和管理方式不合理，行政化现象较为严重，研究效率不高。要参考国外著名智库的体制机制设计经验，完善地方新型智库的制度设计，形成灵活高效的运作机制。在组织结构和运作方式方面，国外著名智库多采用扁平化结构（智库由平行运作的研究部门和行政部门两部分构成）与理事会机制（由重要捐助者组成的理事会负责智库决策），[①]但理事会机制是公司化治理机制，并不适合我国的政府智库和高校智库；在研究体制方面，兰德公司的学科与任务相结合的矩阵结构值得借鉴，这种结构使人员和任务经常变化，具有较高的灵活性和适应性[②]，便于开展跨学科、跨领域的综合性研究。

可探索智库负责人、专家委员会、首席科学家和科研部"四位一体"运作机制，实行首席科学家负责制，形成"小实体、大网络"的扁平化运作模式。（1）智库负责人的主要职责在于确立智库的发展战略和建设目标、实施研究发展规划、制定并落实内部管理制度，聘任研究人员和行政人员，日常管理、筹集和管理经费；（2）专家委员会是由相关领域知名专家组成的、智库自身的咨询机构和支持网络，主要职责在于政策制定与监督，指导团队建设，审议项目申请、检查和验收，组织专家评议、成果评审和学术交流等；（3）首席科学家的主要职责在于聚集和建设若干支政治立场坚定、专业化的研究团队，引领智库发展方向，打造地方新型智库品牌；（4）科研部以智库的研究团队和项目为载体，按照学科与任务相结合的矩阵方式组建项目研究团队，各团队内部实行首席专家负责制。

（二）试点中国特色"旋转门"制度

政府官员的优势在于熟悉政府运作流程，甚至直接参与政府决策，具有较为丰富的实务知识、行政经验和人脉资源；智库专家的优势在于掌握了扎实的专业理论和多样化的分析技术，擅长把握先进思想和开展未来研究；与此同时，两者的优势又互为对方的劣势。若能将两者的优势互补，便可提高公共决

---

① 张志强、苏娜：《国际智库发展趋势特点与我国新型智库建设》，《智库理论与实践》2016年第1期。

② 金良浚：《国外智囊机构的特点和发展趋势》，《决策探索》1988年第4期。

策的科学性和有效性。美国智库通过"旋转门"机制,实现了智库成员的身份在政要与研究者之间进行周期性转换,不仅提高了美国公共政策的质量,而且使智库成为政府培养和储备人才的摇篮[①]。目前,我国的智库与智库、智库与政府、智库与社会之间缺乏常态化的人才交流或流动渠道,这不利于智库的人才队伍建设和公共决策质量的提升。要尝试打破智库与智库、智库与政府、智库与社会的界限,试点中国特色的"旋转门"制度,实现智库与决策机构的双向人才流动。

鼓励在任政府官员到高校智库挂职,将智库从业经历作为官员升迁的必要条件之一;[②]鼓励退休高级官员、退休学者型官员有序流入高校智库和民间智库,保留其退休干部待遇,充分利用其人脉资源和政府管理经验,提升决策咨询服务成效;探索聘用民间智库专家、社会贤达到党政机关智库任职的办法;鼓励高校智库青年人才到政府部门、基层一线和党政机关智库挂职任职,促进智库的"对策建议"与实践部门决策之间的良性互动,增强自主应用性选题的针对性和研究成果的影响力,提升高校智库服务地方经济社会发展的能力。

(三)创新"政学研用"沟通协作模式

智库与决策机构的联系机制是否通畅是决定智库决策咨询服务成效的关键。随着中国特色新型智库建设的不断推进,新型智库与党委政府的联系方式也日趋多样。例如,承接各种决策咨询课题或者"交办任务",参与政府工作报告、重要文件的起草,参加政策咨询会和专题座谈会向领导建言,以内部呈阅件或内部刊物方式向党委政府及有关部门报送研究成果。但是,这些传统的联系方式要么属于只面向政府智库的直接联系机制,要么属于非制度化的间接联系方式,而且尚未实现常态化,导致智库与决策部门的联系机制不畅,特别是作为地方新型智库体系中坚力量的高校智库不能从省级党委政府及时获取决策咨询需求信息,省级党委政府不能从高校智库及时获取高质量的智库成果信息,以致地方新型智库的决策咨询服务成效有待提升。应建立政府与智库的协作会议制度,构建协同研究网络,搭建"需求-供给"对接平台,创新"政学研用"沟通协作模式。

---

① 王莉丽:《美国智库的"旋转门"机制》,《国际问题研究》2010 年第 2 期。

② 上海社会科学院智库研究中心:《2015 年中国智库报告》,上海社会科学院出版社 2016 年版。

　　——建立"政府-智库"协作会议制度。以月、季度、年度为周期,定期召开"党委政府-智库联盟"协作会议,由党委政府的相关职能部门通过协作会议向新型智库提供决策需求信息,各专业领域的智库联盟通过协作会议向党委政府提供预期成果信息和决策咨询服务;针对省级党委政府或其他各级地方党委政府的中心任务、重大决策或者突发性群体事件,不定期召开"党委政府-智库联盟"协作会议,实现党委政府与智库联盟的双向交流,由新型智库对各级地方党委政府提出的重大问题方针进行探讨,来促进政策思想的迸发。

　　——构建"政学研用"协同研究网络。加强开放型、合作型和网络化智库建设,推动各类地方智库与国家高端智库、各级党委政府的实践部门等建立"协同研究局域网",探索多样化的决策咨询协同研究模式,定期或不定期举行战略对话、高峰论坛、学术研讨会等,提升地方新型智库的决策影响力、学术影响力和社会影响力;支持地方非政府智库有组织、有目的地与国外知名学术机构、高端智库建立"交流合作广域网",提升决策咨询服务能力。

　　——搭建"需求-供给"信息共享平台。一方面由智库在平台上发布智库产品供给信息,为地方党委政府有关部门提供智库产品信息查询服务,实现本地区决策研究成果资源的信息化管理;另一方面由地方党委政府有关部门通过该平台发布决策咨询需求信息,智库通过该平台查询决策咨询需求信息,并实现与决策咨询部门的即时对接。通过搭建供求信息对接平台,有望进一步强化智库与决策机构的联系机制,提升地方智库的决策咨询服务成效。

　　(四)建立新型智库的考核评估机制

　　新型智库的考核评价结果既是智库资质审核、平台建设资助和课题基金资助的重要依据,也是促进新型智库加强自身建设的直接动力。目前,我国地方新型智库建设存在"重培育,轻考核"现象,新型智库的考核评价机制不健全。虽然国内学界或民间已建立若干种智库评价指标体系(包括上海社会科学院智库研究中心、中国社会科学评价中心、中华智库研究中心和零点国际发展研究院等研究机构的智库评价指标体系等),但其评价方法多以主观评价为主、客观评价为辅,甚至缺乏客观评价,评价标准也有待进一步完善,且忽视中央智库与地方智库的差异性,未能建立适用地方智库的评价指标体系。这些指标体系的应用也一般局限于智库影响力的社会排名,智库评估实践往往单纯采用以论文、获奖、咨询报告采纳情况为主的绩效考核方式。要设计地方新型智库的评价指标体系,建立新型智库考核评估机制,促进新型智库加强自身建设。

参考借鉴国内外智库影响力评价指标体系(如美国宾夕法尼亚大学智库与公民社会项目组、上海社会科学院智库研究中心等机构的智库评价指标体系),立足地方新型智库的特点,通过实证研究方法,构建针对地方新型智库评价的三级指标体系。将决策影响力、专业影响力、成果影响力等作为评价维度;将政策采用率、政府咨询委托、组织架构、专家队伍建设、人才培养、学术成就、协同能力、成果获奖、资源投入产出比和创新能力等作为二级指标;将所提政策建议的数量、政策建议被政府采纳的数量、领导批示反馈的数量、智库/成员/成果所获奖励和荣誉、智库所需资源及其可获得性、资源投入产出比、理论成果成功转化率、人均研究成果量、资金独立性、自建数据库的规模和数量等作为具体指标。基于前述指标体系,建立"年度报告、中期评价、终期考核"的考核评估机制。即以 3～5 年为一个周期对智库进行考核评估,把政策采用率、学术成就、成果获奖、资源投入产出比和人才培养作为考核优秀的必要条件。对考核优秀的智库,给以奖励或资助。

三、培育和发展智库的思想市场

建立智库的思想市场是新型智库发展的必然选择。"思想市场的发展将使中国经济的发展以知识为动力,更具可持续性",罗纳德·科斯从经济学视角阐述了中国发展思想市场的必要性。他认为,一个充满活力的思想市场不仅是学术卓越的一个先决条件,也是经济社会发展不可或缺的知识基础。[①]在智库的思想市场中,智库是生产者和供给者,政府、媒体和公众是需求者和消费者。智库生产或提供的思想产品主要包括政策思想、专家知识、数据资料、分析技术、对策建议、政策方案和政策评估等。中国特色新型智库的建设成效最终取决于中国特色智库思想市场的发展程度。有学者认为,"虽然从短期来看,加强对龙头智库的培育和扶持力度十分必要,但是从长远发展来看,智库建设仍然取决于思想市场的发育程度"。[②] 只有在发展成熟的智库思想市场中,知识、信息、数据、技术和人才等智力生产要素资源才能得到优化配置,各类非党政机关智库特别是高校智库和民间智库的积极性和创造性才能得到充分发挥,政策知识应用的范围、深度和广度才能得到最大限度的拓展,进而提高公共政策的质量。目前,我国尚未建立成熟的智库思想市场,尚未形

---

① 科斯:《中国改革:商品市场与思想市场的发展》,《学术界》2012 年第 2 期。
② 陈宝明、黄宁:《面向科技创新智库的思想市场机制建设》,《数字图书馆论坛》2017 年第 3 期。

成智库思想市场的供求机制,地方各级党委政府的决策咨询需求和各类新型智库的活力尚待激发。要营造公平竞争的思想市场环境、激发党委政府的决策咨询需求、形成适合思想市场的供求机制,并重视对思想市场的规制和监督,逐步培育和发展智库的思想市场。

（一）营造公平竞争的思想市场环境

公平竞争的制度环境是培育智库思想市场的重要前提条件。只有在公平竞争的思想市场环境中,市场机制才能发挥有效的调节作用,信息、人才和资金等生产要素资源才能流向具有竞争优势的专业化智库,政策思想和专家知识才能进一步转化为政策方案或对策建议。目前,我国尚未形成公平竞争的思想市场环境,非政府智库（如高校智库、民间智库）与政府智库（如党校行政学院、社科院等）并不具备同等的竞争主体地位。[①] 有学者运用区域发展理论中的"圈层结构"概念描述了不同类型智库在政策咨询子系统中的地位差异性,认为按照智库与政府之间的亲疏关系,新型智库体系呈现圈层结构特点:以决策者为中心,智库离中心越近,掌握的政治资源越多,决策影响力越大,地位越高;离中心越远,就越离开决策者视野,决策影响力越弱,地位越低。[②] 掌握政治资源较多或地位较高的智库往往具有相对垄断的决策咨询服务对象,这不利于智库思想市场的建立。

培育和发展智库的思想市场,要营造公平竞争的制度环境。要建立决策咨询信息公开制度,确保各类智库均可通过公开渠道获取决策咨询信息;要完善针对合同外包和成果购买的同行评审机制,在鼓励智库自由竞争的同时保障思想产品的质量;在充分考虑决策咨询服务特殊性的基础上,规范决策咨询服务外包和思想产品购买的操作流程,为除党政机关智库外的不同类型智库平等参与思想市场竞争创造条件;扩大决策咨询服务的外包和购买范围,切实给予不同类型智库同等的竞争主体地位,各级党委政府对政府智库、高校智库和民间智库等各类智库一视同仁,将原本具有固定承接对象的决策咨询课题改为面向各类智库开放。

（二）激发党委政府的决策咨询需求

智库思想市场的形成和发展依赖于决策咨询服务需求的激发程度。供给和需求是智库思想产品供求双方关系的两个方面,充足的智库产品供给和旺

---

① 　朱旭峰、韩万渠:《中国智库建设:基于国际比较的三个维度》,《开放导报》2014 年第 4 期。

② 　周仲高:《智库的科学分类与准确定位》,《重庆社会科学》2013 年第 3 期。

盛的决策咨询需求是智库思想市场均衡或繁荣的两个必要条件。在美国,有这样一种说法:"思想库(智库)的研究成果决定着美国人从摇篮到坟墓的一生。"这反映了美国智库对该国政治、经济、社会和文化的巨大影响力,同时也反映了美国政府和社会对智库思想产品的旺盛需求,而正是这种需求促进了美国智库市场的繁荣。相比之下,我国目前各级地方党委和政府对智库产品的需求尚未激发,可以说是"供过于求"。不少专业化的地方智库本可为本地区党委和政府提供充足的政策思想、专家知识、对策建议、政策方案和政策评估等智库产品或服务,但由于公共决策的机制和程序不完善等原因,地方党委和政府的决策咨询需求远远不足。

培育和发展智库的思想市场,必须激发政府对决策咨询服务的旺盛需求。要建立公共决策问责和纠错制度,倒逼地方党委政府的决策咨询需求常态化;健全行政决策程序,明确需要引入专家咨询和论证的情形,将预案研究纳入相关程序;建立健全智库参与重大政策制定、(事前、事中、事后)评估和政策调整、终结的相关机制,从制度上保障地方党委政府对智库产品的需求;要加大经费投入,推动决策咨询招标课题规模化;除应重视短期性、应急性对策研究外,还应加强储备性、前瞻性、战略性研究,发挥专业化智库的未来研究优势。

(三)形成适合思想市场的供求机制

思想市场的供求机制设计是培育和发展智库思想市场的关键。非盈利性是现代智库的基本特征,智库思想市场与物质产品市场的最大区别在于:供给方在向需求方提供思想产品时追求的并不是利润的最大化,而是公共政策社会效益的最大化或者智库思想产品影响力的最大化。[①] 智库思想市场不仅需要依靠供求机制实现生产要素资源的合理流动和优化配置,而且需要依靠供求机制实现对智库主体的有效激励,激发其充分发挥积极性和创造性,生产更多、更好的思想产品。培育智库的思想市场,需要形成符合思想市场自身特点的供求机制。可基于"合同外包"和"直接购买"两种途径建立思想产品供求机制,由党委政府向非党政机关智库提供需求信息和经费支持,非党政机关智库向党委政府提供从政策思想、专家知识、数据资料、政策建议到政策方案,再到政策评价等一系列思想产品。

——建立决策咨询服务的合同外包机制。目前,地方各级党委政府主要

---

① 邹青山、沈进建:《美国二元结构的智库市场及其对智库运作的影响》,《甘肃社会科学》2017年第1期。

通过定向委托方式购买决策咨询服务。而定向委托仅仅是可供选择的多种购买方式(如公开招标、竞争性谈判、定向委托)中的一种,而且仅仅依靠定向委托并不能形成真正的思想市场,因此需要增加竞争性购买方式,采用公开招标、邀请招标、竞争性谈判、竞争性磋商和单一来源等方式预先购买课题调研、咨询报告、政策方案、规划设计和政策评估等思想产品,并通过第三方机构确定预期成果或服务的价格,建立预先购买决策咨询服务的合同外包机制。

　　——建立智库思想产品的直接购买机制。作为需求方的地方各级党委政府,除了可通过合同外包方式预先购买智库的思想产品外,还可直接购买智库现成的、优质思想产品。可委托第三方评估机构按照思想产品的价值和贡献大小,对非党政机关智库提供的政策思想、专家知识、数据资料和政策建议等进行定价,建立智库思想产品的直接购买机制。

　　(四)重视对思想市场的规制和监督

　　有效的规制和监督是智库思想市场发展的又一前提条件,智库思想市场需要符合自身特点的准入规范和监管机制。自"思想市场理论"产生以来,主张自由市场理论和市场失灵理论的学者们就思想市场是否需要规制一直争论不下。[①] 但就智库的思想市场(或"政策分析市场"[②])而言,由于公共政策的复杂性和专业性,作为供求双方的智库与政府之间存在高度的信息不对称,使智库思想市场比物质产品市场更容易出现市场失灵,需要对智库进行除了市场机制自身约束之外的监管。[③] 再者,智库是专业化的综合性决策咨询机构,为防止各种不具备智库资质的机构打着智库旗号以次充好,造成"劣币驱逐良币"的局面,[④]还需建立智库行业的准入规范。因此,要重视对智库思想市场的规制和监督。

　　美国智库思想市场的有效规制主要通过"咨询协会"的行业管理来实现,[⑤]其成功经验值得借鉴。比如,可成立省级地方智库行业协会,由其协助地方智库主管部门对智库思想市场进行监管。一方面,由该协会负责将政府法规和政策转化为行业制度,建立智库行业标准和市场准入门槛,对智库的行

---

① 　王莉丽:《中国智库思想市场的培育与规制》,《中国人民大学学报》2014 年第 2 期。

② 　薛澜、朱旭峰:《中国思想库的社会职能》,《管理世界》2009 年第 4 期。

③ 　王振霞:《智库思想市场的功能、规制和管理创新》,《中国社会科学院研究生院学报》2015 年第 5 期。

④ 　薛澜:《智库热的冷思考》,《中国行政管理》2014 年第 5 期。

⑤ 　许共城:《欧美智库比较及对中国智库发展的启示》,《经济社会体制比较》2010 年第 2 期。

为进行必要的约束；另一方面，由该协会负责与相关党政部门联系协调，对思想市场供求双方是否遵守相关法律法规，决策咨询服务外包和智库产品购买的操作流程是否规范，供求双方是否存在利益输送等腐败行为，智库的财务状况是否透明等进行监督，以维护智库思想市场的运作秩序。此外，还应建立智库思想产品的知识产权保护制度，加强思想产品的推销、评审、鉴定和交易等过程环节的知识产权保护。

总之，专业化是智库的本质特征，体制机制创新是新型智库建设的重要内容，建立智库的思想市场是新型智库发展的必然选择。因此，加强新型智库的专业化建设，推进新型智库的体制机制创新，培育和发展智库的思想市场，有助于更好地落实党中央和习近平总书记关于中国特色新型智库建设的指示精神，有助于推进地方新型智库以及现代化咨询制度的建设，提升地方新型智库服务党委政府决策的能力和水平，加快地方公共决策的科学化、民主化和法制化的步伐。

第八章　教学改革

8-1　世界一流大学公共管理博士项目的
培养方案及课程设置[*]

公共管理研究生教育是大学为公共事务领域培养人才的重要渠道,博士教育对公共部门的发展和学科的知识累积有着重要贡献。博士研究生是高学历、高层次的创新型人才,博士研究生不仅要掌握深入系统的学术理论、专业精湛的研究能力,而且要在专业领域做出原创性贡献。博士研究生的教育质量相当大程度上决定了学科领域的未来发展。因此,必须完善我国公共管理博士研究生的培养方案及课程设置,全面提升公共管理博士的培养质量,促进公共管理学科的知识增长。本文以 12 所世界一流大学(如表 8-1 所示)为例,[①]考察其公共管理学科博士项目的培养方案及课程设置情况。[②]旨在为深化我国公共管理学科博士生培养改革,完善培养方案及课程设置,提高博士生培养质量提供参考。

---

*　本文是作者 2017 年承担的相关机构委托课题"世界一流大学公共管理研究生课程设置"调研报告的部分内容(课题主要合作者:周茜;研究生翟文康、隋晓妍、杨语嫣参加了课题的研究)。

①　资料及数据来源:所列的这 12 所院校的官方网站(搜索日期截止到 2017 年 6 月,各个表格中的"X"表示网站没有公布此内容)。

②　由于国外公共管理学院等大多实行贯通式研究生教育培养模式,学术型硕士通常作为博士研究生教育的起始阶段或者淘汰/退出机制来设置,因此学术型硕士没有单独的培养体系,而是与学术型博士的培养融合在一起,此处我们将二者放在一起讨论。

表 8-1　12 所一流大学名称及其英文简写

学校及办学机构名称	学校简写
哈佛大学肯尼迪政府学院	HARVARD
加州大学伯克利分校理查德和戈尔德曼公共政策学院	BERKELEY
雪城大学马克斯维尔公民与公共事务学院	SU
卡耐基梅隆大学汉斯学院	CMU
南加州大学普莱斯公共政策学院	USC
密歇根大学福特公共政策学院	UMICH
伦敦大学政治经济学院政府系及公共事务研究所	LSE
伦敦大学学院	UCL
早稻田大学公共管理研究生院	WASEDA
东京大学公共政策大学院	TOKYO
香港大学社会科学学院政治与公共行政学系	HKU
新加坡国立大学李光耀公共政策学院	NUS

一、培养目标

世界一流大学公共管理学科博士项目都规定了明确、具体和可行的培养目标。这 12 所院校的培养目标的如表 8-2 所示。尽管各校对培养目标的表述不同，但有许多共同之处。

表 8-2　12 所一流大学博士项目的培养目标

院校名称	项目名称	培养目标
HARVARD	PEG(Ph. D. in Political Economy & Government)	培养政治经济学领域最优秀的研究者和政策决策者。
	PPOL(Ph. D. in Public Policy)	培养学生在公共政策前沿领域探索的研究能力，为其在学术界、政府和研究机构的职业生涯做准备。
	Ph. D. in Social Policy	培养学生的分析和研究能力，以发现重要的尚未解答的问题，并制定能够增强对社会问题的理解的研究策略。
	Ph. D. in Health Policy	旨在培养从事公共卫生问题和相关政策研究和教学工作的人才。

院校名称	项目名称	培养目标
BERKELEY	Ph. D. in Public Policy	造就适合于推进公共政策分析和管理的知识、理论、方法和应用人才,面向政策问题感兴趣的社会科学研究人员。
SU	Ph. D. in Public Administration	旨在为博士生提供高质量的研究和教学经验,让学生掌握公共管理学的核心主题和方法论,充分了解公共行政传统思想,开始成为活跃的研究者。
CMU	Ph. D. in Public Policy and Management	培养基本的研究能力及研究方法素养,让学生掌握特定领域的知识并开展对具体问题的研究,对公共政策与管理的及信息系统的重大问题进行创新性与跨学科的研究。
USC	Ph. D. in Public Policy and Management (Ph. D.-PPM)	旨在通过高质量的理论课程和强有力的方法训练,培养学生的专业知识和技能,培养为社会问题提出创新型解决方案并改善治理现状的研究人员和学者。尤其要培养学生获得批判性思维能力和研究方法的应用能力,具备成为"独当一面"学者的基本条件。
UMICH	The Joint Ph. D. Program in Public Policy	旨在吸引那些致力于研究和改善公共政策,希望从事传统社会科学学科研究工作的学生。福特学院的目标是:让博士生用最严谨的社会科学工具来解决关键的公共政策问题。
LSE	MRes/Ph. D. in Political Science	这是一个五年制的硕、博综合学位项目。目的是为致力于学术研究的学生提供一个更加结构化的途径和最优的培养方案。
UCL	PhD Program	X
WASEDA	Ph. D. in Policy Sciences	旨在满足社会科学研究人员的需求,培养专业的研究人才。它的目标是培养有能力去寻找和解决问题的人,把研究和教育项目的基本原理集中在理论研究和实践经验的研究上。
TOKYO	International Public Policy, Doctoral Program:IPPDP	旨在于培养高技能的法律、政治和经济研究人员,培养交叉性、跨学科和实用性的决策技能。
HKU	DPA (Doctor of Public Administration)	培养学生应用公共政策相关概念、理论和方法,分析和解决全球化下国家和社会治理的具体政策与管理问题,应对快速变化的复杂治理情境,实现更有效的领导。

续表

院校名称	项目名称	培养目标
NUS	Ph. D. in Public Policy	旨在培养下一代的公共管理学者,使其具备熟练的分析技能和制定、评估与讨论公共政策所需的实质性知识;为学生提供高级理论课程和方法论课程,使其日后能胜任在学术机构的研究工作。

1. 培养公共管理领域的研究型人才

首先,博士研究生培养以未来从事学科学术研究的学者为目标。从这 12 所院校的资料看,多数院校的培养目标(如表 8-2 所示)强调博士教育是对硕士的深化与延伸、培养研究型人才。多数院校的博士项目均直接而明确提出其培养政策研究者或科研工作者的目标。例如,哈佛大学的政治经济学与治理博士项目声称要致力于培养政治经济学领域最优秀的研究者;新加坡国立大学的公共政策博士项目直接提出培养下一代公共管理学者的目标;雪城大学的政策科学博士项目旨在为博士生提供高质量的研究和教学经验,目的是确保所有学生掌握公共管理学的核心主题和方法论,充分了解公共行政传统思想,并在博士项目的第一年开始成为活跃的研究者;加州大学伯克利分校的博士项目也强调要产生适合于推进公共政策分析和公共管理理论、方法和应用的研究者,主要面向对政策问题感兴趣的学术研究人员。

其次,很多院校的博士项目强调对学科前沿领域的关注,如哈佛大学的公共政策博士项目致力于培养学生在公共政策前沿领域探索的研究能力,香港大学的博士项目要求学生能够熟练掌握该领域的研究进展。

再次,有的院校的博士项目是为了学生之后从事教学做准备,如哈佛大学的卫生政策博士项目旨在培养从事公共健康问题和相关政策研究和教学工作的人才,公共政策博士项目也是为学生今后在学术界、政府和研究机构的职业生涯做准备。南加州大学的公共政策与管理博士项目通过高强度的方法课训练,帮助学生掌握推理的定量研究方法和归纳的定性研究方法,其他院校还致力于提供高级理论课程、方法论课程,帮助学生掌握严谨的社会科学工具,培养他们的研究能力。总之,博士项目注重学生高级理论和方法的掌握及研究能力提升、跟踪学术前沿,致力于培养研究型人才,为他们以后的学术研究、教学、科研工作做准备。

2. 培养公共管理领域的创新型人才

公共管理作为一门应用性、实践性的学科,其博士教育也强调学生解决社会问题、管理公共事务的能力培养,相较于硕士生偏应用性高级公共管理人才的培养导向,公共管理博士教育则注重博与专结合和跨学科培养,挖掘人才的创新能力。

国际一流公共管理/公共政策院校的博士项目致力于培养创新性人才,主要体现在两个方面:一是学术创新、能做出理论贡献,二是实践创新、解决复杂的社会问题。

在学术创新方面,有的院校博士项目注重培养学生的综合能力,如东京大学的国际公共政策博士项目旨在培养高技能的法律、政治和经济研究人员,培养交叉性、跨学科和实用的决策技能;强调理论创新、理论贡献,如香港大学的博士项目要求学生对自己学术领域做出实质性学术贡献;南加州大学的博士项目旨在通过高质量的理论课程和强有力的方法训练,培养学生的专业知识和技能,培养为社会问题提出创新型解决方案并改善治理现状的研究人员和学者。值得注意的是,培养学生获得批判性思维能力和掌握前沿研究方法,具备成为"独当一面"学者的基本条件,是一些国际一流"高水平研究型大学"的题中之义。

在实践创新方面,多数院校的博士项目致力于学生政策分析与问题解决能力的培养,如哈佛大学的社会政策博士项目培养学生的分析和研究能力,使他们能够发现重要的尚未解答的问题,并制定能够增强对社会问题的理解的研究策略,密歇根大学公共政策的联合博士项目旨在吸引那些致力于研究和改善公共政策,希望从事传统社会科学学科研究工作的学生,目标是让博士生用最严谨的社会科学工具来解决关键的公共政策问题。早稻田大学的政策科学博士项目目的是为有强烈深造愿望的工作人员提供入学机会,并满足社会科学研究人员的需求,培养专业的研究人才,目标是培养有能力去寻找和解决问题的人,把研究教育项目的基本原理集中在理论研究和实践经验的验证分析上。

二、课程设置

本节主要从理论课和方法论课的课程设置方面对国际一流公共管理/公共政策院校博士项目经验进行总结和梳理。

1. 理论课

国外公共管理博士研究生理论课程设置(如表 8-3 所示)呈现出博专结合,前沿性和学术导向性的特点:基础理论课体现多学科知识和方法的相互交又与融合;前沿课程聚焦于国际最新学术成果,反映学科知识更新与创新。博士以高级研究训练、关注理论前沿、发展学术知识、创新公共管理理论为目标,既有博与专结合、也有科研探索。相较于硕士的实践导向,博士教育更强调学术研究。

表 8-3　12 所一流大学博士项目理论基础课的设置

院校名称	项目名称	理论基础课
HARVARD	PEG(Ph. D. in Political Economy & Government)	微观经济学,宏观经济学理论,经济学,2 门经济学领域课程,4 门政府管理领域的课程,2 门政治理论或政治经济学课程,2 门政治学课程,2 个研讨会,2 门经济学课程,政府实地研讨会课程和 2 门研习班课程。
	PPOL(Ph. D. in Public Policy)	经济学,政治学与管理学,规范理论。
	Ph. D. in Social Policy	政治科学和专业知识,经典和当代社会学理论。
	Ph. D. in Health Policy	政策科学,经济学,伦理学,管理学或政治分析。
BERKELEY	Ph. D. in public Policy	X
SU	Ph. D. in Public Administration	公共行政思想史,政策分析与管理基础。
CMU	Ph. D. in Public Policy and Management	经济学研究范式(包括微观经济学、微观经济学前沿理论),组织、社会心理学或者政治学范式(包括政治学、组织理论、行为经济学、政治理论核心)。
USC	Ph. D.-PPM (Ph. D. in Public Policy and Management)	跨部门领导管理,公共管理与社会,政策与项目评估,公共政策制定与实施,公共管理学理论基础,政治经济学和制度分析。
UMICH	The Joint Ph. D. in Public Policy	(1)公共政策与经济方向:经济数学,微观经济学理论 I、II、III、IV,宏观经济理论 I、II,研究伦理,货币经济学与高级宏观经济学理论,高级微观经济学理论,劳动经济学,产业组织,财务管理,国际经济学,自然资源,经济史,经济发展,人口经济学,公共财政学,研究导论 I、II。 (2)公共政策与政治科学方向:X。 (3)公共政策与社会学方向:研究生导论,社会学理论与实践 I、II。
LSE	MRes/ Ph. D. in Political Science	比较政治经济学:新方法和新问题,比较政治学,欧洲政治和政策,全球政治,政治经济学,政治学,公共政策与管理。

院校名称	项目名称	理论基础课
UCL	3 year Ph. D. Program	由导师选择,形成阅读清单(big books)。
	"1+3" Ph. D. Program	由导师选择,形成阅读清单(big books)。
WASEDA	Ph. D. in Policy Sciences	(1)公共政策领域:政策科学I、II,比较宪法研究I、II,高级宏观经济学。(2)公民社会或社区事务:社区的关系法I、II,人权I、II,种族政治经济学。(3)福利社会的政策设计:社会福利I、II,住房与社区发展I、II,福利社会的政策设计研究I、II,社会治理I、II,比较政治学与社会分析I、II。(4)可持续性科学:环境经济学,投入-产出分析;(5)城市规划与设计研究:政治信息科学I、II,城市环境I、II。(6)现代管理与企业:公共管理I,市场经济学I、II,博弈论研究I、II。
TOKYO	IPPDP I	国际公共政策研究,研究设计研讨会,项目研讨会。
HKU	DPA(Doctor Of Public Administration)	治理:政治、政策与网络,政策分析:技巧与实践,治理研究工作坊,协同管理,研究生研究伦理课程,伦理学与公共事务,公共管理专业导读,中国治理与公共事务研讨会,东亚治理与公共事务研讨会。
NUS	Ph. D. in Public Policy	公共政策学导论,公共管理学导论,公共政策经济学原理,公共政策政治学原理,公共政策专题研讨。

(1)以"博专结合"完善知识结构。为使博士研究生形成系统全面的知识结构,一方面需要学习精深的专业政策内容,另一方面也需要积累广博的知识,即做到"博专结合"。通过研究12所院校的博士核心课程设置,我们发现其核心理论课除了公共管理领域的专业基础课程,更偏重于其他与公共管理相关的学科知识培养,以避免博士研究生的知识体系过于单一。

第一,公共管理学科作为一种交叉学科,在发展过程中有不同的研究途径并入并且形成不同的研究范式,因而需要较宽的知识面才能更好地理解相关概念和理论问题,这也顺应了现代科学尤其是社会科学交叉、综合和整体化的发展趋势。

第二,增加广与博,突破公共管理学科界限,有利于增强博士研究生的综合素质,使其成长为宽口径的复合型人才,以胜任本学科以及临近学科专业的工作,更好地适应社会发展的需要。

第三,广博的知识面是创新的源泉。一方面,公共管理学科理论的革新和推进,很多次是在借鉴其他学科的基础上实现的。融合多种学科的知识和方法来研究公共部门公共政策管理领域的问题,更能启发创新性思维,构建出新的知识框架。另一方面,就公共管理学科内部建设来说,已有的不同研究取向——政治取向的公共管理多借鉴政治学知识,绩效取向则偏向于经济学知识,政策取向偏向于管理学,而公共价值取向偏向于伦理学——共同支撑起公共管理学科体系。从12所学校的博士核心课程设置中,占比较大的跨学科课程多由经济、政治、社会、管理以及伦理学科的相关主题课程构成,以优化和拓宽学生的知识体系。

例如,哈佛大学的博士项目核心课程中跨学科课程(17门)远多于政府管理的专业课程(5门),充分体现了学科间的相互交融,为学生提供了研究公共管理的不同视角所需要的基础知识,有宏(微)观经济学、政治经济学、政治分析、经典和当代社会学理论、管理学以及伦理学等。卡内基梅隆大学和密歇根大学也具有代表性,其核心课程安排中涵盖了多个研究取向的课程内容。

(2)以"前沿进展"启迪创新思维。博士研究生是高学历、高层次的创新型人才。为了实现这一培养目标,促进其创新思维的活跃发展,国外高校博士项目的核心课程中都非常重视前沿方面的课程。第一,这类课程通过传达公共管理学科最新动态和发展趋势,聚焦热点政策研究领域和最新学术成果,帮助博士研究生达成对公共管理问题前沿性与时代性的把握,从而实现对学科自身的"更新"理解,最终有利于深化理论学习;第二,及时掌握最新的研究方法和知识,不断更新学科自身的知识体系,进一步丰富研究路径;第三,通过前沿课程的学习激发创新思维,有利于博士生创新能力的培养,进而通过学术创新为公共管理/公共政策领域做出更多原创性贡献。

值得注意的是,这些前沿课程的教学方式,通常是以研讨会、学术讲座或其他创新性、交互性教学方式来进行。这种教学方式增加师生之间的互动,在轻松的教学氛围中提高博士生的主动性和创造性,增加对专业领域的学习热情和兴趣,有利于学生形成"前沿意识"和"创新意识"。例如,香港大学的东亚治理与公共政策研讨会、治理研究工作坊;伦敦政治经济学院的"比较政治经济学:新问题与新方法"读书会;新加坡国立大学的公共政策专题研讨等。

(3)以"学术导向"培养研究能力。博士生主要以学术研究为导向,这12所院校的核心课程设置将研究生的科研训练作为重点,强调科学研究和实践能力的培养,以培养具有独立研究能力的高质量研究人才。这类课程将课程教学与科研有效地结合起来,使教学与科研融合,课程的内容包括学术研究的方方面面,例如研究设计、学术伦理、论文写作、实践项目等。

这12所院校中比较典型的是伦敦大学学院,其公共管理学科博士项目需要完成两篇高质量的研究论文以及毕业论文才能顺利毕业,而博士生的核心课程由导师根据课题以及具体的研究领域来制定形成阅读清单"big books",充分体现了学术研究能力培养导向。哈佛大学的实地研讨会课程、密歇根大学的研究导论课程、东京大学的研究设计研讨会等也是如此。

2. **方法论课**

这12所院校博士生核心方法论课程的设置如表8-4所示。其主要特点是引入高级研究方法课程,与硕士研究生的方法论课连贯。通过前沿以及高级研究方法课程,帮助博士生更好地理解公共事务,进行学术研究,提升解决复杂公共管理/公共政策问题的能力,为进行独立创新性研究提供必要的知识基础。例如,卡耐基梅隆大学设有社会网络方法、因果模型、线性模型和实验设计、统计机器学习、数学建模技术等课程;哈佛大学设有高阶研究方法课程;雪城大学设有高级社会统计学课程;密歇根大学设有高级计量经济学课程。

表 8-4　12 所一流大学博士项目的方法论课设置

院校名称	项目名称	方法论课程
HARVARD	PEG	定量研究方法。
	PPOL	高级方法论、分析方法、定量实证方法。
	Ph. D. in Social Policy	定量和定性研究方法,高阶研究方法。
	Ph. D. in Health Policy	科学评估与统计,统计学。
BERKELEY	PhD	X
SU	Ph. D. in Public Administration	定量方法 I,定量方法 II,定量方法 III,定性方法,定性的政治分析,混合方法,高级社会统计学。
CMU	Ph. D. in Public Policy and Management	社会网络方法,因果模型,线性模型和实验设计,统计机器学习,数学建模技术,人口统计学。
USC	Ph. D-PPM	统计学和数据挖掘,研究范式与研究设计,多元统计分析/经济学分析。

续表

院校名称	项目名称	方法论课程
UMICH	The Joint Ph. D. Program in Public Policy	公共政策与经济学方向：计量经济学分析 I, II, 高级方法, 高级计量经济学； 公共政策与政治科学方向：X 公共政策与社会学方向：统计学, 社会学调查的逻辑与策略, 研究实务任选课：定性研究方法、历史比较研究方法、定量研究方法、调查方法。
LSE	MRes/ Ph. D.	X
UCL	3 year Ph. D. Program	由导师选择, 形成阅读清单（big books）。
UCL	"1+3" Ph. D.Program	由导师选择, 形成阅读清单（big books）。
WASEDA	Ph. D. in Policy Sciences	统计方法 I、II。
TOKYO	IPPDP	X
HKU	DPA	X
NUS	Ph. D. in Public Policy	公共政策定量分析方法, 公共政策定性研究方法, 公共政策研究设计。

三、质量保障

可以从入口、过程和出口管理三方面，来分析这 12 所国际一流公共管理/公共政策院校对于博士研究生教育质量的保障措施和经验做法。

1. 招生要求

这 12 所院校的公共管理学科博士招生要求如表 8-5 所示。采用的是"申请-考核"制。该制度起源于美国、德国等欧美发达国家，是指具有申请资格的人员向博士生招生院系递交申请材料，院系根据申请材料进行筛选、审查，合格者参加院系组织的综合能力考核，合格后获得录取资格的招考模式。实践表明，采用"申请-考核"制凸显了多元化评价标准，可以更加全面地考察申请人的综合素质，真正选拔出有学术研究背景、学术研究志趣、学术研究潜质、科研能力强的"精英"。

表 8-5　12 所一流大学博士项目的招生要求

院校名称	项目名称	学历要求	课程先决条件	研究论文、研究设计	招生人数
HARVARD	PEG	学士学位或同等学位。	至少两个学期的微积分；数学要求掌握多变量微积分。	X	X
	PPOL(Ph. D. in Public Policy)	X	微观经济学理论大学课程；统计学大学课程；至少两个学期的微积分；数学要求掌握多变量微积分。	撰写一篇具有政策重点的研究论文。	X
	Ph. D in Social Policy	X	X	最能说明申请人的分析和研究能力的研究论文(强烈推荐)。	大约每年招收4~5名学生。
	Ph. D. in Health Policy	大学学位	X	X	X
BERKELEY	Ph. D. in Public Policy	完成 MPP 或同等项目的申请者优先；在其他领域完成硕士项目的申请者必须先完成公共政策学院的 MPP 项目；在另一所学校完成公共政策的申请者要完成公共政策学院某些一年级的硕士课程。	在政策分析技巧方面进行充分的准备。	研究设计：申请人要描述公共政策研究兴趣、论文研究主题概要以及偏好的导师。研究论文：要求一篇30页以下的研究论文，与"政策分析"论文不同。其目的是使学生能够从政策分析向政策研究过渡。	大约每年招收2~3名学生。
USC	Ph. D.-PPM	尽管硕士学位不是必需的，但完成公共管理或公共政策或相关领域硕士项目的申请者优先。	X	大约 10 页的研究论文。	X

续表

院校名称	项目名称	学历要求	课程先决条件	研究论文、研究设计	招生人数
UMICH	The Joint Ph. D. Program in Public Policy	X	X	政治学和社会学方向的申请者要求完成一篇 20 页以下的研究论文。	X
SU	Ph. D. in Public Administration	需要获得公共管理及相关领域的学士学位或其他同等学位。	较强的数据分析能力,具有数学、经济学以及统计学基础 GPA 要足够高(往年平均为3.88)。	X	X
CMU	Ph. D. in Public Policy and Management	研究生学位(学士学位或者同等学位)。	X	需要提交一篇规范的研究论文,写清楚要研究的问题,以及使用的研究方法。	5
UCL	3 year Ph. D. Program	Mphil 硕士研究生学位。	硕士论文得分最低为 65 分。	制定详细的研究计划:阅读相关文献,明确概述相关问题,研究设计(包括数据和方法),相关文献和预期贡献。(少于 3000 字)	X
	"1+3" Ph. D. Program	MSc/MA 授课型硕士研究生学位。	硕士论文得分最低为 65 分。	制定详细的研究计划:文献综述,明确概述相关问题,研究设计。(少于 3000 字)	X
LSE	MRes/ Ph. D. in Political Science	MRes 研究型硕士研究生学位。	在硕士期间完成博士论文开题报告,论文开题报告良好以上。	硕士学位论文,以及两篇研究论文。(3000～5000 字)。	X
TOKYO	IPPDP	学士与硕士学位。	法律、政治或经济学专业知识的基础。	硕士论文或同等作品。	X

院校名称	项目名称	学历要求	课程先决条件	研究论文、研究设计	招生人数
HKU	Ph. D.	有良好的学士学位,有荣誉学位或硕士学位。	在政治、公共管理、政治哲学或应用伦理等方面有一定的背景。	一份研究计划书(研究的目的和范围的声明;对所采用的研究方法的解释;研究的重要性及其可能对研究领域的贡献;参考/阅读列表)。	X
	DPA (Doctor of Public Administration)	在公共管理或同等学历的情况下,要求有学士学位和硕士学位。	有至少8年的公共行政管理或其他相关学科的专业经验。	一个小组的入学面试。	X
NUS	Ph. D. in Public Policy	学士与硕士学位。	提供学术成就和适当的学术准备。	在以下五个领域提供一个研究提案:政策研究、公共管理和制度;治理能力;在亚洲竞争力;亚洲的水治理,城市水,城市韧性,灾害治理;亚洲和新加坡的社会政策;亚洲和全球治理的主要权力关系。	5~6人
WASEDA	Ph. D. in Policy Sciences	X	学习成绩,取最高分,教育背景,是否有海外学习经历,学术荣誉和志愿活动。	X	X

这12所院校公共管理学科博士研究生招生要求有以下两方面特点:一是贯通式教育特色,注重与硕士项目课程的衔接性。世界一流大学公共管理学科博士项目展现出鲜明的贯通式教育特色,通过提高教育背景和课程体系的连续性与相关性,使得公共管理学科专业知识突破课程之间的壁垒,贯穿整个教学过程始终。所有项目的招生条件都很注重对申请者教育背景和课程基础的考察,注重与硕士项目课程的有机衔接。例如,伦敦大学政治经济学院政府

系及公共事务研究所、香港大学社会科学学院政治与公共行政学系、卡耐基梅隆大学汉斯学院等院校的公共管理学科博士生招生均要求有硕士学位或同等学位;雪城大学马克斯维尔公民与公共事务学院博士生招生要求较强的数据分析能力,具有数学、经济学以及统计学基础;东京大学公共政策大学院的博士生招生要求具备法律、政治或经济学专业知识的基础;哈佛大学肯尼迪政府学院的公共政策博士项目招生要求申请者具备微观经济学理论、统计学和微积分课程基础。这意味着博士项目录取的"精英"要已具备本学科坚实宽广的基础理论和系统深入的专门知识,并且经过严格的科研训练;进入博士生阶段后能够与导师合作或者在导师的带领与指导下开展学术研究,进行科研知识的创新。

二是多元化评价标准,严格考察学术研究潜质。"申请-考核"制体现的是如何更加综合全面地考察申请者进行学术研究的潜质与能力,申请者是否有足够的资质从事即将开展的学术科研活动。世界一流大学公共管理学科博士研究生招生设置多元化评价标准,选拔出真正能够对公共管理领域的发展做出实质性贡献的高素质人才。从对这12所公共管理院校博士生招生要求的分析中可以发现,为了提升生源质量,各院校采用多元化综合评定标准,特别是很多院校通过审核研究论文和研究计划严格考察申请者的科研潜质。例如,加州大学伯克利分校理查德和戈尔德曼公共政策学院每年只招收2~3名博士生,在招生条件设置上对学术背景、科研技能、研究计划等方面要求严格,还要求申请者提交一篇30页篇幅的研究论文,其目的是使学生能够从政策分析向政策研究过渡和转型;新加坡国立大学李光耀公共政策学院要求申请者提供学术成就和相关学术准备证明,并在学院限定的6个领域提供一个研究方向;伦敦大学学院博士招生要求申请者制定一份详细的研究计划,包括阅读相关文献、明确概述相关问题、研究设计和预期贡献等。

博士研究生教育是严格意义上的"精英教育",这里的"精英"指的不是受教育者的身份与地位,而是指具备广博深厚的知识积累、能够进行科研创新的高层次人才。招生要求作为博士研究生质量保障体系的入口,不仅关系到对具有科研创新能力"精英"的挖掘,也与后续的过程培养环节息息相关。因此要真正提高博士研究生的培养质量,做好博士项目的招生录取工作至关重要。

2. 研究能力

相较于硕士生的培养而言,博士生的培养更加注重研究能力的提升,硕士生以课程为主、科研辅之,博士生则是课程为科研服务。研究型与创新型人才的培养关键在于博士生的科研训练。这12所院校中公共管理学科的博士生研究能力培养主要采取导师负责与科研合作相结合的形式:导师指导学生从课程选择、学习计划、研究领域、研究主题到学位论文,进行全方位的指导;博士生还有机会与导师合作进行课题研究或其他形式的科研训练,这种训练可以将学生课堂中的知识转化为科研能力,打造研究型人才。

（1）落实导师负责制,引领学生学习与研究结合。国外博士生教育一般实行导师负责制,导师会在尊重研究生科研兴趣的基础上,帮助他们规划课程、制定学习计划、选择研究领域。师生共同确定培养计划,为双方共同开展学术研究奠定坚实基础。导师根据研究生的情况指导其选择课程,培养适合其个性发展所需的知识体系;指导研究生开展课程学习和毕业论文的研究工作,跟随导师进入课题组从事科研。

在研究能力的培养方面,首先,导师要求博士生进行大量的学术阅读。一般而言,导师很少指定课程教材,而是列出必读书、推荐书、课程经典文献和专题经典文献目录,引导学生充分利用图书馆自己去阅读原著,了解学科的基本学术观点及其来龙去脉,培养研究生深厚的学术功底,形成有利于创新的知识结构。例如,伦敦大学学院博士期间没有核心课程,直接跟着导师,学生被分配给一个导师,指导学生完成博士课程的各个阶段的准备工作,导师列举"大型书单"(Big Books)让学生讨论研究,并在最后对其答辩。在为期3年的博士课程期间,学生们必须参加政治科学或政治理论每周一次的博士研讨会。所有博士生都在定期会议的讨论过程中由两名学术导师共同指导。学生将在一系列"大型书单"(Big Books)中讨论概念、理论和分析策略,这些书来自于政治学和它的各个子学科。最后,学生被要求在第一学年完成两篇5000字的文章:文献述评论文(第2期结束)和方法论论文(第3期结束)。

其次,是基于学术阅读基础上的研讨式学习。博士生是主角,一般通过在课堂上的学术观点阐述来开展学术交流与学术争论,推动研究生进行理性、自由、探究式的学术表达;导师一般只提出问题,适时点拨,教会学生自己从事研究的技巧,使学生逐步学会独立研究,鼓励学生发展自己的学术角色等。例如,密歇根大学福特公共政策学院的博士项目实行双导师负责制,学生在两名教员(一名福特学院的教师,一名所在专业的教师)的指导下致力于学术论文的创作,学生可以得到导师的定期反馈和认真指导。第一和第二学年的学生参加一个双周系列研讨会,旨在向学生们介绍他们的博士生涯早期的应用政策研究。在这个研讨会上,学生们将阅读三个学科所有教师的应用政策研究论文。在可能的情况下,撰写论文的教师将参加研讨会,参与讨论。

最后,是在导师的指导下学生所修课程为研究服务,学生前期学习的课程为后期的课题研究奠定基础、为学生的学位论文提供知识积累。例如,在哈佛大学政治经济学与治理博士项目的头两年里,学生们通常会完成 16 个学期的课程,以获得对宏观经济学、微观经济学、政治学和定量方法的熟练掌握,学生在第三年期间继续掌握与学位论文相关的两个实质性领域以为他们后期的研究课题服务。在第四学年开始的时候,学生们提交并答辩一篇毕业论文,然后在他们的导师指导下进行研究、写作和准备答辩。为了取得成功,论文必须证明学生具备足够的研究能力,能够做出原创和实质性的学术贡献。

(2)深化科研合作,提升学生研究能力。博士生通过参与科研课题与导师充分合作,能更好、更快地掌握本领域的最前沿知识,成为科技创新的有力推动者。博士生以研究为本,课程学习围绕科研工作而展开。例如,哈佛大学的公共政策博士项目在每学年开始的时候,博士生提交学习计划,包括在专门政策领域所提议课程的教学大纲,由博士项目办公室审批。他们可以从不同政策领域的大量课程清单里进行选择,其中包括三个预先批准的初级领域——环境与自然资源政策、国际发展、判断和决策等。卡耐基梅隆大学注重博士生研究能力的培养:除了要求完成一篇毕业论文,学生还必须完成两个研究项目并在学术期刊上发表相关研究成果。总之,博士研究生培养制度以科研为导向。导师会定期听取学生汇报自己的研究进展和科研成果,定期举办课题组内的研讨会,随时掌握学生的学习进展情况;注重学生课堂的口头报告表现、研讨课的表现等,关注对学生专业知识、理论方法、独立思考能力的培养,这种以科研创新为导向、一以贯之的培养制度,既强化了学生的学术认同,又在学术思想、研究方法、科学伦理等方面对学生实施了有效的潜移默化的影响。

总体而言,博士生培养中导师制度与科研训练是紧密结合的,导师都是各自领域的卓越研究者,学术造诣深,导师会指导学生如何做研究。相较于硕士生的培养而言,博士生的课程是为学生做科研而服务的,博士生科研能力的提升关键就在于导师的指导与日常的科研训练相结合。

3. 毕业要求

博士研究生的水平既能够体现和代表大学未来的研究力量,也能够反映出一个国家的教育水平和未来的经济科技发展水平。根据毕业要求对博士研究生进行考核和筛选,选拔真正从事高水平科研的研究型人才,保障博士培养质量,是世界一流大学博士教育誉满全球的坚强之盾和质量优势的有力保证。12 所院校公共管理学科博士研究生的毕业要求如表 8-6 所示)。

表 8-6　12 所一流大学博士毕业要求

院校名称	项目名称	课程、学分及论文要求	资格考试、口头答辩
HARVARD	PEG（Ph. D. in Political Economy & Government）	完成 16 门课程;在第四学年开始时,PEG 学生需要完成开题,正式开始他们的论文写作工作。论文开题以后,两年以内学生应完稿,并最终在对公众开放的学术评议会上完成论文答辩。为了获得博士学位,论文必须表现出学生高超的研究能力,具备做出创新性、实质性学术贡献的能力。	第三学年伊始,博士生按研究方向,完成口头答辩。答辩分为三部分,每部分各自 30 分钟:第一部分是经济学专业知识考核;第二部分是政治科学专业知识考核;第三部分是研究方法技能考核(经济学方向的第一部分考核会通过考试答题进行,试卷由哈佛经济系的导师出题。政治学方向的第一部分考核可选择与其后两个部分考核一起进行。)
	PPOL（Ph. D. in Public Policy）	完成 16 门课程才能获得博士学位。至少 11 门课程必须是博士学位课程,至少 5 门是肯尼迪学院课程;在第三年结束时,学生进行论文开题。通常学生在完成口头答辩的三年内完成毕业论文;学生通常在五年内完成学位要求,并在提交论文并通过答辩后获得学位。	口头答辩,时长约 60 到 90 分钟,主要是检测学生是否已熟练掌握以上主要领域和次要领域。考试决定了学生是否对他们的领域有一个充分的了解、能够成为专家并有助于毕业论文的写作。
	Ph. D. in Social Policy	在毕业论文的前期阶段,至少要完成三篇重要的研究论文;在第三年进行论文开题,通过 2～3 年完成论文研究和写作。	社会学方向:在第三年学生可以选择社会学的一个专业领域进行口头考试,旨在培养学生掌握足够的广度和深度的领域作为高级本科生课程。

续表

院校名称	项目名称	课程、学分及论文要求	资格考试、口头答辩
	Ph. D. in Health Policy	前两年完成课程作业,在第二年结束时有一个模块知识测验和口头答辩;随后进行论文开题和大约三年的论文研究和写作。	在第二年结束时有一个口头答辩。
BERKELEY	PhD in Public Policy	X	X
USC	Ph. D.-PPM: Ph. D. in Public Policy and Management	PPM 学生要完成专业领域必修课程的 16 个学分,其中包括至少 8 个学分的高级理论课程,至少 6~8 个学分的高级方法论课程。最后,学生要完成一篇与公共政策和公共管理相关的原创性、高质量学术论文。	X
UMICH	The Joint Ph. D. Program in Public Policy	在第三年,学生在两名教员(一名福特学院的教员,一名学科部门的教员)的监督下致力于学术论文的创作。学生通过论文研究和答辩来完成他的学位项目。	X
SU	Ph. D. in Public Administration	要求至少 72 个学分的课程学习,4 个学期的研究学徒,和 9 个学分的论文。经认可大学的硕士学位可以算作 72 个课程学分中的 36 个学分,本学院的 MPA 硕士学位可以算作 72 个课程学分中的 39 个学分。第一与第二学年包括 6 门核心课程,每名学生需要选择两个专业研究领域,修满每个领域至少 6 个学分的专业必修课(共计 12 个学分)。	在第一学年的课程完成之后需要参加资格考试包括公共管理理论和研究设计/方法考试,在第二学年课程完成之后需要参加两个专业领域资格考试。在参加所有资格考试后 5 年内需要完成论文,否则就要重新进行资格考试。在正式开始毕业论文之前需要进行口头答辩以判断论文的质量、原创性以及申请者是否有进行相关领域论文写作的能力。

院校名称	项目名称	课程、学分及论文要求	资格考试、口头答辩
CMU	Ph. D. in Public Policy and Management	该项目要求修满 96 学分,并且要求完成两个研究项目并提交研究报告、发表相关学术论文、完成三个资格考试和一篇高质量的毕业论文。	三个资格考试:研究方法考试包括建模能力;社会和政策科学理论;专业领域。需要对两篇研究论文的研究设计和过程;独立研究能力陈述。
UCL	3 year Ph. D. Program	完成阅读清单(Big Books),第二学期末提交一篇 5000 字左右的文献综述;第三学期末,提交一篇 5000 字左右的方法论论文以及一篇高质量的论文。	专业理论考试:针对阅读清单(Big Books),提交一篇 5000 字左右的文献综述;方法论考试:一篇 5000 字左右的方法论研究论文。Big Books 以及毕业论文研究设计。
	"1+3"PhD Program		
LSE	MRes/ Ph. D. in Political Science	第一学年需要修满 4 学分;剩下四学年至少参与一个博士研讨会并且完成高质量博士论文。	专业领域资格考试:至少一个领域的博士研讨会内容。毕业论文文献综述以及研究设计。
WASEDA	Ph. D. in Policy Sciences	必须通过博士论文审查和期末考试,成功的候选人将被授予社会科学博士学位。	X
TOKYO	IPPDP	三年时间修完 20 学分和提交一篇博士论文。	X
HKU	DPA	学生需完成 9 门课程和一篇博士论文。	X
NUS	Ph. D. in Public Policy	学制 4 年,需完成 8 个核心课程模块,1 个独立研究模块,1 个选修课程模块以及博士生资格考试(笔试)。	X

这 12 所院校公共管理学科博士生的毕业要求主要有两个特点:一是强调资格考试,发挥其促进型功能。博士资格考试是博士生培养过程中的一个必须环节,是对博士生的知识、能力乃至于创造力等综合水平进行考核的一种考试方法。博士生只有通过资格考试才能成为博士候选人并进入下一个培养环节。博士资格考试的定位是促进博士生的学习和研究,如何充分发挥资格考

试的促进型功能,选拔出具有更广博的知识域野、更强劲的科研实力的创新型人才,是世界一流大学共同关注的问题。通过对这 12 所院校公共管理学科博士资格考试的总结和对比,可以发现,尽管博士资格考试从形式到内容会因院校不同而存在明显差异,但其基本宗旨和核心内容基本一致,旨在评估博士生的基础学识和学术科研水平,考核其是否具备后续研究的能力,为选拔真正的博士人才提供支持。例如,卡耐基梅隆大学汉斯学院的公共政策与管理博士项目要求进行研究方法考试、社会和政策科学理论以及专业领域等三个方向的资格考试,考察学生是否已经熟练掌握专业领域知识和技能。雪城大学马克斯维尔公民与公共事务学院公共管理学科博士项目要求学生在第一学年课程完成之后参加包括公共管理理论、研究设计和研究方法的资格考试,在第二学年课程完成之后参加两个专业领域资格考试,这种方式能够多时间节点、多层面、多角度地对博士生的学术能力进行综合考核。伦敦大学学院博士项目专业理论考试要求针对阅读清单(Big Books),提交一篇 5000 字左右的文献综述;方法论考试要求提交一篇 5000 字左右的方法论研究论文,其中包含了大量的阅读要求,能够很好地拓展博士生的知识广度和深度,为博士论文的写作奠定坚实基础。

二是提高论文要求,加强博士教育质量控制。博士论文是博士学习的标志性成果,是对博士生的基础知识、理论水平、科研能力、学术水平、创新潜质、学术道德、写作功底等综合素质的检阅。博士论文的质量是教育质量的体现,也是学科知识积累和扩散的一个重要渠道。[①]相对于硕士项目,博士项目的毕业条件中对博士论文的要求更高,博士论文的质量是衡量博士生能否毕业、能否授予学位的核心指标,也是评价博士培养质量的重要依据。

对博士论文高标准、严要求,是这 12 所世界一流公共管理院校的共同特征。这也与其稳步提升博士教育质量,提高公共管理学科博士竞争力,培养高层次、高质量公共管理领域精英的目标相一致。例如,南加州大学 Sol Price 公共政策学院、密歇根大学福特公共政策学院、卡耐基梅隆大学汉斯学院、伦敦大学学院的博士项目明确提出要求学生完成一篇原创性的、高质量的研究论文,高度重视学生的原始创新能力。哈佛大学政治经济学与治理博士项目(PEG)项目要求博士论文必须表现出学生高超的研究能力,以及他们为学术

---

① 陈振明、张敏:《两岸公共行政学博士学位论文的质量评估及比较》,《中国行政管理》2016
　年第 12 期。

界做出创新性、实质性贡献的能力,强调学生对知识体系的新贡献。

总之,高水平博士论文要求既可以提高博士生获取和利用信息的能力、科研论文写作的能力,又能帮助博士生梳理科研思路,发现研究中的问题与不足,实现博士教育质量质的飞跃。通常,这些高水平博士论文也成为博士生进入其学术工作生涯的起点,是其日后成为具备独立研究能力学者的"奠基之作"。

四、结束语

上述 12 所世界一流大学公共管理学科博士项目的培养方案及课程设置的做法,对于改革与完善我国公共管理一级学科博士研究生培养方案及课程设置有重要的参考与借鉴价值。这在上述的讨论中已经有所提及。这里再补充强调两点:一是突出博士生科研及创新能力的培养。前述的 12 所一流大学公共管理学科的培养特别注重研究型与创新型人才的培养。通过理论课、方法课设置奠定学生的理论与方法基础,通过导师指导、科研合作培养学生的研究能力,以培养出能够做出学术贡献的研究型人才和解决复杂社会问题的创新型人才。我国公共管理学科博士生教育应突出培养具有中国特色的研究型人才和创新型人才,能够关注中国公共管理与公共政策问题、总结中国经验、提炼观点并做出理论贡献。公共管理改革实践也要求公共管理博士为现实的改革和实践做出创造性的贡献。二是要完善博士生培养的质量监控环节。例如,这些院校的公共管理学科博士项目,在注重理论基础和方法论课程学习的基础上,强调资格考试与论文质量。资格考试是博士生培养过程中的一个非常重要的环节,可以全面考察博士生的知识广度深度与研究能力,为完成博士论文奠定坚实基础。对博士论文的高标准和严要求,有助于博士生完成一篇原创性的、高质量的博士论文。

从整体上看,我国的公共管理博士生教育还未能满足社会发展的多样化需求,与世界发达国家的研究生教育相比,发展时间较短,起点较低,培养质量水平有待提高。随着社会经济的发展,我国对高层次人才类型的需求变得更加多样化,特别是对高层次公共管理人才的需求越来越大。因此,参考和借鉴世界一流大学公共管理学科博士生的培养经验,无疑有助于推动我国公共管理一级学科博士生教育的进一步发展。

8-2 世界一流大学公共管理硕士项目的培养方案及课程设置[*]

公共管理学科(公共行政、公共政策等专业)的研究生教育最初是在西方尤其是美国发展起来的。若从 20 世纪 20 年代中期雪城大学首设公共行政硕士(MPA)项目算起,则迄今已有近百年的历史。世界一流大学的公共管理学科硕士项目[MPA、MPP(公共政策硕士)及其他联合学位]在培养目标、课程设置、教学方式和质量保障等方面有一些共同做法及经验。本文选取并考察梳理哈佛大学肯尼迪政府学院等 13 所世界一流大学(如表 8-7 所示)的公共管理学科硕士项目的培养方案及课程设置,分析总结其经验教训,以为我国公共管理研究生培养方案及课程设置提供参照与借鉴。[①]

表 8-7　13 所一流大学名称及其英文简写

学校及办学机构名称	学校简写
哈佛大学肯尼迪政府学院	HARVARD
加州大学伯克利分校理查德和戈尔德曼公共政策学院	BERKELEY
雪城大学马克斯维尔公民与公共事务学院	SYRACUSE
卡耐基梅隆大学汉斯学院	CMU
南加州大学普莱斯公共政策学院	USC
密歇根大学福特公共政策学院	UMICH
伦敦大学政治经济学院政府系与公共事务研究所	LSE
伦敦大学学院	UCL
早稻田大学公共管理研究生院	WASEDA
东京大学公共政策大学院	TOKYO

---

[*] 本文是作者 2017 年承担的相关机构委托课题"世界一流大学公共管理研究生课程设置"调研报告的部分内容(课题主要合作者:周茜;研究生瞿文康、隋晓妍、杨语嫣参加了课题的研究)。

[①] 资料及数据来源:所列的这 13 所院校的官方网站(搜索日期截止到 2017 年 6 月,各个表格中的"X"表示网站没有公布此内容)。

续表

学校及办学机构名称	学校简写
莫斯科国立大学公共行政学院与公共管理研究生院	MSU
香港大学社会科学学院政治与公共行政学系	HKU
新加坡国立大学李光耀公共政策学院	NUS

一、培养目标

硕士研究生培养目标是通过教育使研究生达到应有的基本要求和规格标准,是研究生教育活动展开的前提和基础。整体来看,这 13 所院校公共管理学科硕士研究生项目的培养目标(如表 8-8 所示),均体现了兼顾学术导向和实践导向、由公共管理学科理论出发向政策实践领域延伸的趋势。

表 8-8　13 所一流大学公共管理硕士项目的培养目标

院校名称	项目名称	培养目标
HARVARD	MPP	培养学生理解复杂政策问题,熟练掌握各种研究分析方法,并提供有力的解决措施。
	MPA/ID	致力于培养有志于未来在国际发展(ID)领域从业的政策实践者。
	MPA2	为今后在公共、非营利组织及私人部门担任要职做准备,培养他们成为能够有效解决公共问题的优秀领导者。
	MC/MPA	提高在职领导者和专业人士的政策知识和技能,重新定义个人职业目标及专业兴趣。
BERKELEY	MPP	培养学生政策制定、执行和评估的知识与技能。
	MPA	为公共部门、私营组织和非营利部门在职人员设计,培养学生经济分析、管理、战略思维、谈判等能力。
SU	PA&P	为学生今后继续攻读博士学位或者在公共政策、法律、新闻行业从事相关工作做准备。
	MPA	旨在培养从事公共服务职业的未来领导者:(1)获得分析公共政策问题的定性、定量方法;(2)组织设计和分析能力以及管理技能;(3)了解公共行政的政治、经济与社会环境。
	EMPA	为公共和非营利部门的高管更新技能、晋升以及寻求职业过渡提供相关的组织领导技能和政策知识(这是美国首个面向在职人员的公共管理硕士项目)。

续表

院校名称	项目名称	培养目标
	Online EMPA	帮助管理人员提高技能,洞察力和成功领导组织应对全球变化的策略。
	JD/MPA	旨在培养学生解决目前各级政府以及传统法律服务领域所面临的挑战。
CMU	MSPPM	提升学生以数据驱动方法解决问题的能力:(1)了解政府、公共政策制定和管理的理论基础;(2)学会将技术和分析工具、技巧应用于实践;(3)具备沟通、演示、领导能力以促进团体协作。
	MPM	通过量化分析强化提高学生的领导能力,要求学生掌握分析方法,学会利用和处理数据集从而为组织政策制定和执行提供帮助。
USC	MPA	帮助学生熟练掌握公共管理领域专业理论知识和研究分析方法,培养在公共服务领域担任领导职务的专业化的公共管理人才,并改善公共组织和非营利组织治理现状。
	MPP	培养学生政治学、经济学和定量分析的分析技能,政策领域的专业技能以及必要的领导技能。培养公共政策领域的从业人员,影响社会变革,并为社会所面临的关键问题提供创新性解决方案。
UMICH	MPP	培训学生在实际工作中具有广泛的政策兴趣,培养学生能在各个部门和问题领域灵活转换的研究、分析和管理技能。
	MPA	提高具有至少5年工作经验的专业人士的分析能力和管理技能,同时为他们提供一个深入探索政策领域的机会。
LSE	MSc PPA	让学生获得追求更高学位所需要的研究方法和理论知识,使学生成为善于表达、思维清晰的人,对专业领域的认识有足够的深度和广度。
	LSE-PKU PAG	为未来从事研究或实际工作的学生提供高水平的公共政策与管理理论、方法及经验。
	MPA	使学生在实际管理环境中获得政策分析和提高管理效率所需要的技能。
	EMPP	培养国内公务员队伍中的未来政策领导者,为高级公务员和有发展潜力的公务员提供政策分析工具和解决政策问题的技能,以应对这个日益复杂和相互依赖的世界。
	EMPA	使学生掌握经济学、政策评估和政治学知识并学会将其运用于政策分析过程中,为学生的职业生涯提供灵感和支持。
UCL	MSc Public Policy	培养新一代公共政策制定者和政策分析者,要求学生熟悉必要的公共政策概念、理论和研究方法。

续表

院校名称	项目名称	培养目标
	MPA	以应用型、问题解决为导向,为学生提供具有实用性的分析工具和理论知识,以保证高级管理者能顺利有效开展活动,实现组织目标。
	Global EMPA	旨在为国际组织储备和培养公共管理人才。适合有工作经验的公共部门领导者、非公共部门分析师、决策者和管理者申请攻读,有助于为其组织更好应对全球性变化挑战制定相关战略决策和应对策略。
WASEDA	MPA	培养跨学科的高度专业化的人才,使其具备理解和解决高度复杂社会和经济背景下实际问题的能力。
TOKYO	MPP	通过政治、经济、法律等专业领域与公共管理理论知识和研究方法的结合,提高学生在各自专业领域制定政策的能力。
MSU	MPA	为学生提供最好的全球实践案例和俄罗斯传统大学教育的知识和技能,提高中高级公务员公共管理水平。
HKU	MPA	为学生提供高质量的专业教育,为其在公共部门胜任管理角色做好准备:掌握公共行政和公共政策中的前沿知识;了解公共事务不断变化的制度和政治背景;思考和解决治理挑战的可能办法;发展成为卓越公共管理者和领导者所需的专业知识和核心技能。
	MIPA	针对在职人士,为其在国际公共事务领域进一步发展提供帮助,助其深入了解全球和亚太事务以应对全球化挑战。
	MGPP	培养学生具备对全球化发展趋势的分析能力;对于经济数据的分析能力;理解不同国家相关公共政策问题的能力;具备拟定跨地域和跨界别合作的创新公共政策方案所需的战略思维能力;掌握跨文化沟通和协作领导能力;能有效制订有直接影响力的公共政策;接通全球公共政策专才网络等。
NUS	MPA	为那些有志于解决日益复杂的国家、地区和全球治理问题的业内人士提供一系列高强度的、多元的培训课程,以帮助他们胜任公共部门高级管理岗位。
	MPM	研习重心在于亚洲事务及其具体案例的研究(这些案例集中反映了当今亚太地区领导人所面临的主要挑战)。通过相关课程的学习,学员可以应对有效领导和良好管理的挑战。
	MPP	为学员在政策分析、项目评估与管理等方面打下坚实基础,为日后从事高级管理职位做好准备。
	MPAM	旨在培养公共行政及国有企业管理的高级人才,使他们能胜任重要的公共管理职位。

具体讲,有以下两个方面的特点:

一是应对全球化进程中复杂性、动态性的公共决策问题。全球化是世界形势发展的基本特点之一,其直接后果就是与日俱增的全球性问题与治理理论、治理实践滞后的矛盾。它给公共管理学科增加了新的内容,也带来了新的挑战。如何解决全球化进程中复杂而动态的公共决策等一系列治理问题,成为各国公共部门的管理者不得不面对和解决的治理难题。

在全球化背景下,世界一流大学公共管理/公共政策学院公共管理学科能做到响应治理需求,主动开设一系列以解决复杂政策问题,培养学生理解、分析和解决复杂问题能力为培养目标的硕士研究生项目体现了他们的一流水准。如哈佛大学肯尼迪政府学院 MPP 项目就直接申明其培养目标是:锻炼学生理解复杂政策问题,熟练掌握各种研究分析方法,并提供有力解决措施的能力;MPA/ID 项目则致力于培养有志于未来在国际发展领域从业的政策实践者。香港大学的 MIPA 项目为在职经理人未来在国际公共事务领域进一步发展提供帮助,促进他们深入了解全球和亚太事务,以应对全球化挑战;MGPP 项目旨在培养学生具备对全球化发展趋势的分析能力,理解不同国家相关公共政策问题的能力,具备拟定跨地域和跨界别合作的创新公共政策方案所需的战略思维能力。

二是培养公共部门未来管理精英,服务本国政府改革和社会全面发展。公共管理是一门应用性和实践性很强的学科。从这 13 所院校所收集到的资料来看,95%的院校其培养目标均提到:向政府部门及非政府的公共部门输送现代化的实践应用型高级管理人才,为政府、企事业单位和相关非营利机构培养既具有现代化管理知识,又掌握一线实际管理经验的高水平、高素质管理者及领导者。

从总体上看,大部分硕士研究生项目都旨在培养本国未来的政策领导者,服务于本国政府改革和社会全面发展是其教育的终极目标。如英国伦敦政治经济学院 EMPP 项目的培养目标就是,在公务员队伍中培养英国未来的政策领导者;伦敦大学学院 MSc. Public Policy 项目旨在培养新一代公共政策制定者和政策分析者;美国雪城大学 MPA 项目旨在培养从事公共服务职业的未来领导者;南加州大学普莱斯(Sol Price)公共政策学院 MPA 项目则通过帮助学生熟练掌握公共管理领域专业理论知识和量化等研究分析方法,培养在公共服务领域担任领导职务的专业化公共管理人才,并改善本国公共组织和非营利组织的治理现状。

二、课程设置

国外公共管理研究生核心课程设置体系具有多样性、系统性和科学性的特点。通过基础理论课使学生掌握分析公共管理问题的基础以及前沿理论知识;通过重视方法论课程的设置培养学生将严谨的循证分析应用到决策中以及数据分析处理的能力;通过实践、实习类课程回应公共服务需求,使学生掌握如何和不同的利益相关者领导和管理组织以及解决实际问题的能力。

1. 基础理论课

研究生阶段的基础理论课是关于一个专业公共管理学科的基本概念、基础理论、基本知识和基本分析技能的课程学习。其作用是为学生掌握专业知识、学习专业技术、发展有关能力打下坚实的基础。这 13 所一流大学公共管理/公共政策学院研究生教育培养方案基础理论课设置如表 8-9 所示。

表 8-9　13 所一流大学公共管理硕士项目的基础课程设置

院校名称	项目名称	理论基础课程
HARVARD	MPP	市场与市场失灵,公共政策经济学分析,政治制度与公共政策——美国政治与比较政治学,公共行动的责任,跨领域领导基础,谈判分析基础。
	MPA/ID	经济发展:理论、证据,经济发展:政策设计,制度发展,发展管理,高级微观经济学 I、II,开放型经济的高级宏观经济学 I、II。
	MPA2	X
	MC/MPA	X
BERKELEY	MPP	政策分析入门,公共政策的经济学分析,法律与公共政策,决策分析,领导与管理,公共政策政治与组织管理。
	MPA	公共政策制定者经济学,政策沟通,财务管理与预算,风险与决策模型,领导人员与组织,公共组织的战略,创新与领导。
SU	PA&P	美国公共政策政治,公共管理思想史,公共组织理论与研究。
	MPA	公共预算,公共行政和民主,公共组织和管理,公共决策经济学,行政领导和政策政治。
	EMPA	领导艺术,政策分析基础,财政资源管理,公共管理背景,组织管理。
	Online EMPA	政策分析导论,管理领导力,公共行政与民主,政策的执行,公共事务中的伦理道德,公共预算,合作和参与型政府,数据、创新与决策,公共部门人力资源管理。

续表

院校名称	项目名称	理论基础课程
SU	JD/MPA	公共预算,公共组织与管理,公共决策经济学。
	MPA/IR	公共组织和管理,国际管理和领导的挑战,公共决策经济学,公共预算,行政领导与公共政策,公共管理与民主,国际事务和问题。
CMU	Two-year MSPPM	应用经济分析,美国的政治制度下的政策与政治,政策分析方法。
	Three-Semester MSPPM	政治和政策的国际视角,政策分析方法,国际政策,财政学。
	MS-DC MSPPM	成本效益分析,程序评价,应用经济学 I 和 II,政策分析方法。
	Global Track MSPPM	经济分析,政策分析,组织管理。
	MPM	组织管理:理论与实践,统计方法,数据库概论,经理的商业分析,政策分析的经济原则,财务分析,商务写作,战略演讲技巧。
USC	MPA	公共管理与社会,政策、规划与发展经济学,公共组织行为学,跨部门领导管理,公共财政管理,政策与项目评估。
	MPP	政策、规划与发展经济学,公共政策分析导论,公共政策制定与执行。
UMICH	MPP	公共政策政治,价值、伦理与公共政策,公共管理学,微积分,微观经济学 A,微观经济学 B。
	MPA	公共管理学,公共政策政治或价值、伦理与公共政策,微观经济学 A,微观经济学 B。
LSE	MSc PPA	公共政策和管理的方法与问题,比较公共政策,政策咨询政治,公共管理理论。
	LSE-PKU PAG	中国政治与公共政策,中国经济发展与改革,公共政策和管理的方法与问题,比较公共政策,政策咨询政治,公共管理理论。
	MPA	政治学与公共政策,微观公共政策经济学,宏观公共政策经济学。
	EMPP	经济政策分析,政治科学与公共政策。
	EMPA	经济政策分析,政治科学与公共政策。

院校名称	项目名称	理论基础课程
UCL	MSc Public Policy	政策过程理论与行动者,公共政策经济学分析,法律和监管,公共管理—理论与创新,议程设定和公共政策。
	MPA	治理与公共管理,领导与组织行为,经济政策制定,政策执行,公共财政与预算,绩效管理和责任,政策咨询。
	Global EMPA	X
WASEDA	MPA	公共哲学,公共组织,地方政府,国际关系,比较政治,公共政策,公共经济学。
TOKYO	MPP	(1)法学领域:政策决定·行政控制论,行政组织法,财政法,地方自治法,地方财政·税收论,税收政策,立法学等。(2)政治学领域:政治学,政治思想与公共政策,政策分析,自治体行政学,公共管理论,国际行政论,国际政治经济学,国际冲突研究,科学、技术和公共政策,政策过程论,现代日本政治等。(3)经济学领域:微观经济学原理,宏观经济学原理,公共政策的微观经济学,公共政策微观经济学的实践,公共政策的宏观经济学,公共政策的宏观经济学实践课,公共政策与经济评论等。
MSU	MPA	公共管理中的当代挑战,管理经济学,公共行政的法律基础,人力资源管理,管理互联网技术,管理经济学,行政法,公共行政理论,公共和个人管理,公共管理中的战略管理,寻找解决方案的数学方法,公共项目营销,企业管理,公共管理,战略规划和管理。
HKU	MPA	公共行政:范围和问题,公共事务工作坊,管理技巧工作坊。
	MIPA	国际关系理论,国际政治经济。
	MGPP	全球政策挑战和解决方案Ⅰ,公共政策经济学,公司伙伴关系中的领导力,公共政策分析的技术和艺术,制度比较和政策情境分析,政策评估方法,制度和公共政策过程,国际发展中的政策挑战,公共政策顶尖项目Ⅰ/Ⅱ。
NUS	MPA	经济学分析原理,政策分析导论,公共管理学。
	MPM	经济推理与政策,公共管理学,政策分析框架,公共管理专题研讨。
	MPP	政策过程与制度,政治与公共行政,公共政策经济基础,政策挑战,政策分析练习。
	MPAM	公共部门应用经济学,公共管理的理论和实践,比较公共管理和公共政策:新加坡和亚洲的实例,亚太经济与商业环境,公共政策者的金融与成长经济学,公共财政和预算/政策分析和项目评估。

　　由表 8-9 可见,在国际一流大学公共管理/公共政策学院研究生教育培养方案的核心课程体系中,基础理论课占据重要部分,是帮助学生厘清学科边界和学科间关系的第一步。

　　(1)注重基础,拓宽公共管理学科知识口径。公共管理作为一门综合性学科,需要多学科知识背景作为基础,例如管理学、政治学、社会学、心理学、逻辑学等。由于公共管理学科的研究对象——政府及其他公共部门在公共管理活动中所面临的问题涉及政治、经济等非常广泛的领域,欧美高校的公共管理/公共政策学院在其培养方案的开放性特点就非常明显:强调多学科之间的相互渗透、相互交融;在课程设置上充分体现宽口径、厚基础,整合不同学科的师资力量,进行跨学科、跨专业的专业通识教育。这样便于硕士研究生在掌握必要理论知识基础上选择具体的政策研究方向进行能力培养。

　　从这 13 所院校的 39 个研究生项目来看,所有项目的核心课程设置都很注重公共管理学科基础理论课程的学习。例如,伦敦政治经济学院、伦敦大学学院、东京大学等开设有:公共管理的核心思想、理论演进以及前沿理论课程等;雪城大学、卡耐基梅隆大学、新加坡国立大学等均开设有:公共政策导论、公共政策制定、执行和评估等课程,为学生理解和解决复杂的政策问题奠定基础。另外,组织管理等课程例如公共组织和管理、公共组织的战略、领导与组织行为等,将政府部门作为一类组织,来探讨如何最大限度地提高其组织效率。这些课程作为公共管理学科的基础课程,共同构建了学生坚实的学科基础知识,使之具备比较宽广的公共管理学、政治学、管理学、法学、组织管理学等方面的知识和修养,为其今后能深刻了解公共事务和国际事务管理规则、机制和方法,掌握公共事务和国际事务管理规律作好理论准备。

　　(2)以本国国情为起点培养公共管理学本土化研究视角。政府改革虽有共同性的问题,但每个国家的政府改革都是由其政府面临的具体问题出发进行的。即使在全球化背景下,本国国情仍是公共管理研究与解决问题的起点。

　　本土化是一种以本国实际、国外理论为研究出发点和依据的价值取向,是一种将国外理论中的合理成分与本国政策实践相结合而创立自身学术体系的活动过程。公共管理作为一个倾向应用性和实践性的学科,本应该立足本国实际,从本土化视角审视公共管理,这样才能够更好地将来自世界各国的前沿公共管理理论与本国实际相结合形成自身的学术话语体系,促进本国公共管理学科体系的建设和发展,从而更好地解决中国政策实践中不断出现的公共管理问题。待发展到已有公共管理理论无法较好解释中国公共管理实践过程及原因的阶段时,学者更可以用中国公共管理实践经验反思公共管理理论体系,并进行理论创新,进而为国际公共管理学科发展做出中国学者特有的理论贡献。因此,对本国国情的理解和重视是公共管理学科学科自省的第一步。

从这 13 所著名公共管理/公共政策院校案例来看,其中将近一半的院校在核心课程设置中开设有对本国国情的介绍课程,例如哈佛大学开设的政治制度与公共政策——美国政治与比较政治学;雪城大学的美国公共政策与政治;新加坡国立大学的比较公共管理与公共政策:新加坡和亚洲实例等。显然,实现公共管理本土化研究的起点就是要对本国国情有充分的把握和认识,掌握影响和决定本国公共管理政策实践的政治、经济、社会和资源等环境因素。

(3)纳入经济学方向课程,使公共管理学成为一门能解决现实公共问题、促进公共治理的学科。经济在我们的社会生活中日益重要的今天,经济管理成为公共管理的重要职能之一。同时,经济学理论中的"公平与效率之争",直接影响着公共管理学中的社会公平理论。尤其是发展到"新公共管理"阶段,受公共选择理论、新制度经济学,尤其是产权理论、新古典经济学、信息经济学、博弈论等多种经济学理论的影响,经济研究范式成为公共管理研究的一种重要范式。这直接体现在研究生教育核心课程设置的相关内容上。这 13 所世界一流公共管理/公共政策院校的研究生核心课程中都包含有经济学方向的相关课程,其中大多数是经济学原理课程,如东京大学的"宏观和微观经济学原理"、哈佛大学的"高级宏观经济学"和"高级微观经济学"以及卡耐基梅隆的"应用经济学"课程等;也囊括一些介绍经济学理论、模型的课程,例如加州伯克利的"风险与决策模型"课程、卡耐基梅隆的"成分效益分析"课程等。

值得注意的是,这 13 所院校都开设有公共预算与财政领域的相关课程,例如公共预算、财政资源管理、财政学等。公共管理/公共政策院校的这些课程,与经济学院的课程相比,教学要求和内容侧重不尽相同,因为公共管理硕士研究生培养目标注重实践导向,强调解决现实公共问题、促进公共治理,因此这类课程的风格较为实用浅显,对经济模型和计量技术要求较低,着重培养学生对相关政策的全面认识、理解和综合运用各种信息决策的能力。

(4)重视数学教育,加强学生运用数学原理进行思维训练的能力。数学对于公共管理的影响体现在:数学可以发挥其基础性功能,提高学生运用抽象思维、创新思维和逻辑推理来分析和解决问题的能力。一方面,通过数学原理与公共管理专业相结合,强调数学解决实际问题的技巧和方法,从而使数学知识更好地为公共管理实践服务;另一方面,将数学作为工具应用于后续的课程和研究当中,通过不断提升学生的自主学习能力来进行公共管理理论和方法的学习、运用创新性思维来进行学术研究、运用逻辑推理来进行更加严密科学的论证。部分学校例如密歇根大学、伦敦政治经济学院都设立了公共管理学科数学课程来帮助学生运用数学原理更好地为理解公共管理实践和研究服务。

2. 方法论课

方法论课程设置在公共管理学学科体系中有着举足轻重的地位,在提高公共管理科学化水平方面起着支撑作用。"工欲善其事,必先利其器"。方法论作为公共管理的"器",直接决定着公共管理学学科体系是否科学,决定着公共管理学自身学科发展与完善的程度,决定着公共管理学分析、解决实际问题的能力。随着公共管理实践的不断发展和公共管理工具及技术水平的不断提高,掌握一定的方法论特别是通过将其与一定的技术工具相结合,能够大大提高解决实际问题的效率。13 所国际一流大学公共管理/公共政策院校所开设的方法论课程(包括定量和定性方法课程)如表 8-10 所示。

表 8-10　13 所一流大学公共管理硕士项目的方法论课程设置

院校名称	项目名称	方法论课程
HARVARD	MPP	定量分析和实证方法,实证方法 II。
	MPA/ID	高级定量研究方法 I、II:统计学。
	MPA2	X
	MC/MPA	X
BERKELEY	MPP	模型和定量研究方法。
	MPA	政策领导者研究方法,政策制定者推理统计,政策分析工具。
SU	PA&P	定量研究方法,定性研究方法。
	MPA	统计学导论,定量分析。
	EMPA	X
	Online EMPA	X
	JD/MPA	统计学导论,定量分析。
	MPA/IR	统计学导论,定量分析。

院校名称	项目名称	方法论课程
CMU	Two-year MSPPM	统计方法,编程 R 分析,计量经济学 I,计量经济学 II。
	Three-Semester MSPPM	统计方法,SAS 公共政策,决策分析与多目标决策,成本效益分析。
	MS-DC MSPPM	X
	Global Track MSPPM	统计方法,成本效益分析,项目评估。
	MPM	X
USC	MPA	政策与项目评估,建模与运筹学,管理研究与分析。
	MPP	多元统计分析,政策分析方法。
UMICH	MPP	统计学,项目评估的定量研究方法或应用计量经济学。
	MPA	统计学。
LSE	MSc PPA	定量分析导论,回归分析应用。
	LSE-PKU PAG	公共政策定量方法,定量分析导论,回归分析应用。
	MPA	定量方法与政策分析。
	EMPP	数学和统计的复习,公共政策的实证研究方法。
	EMPA	数学和统计的复习,公共政策的实证研究方法。
UCL	MSc Public Policy	定性研究方法及高阶定性研究,定量研究方法及高阶定量研究。
	MPA	政策数据分析,影响力评估方法。
	Global EMPA	X
WASEDA	MPA	基本的定量方法,社会科学和论文写作技巧及论证方法,统计方法。
TOKYO	MPP	统计分析方法,政策评估的统计分析。
MSU	MPA	X
HKU	MPA	X
	MIPA	X
	MGPP	公共政策定量分析方法,最前沿的方法论训练,如大数据方法。

续表

院校名称	项目名称	方法论课程
NUS	MPA	X
	MPM	X
	MPP	公共政策定量分析方法Ⅰ/Ⅱ,公共政策定性研究方法。
	MPAM	X

这13所院校的方法论课程的特点在于:一是偏重于定量课程设置并引入高级定量课程。近年来定量分析方法在公共管理学科中备受推崇。定量分析依据搜集到的数据,建立数学模型并利用数学模型计算模型中的参数,分析不同变量之间的统计相关性及其他数量特征。掌握这样的分析方法可以对公共管理的研究问题进行更严密和直观的论证;同时在实践当中,任何公共部门都需要进行数据处理和分析来帮助自身发现问题、进行更好的公共决策,并帮助公众正确理解公共事务。因此,掌握某种或某几种定量分析方法是公共管理专业学生的必备素质。

这些院校都开设了定量相关的方法论课程,其中一些初级课程包括统计学、定量分析、多元统计、回归分析应用等。值得一提的是,这13所高校中的大半开设了高级定量研究课程,其中尤以卡耐基梅隆大学的汉斯学院最为典型,该校对定量分析能力的要求非常高,开设了编程R分析、计量经济学、SAS公共政策、建模与运筹学等课程;汉斯学院还倡导将定量分析方法与前沿分析技术相融合,特别是信息技术,因此方法论课程中还包含了大量信息技术、计算机技术、机器学习等主题的课程。其他世界知名大学,如香港大学也开设了一些前沿方法论训练课程,例如大数据课程等。

二是注重定性与定量课程相结合。由于公共管理的现实实践远比抽象理论要复杂,在多数情况下,单单依靠模型构建以及统计分析等方法难以完成学者和政策实践者面临的研究任务和实践课题,尤其是统计分析等无法解释因果机制。因此,定性分析在方法论中是必不可少的。长期以来,包括公共管理学在内社会科学研究者,围绕定量研究和定性研究孰优孰劣存在争论。随着不同学科领域的交织与跨学科研究的扩大,科学哲学和科学方法论不断发展,定量研究与定性研究出现了兼容和整合的趋势。定量研究与定性研究的结合使用已经成为社会科学研究中的新的发展趋势。学者们开始有意识地在结合两种研究路径,改善研究的效度和信度、提高研究的质量。回应这一需求,国际一流公共管理/公共政策院校在方法论课程设置中也重视对学生定性研究能力的培养,开设了公共政策定性研究方法、决策分析与多目标决策、政策分析工具等课程。

3. 联合培养

联合培养是一种双方或者多方一起培养学生的教育模式。在这种模式中,学生接受的教育是多方面的,知识面也是更加宽泛的,是满足社会对复合型人才要求的全新教育模式。国际公共管理专业硕士研究生教育非常注重学生的联合培养,既有联合学位设置,也有国内外校际交流或院际交流等丰富多样的跨学科、跨院系培养方式。这种培养模式注重开放性,开阔了学生视野;强调多元化,促进了学生多样化发展;关注前沿性,有助于学生把握专业发展动态;重视跨学科教学,提高学生的综合能力。此处笔者将以美国哈佛大学、卡耐基梅隆大学、新加坡国立大学和日本早稻田大学为例来介绍国外公共管理研究生联合培养的基本情况。

美国哈佛大学的联合学位项目已进入成熟阶段。比如,肯尼迪学院的MPA2的课程设计允许学生选择 64 学分的学习计划,或 48 学分的联合学位学习计划。不同的学习计划既符合学生的研究兴趣,也满足他们的个人抱负和职业规划需求。在学位制度上,肯尼迪学院除了 MC/MPA 项目以外,其他所有硕士研究生项目都允许学生同时攻读商业、法律、医学或其他专业学位。卡耐基梅隆大学汉斯学院为增加学生在公共政策和跨专业领域的管理知识,提供了以下联合学位项目:MBA 和公共政策(泰珀商学院)、法律与公共政策(匹兹堡大学法学院)、神学和公共政策(匹兹堡神学院)、城市设计/环境和公共政策(牛津大学)。

新加坡国立大学的联合学位开设则关注服务本地区公共政策问题解决。李光耀公共政策学院的 MPA 是一个为期一年的全日制学位项目。它为那些有志于解决日益复杂的国家、地区和全球治理问题的政策实践者,提供一系列高强度的、多元的培训课程,除了必须完成两门公共管理与领导力专题研究选修课程外,学员还可以选择其他专业课程,如工商管理、经济学、政治学和东南亚研究等。此外,还有与新加坡国立大学商学院、法学院合作的联合学位课程:只要学员完成设置的相关课程,即可被授予公共行政和工商管理硕士或公共行政和法律硕士,这有助于培养学生跨学科解决复杂问题与应对新挑战的非凡能力。

日本早稻田大学采取的是学院与地方政府校地合作以及海外交流并重的

模式。一是公共管理研究生院与地方政府构建密切的校地合作关系。为了培养能够解决公共管理现实问题的政策实践者,学院侧重招收来自公共机构的学生,并在他们课业完成后,鼓励其利用所学管理技能和社会网络关系,推动企业-学术机构-政府之间的合作。其中,有些合作项目长期坚持并保留下来,成为学院的办学特色。例如北斗市-山梨县。2008年与该地达成了一项区域发展、工业推进和人力资源开发的合作协议。主要措施包括在北斗市进行田野调查以及成果展示,主要展示课程中由学生制定的区域振兴政策;又如佐贺市-佐贺县。2009年达成协议:为丰富的暑期课程提供研究主题和田野调查。二是公共管理研究生院与海外机构广泛合作。除了与本地政府机构紧密合作以外,早稻田大学公共管理研究生院还积极与国外知名大学合作,旨在提高人们对国际社会的洞察力,使学生能够在全球范围内进行思考。具体合作项目有美国波特兰州立大学。2004年达成协议,合作内容包括互相派遣学生、开展教职人员交流、举办联合研讨会等;韩国济州国立大学。2008年达成协议联合举办研讨会和研究工作坊等。

总的来说,国外公共管理专业研究生教育的联合培养是跨学科导向的,特别注重经济学、工商管理、法学与公共管理学的融合教育;也是实践导向的,全球化背景下政策问题日益复杂化,世界一流大学公共管理/公共政策院校在联合培养项目选择上更关注本地实践问题的分析和解决,有助于培养学生跨学科解决实际复杂政策问题与应对全球化挑战的能力。

4. 实习及实践

从这13所国际一流公共管理/公共政策院校硕士研究生项目课程设置情况来看,实践类课程在各院校课程设置中占有重要地位。实践类课程的教学形式丰富多样,包括各种实习项目、实地考察、案例研究工作坊等。这体现出以下三方面特点:问题导向、关注本土、职业导向。

(1)问题导向:理论联系实际,强调解决现实问题。一方面,世界一流大学的公共管理学科硕士研究生教育强调理论联系实际,重视让学生深入实践去调研或实习。从学校核心课程中要求的实践或实习时间上来看(如表8-11所示),大部分院校都非常重视学习实践或实习,2/3以上院校规定的实习时间在5周以上,其中美国雪城大学MPA/IR项目明确规定的海外实习时间长达1个学期。实习时间的宽裕和实习地点的广阔,说明世界一流院校保证学生深入社会实践、关注现实问题的时间和空间是较大的,给予学生在实践中锻炼的机会。

另一方面,从实践、实习的项目类型与具体要求(如表 8-12 所示)来看,实践类课程类型多样、专业性强、问题导向明显。具体形式有:案例研究工作坊、外邀嘉宾演讲、政策分析实习及研讨会、暑期实习、海外实习、本国国情研究的专题讲座、案例研究、实地考察等形式。这些实践类课程结束后大多需要提交报告,有的院校甚至还将实践类课程的成绩计入学分。例如密歇根大学福特公共政策学院 MPP 和 MPA 项目的实践、实习课程都为 2 学分,属于必修课;哈佛大学的 MPP 项目第一学年有春季实习(2 学分),第二学年设置政策分析实习及研讨会(4 学分)。

表 8-11　2017 年部分一流大学公共管理硕士项目实习及实践时间

学校	项目	短期(1~3 周)	中长期(5~10 周)	长期(>10 周)
HARVARD	MC/MPA		√(5 周)	
BERKELEY	MPP		√(10 周)	
SU	MPA	√(3 周)		
	MPA/IR			√(一学期)
CMU	MSPPM		√(暑期实习)	
UMICH	MPP		√(10 周的暑期实习)	
	MPA	√(1 周)		
WASEDA	MPA	√(1 周)		
TOKYO	MPP			√ 实践类课程
HKU	MIPA			√ 海外学习/实习经历
NUS	MPP		√(≥6 周暑期实习)	√(≤12 周)

表 8-12　2017 年部分一流大学公共管理硕士项目的实习及实践类型及要求

国家/地区	院校名称	实践、实习类型及要求
美国	HARVARD	1. 案例工作坊;2. 演讲者系列;3. 政策分析实习及研讨会,要求学生就公共部门或非营利部门存在的公共政策问题为一个现实的委托机构进行政策分析,提出建议并最终形成约 10000 字的书面报告;4. 鼓励学生参与实践导向型课程及实习项目,比如政策分析研讨会、案例研习会、国际发展中心暑期实习;5. 学员夏令营,学生阅读训练和案例讨论等互动式教学过程。
	BERKELEY	暑期实习。

续表

国家/地区	院校名称	实践、实习类型及要求
	SU	提供书面报告;导师评价(3学分)。
		海外实习。
	CMU	暑期实习。
	USC	1个学分的实习研讨会、4个学分的公共管理专业实践。
	UMICH	1. 综合政策实习;2. 与政策相关的暑期实习;3. 应用政策研讨会。
		综合政策实习。
日本	WASEDA	1. 本国国情研究的专题教育,如日本政府管理; 2. 案例研究:区域经济,政策问题; 3. 实地研究:到各市县(如小林市,宫崎县)实习或研究社会问题,形成报告或提案;到中央或地方政府机构、智库等公共机构实习; 4. 研讨会:区域政策研讨会、公共会计研讨会、人事管理研讨会、政策评估实践研讨会、决策过程研讨会、公共经济研讨会。
	TOKYO	设置实践类课程,这是个与政策实务密切相关的科目,并且是由具有实务经验的教员教授:政策分析·立案的基础;谈判和协议;社会调查法;全球化和经济结构政策;学术写作基础、高级层次。
香港	HKU	海外学习/实习经历(相当于一至两门选修课程)。
新加坡	NUS	实习:实习机会让学生有机会以正式工作经验的形式来探索职业生涯,并在固定的时间内获得行业知识;实地考察:组织学员前往新加坡当地以及亚太地区国家、美国或其他国家对公共管理的实践进行短期学习考察。

　　(2)关注本土公共管理问题,重视本国公共政策分析。值得注意的是,在这13所国际一流公共管理/公共政策院校中,许多院校的课程设置中也体现了对本国公共管理或公共政策问题的关注。为了提高学生将公共管理理论应用于政策分析实践的能力,配套地,这些院校所提供的实习活动也涉及与国内公共部门的合作。本地社会实践与实习活动,为硕士研究生面向在地公共管理实践与问题意识的培养提供了便利的教育平台,有助于学生总结本国公共管理经验、分析本国政策问题、提炼具有本国特色的公共管理理论或公共政策分析框架。

　　日本早稻田大学公共管理研究生院的实践课程,包括实习,实地研究(区域独立),案例研究,政策研究(科学和技术政策)等,是专门为培养学生专业知识和管理技能而设计的课程。这些课程直接服务于学生在公务员、政治家、政策助理、非营利组织和非政府组织、智库、咨询公司的日常工作实习和实地工作过程,提高了他们制定、应用和评估政策的管理能力。

研讨会。研讨会通过指导学生撰写研究论文来帮助学生进行政策分析训练。学生们被要求参加他们导师的研讨会,并被鼓励参加他们副导师的研讨会。研讨会示例:区域政策研讨会、公共会计研讨会、人事管理研讨会、政策评估实践研讨会、决策过程研讨会、公共经济研讨会等。

实地考察。在与公共管理研究生院有合作关系的公共机构指导下开展为期1周的小组实地考察工作。工作成果最终呈现为一个政策提案提交给公共机构以供他们决策参考。从这些合作部门反馈的情况来看,这些政策建议通常都获得了采纳。

案例研究。案例由老师或学生自己提供,使用个案及小组讨论的教学方式,探讨具体政策领域的公共管理问题,以进一步加深学生对理论知识与公共管理实践的理解。课程主题:高层研讨会,区域经济,政策,公共政策问题,议程/备选方案设定,政策制定研讨会。

实习。在课程中运用情景模拟等教学方式培养学生政策制定、执行和评估的能力,之后每个学生还有机会参与相应公共机构进行实际操作。合作机构包括:中央政府部门、地方政府部门、智库等。

(3)面向职业:整合学科知识,强调管理技能与职业规划的结合。"顶点课程"(capstone course)一般开设在实用性很强的硕士研究生项目中,是一种让学生整合所学政策领域知识,同时培养相关管理技能的课程。该课程主要有两个目标:1. 加强学生分析复杂政策问题并解决这些问题的能力;2. 为学生进入职场作准备,把此前所学知识和管理技能应用于解决实际问题上。通过要求学生完成一些应用性、实践性项目,如:短期实习、无偿服务等,为学生提供"实战演练"的机会。从13所院校硕士研究生项目的课程设置情况来看,依据不同的教学目标、策略和主题,顶点课程一般分为5类:学术总结类课程、跨学科课程、过渡课程、职业生涯规划课程和涉及跨国界实习或定点委培的其他课程。

哈佛大学肯尼迪政府学院MPA/ID项目的顶点计划分为两个阶段,学生在他们的第一和第二学年之间的暑假期间进行实习,这些实习项目给了学生一个实际的机会,让他们把在第一年的学习中所学到的技能应用到实践中,并拓宽他们对发展实践的看法。学生们利用实习机会去探索感兴趣的领域。一些学生写的顶点计划论文,是建立在自己的实习经历之上。在第二年的秋季学期,MPP 学生参加为期一年的研讨会讨论他们集中关注的政策领域。该研讨会旨在让学生们熟悉他们所在地区的关键问题和政策辩论,并引导学生进行写作。一旦学生们公布他们的政策分析实习主题,他们就会被指派一名教师顾问,他们的专长与他们的主题相一致。在完成他们的工作时,学生基本上是为客户组织服务的无偿顾问。他们和他们的客户一起识别特定的问题,设计研究策略,收集数据,制定和评估选项,最后提出可行的建议。

国外一流大学的公共管理硕士研究生的实践、实习教育具有三个方面特点:一是实践、实习是培养学生理论联系实际、解决现实公共管理/公共政策问题的能力。在实践中锻炼学生,在公共部门中为学生提供实习岗位,使他们熟悉公共部门面临的问题,具有问题导向的特征;二是关注本土实践问题与经验。围绕解决本地区公共政策问题进行研究讨论,是提高未来公共部门管理者和政策实践者现代化治理能力的必要步骤,是构建公共管理学科自身经验理论的首要环节;三是美国一些高校富有特色的顶点课程,能够整合学生的专业知识、提高学生综合能力,为其在实践中工作做好知识储备和经验积累。

三、质量保障

我们从入口和出口管理两方面来分析国际一流公共管理/公共政策院校对于硕士研究生教育质量的保障措施和经验做法。

1. 先修条件

研究生培养的先修条件是指学生获得入学资格所要达到的基本标准,是对学生所应具备的理论与实践基础的基本要求。整体来看,这 13 所院校公共管理学科硕士研究生项目的先修条件主要包括对学术和工作经验两方面的要求。

(1)录取条件中,注重统计学和数理基础。公共管理学科硕士研究生项目致力于培养高层次、应用型的公共管理人才,强调熟练掌握公共管理方法和技能。而基本的统计学和数理知识为今后专业研究方法的学习奠定坚实基础,有助于学生熟练掌握公共政策分析工具,学会利用、处理和分析数据集从而为公共政策的制定和执行提供帮助,提高公共管理效率。

这 13 所公共管理院校在学术要求方面,特别注重对统计学和数理基础的知识储备,以保证学生具备一定的定量研究基础,掌握必备的分析技能,入学后可直接学习高级方法论课程,进行科研方法的专业训练。例如,雪城大学马克斯维尔公民与公共事务学院 MPA 项目需要具备较强的定量分析技能,要求已经修读中级微观经济学、中级宏观经济学和统计学入门课程;南加州大学 Sol Price 公共政策学院 MPA 项目和 MPP 项目都要求完成大学统计学课程并获得 B 或更好成绩;伦敦大学政治经济学院政府系及公共事务研究所 MPA 项目要求在正式开学前通过"pre-sessional"学习两周的数学与统计学课程。

(2)从工作经验和硕士项目设计上,体现教育产品开发的精细化、系统性。公共管理是一门与现实社会紧密结合的学科。与经济、社会发展的需求保持一致性,公共管理学科硕士研究生教育才能得到更好的发展和提高。公共管理硕士研究生项目的设置以社会需求为导向,根据不同类型学生的需要,提供不同种类的硕士教育项目及相对应的培养方案,进行差别化教育,使学生能够得到科学化、专业化、精细化的科研训练。

这 13 所公共管理学校针对不同工作经验的学生开发不同的硕士教育项目。根据不同层次工作经验学生的不同特点、不同需求,以因材施教的理念为指导,提供精细化的公共管理硕士研究生项目。学生以不同的实践经验作为支撑,不仅能够从学习中获得更为深刻的理解,还能将课堂所学的知识有效地运用于实际工作之中。比如哈佛大学肯尼迪政府学院 MPP 项目没有对工作经验的硬性要求,但主要面向有 2～3 年工作经验的学生;MPA/ID 项目主要面向在国际发展领域至少有 2～3 年专业工作经验的学生;MPA2 项目面向有 3 年以上全职专业工作经验的学生;MC/MPA 主要面向有 7 年以上全职工作经验的学生。

2. 毕业要求

研究生毕业要求是指研究生要获得毕业证书,所要达到的成绩要求和基本条件,是对硕士研究生教育质量的重要保证。总体而言,这 13 所院校公共管理学科硕士研究生毕业要求均体现了学术性与实用性并重、注重人才培养质量的导向。具体来说,主要有以下两个方面的特点:

(1)强调实践实习,加强学习与职业的衔接。公共管理学科硕士研究生教育具有明确的职业指向性,旨在培养实践型、应用型公共管理人才。尤其注重培养学生立足实践、学以致用,分析解决工作中存在的实际问题,实现理论学习与职业需求的衔接,以满足政府部门、企事业单位和非营利机构的用人需求,为国家的战略发展提供人才保障。

这 13 所公共管理院校的大多数硕士项目毕业条件中要求完成实践实习学分,以提高学生在各个部门和政策领域灵活转换的研究、分析和管理技能,使输出的毕业生能够契合职业需求。如哈佛大学肯尼迪政府学院 MPP 项目要求学生完成春季实习(Spring Policy Exercise)和政策分析实习(Policy A-nalysis Exercise),综合运用各种技能对真实的政策问题进行专业分析;加州大学伯克利分校理查德和戈尔德曼公共政策学院 MPP 项目要求学生进行暑期政策实习,学生可在国际、联邦、州或地方政府机构、非营利组织、私营企业、咨询公司、美国和海外选择实习职位;密歇根大学福特公共政策学院 MPP 项目要求学生必须完成一次与政策相关的实习,使学生能够将所学知识和技能运用到公共、私人或非营利性部门的重大问题上。

(2)强调课程成绩考核,注重对输入、培养、输出的全过程质量保障。硕士研究生是市场急需的高层次应用型人才,对社会经济发展起着关键性的推动作用。如何保障公共管理人才培养质量,为社会输送高素质、专业型人才显得尤为重要。课程成绩是衡量学生学习质量和专业素养的重要标准。强调课程成绩考核,是对院校从学生输入到人才培养再到毕业输出的全过程质量保障。

从 13 所公共管理院校的毕业要求来看,硕士研究生项目多强调对研究生教育质量的保障,这有助于院校达到其自身设定的目标及公共管理硕士教育质量的持续提升。如哈佛大学肯尼迪政府学院 MPP 项目、MPA/ID 项目、MPA2 项目和 MC/MPA 项目均要求所有课程平均成绩要获得 B 或者更好,其中 MPP 项目要求学生的必修课程、具体的公共政策领域(A Policy Area of Concentration)课程和政策分析实习(Policy Analysis Exercise)要获得 B- 或更好成绩,MPA/ID 项目要求必修课程和政策分析研讨会要获得 B- 或更好成绩,MPA2 项目和 MC/MPA 项目要求必修课程要获得 B- 或更好成绩;卡耐基梅隆大学汉斯学院 Two-year MSPPM 项目、Three-Semester MSPPM 项目和 MPM 项目均要求 GPA 要达到 3.0。

四、几点启示

从上述 13 所一流大学公共管理学科硕士项目的培养方案及课程设置的做法中,可以提炼出若干对我国全面深化研究生教育综合改革,完善公共管理硕士研究生培养方案及课程设置的几点启示。

(一)以研究型和创新型人才为导向优化硕士研究生的培养目标。

美国和英国的公共管理学科硕士生的培养定位都很明确:学术型硕士项目所培养的主要是攻读博士学位的候选人。应用型硕士项目所培养的主要是供职于各类型公共部门的雇员和管理者。在这种情况下,我国公共管理学科学术型硕士项目应回归学术性定位,着力培养具备扎实理论基础、掌握研究方法、具有科研创新和一定教学实践能力,立志于从事科学研究或攻读博士学位的学术型人才。而应用型硕士项目培养的是高层次公共管理专业人才,它要求培养对象具有自我发展及自主进行专业创新的能力。MPA教育重在培养适合政府部门及非政府公共机构需要的高层次、应用性专门人才。因此,MPA教育必须始终高度重视人才的能力建设,要把能力建设贯穿于工作的各个环节,做到培养目标指向能力,教学内容围绕能力,切实提高学生研究分析实际问题和解决实际问题的能力。

(二)以研究能力提升为导向优化硕士生课程体系的系统设计。

为了使我国公共管理学科研究生课程设置体现创新型、先进性、前沿性,需要合理配置学科类和方法类课程的比例,增加学科类课程的比重,提升方法论课程的难度,使研究生在加大知识深度和广度的同时形成创造性思维及敏锐的洞察力。学术型硕士生培养以学术性为导向,为了提高科研能力,需要优化课程结构,更加突出专业性,同时与学术实践相结合,这样才能使研究生培养发挥学科知识层次高、紧跟学科发展前沿的优势,使大部分学生能够成长为具有较好科研基础的学术后备人才。

一是注重优化课程配置比例,突出研究生的"博专结合"。研究生核心课程应包含学术前沿性课程、学科交叉课程、学术伦理课程、研究方法类课程等,把专业领域最前沿的知识及时传递给学生,既培养研究生深厚的学术功底,又通过课堂对学生的学术思想与品行起到良好的导向与激励、规范与制约作用,这是研究生开展学术创新的不竭源泉。

理论课程要以完善研究生的知识结构为目标,具体来说,课程设置要处理好知识的广博与研究领域的精专,要找到针对性和适应性的最佳结合点,要重视横向的知识面扩展,又要兼顾纵向深入挖掘某方面的知识;对方法论课程而言,就目前我国公共管理研究生课程研究方法类课程设置现状而言,难度较低,未来可以考虑引进高级方法论课程特别是定量课程,配合数学、统计学、计量经济学等基础原理课程,使研究生与本科阶段的方法论课程共同形成递进式、系统化的课程培养体系。

二是注重研究性课程教学,突出研究生的学术训练。既要注重课堂内学生学术观点阐述活动的开展,也要注重课堂外研究生读书(学术)报告会的举办,通过自主探究式学习,培养研究生独立思考、独立研究的能力以及理性自由的学术表达技能。

三是注重科学研究,突出研究生的学术实践。一方面,导师在科学研究过程中,让研究生以科研助手或团队成员身份全程参与项目设计、学术讨论、科学实验;另一方面,指导研究生自己设计项目,独立开展科学研究,使高层次创新拔尖人才的培养根植于高水平的导师科研团队与科研实践之中,并在这一过程中实现双方教学、学术与情感的和谐统一,为和谐关系的构建提供强大动力。

(三)以"严进严出"为导向保障研究生培养质量。

首先,要保障研究生生源质量。多元化是时代的进步、是人类发展的方向,现代教育的核心和本质就是要充分发挥每个人的特长和潜质。采取"申请-考核制"则凸显了多元化的评价标准,既为学生全方位展示自己的才能提供了广阔的平台,同时也为学校更好地发掘学生的特长与潜质、发现真正的优质生源提供了条件,深刻影响着大学教育功能和人才培养目标的实现。要注重综合能力的考察。在招生条件设置上对学术背景、科研技能、研究计划等方面要求严格,更加综合全面地考察申请者的基本素养、学术潜质和科研能力,真正选拔出能够对公共管理领域的发展做出实质性贡献的高层次人才。要注意课程的衔接性。招生条件注重对申请者教育背景和课程基础的考察,注重与本科或硕士项目课程的有机衔接,要求申请者要掌握公共管理学科坚实宽广的基础理论,经过严格的科研训练,能够为今后的科研创新奠定基石。

其次,要提高研究生输出质量。对研究生进行综合性考评,培养出真正的优质人才,保障研究生输出质量,是世界一流大学研究生教育誉满全球的坚强之盾和质量优势的有力保证。而如何采取科学合理的考评标准,保障公共管理学科研究生培养质量,为社会输送高素质、专业型人才显得尤为重要。硕士项目注重课程成绩和实践实习,强调学以致用的能力。课程成绩是衡量学生学习质量和专业素养的重要标准,要求学生掌握扎实的基础知识。同时,要求学生完成一定的实践实习,使学生将理论知识应用于实践,培养学生立足实践、学以致用,分析解决工作中存在的实际问题的能力。

总之,党和国家对研究生教育的质量越来越重视。研究生教育集人才培养、科学研究和社会服务为一体,在推动科技创新、提高国家竞争力和建设创新型国家中占据着无可替代的地位。研究生教育的发展为世界各国的创新体系提供了源源不断的人才资源,推动了各国科技研发实力。研究生教育作为高层次的高等教育,是培养高水平创新型人才的主要途径,是国家创新体系的重要组成部分,是为国家储备和输送高层次人才的核心力量。同时,研究生教育更加体现了一个国家的教育水平,因为研究生教育质量是世界一流大学的评价标准之一。

8-3　台湾地区公共行政博士培养模式及课程设置分析[*]

本文选取已有 60 年发展历程的台湾地区公共行政学科作为研究对象,以博士培养模式及课程体系为研究主题,搜集各系所的师资背景、教学大纲、修业管理等资料,从"谁来教"、"教什么"及"怎么教"三个维度来分析其博士培养模式及课程设置。研究发现其课程内容多元且与美国相近;重视课程规划及设计;采取以研代教的培养模式;修业管理具有弹性化;师资结构以海外博士为主且学科背景多元;在研究取向和课程内容设置方面各系所的差异较大;均面临博士招生难和就业难的困境。这可为大陆地区公共管理的博士培养提供参考。

一、导论

我国大陆地区公共管理(公共行政)学科自上个世纪 80 年代恢复教学与研究以来,经过 30 余年的发展,具备了本科、硕士、博士和公共管理(MPA)专业硕士学位的全程教育,并拥有独立的公共管理一级学科,已成为当代社会科学领域中充满活力和前景的学科。然而,我国公共行政领域的研究仍停留在"引进、消化与吸收"的层面,无法摆脱"以西方概念来裁剪中国现实"的路径依赖,使得公共行政研究长期处于碎片化和空心化状态,缺乏主体性和原创性,很难说已经成为一个成熟的学科。[①] 是否有明确的学科范围和边界、严谨的研究方法、学科智识的累积和完善的学科社会建制,共同构成了检验一个学科成熟与否的主要标准。学科社会建制即学科制度化建设,包括教学科研机构与学术组织的建立,专业设置以及教学培训的普。[②] 相对其他层面的教育,博士培养作为学科知识累积和繁殖的重要环节,其教育质量以及其所传授研

---

[*]　本文是作者 2017 年向相关机构提交的台湾博士生教育的调研报告(张敏为本文的合作者)。

[①]　薛澜、张帆:《中国特色公共管理学术话语体系的主体性建构》,《中国社会科学报》2017 年 5 月 5 日。

[②]　陈振明:《公共管理的学科定位与知识增长》,《行政论坛》2010 年第 4 期。

究途径的效能在很大程度上决定了该领域的未来发展。①

从 20 世纪 60 年代开始,台湾地区的公共行政学脱离政治学,成为一个独立的学科专业,各院校亦纷纷成立相关系所,进行学位教育。其公共行政领域的博士教育源于 1956 年政治大学政治学研究所,1976 年台湾大学政治学研究所开始招收公共行政组的博士生,直到 1989 年政治大学才设立了第一个独立的公共行政专业博士班,开启了作为独立领域公共行政学专业的博士培养。② 目前,设置公共行政博士班的院校系所还有:台北大学公共行政暨政策学系(1994)、中山大学公共事务管理研究所(2001)、世新大学行政管理学系(2005)、暨南国际大学公共行政与政策学系(2006)。以 1989 年为起点,台湾公共行政学博士生培养比大陆地区早 10 年,其产出的博士论文在核心议题的把握、研究设计的规范以及研究方法的使用等方面,略优于大陆地区。③ 博士论文作为博士培育环节的直接产出,不仅体现了博士生的研究能力,更是学科培养质量的体现。

现有文献对学科定位、学科内涵及研究范式关注得较多,对于学科教育的研究较少,对博士教育的关注更少。西方文献对公共行政学科相关课程体系的研究并没有明确聚焦于博士教育阶段,而多在探讨大学阶段和 MPA/MPP 的课程设计。台湾公共行政学术社群对教育领域的研究也不多,且研究的主题和切入点重复率较高,忽视了不同类型教育差异的研究与比较。因此,本研究以博士培养模式尤其是课程设置为对象,通过官方网站搜集各系所师资及开设的课程信息,包括规划科目、教学大纲等进行统计分析,并辅以半结构化访谈的研究方法,围绕"谁来教"、"教什么"和"怎么教"三个核心问题,从师资结构、课程设置、教学管理等方面探讨台湾地区公共行政领域博士培养模式,揭示其内涵及方式,为大陆地区公共行政领域博士教育培养模式与课程设置的改革与完善,提供可资借鉴的经验和启发。

二、台湾公共行政博士的培养模式及课程设置的内容

近一二十年来,随着全球化、信息化以及公民社会的不断推进,公共事务

① ［美］杰伊·D.怀特、盖·B.亚当斯:《公共行政研究:对理论与实践的反思》,刘亚平,高洁译,清华大学出版社 2005 年版,第 117 页。

② 詹中原:《台湾公共行政研究(上)》,《中国行政管理》2005 年第 6 期。

③ 陈振明、张敏:《两岸公共行政学博士学位论文的质量评估及比较》,《中国行政管理》2016 年第 12 期。

管理领域的范围不断扩展,台湾各大学公共行政学专业的博士培养目标亦随之调整,要求更趋多元化。政治大学和台北大学对博士生的培养和要求不仅局限于学术研究能力,还强调实务思考与问题解决能力的培养,特别是跨领域管理实务能力的培养;台湾大学、世新大学和暨南国际大学则偏向传统的、以培养具有独立研究能力的研究型人才为主;中山大学正好相反,更加强调"新公共管理"理念,将企业管理的发展经验带入公共事务管理实践中,强调跨学科领域的理论与实务的整合,培养学生对社会与公共事务的关注与参与力。

(一)谁来教:师资结构呈现国际化及多元化

台湾公共行政学科是在美国帮助下创建的。最早由密西根大学帮助政治大学创立公共行政专业,政治大学派教师到密西根大学接受相关领域的学位教育。在此之前,该领域只是政治学下的一个研究分支,师资以传统中国政治学背景为主。[①] 目前,81.9%的师资具有海外或境外博士学位,其中有80%的学位是在美国获得。拥有台湾本土博士学位的师资只占比18.1%,以政治大学毕业的学生最多,其次是台湾大学。政治大学所拥有的师资均为海外博士;台湾大学和中山大学各有1位师资来自台湾本土;其余三个学校均有少量来自本土(如表8-13所示)。

表8-13　专任教师博士学位获得地的分布情况

国家/地区	美国	德国	英国	法国	日本	澳大利亚	大陆地区	台湾地区	合计
数量	53	6	4	2	1	1	1	15	83
百分比	63.9%	7.2%	4.8%	2.4%	1.2%	1.2%	1.2%	18.1%	100%

从6个系所专任教师的学科背景来看,获得公共行政学博士学位的最多,获得政治学博士学位的其次。作为当代公共行政学科的重要范式,政策科学1970年代引入台湾后,迅速成为公共行政领域的重要研究典范,其师资力量亦日益壮大。除了与政治学有较强联结外,师资中还有部分是受过法学、经济学、社会学和哲学的专业训练的。此外,随着公共事务管理实践领域的不断延展,尤其是城镇化的发展,使得城市规划逐渐成为公共事务的重要领域。相较其他系所而言,中山大学的公共行政研究更加偏重于城市规划和环境管理实务领域(如表8-14所示)。

---

① 林仪郡、余致力:《回顾台湾公共行政学术发展历程》,2011年台湾公共行政与公共事务系所联合会国际学术研讨会(台北市立教育大学),2011年5月27—29日。

表 8-14　专任教师学科背景情况一览

专业	公共行政	政治学	公共政策	法学	城市规划	经济学	社会学	哲学	合计
人数	32	22	10	8	5	3	2	1	83
百分比	38.6%	26.5%	12.0%	9.6%	6.0%	3.6%	2.4%	1.2%	100%

(二)教什么：课程规划种类繁多且研究取向各异

教学大纲的设计揭示了课程的授课内容、包含的主题、不同主题之间的逻辑性、进度安排、授课方式以及对学生的考评等信息,反映了该专业领域中的一种默契共识。[①] 对教学大纲信息的挖掘,有助于探索授课教师的教学内容、方法、技巧等,对教学大纲的研究亦逐渐成为公共行政领域课程发展趋势分析的焦点之一,其在某种程度上体现了专业培养体系中,学术社群对于学科核心内容的共识程度。[②] 本研究通过梳理 6 个系所规划的科目(课程),并按照研究领域对课程进行初步分类,从而揭示当前台湾地区公共行政学科在各领域的研究取向和势能(如表 8-15 所示)。

表 8-15　规划科目的研究领域分布

研究领域	台北大学	政治大学	台湾大学	暨南国际大学	中山大学	世新大学
公共管理	9	9	6	5	5	13
公共政策	11	5	5	1	4	7
研究方法	5	4	3	3	5	6
政治研究	10	—	2	9	—	—
公民社会	3	1	—	—	10	2
行政理论	4	2	1	3	—	5
环境管理	—	—	—	—	10	—
公法研究	2	—	2	1	2	1
企业管理	—	—	—	—	—	7
公共经济	—	2	—	—	3	1

---

① Jeffrey D. Straussman. 2008. Public Management, Politics, and the Policy Process in the Public Affairs Curriculum. Journal of Policy Analysis and Management, 27, 3, 624-635.

② Xun Wu & Jingwei He. 2009. Paradigm Shift in Public Administration: Implications for Teaching in Professional Training Programs. Public Administration Review, 69, S1, S21-S28.

研究领域	台北大学	政治大学	台湾大学	暨南国际大学	中山大学	世新大学
都市规划	—	—	—	—	6	—
性别研究	—	—	—	1	1	1
两岸研究	—	1	—	—	1	1
合计	44	24	19	23	47	44

1. 课程内容涉及多个研究领域

从各研究领域所包含课程数量的均值和标准差的比较来看,各系所在研究方法类课程设置方面的差异性最小,其他各领域的差异均较大。根据各系所开设的科目及课程内容,可将所有科目划分为研究方法类、专业类两大类课程,方法类课程包含方法论、量化研究和质化研究;专业类课程可划分为 12 个不同的研究领域。各系所均开设的课程领域有公共管理、公共政策和研究方法,研究方法均以量化研究为主;行政理论和公法研究领域有 5 个系所开设;公民社会研究领域有 4 个系所开设,政治研究、公共经济学、性别研究和两岸研究领域的课程均有 3 个系所开设;环境管理和都市规划领域的课程只有中山大学开设;企业管理方面的课程只有世新大学开设。从总体上看,台北大学和政治大学提供的课程几乎涵盖了公共行政与公共政策学科的主要研究领域,台湾大学和暨南国际大学提供的课程偏向于政治学领域,世新大学提供的课程偏向于管理学领域,中山大学提供的课程则偏向于公共事务领域,特别是城市规划和环境管理方向。

2. 课程内容指向不同研究典范

根据 Wu 和 He(2009)及詹中原(2012)对课程内容研究典范归属的划分标准,[①]结合课程教学大纲中提供的课程描述、各单元讨论主题及阅读材料等内容,可以将各系所的课程归类到传统公共行政、公共政策、新公共管理、新公共治理、后现代公共行政 5 个不同的研究典范之中(如表 8-16 所示)。数据表明,台湾地区公共行政学科课程设置的研究取向仍以传统公共行政范式为主导,其次为政策科学和新公共管理研究典范,而体现新公共治理研究典范的课程相对较少,属于后现代公共行政研究典范的仅有性别研究相关的课程。

---

① 詹中原:《台湾公共行政典范之迁移与建构(2000~)》,2012 年政治学的回顾与前瞻学术研讨会(台北"中研院"),2012 年 8 月 6—7 日。

表 8-16 课程内容的研究范式分类

研究范式	研究内容	政治大学	台北大学	台湾大学	中山大学	暨南国际大学	世新大学
传统公共行政	公共行政发展	√	√	√		√	√
	行政伦理		√			√	√
	组织理论					√	√
	政治与行政	√				√	√
	公法研究		√	√	√	√	√
	人事行政	√	√				√
	公共财政管理		√	√	√		√
	比较行政		√	√	√		√
	地方治理			√		√	
	府际关系					√	√
公共政策	政策理论	√	√	√	√	√	√
	决策理论	√	√		√		√
	政策过程	√	√				√
	规制政策						√
	特定领域研究	√	√	√			
新公共管理	公共管理研究	√		√	√		√
	政策改造		√				√
	人力资源管理		√	√			√
	绩效管理		√				√
	危机管理				√		√
	电子政务			√			√
	公共经济学	√					√
	政府谈判	√	√				
新公共治理	公民社会	√	√		√		
	社区发展		√		√		
	非营利组织		√				√
	社会企业	√					
	跨域治理					√	√
	公私协力			√		√	√
	全球治理						√
后现代公共行政	性别研究					√	√

　　与 Wu 和 He(2009)对中国大陆和美国 MPA 课程内容的研究进行对比,可以发现:大陆在课程设计中倾向于新公共管理研究范式,缺乏新公共治理和公共价值典范的课程内容,而台湾在课程设计方面的典范取向更接近于美国,均以传统公共行政研究典范为主,新公共管理和新公共治理研究典范为辅。但美国课程设计中体现公共价值典范的课程内容并没有出现在台湾研究生培养的课程中。[①]

　　3. 核心课程设置和而不同

　　从核心课程的设置来看,台湾地区各系对核心课程的界定存在着一定的差异。但总体上看,可以分为公共行政、公共政策和研究方法三大领域。近十年来,各系所在必修的理论课程方面均未有较大范围的调整,基本保持不变,而对研究方法类的课程调整较大。以政治大学为例,研究方法类课程调整了四次,一方面增加了方法类的课程数量,另一方面从方法类型上,由过去的量化和质化并重转向以量化研究为主。具体来说,政治大学和台北大学的培养思路基本一致,涵盖了专业理论基础课程和研究方法课程两大类,而且质化研究和量化研究的课程均为必修课,对学生研究方法的要求较高。台湾大学并没有把方法类课程作为必修课,而在选修课中,也仅提供了量化研究方法。中山大学和暨南国际大学所提供的博士必修课程大体一致,均提供了一门方法论课程,而专业理论类课程要求较多。中山大学更加侧重于经济学领域的跨学科融合,暨南国际大学则偏向于与政治学领域的关联,强调国际关系和地方治理(如表 8-17 所示)。

表 8-17　博士班必须科目设置

学校	公共行政	公共政策	社会科学研究方法	量化研究法	质化研究法
政治大学	1	0	1	2	0
台北大学	1	1	0	1	1
台湾大学	1	1	0	0	0
暨南国际大学	1	1	1	0	0
中山大学	0	1	1	0	0
世新大学	1	1	1	0	0

---

① Xun Wu & Jingwei He. 2009. Paradigm Shift in Public Administration: Implications for Teaching in Professional Training Programs. Public Administration Review,69,S1,S21-S28.

各系所在课程内容的规划方面各有侧重,特别是在公共政策专题研究中几乎没有共识。台湾大学将前沿研究和本土现实问题所涉及的具体政策面作为课程内容的来源,当前课程内容主要关注的是政策转译(Translation)、整合(Integration)和卸装(Dismantling)。世新大学以制度经济学为理论背景,从政府与市场的关系、资源分配、成本收益分析等方面探讨政府决策。中山大学从系统分析论出发,重点探讨科学决策的内涵及方法。暨南国际大学则基于政策过程理论,探讨政策合法化所要经历的过程,并将政策执行及评估作为课程重点。尽管各系所在公共行政和研究方法的课程内容上存在差异,但是从课程内容演变的时间序列来看,呈现出相对一致的发展趋势。公共行政领域的课程内容均从早期公共行政学科发展历程和不同阶段研究主题的理论介绍,转向更加多元和包容的内容设计,包含了新公共管理、公共服务、新公共治理和后现代公共行政等不同研究范式的专题探讨。

早期研究方法论的课程从理论和知识发展的哲学逻辑出发,重点讲述解释性(实证)研究、诠释性研究和批判性研究方法。进入 21 世纪以后,在课程中很难看到诠释性研究和批判性研究方法的探讨,仅留下了实证研究方法;而在实证研究方法中,量化研究又重于质化研究;量化研究方法也正在经历着从应用统计学向计量经济学、从 SPSS 向 STATA、SAS、R 语言过渡的趋势。Rethemeyer 和 Helbig(2005)将实证研究方法类课程从低阶向高阶依次分为基础统计学、研究设计和调查方法、回归分析、多元回归分析和多元研究方法五个等级,[①]从课程教学大纲的安排来看,各系所在量化研究方面的授课内容几乎涵盖了前面 4 个等级所涉及的内容,包含了研究设计、数据收集、数据分析(描述性统计、回归分析、多元回归分析、最大似然估计、logit 模型、因子分析、LISREL 模型)等以统计学为基础的研究方法。但是,一些新近出现的高阶研究方法如系统动力学、数据挖掘等尚未涉猎。

(三)怎么教:教学方式与过程管理重视学生参与

现有对于公共行政教育的研究偏向于教育的内涵和本质的探讨,即"教什么",而忽略了"如何教"的问题。这两种不同性质的问题却经常被混淆在一起,前者关注的是教育内容,而后者关注的是教育方法和管理。

---

① R. Karl Rethemeyer & Natalie C. Helbig. 2005. By the Numbers: Assessing the Nature of Quantitative Preparation in Public Policy, Public Administration, and Public Affairs Doctoral Education. Journal of Policy Analysis and Management,24,1,179-191.

1. 教育方式由 X 模式转向 Y 模式

Balfour 和 Marini 将教育方法划分为以教师为主导的、填鸭式的 X 教育模式和以问题为导向、师生互动的 Y 教育模式。[①] 早期台湾公共行政博士教育是以教师为主导，由教师向学生传递知识、学生被动接受的单向教育。随着公共行政教育内容的日趋多元化，面对公共事务实践中的公民、社会、道德等公共性议题，出现了博士生源由过去的全日制在校学生转向以有实务经历的在职人员为主，学生的实务经验亦被视作学习素材的重要组成部分等变化，这迫使教学方式向更加开放的、多向互动的方向转变。台湾地区博士的主要教育方式有三种：一是专业理论课程采取师生互动研讨（Seminar）的形式；二是研究方法类的课程采取理论授课和软件实操方式；三是参与科研课题研究。当地政府和学校并没有为每个博士生提供无偿的奖助学金，但是老师的研究课题可以发放人事费用，因此学生可以参与不同老师的课题提升自己的科研能力，同时为自己赚取生活费。

2. 重视课程审查及质量评鉴制度

系所、院、校三级均设置有课程审查委员会，负责课程规划及课程内容审核。课程规划和设计理能力是大学教师的核心任务。需要向委员会提供课程的概述、目标、要求、考评方式、每周教学主题及阅读材料，同时这些信息也要公开在选课系统中，供学生参考。除必修课以外，每学期选修课程的选择与安排，会事先征询博士生的意见，以学生需求为导向。教学质量的评估主要采取学生网上评教的形式进行，评教结果将作为年度教师评鉴中教学表现的重要参考指标。

3. 修业过程管理严格且难度较大

台湾地区博士生修业流程包括结构化的课程学习体系、学位候选人资格考试、选择学位论文指导教授、学位论文开题报告以及学位论文答辩等环节。

首先，修业弹性大但时间长。可以通过申请休学的方式来延期毕业，因此其毕业时间并没有一个明确的上限，以台湾地区公共行政领域博士生获得博士学位的时间来看，通常在 6 年以上。随着生源的变化，在职博士生越来越多，获得学位所用时间有逐渐延长的趋势。

其次，学分要求较多。近年来，各系所均降低了修课学分的数量，但是博

[①] Balfour, Danny L. & Frank Marini. 1991. Child and Adult, X and Y: Reflections on the Process of Public Administration Education. Public Administration Review, 51, 6, 478-485.

士生的修课压力依然较大。台湾大学在所有系所中对专业课学分的砍减力度最大,但是其对除英语外的第二外语的要求也给博士生增加了不少负担。6个系所在学分要求方面差异性较大,总学分要求、必修科目以及外语的学校要求都各不相同(如表 8-18 所示)。

表 8-18　博士班修业学分要求

学校	暨南国际大学	中山大学	世新大学	台北大学	政治大学	台湾大学
专业课总学分	30 学分	30 学分	30 学分	28 学分	27 学分	18 学分
必修科目/学分	4 门/12 分	3 门/9 分	4 门/12 分	4 门/12 分	4 门/12 分	2 门/4 分
第二外语要求	8 学分	—	—	—	—	6 学分

再次,学位候选人资格考试压力大。申请人要在一定时间内考完指定科目的考试,各科均有一次重考机会,如果在规定时间范围内,没有顺利通过全部科目的考试,将予以退学。且只有通过了该考试,学生才可以选择学位论文题目以及开展相关研究。

最后,毕业要求限制较多。尽管各系所关于毕业要求的规定条款各异,但是实质内容差别不大,即在期刊上发表论文、在学术研讨会上发表论文以及英语相关认证考试。从论文发表来看,均要求在 SSCI 或 TSSCI 期刊上发表一定数量的学术论文。

三、对台湾公共行政博士培育模式及课程设置的评价

围绕着"谁来教"、"教什么"和"怎么教"的问题,本研究以台湾地区公共行政专业具有博士培养项目的 6 个系所为研究对象,通过对各系所在博士培养中的课程规划、教学大纲设计及指定阅读资料的分析,在探索其博士培养模式的同时,亦从课程内容的研究取向、范式归属及变迁等方面探讨台湾公共行政博士教育内涵的变迁。与大陆地区公共管理博士生博士教育比较,台湾地区培养体系及课程设置、教学方式及过程管理等方面均有可以借鉴之处,但也有深刻的教训。

台湾地区公共行政领域各系所在课程体系设计方面呈现出一种多元分散的现象,无论是研究领域的分布,还是课程内容的设计,没有两个系所的学程是一致的。各系所在课程规划方面并没有达成共识,存在着巨大的差异,唯一的共识则是推崇以定量研究为主的实证研究方法。从总体来看,其研究范式的认同与美国相近,这与其师资学历背景中,美国博士学位占比达六成以上有

关。同时,课程所需阅读材料均以英文专著和文献为主,而且资料更新速度基本与美国同步。在 Wu 和 He(2009)对中国大陆和美国 MPA 课程内容进行对比中可以发现:大陆在课程设计中倾向于新公共管理研究范式,缺乏新公共治理和公共价值典范的课程内容;而台湾在课程设计方面的典范取向更接近于美国,均以传统公共行政研究典范为主,新公共管理和新公共治理研究典范为辅。[①] 不过,美国课程设计中体现公共价值典范(Public Value Paradigm)的课程内容并没有出现在台湾研究生培养的课程中。

研究发现,台湾公共行政学科受西方,特别是美国的影响较大,从师资队伍、课程内容及阅读文献的选择均以美国为导向。美国已然成为台湾公共行政学界人才培养及知识输入的重要源头,这也使得其无法摆脱"美国化"问题的困扰。[②] 从学科背景来看,政治大学和台北大学偏向于传统公共行政学科,而台湾大学和暨南国际大学依然未摆脱政治学的影响,中山大学和世新大学则过于强调管理学知识和理论的运用,学界对学科定位并没有形成较为一致的共识。[③]

课程是培育学生的重要载体,作为教师和学校核心竞争力的课程规划及设计能力,是确保教育质量和实现培养目标的关键所在。在课程管理机制方面,各大学均建立了系所—院—校三级课程审查委员会,定期对已开课课程及计划开课课程进行专业审核;课程内容设计方面,在兼顾理论基础知识的前提下,把该领域中有价值的前沿性研究成果纳入教学过程,并将课程内容进行体系化、逻辑化的专题设计,按照学期教学安排精确到周。在课程研讨材料的准备方面,围绕课程体系中不同专题的研究主题,提供相对应的学习资料,通常由专著中的章节(或整本专著)和学术论文构成,且均以英文资料为主,极少使用中文材料。

台湾地区的政府和高校并没有为所有博士生提供无偿的奖助学金,而且博士生还要给学校缴纳学费和杂费等。学校设置奖学金的覆盖率亦非常低,无法保证每个系所都有人能获得,更别说每个学生。在一般情况下,博士生在

① Xun Wu & Jingwei He. 2009. Paradigm Shift in Public Administration: Implications for Teaching in Professional Training Programs. Public Administration Review, 69, S1, S21-S28.

② 李秀峰:《台湾公共行政学教育现状研究》,2017-5-25,http://www.chinatide.org/study/Report/19.pdf.

③ 吴琼恩:《公共行政教育的内涵与方向》,《政治大学学报》(台湾)1993 年第 3 期。

通过资格考试之后才能选导师。在这之前,博士生可以参与多个老师的课题研究,以课题参与人的形式赚取相应的劳务费,这也是博士期间主要的收入来源和生活保障。因此,博士生在接受结构化的课程学习之余,大量的时间都投入在课题研究中,这种项目式的教学方式无形之中提升了学术的科研能力,创新了人才培养的模式。

台湾地区博士修业规则较多,但是每一项规则都有相对弹性化的空间,可以针对单个学生的要求,一事一议。学生在选课、学科考试的内容和时间安排、学位论文开题答辩及毕业答辩的时间上都有一定的自主权,往往是一人一申请。管理上的弹性,不代表要求的放松,各环节的达标要求制定的非常严格。要求最为严格当属"博士学位候选人资格考试",这也是台湾博士培养中最为重要的环节,是博士生能否开始撰写学位论文及选择导师的门槛。各系所对资格考试的申请条件、考试内容及相关管理也极为严格,如果申请人在规定时间内无法通过资格考试,将予以退学。

学科建制是通过课程、科目及教学方式等的整合来传授知识和培养人才,是学术研究和应用实践的抽象和集中,是学科教育的基础,透过对教育的理性反思亦可以促进学科的持续进步。[①] 但是,台湾公共行政学的发展"几乎失去哲学和认识论的反省,照搬西方行政学理论,而罔顾本土文化的差异,导致创造性的理论建构缺失,在实务上亦有贻害不浅的后遗症",[②]而首当其冲的则是博士教育面临招生难、就业更难的问题。台湾社会面临着少子化的冲击,岛内将关掉近1/3的大专院校,这无疑增加了教师岗位竞争的激烈程度,而在教师招聘中,过于重视海外留学背景,让本土培养的博士看不到希望,致使优质生源流失海外。"一流的学生是选出来的,而不是教出来的",[③]如果无法吸引到优质的生源,对学科的发展、学科本土化理论的建构都将造成巨大冲击。台湾地区博士教育面临的这些问题并不是其特有的,意大利公共行政领域相关学科的博士点也面临着生源数量和质量骤降的趋势,师资规模的萎缩使得结

---

① 倪星、付景涛:《我国公共行政学教育模式反思》,《武汉大学学报(哲学社会科学版)》,2008年第2期。

② 吴琼恩:《论公共行政学之本土化与国际化:知识创造与理论建构的特殊性与普遍性》,《公共行政学报》(台湾)2004年第9期。

③ 周光礼、武建鑫:《什么是世界一流学科》,《中国高教研究》2016年第1期。

构化的课程教学体系受到冲击,[①]尽管中国大陆人口基数大、就业市场广阔,但是优质生源流失海外、教师招聘以海外博士优先的明文规定,却是不容争议的事实。造成生源外流、本土博士在就业市场竞争力有限等问题的原因在于博士培养质量,这与是否拥有科学和系统的培养体系、优秀的师资有关,更与先进的、具有竞争力的学科话语体系构建有关。

台湾公共行政学科是在美国的援建下成长为独立的学科专业,并与美国学术社群保持着近60年的强纽带连接,人才培养方面亦深受美国影响,这也为大陆地区博士培养乃至学科发展敲响了警钟。美国作为公共行政学发源地和全球话语体系的中心,其学界对公共行政发展的争论和反思从未间断过。[②]然而,国内学术社群过于关注对西方理论和研究范式的跟进,忽视了公共行政研究及学科发展的反思。[③]

习近平总书记在"5·17"讲话中指出,哲学社会科学发展应当着力于学科体系、学术体系和话语体系等方面的知识构建,确保学科的主体性和原创性,这为哲学社会科学发展做出了顶层设计,指明了发展方向。"双一流"建设总体目标的三步走,则从具体实施层面为世界一流学科的建设提供了制度保障。当前国家对学科发展提供诸多制度和政策保障的利好,公共行政学科如何把握好这样的机遇,加强本土化研究,构建具有中国特色、中国风格、中国气派的话语体系,从而带动学科发展,提升顶尖人才培养能力,从知识和人才的输入地逐渐过渡到创建具有世界竞争力的知识和人才输出地,这将是我国大陆地区未来公共行政领域面临的巨大挑战和紧迫任务。

---

① Cepiku,D. 2011. Public Administration PhD Programs in Italy:Comparing Different Disciplinary Approaches. International Review of Administrative Sciences,77,2,379-396.

② The Problem with Public Policy Schools. 2013-12-6/2017-5-27, https://www. washingtonpost. com/opinions/the-problem-with-public-policy-schools/2013/12/06/40d13c10-57ba-11e3-835d-e7173847c7cc_story.html? utm_term=.804110beaac0.

③ 马骏:《中国公共行政学研究的反思:面对问题的勇气》,《中山大学学报》(社会科学版)2006年第3期。

8-4 两岸公共行政学博士学位论文的质量评估及比较 *

一、导论

博士教育最基本的要义是学科或专业自我繁殖的方式,博士教育的质量以及其所传授研究途径的质量和技术在很大程度上决定了学科领域的未来发展。[①] 公共行政学的教育是大学为公共事务领域培养人才的重要渠道,博士教育对公共部门的发展和学科的知识累积有着重要贡献。但在现实中,相对其他层面的教育来看,对博士教育的关注是不够的;[②]博士教育并没有在公共行政学科发展中起到应有的重要作用,这也是学科发展进程中一个亟待解决的问题。撰写学位论文是博士教育中最为关键的环节,是博士生展示其独立从事研究的能力。[③] 30 年前,国外学者开始关注博士论文质量这一现实问题,并由此引出了一系列关于论文质量、学术期刊、学术社群评估的量化研究。[④]中国大陆地区的公共行政学作为一个独立的学科对外招收博士研究生源于1999 年,而台湾地区则始于 1989 年,比大陆早十年。尽管两岸博士教育相对

---

* 原载《中国行政管理》2016 年第 12 期(张敏为本文的合作者)。

① ［美］杰伊·D.怀特、盖·B.亚当斯:《公共行政研究:对理论与实践的反思》,刘亚平,高洁译,清华大学出版社 2005 年版,第 117 页。

② Cepiku,D. Public Administration PhD Programs in Italy: Comparing Different Disciplinary Approaches. International Review of Administrative Sciences,2011,77(2).

③ McCurdy,H E.; Cleary,R E. Why Can't We Resolve the Research Issue in Public Administration? Public Administration Review,1984,44(1).

④ 国外该领域的研究主要集中在三个方向:(1)既关注博士论文研究方法又关注研究主题的论文:McCurdy& Cleary(1984);Cleary(1992、2000);Stallings(1986);Newbold & Rosenbloom(2015)。(2)仅关注博士论文研究方法的文献:White(1986a、1986b);Adams & White(1994);Rethemeyer & Helbig(2005);Cepiku(2011)。(3)聚焦于博士教育质量的研究:Overman et al.(1993);Adams & White(1996);Brewer et al.(1999);Kelly & Lloyd(2013)。

于美国起步较晚，但是对该领域的研究则紧随国际学术界的前沿。[①] 不管是国内还是国外学界，都鲜有跨地区、跨国家的比较研究，这也是公共行政学科比较研究领域面临的一大挑战。因此，本文对两岸公共行政学博士学位论文的质量进行比较，探讨两岸公共行政学博士论文的质量，看看其核心议题是否反映了当前研究的重点或前沿领域？是否运用了合适的、规范的研究方法？在论文质量、核心议题以及研究方法方面存在哪些差异？

本研究以大陆最早产出博士论文的 2002 年为研究起点，以麦克科蒂和科利尔里（McCurdy & Cleary）提出的六项指标来对两岸自 2002 年以来产出的部分博士论文质量进行比较研究，同时分析两岸博士论文的核心议题和研究方法的差异。其中，大陆地区的样本来自于较早开展公共行政学博士教育的五所高校——北京大学、复旦大学、清华大学、中国人民大学和中山大学，台湾地区的样本来自于暨南国际大学、台北大学、中山大学、政治大学和世新大学，样本分布如表 8-19 所示。

表 8-19　两岸博士论文样本分布（2002—2014 年）

大陆地区		台湾地区	
学校	数量	学校	数量
学校	数量	学校	数量
北京大学	39	暨南国际大学	3
复旦大学	13	台北大学	20
清华大学	22	中山大学	42
中国人民大学	39	政治大学	56
中山大学	25	世新大学	8
合计	138	合计	129

休斯顿和德里文（Houston & Delevan）在《公共行政研究：对期刊的评估》一文中指出，公共行政研究性质的争论有两个焦点：一是对许多学者在研究过

[①] 大陆地区的陈振明和李德国（2009）、敬乂嘉（2009）分别发表了他们对大陆地区博士论文质量的评估研究，王奎明和谭新雨（2013）在陈振明和李德国（2009）研究框架的基础上对 2008—2011 年间产出的论文进行了评估。台湾地区的文献主要有：谢俊义和王俊元（2003）对台湾地区 1989—2003 年间所产生的部分论文进行质量评估；Kuo & Kuo（2014）对台湾公共政策学科教育的发展进行了回顾与评析。

程中所持的基本社会科学假定的质疑,同时关注构成有效研究的因素。这个争论的焦点从研究传统着手,属于方法论的辩证,是研究规范性问题;二是学者们所从事的研究,以及他们当前对理论上合理和有用的知识体系发展的贡献,这些研究也包括博士学位论文在内。[1] 依据不同焦点关注内容的差异,本研究设计了核心议题、研究方法、研究质量评估三大类指标,每个样本都根据两大类特征 15 个变量进行编码,运用 SPSS20.0 统计软件进行描述性统计分析,具体变量信息见编码表(如表 8-20 所示)。

表 8-20　编码表

论文编号		论文题目	
培养院校		毕业年度	
作者姓名		指导老师	
研究方法	解释性/诠释性/批判性/其他	地　域	大陆□ 台湾□
研究领域	行政理论/比较公共行政/雇员行为及发展/财政及预算/政府间关系/管理科学/组织理论及行为/人事管理/政策分析/公共治理/其他		

评　估　指　标

序号	指标名称	是否符合	序号	指标名称	是否符合
1	研究目的	1是/0否	4	因果关系	1是/0否
2	有效性	1是/0否	5	重要性	1是/0否
3	理论检验	1是/0否	6	前沿性	1是/0否

二、核心议题和方法论

公共行政研究性质的争论早已有之,可以说伴随着学科发展的始终,以至于身份危机一直困扰本学科的进步。麦克科蒂和科利尔里从博士教育质量为切入点,对整个学科研究性质的讨论,吸引了众多学者参与其中。纵观学者们的研究,可以发现大致围绕着两个重要问题——该领域的核心议题和研究方法的选取来展开。[2]

---

[1]　Houston,D J.; Delevan,S M. Public Administration Research:An Assessment of Journal Publications. Public Administration Review,1990,50.

[2]　陈振明、李德国:《我国公共行政学博士学位论文的质量评估与比较分析》,《公共行政评论》2009 年第 2 期。

（一）核心议题

公共行政学科边界和身份危机争议的一个焦点是理论的匮乏，但理论仅仅是解释实务的观点的集合，理论可以通过借鉴或别的方式实现，在需要理论之前，更重要的是说明理论要解释什么。[①] 因此，为明确该领域的核心议题，本研究沿用麦克科蒂和科利尔里（McCurdy & Cleary）关于核心议题界定的编码方案。而随着公共行政新领域——新公共治理时代（NPG）的到来，以公共治理为主题开展的研究日趋增多，因此我们将公共治理也纳入到核心议题的范围中，选取的样本按其研究主题编入 11 大类，通过样本分析得出的数据统计结果如表 8-21 所示：

表 8-21　两岸博士论文研究领域比较

研究领域	大陆地区		台湾地区	
	频率	百分比	频率	百分比
行政理论	18	13.0	18	14.0
比较公共行政	10	7.2	5	3.9
雇员行为及发展	7	5.1	14	10.9
财政及预算	10	7.2	6	4.7
政府间关系	7	5.1	1	0.8
管理科学	2	1.4	6	4.7
组织理论及行为	17	12.3	12	9.3
人事管理	3	2.2	4	3.1
政策分析	17	12.3	28	21.7
公共治理	8	5.8	25	19.4
其他	39	28.3	10	7.8
合计	138	100	129	100

注：百分比取四舍五入后的数值。

数据表明，两岸公共行政学博士学位论文的核心议题有着较大差异，也表明两岸公共行政学在学术领域和实践领域的不同特点。首先，当前公共行政实践领域的两个热点"政策分析"和"公共治理"，构成台湾地区学位论文产出

[①] Stallings，R A. Doctoral Programs in Public Administration：An Outside's Perspective. Public Administration Review，1986，46.

的重点研究领域,而大陆地区对这两个领域的关注度不及台湾地区。大陆地区学位论文关注的次领域集中在"行政理论"、"政策分析"和"组织理论及行为"三个方面,而台湾地区博士论文关注的次领域前三甲则分别是"政策分析"、"公共治理"和"行政理论",且此三项次领域的论文数量合计达到55.1%,这也凸显了当前台湾地区公共行政学术界的研究取向。其次,关于"政府间关系"的研究,大陆地区要远高于台湾地区,这与两岸的地域范围和行政层级划分的差异有紧密联系。此外,将其他国家或地区作为研究或借鉴对象的论文中,大陆地区这类文章中有78.9%的文章聚焦于美国,而台湾地区产出的博士论文中关注最多的则是大陆地区,占比53.3%,其次才是美国33.3%。尽管台湾地区公共行政学的发展有美国教育援建的背景,但是随着学科不断发展,其已经从理论引进逐渐转向本土化研究,而大陆地区则还对美国偏爱有加。作为应用导向的学科,公共行政学具有鲜明的地方性和本土化特征,美国公共行政学研究的问题和旨趣必然是美国化的,以满足美国公共行政管理实践为己任的,所以中国公共行政学迫切需要结合自身的需求拓宽研究的领域、研究"大问题"而不是局限于美国公共行政学的"小圈圈"。[①] 最后,根据研究领域的分类,大陆地区有28.3%的文章无法进行归类,这些文章多为针对某一特定行业或者部门的实践者论文,这一类型文章缺乏严谨的研究设计和明确的研究方法,对学科的知识积累和发展贡献不大。相比而言,台湾地区这一比例则要小的多,只有7.8%。

(二)方法论

马丁·兰道(M.Laudau)认为尽管公共行政学是一门应用型学科,但他必须坚持经验的、严谨的和系统的研究方法,[②]实证主义在公共行政学的发展史上扮演着重要的角色,在某种程度上塑造了该学科的特性和发展方向,对公共行政学的发展具有重要意义。[③] 麦克科蒂和科利尔里根据传统社会科学研究

---

① 于文轩:《中国公共行政学研究的未来:本土化、对话和超越》,《公共行政评论》2013年第1期。

② Laudau,M. "Political Science and Public Administration:'Field'and the Concept of Decision-Making," in Landau,Political Theory and Political Science. New York:MacMillan,1972. 178.

③ Whetsell,T.A.;Shields,P M. The Dynamics of Positivism in the Study of Public Administration:A Brief Intellectual History and Reappraisal. Administration and Society,2013,July 1.

方法,设计了针对公共行政学博士学位论文质量的评估指标,但他们忽略了可以作为实证主义社会科学传统合法替代的诠释性和批判性研究,因此这一指标受到众多学者的批判。遗憾的是,在替代性研究方法中,美国公共行政学博士论文并没有表现出更好。[①] 那么,两岸产出的博士学位论文在实证研究和规范研究的情况又如何? 表 8-22 是根据两岸产出论文所使用研究方法的统计结果。

表 8-22　两岸博士学位论文研究方法比较

研究方法	大陆地区		台湾地区	
	频率	百分比	频率	百分比
解释性研究	60	43.5	101	78.3
诠释性研究	16	11.6	13	10.1
批判性研究	1	0.7	1	0.8
其他	61	44.2	14	10.9
合计	138	100	129	100

注:百分比取四舍五入后的数值。

数据表明,在两岸产出的博士论文中,均以解释性研究为主导,而诠释性和批判性研究占比均不高,这可以视为该学科在全球发展中的一个缩影,重视以实证主义为主导的研究范式,而忽视了规范研究对知识积累和学科发展的重要性。大陆地区还有将近半数(44.2%)的论文无法归入以上三类研究方法中,这类论文没有明确的研究设计,研究缺乏规范性,多数属于以对策分析为主导的描述性文章。这些作者多将自己的研究定位为定性研究,但是作为一种实证研究方法的定性研究,无论在形成问题,还是在理论化和数据收集上都有自己独特的研究逻辑,而这些自视为定性研究的论文并没有运用规范的定性研究方法,这使得很难对这类介于规范研究和定性研究之间的是似而非研究进行归类。[②] 台湾地区这类没有明确研究方法的文章相对较少,占比10.9%,而且多集中于实践者论文中。

两岸产出的博士论文中运用诠释性研究和批判性研究方法的文章合计均

[①]　White,J D. Dissertations and Publications in Public Administration. Public Administration Review,1986b,46.

[②]　马骏、刘亚平:《中国公共行政学的"身份危机"》,《中国人民大学学报》2007 年第 4 期。

在 11% 左右,且差异并不大。但对于占主导地位的研究方法——解释性研究而言,台湾地区要远高于大陆地区,有 78.3% 的文章运用了解释性研究方法,而且这些实证研究论文中运用的研究方法是多样化的,涵盖了相关性分析、准实验方法、实验方法等。大陆产出的博士论文在实证研究中多采用的是案例研究和相关性分析,仅有 1 篇文章运用了实验性研究设计。

三、基于六项评估标准的比较

当前国内外关于博士论文质量评估的指标主要有两大类,麦克科蒂和科利尔里(McCurdy & Cleary)的六项评估标准和怀特(White)在他们基础上构建的六项评估标准,这两个模型中被运用最多的模型当属前者(如表 8-23 所示)。

表 8-23　公共行政学博士学位论文质量评估的指标分类及应用

评估指标	麦克科蒂和科利尔里	杰伊·D. 怀特
研究目的	＋	＋
有效性	＋	＋
理论检验	＋	＋
假设检验	－	＋
因果关系	＋	＋
重要性	＋	＋
前沿性	＋	－
使用该指标的研究	Cleary R E.(1992/2000)、谢俊义和王俊元(2003)、陈振明和李德国(2009)、敬义嘉(2009)、王奎明和谭新雨(2013)	

注:＋表示具有该项指标的信息,－表示没有该项指标信息。

根据麦克科蒂和科利尔里六项评估指标,对两岸样本进行分析,并与科利尔里对 1990 年和 1998 年美国产出的博士论文质量进行比较,可以发现除了研究重要性之外,其他几项标准大陆地区均低于台湾地区和美国,而台湾地区有多项指标高于美国(如表 8-24 所示)。

表 8-24　两岸与美国产出博士学位论文符合各项标准的比较

标准	美国				大陆地区		台湾地区	
	1990 年		1998 年		2002—2014 年		2002—2014 年	
	频率	百分比	频率	百分比	频率	百分比	频率	百分比
研究目的	132	80.0	150	89.3	110	79.7	117	90.7
有效性	48	29.1	57	33.9	31	22.5	50	38.8
理论检验	36	21.8	32	19.0	27	19.6	29	22.5
因果关系	85	51.5	146	86.9	39	28.3	61	47.3
重要性	53	32.1	63	37.5	87	63.0	78	60.5
前沿性	120	72.7	108	64.3	43	31.2	57	44.2

（一）研究目的

明确界定研究问题是开展研究的逻辑起点。一项研究要进行有目的的探索，而不是文字的堆砌，要明确论述的问题是什么（What）、为什么（Why）以及怎样做（How）。大陆地区产出的学位论文有 79.7％有明确的研究目的，这与美国 1990 年（80.0％）的比例接近；而台湾地区超过 90％的论文清晰界定了研究问题，这一水平比美国 1998 年（89.3％）略高一些。就研究的切入点来看，大陆地区的文章偏宏观机制体制设计，台湾地区的文章偏微观层面，尤其是跨心理学学科，对研究对象进行行为分析的文章日益增多，这也从另一侧面说明了在探索行为因素分析中占据优势的结构方程（SEM）方法为什么会在台湾地区有较多的应用。

（二）有效性

论文是否有严谨的研究设计，作者开展的这项研究能否让读者清楚该研究的发现，并将这些研究发现的一般规律运用到其他相似问题之中，这是研究设计中最基本的问题。任何一个认真设计的研究通常都要符合这个标准，这样的研究设计包括实验性研究、准实验性研究，或者运用统计技术的研究设计，但是案例研究不包括在内。此外，研究数据要是一手收集到数据，而不是历史数据或二手材料的研究。[①] 从这一标准出发，将两岸产出的博士论文分别与美国 1990 年和 1998 年的产出进行比较，可以看到，大陆地区论文研究的

---

① McCurdy，H E.；Cleary，R E. Why Can't We Resolve the Research Issue in Public Administration? Public Administration Review，1984，44(1).

有效性不及美国 1990 年的水平,而台湾地区的则高于美国 1998 年的水平。

（三）理论检验

研究是否明确地证明了现有理论,或对现有理论提出了质疑,或明确了某个理论成立的条件,或得出了一个新结论,这些都可以作为理论检验标准的要求。[1] 纵观美国、大陆地区和台湾地区产出的论文在这个标准上占比都是最低的,都在 20% 左右徘徊。相比而言,台湾地区的高于大陆地区的,均高于美国 1998 年产出的水平。研究还发现,两岸产出的论文多数是将国外理论与本土实践相结合,检验和发展现有理论,促进国外理论的本土化发展。大陆地区的一篇论文以中国气候变化为例扩展并验证了议题注意力的动力学模型,对于政策过程理论和中国气候变化政策研究都具有创新意义。台湾地区的一篇论文提出了"社区居民参与环境改造行为模式",经过验证发现该模式在解释居民参与环境改造行为的配适度与解释能力略优于现有的"计划行为理论模式"。

（四）因果关系

研究的主要结论是否由因果关系而得出? 在通常情况下,理论检验与因果关系是同步的,都是影响论文质量的重要因素。[2] 为便于分析,论文中凡是出现相关性分析、因子分析、回归分析、路径分析等与识别因果关系相关的统计分析方法的文章,均可视为具有因果关系。在这方面,大陆地区产出的论文得分最低,仅有 28.3%。台湾地区产出的论文质量也不理想,虽然比大陆地区的要高些,但还不及美国 1990 年的水平。大陆地区的一篇论文运用供需理论框架,分别从各省的需求和公共部门供给两个层面来揭示行政成本省际差异的原因,并在此框架下发展了 9 个理论假设,通过对 1993—2006 年的数据进行了验证;台湾地区的一篇论文研究发现"政治信任感"与地方政府门户网站是否具有问责机制及其问责成效具有高度相关性,民众对政府信任的程度也会反向影响电子化政府的问责机制与成效,这使得电子化政府不再局限于传统资讯透明化领域。

（五）重要性

关于研究论题重要性,麦克科蒂和科利尔里 1984 年认为判断的标准在于

---

[1]　McCurdy, H E.; Cleary, R E. Why Can't We Resolve the Research Issue in Public Administration? Public Administration Review, 1984, 44(1).

[2]　McCurdy, H E.; Cleary, R E. Why Can't We Resolve the Research Issue in Public Administration? Public Administration Review, 1984, 44(1).

其是否在主流教科书中有所体现,但是科利尔里在针对1998年产出论文进行质量评估时,指出这个标准还要继续研究,须重新界定能促进学科发展的重要领域。[①] 论题的重要性的评判标准主观性极强,学界也没有一个统一的标准。登哈特(Denhardt)认为如果政治与行政之间的紧张关系是公共行政领域的核心,那么,理论与实务之间的紧张关系即为公共行政教育的核心,究其原因在于公共行政属于应用学科,理论知识的发展不能脱离实际问题的解决。[②] 因此,本研究在科利尔里界定的基础上,将两岸共同事务治理以及两岸本土化研究视为重要议题。从这一标准的测度来看,大陆地区是六项指标里面唯一得分最高的一项,略高于台湾地区,两岸产出的博士论文对重要议题的关注均高于美国地区1990年和1998年的水平。科利尔里认为大量美国公共行政学的博士论文在研究议题重要性方面表现不佳,可归因于对研究有效性和因果关系等研究方法方面的过于强调,这使得学生为了研究的便利,而放弃对重要议题的追求,转而寻找便于自己研究的议题。[③] 关于两岸议题的研究,大陆地区产出的论文从数量、质量以及议题范围等方面都不及台湾地区,台湾地区有6.2%的文章将大陆或者两岸作为研究对象,而大陆地区这一类型的文章不足1%。

(六)前沿性

研究是否产生了新问题或者总结了新的经验?这个标准的测量与议题重要性的标准完全不同,因为一项研究如果发现了新的问题或者产生新的经验,往往不会是传统公共行政领域关注的领域,反之亦然。同时,要特别注意那些令人混淆的文章,比如记录过去的经验或者报道了去年的新闻的文章,只是"后缘",不能算是前沿。[④] 大陆地区只有31.2%的论文符合这一标准,台湾地区符合这一标准的论文占到44.2%,虽然比大陆地区高,却远低于美国1998年的标准。大陆地区有一篇文章探讨了公共池塘资源治理理论,回应了团体

---

① Cleary,R E. The Public Administration Doctoral Dissertation Reexamined：An Evaluation of the Dissertations of 1998. Public Administration Review,2000,60(5).

② Denhardt, R B. The Big Questions of Public Administration Education. Public Administration Review,2001,61(5).

③ Cleary,R E. The Public Administration Doctoral Dissertation Reexamined：An Evaluation of the Dissertations of 1998. Public Administration Review,2000,60(5).

④ McCurdy,H E.；Cleary,R E. Why Can't We Resolve the Research Issue in Public Administration? Public Administration Review,1984,44(1).

特征与公共池塘资源自组织治理关系的理论争论,提出以道德问责为核心的自组织治理集体行动模式。台湾地区的一篇论文以台湾社会变迁基本调查资料库进行统计分析,透过量表的转换,计算各年度的后物质价值分数,发现2000年以后,台湾面临经济衰退,失业率攀升的困境,导致价值观朝向物质价值变动,这也使得地方治理对于环境保护、社会发展支出的减少。

(七)基于六项指标的综合比较

将六项指标综合起来进行比较,不难发现两岸博士论文质量之间,以及与美国不同时期的论文质量均存在着较为显著的差异(如表8-25所示)。数据表明,大陆地区六项指标的平均值为2.44,不及美国1990年的水平,而台湾地区六项指标的平均值为3.03,高于美国1990年的水平,但是与美国1998年的水平还有一定距离。大陆地区只符合0~2项标准的论文占到58%,有42%的文章达不到3项的平均水平;而台湾地区有61.2%的文章满足3~6项指标。

表8-25　两岸与美国不同时期符合标准的博士论文数量比较

标准数量	美国				大陆		台湾	
	1990年		1998年		2002—2014年		2002—2014年	
	数量	百分比	数量	百分比	数量	百分比	数量	百分比
6	3	1.8	1	0.6	5	3.6	7	5.4
5	10	6.1	21	12.5	15	10.9	19	14.7
4	44	26.7	55	32.7	20	14.5	30	23.3
3	43	26.1	53	31.5	18	13.0	23	17.8
2	40	24.2	29	17.3	29	21.0	25	19.4
1	16	9.7	7	10.4	40	29.0	16	12.4
0	9	5.5	2	1.2	11	8.0	9	7.0
均值	2.82		3.30		2.44		3.03	

四、结论与建议

本文从核心议题、研究方法和研究质量三个维度,分别检验了2002—2014年间大陆地区和台湾地区产生的公共行政学部分博士学位论文。研究发现,在核心议题方面,大陆地区有28.3%文章无法分类,而这类文章六项标准的平均值仅为1.67,远低于大陆地区的整体平均值2.44;台湾地区仅有

7.8%的文章无法分类,这些文章六项标准的平均值也只有1.70,比台湾地区整体平均值(3.03)低了1.33。这类论文多为描述性或对策建议类论文,缺乏规范的研究方法和严谨的研究设计,难以对学科的知识累积有所贡献。在跨学科研究中,大陆地区产出的博士论文联系最多的是经济学,其次是政治学;而台湾地区则有大量文章运用心理学、社会学、环境学等学科知识来构建理论分析框架。在研究方法的运用方面,大陆地区有将近一半(44.2%)的论文无法归入解释性研究、诠释性研究和批判性研究中的任何一类,而且这类文章的六项指标均值只有1.27。在台湾地区明确使用了三种研究方法其中一种的论文中,有78%的文章运用的是主流社会科学的实证研究方法,对于公共行政学这样一门应用性学科应当重视的规范研究方法运用得却很少,而且这类文章均值只有2.64。不过,运用实证研究方法的论文均值则有3.56,远高于大陆地区2.44的整体均值。台湾地区运用各类研究方法的论文在各项指标的均值方面与大陆地区相当,但是台湾地区无法归入三类研究方法的文章仅有10.9%,这是两岸公共行政博士论文差距最大的地方,也是未来大陆地区该专业的博士培养及课程体系改革的一个着眼点。在论文质量的六项指标评估方面,大陆地区的结果与台湾地区、与美国相比较也存在差距,在各项指标上都有待提高,尤其是在研究设计、发展新知识和创造新理论等方面亟待加强。

教学和研究是学科发展的两个相辅相成的方面,它们共同推动学科的繁荣。就大陆地区的公共行政博士教育而言,要提高博士生的创新能力,提高博士论文质量,在重视理论知识的同时,还要加强研究方法的训练。不论研究机构的性质是什么,研究方向是什么,或者学位的性质有何不同,研究方法论的课程都应当作为博士教育必修的核心课程。[1] 研究数据表明,绝大多数博士论文采用解释性研究方法,诠释性研究和批判性研究相当薄弱,这深受美国经验研究范式的影响。但是,美国公共行政学内部对实证研究方法的反思和批判也日益增多,布鲁尔等人(Brewer et al.)通过对研究人员进行一项问卷调查,结果显示当前学界过于狭隘地关注主流社会科学研究和经验研究的方法。[2] 鲁顿(Luton)批判了经验主义的本体论基础,认为经验主义赖以存在的

---

[1] Felbinger, C L.; Holzer, M.; White, J D. The Doctorate in Public Administration Education: Some Unresolved Questions and Recommendations. Public Administration Review, 1999, 59(5).

[2] Brewer, G A.; Douglas, J W.; Rex L. Facer II; Laurence J O'Toole Jr. The State of Doctoral Education in Public Administration. Journal of Public Affair Education, 1998, 4(2).

"客观现实"是不存在的;即使存在,其能否定量测量复杂的公共行政领域的现实也是充满质疑的。① 因此,在研究方法论课程的设计上,应当处理好规范研究与实证研究的关系,在重视实证研究的同时,也要重视诠释的和批判的研究方法类课程的建设。

提高博士教育质量还应积极地参与国际学术对话,鼓励与不同国家和地区的比较研究,在达尔(Dahl)看来"如果不进行公共行政学的比较研究,创立'一门公共行政科学'的主张听起来就相当空洞"。② 本文发现,大陆地区仅有7.2%的文章属于比较研究领域的范畴,而这一点不仅是大陆地区的特有问题,台湾地区这一比例也只有 3.9%,而美国的情况也不甚理想,科利尔里曾指出美国博士教育缺乏对学生开展比较研究的必要支持,联邦政府应该为学者和学生提供比较研究的资助。③ 吉瑞赛特(Jreisat)通过实证研究发现比较公共行政学这一研究路径在美国公共行政学研究发展中处于边缘地带,并在不断衰落。④ 事实上,比较研究不仅是分析和行动的向导,而且也是增进理解、交流和合作的重要手段。通过观察不同国家和地区的行政实践,可以增强不同区域间的理解和交流合作,探索普遍适用的行政原则,推动本土化问题的研究,丰富公共行政学的知识。⑤

本文在数据收集过程中还发现,当前大陆地区和台湾地区都没有一个完整收录所有博士学位论文的数据库,这无疑为学术交流和知识扩散增加了难度。成立于 1938 年的国际大学缩微拍摄公司(University Microfilms International)提供的在线数据库,允许通过网络访问《国际学位论文摘要》(DAI)中的摘要,这一点非常值得我们借鉴。美国国家公共事务与行政系所联合会(NASPAA)还成立了"博士教育委员会",这对指导和推动全美博士教育发展起到重要作用。

---

① Luton,L S. Deconstructing Public Administration Empiricism. Administration and Society, 2007,39(4).

② [美]罗伯特. 达尔:《公共行政科学:三个问题》,载颜昌武、马骏、牛美丽编《公共行政学百年争论》,中国人民大学出版社 2010 年版,第 43 页。

③ Cleary,R E. The Public Administration Doctoral Dissertation Reexamined:An Evaluation of the Dissertations of 1998. Public Administration Review,2000,60(5).

④ Jreisat,J E. Comparative Public Administration is Back in,Prudently.Public Administration Review,2005,65(2).

⑤ [美]菲利普·J.库珀:《二十一世纪的公共行政:挑战与改革》,王巧玲、李文钊译,中国人民大学出版社 2006 年版,第 378 页。

　　本研究通过经验分析的视角,从一个侧面比较了大陆地区与台湾地区以及美国博士论文质量。大陆地区的公共行政(公共管理)博士生教育时间比较短,还不到 20 年,台湾地区公共行政博士教育的开展也比大陆早了 10 年。总的来说,无论是对于核心议题的把握,还是研究方法使用以及论文写作规范性等方面,台湾地区都略优于大陆地区,这也为大陆地区未来学科发展提供了一个具有研究价值的参照对象。需要指出的是,本研究还存在局限性:一是在样本选取方面,为了确保两岸论文产出年份的连贯性,本文仅以大陆较早产生公共行政学博士论文的五所院校的论文为研究对象,通过 K 值抽样的方式选取样本,这可能导致数据中出现一定的系统偏差。二是本文以论文摘要为对象进行文本分析,仅能从一个侧面反映博士论文质量,还应当对博士培养方案、培养单位的师资、博士论文作者的科研能力等方面进行研究,这也是未来要拓展的研究方向。三是麦克科蒂和科利尔里对论文质量的评判标准是建立在美国本土情况下的,这些标准是否符合两岸博士论文的评判,亦是需要进一步讨论的。本文作者期望引起两岸公共事务学术界对公共行政学博士培养质量比较研究的关注,推动两岸学界在博士教育层面开展更有针对性的对话和合作。

8-5　"公共政策分析"课程的教学改革[*]

公共政策科学或公共政策分析是公共管理学和政治学的最主要的分支领域之一。公共政策分析课程以人类社会的政策实践,政策系统及其运行,政策的性质、原因与结果为研究对象,以提供政策相关知识为目标,注重思维方式以及方法论、方法及分析技术的学习与应用,强调实际政策问题的分析和解决。本课程的独特性使其在包括 MPA 专业学位在内的公共管理各种类型及各个层次的学生培养中占有重要的地位和作用。

一、课程沿革与研究基础

以本书作者为主讲教师的本课程教学团队开全国风气之先,并已建立了从本科、硕士到博士不同层次的课程体系。早在 20 世纪 90 年代初,就将政策科学课程列为本科生的主要基础课。近三十年来,该课程不断充实教学内容,完善教学体系,更新教学方法;培养起一支精干的教学团队,建立了从本科到硕士、博士不同层次的课程体系,培养了该领域不同层次的人才。作者主讲的本科生"政策科学"课程先后被评为首批国家级精品课、首批国家级精品资源共享课和首批国家级一流课程,还主持了福建省"公共政策教学团队"建设,主编了《政策科学原理》(1993,该教材曾获得国家教委优秀教材中青年奖)、《政策科学》(1999 第 1 版)、《政策科学教程》(国家级精品资源共享课配套教材),《公共政策学》("十五"国家级规划教材)和《中国公共政策》("十五"国家级规划教材)。特别是作者主持了全国 MPA 专业学位核心课程《公共政策分析》教学指南(2001、2016、2020)的编写并承担了配套教材的主编任务。该课程一直是我校公共管理和政治学学科的特色和优势的课程领域,作者所主编教材形成的有中国特色、较系统的政策科学教学理论体系以及所进行教学方式的改革,在全国起到了一定的示范作用。

本课程的教学以扎实的学术研究为基础。陈振明及其研究团队近年承担了这方面的国家社科基金重大攻关、重大专项和教育部专项项目,总结提炼中国政策实践经验、政策话语与政策思想,探索公共政策的实践—话语—理论—

---

* 本文源自作者 2017 年申报省校两级教学成果奖的总结报告。

学科的学术规律,着力构建中国公共政策的话语、理论和学科体系。撰写了《中国政策科学的话语指向》《党中央治国理政政策思想与中国特色政策科学理论构建》《中国政策科学的学科建构》《中国公共政策的话语指向》《加强政策科学话语体系建设》《公共政策研究的行为途径》《智库专业化建设与公共决策科学化》等一系列论著及教材。陈振明及其团队该成果作为"十三五"政治学学科的"中国奇迹背后的道理、学理、哲理研究成果"报送中宣部及国家社会科学工作办公室。王浦劬教授在其主编的《新时代中国政治学的学术发展》将该成果列为新时代中国政治学学术发展主要学术成就之一,评价说"厦门大学的学术团队长期致力于构建具有中国特色、中国风格和中国气派的政策科学话语体系,产出了一大批原创性成果"①。

二、成果的主要内容

本项成果的主要内容包括:(一)作为全国公共管理硕士(MPA)专业学位研究生核心课程教研成果的《"公共政策分析"教学纲要》(5.5 万字,载于中国人民大学出版社 2014 年版)。(二)与课程纲要相配套的教材《公共政策分析导论》(34.3 万字,中国人民大学出版社 2015 年版)。(三)作为教学内容改革的研究基础的主要学术论文:(1)"寻求政策科学发展的新突破"(载《中国行政管理》,2012 年 4 期);(2)"政策科学与智库建设"(载《中国行政管理》2014 年 5 期);(3)"中国政策科学的话语指向"(载《国家行政学院学报》2014 年 5 期);(4)"党中央治国理政政策思想与中国特色政策科学理论构建(载《中国行政管理》2017 年 2 期)。(四)本成果的推广应用:师资培训与大纲、教材的使用以及教学效果检验。

本成果主要解决的教学问题是全国公共管理硕士(MPA)专业学位研究生核心课程"公共政策分析"教学理论体系的构建。该成果根据国内外公共政策分析的理论与实践进展及其前沿,并考虑目前教学体系的现实需要来确立公共政策分析的教学理论体系。内容由如下三部分构成:(1)总论。涉及政策分析学科的政策分析的学科范式、沿革和意义;政策系统及其运行,包括公共政策的本质、政策系统的构成,政策系统的运行过程等内容;政策活动者涉及政策行动者,涉及政策行动者的分类、思想库,政策活动者互动的解释框架等内容。(2)政策过程。这一部分包括政策制定、政策执行、政策评估与监控、政

---

① 王浦劬:《新时代中国政治学学术发展》,中国社会科学出版社 2020 年版,第 46~47 页。

策终结和周期、政策变化。涉及政策过程研究的各种途径,政策过程的各个基本阶段,中西方政策过程的差别,具有中国特色的政策制定与执行的基本经验等内容。(3)政策分析方法与技术。涉及政策分析的一般方法(或方法论),包括系统分析方法、经济学分析方法、伦理学分析方法、创造性思维方法;政策分析的基本程序与政策分析过程常用技术。通过这样一个理论框架能够较为系统地将目前国内外政策分析的研究成果吸收于其中,形成有中国特色的公共政策分析课程的较为完整的教学理论体系。

本课程重点及难点在于:一是如何更好地坚持以马克思列宁主义、毛泽东思想、邓小平理论、"三个代表"重要思想、科学发展观、习近平新时代中国特色社会主义思想中的战略和政策理论作为指导;二是如何紧密跟踪当代国内外的政策科学教学与科研发展的新趋势,吸取新的理论与方法成果,及时充实课程的教学内容;三是如何立足于国情,紧密结合当前我国的政策实践进行教学,以我国的现实政策实践、政策系统和政策过程作为考察对象,并注意总结和传授具有中国特色的政策实践经验;四是如何让学生有效地将公共政策分析的理论、方法和技术应用于实际政策问题的分析与解决。

三、解决教学问题的方法

公共政策分析是公共管理硕士(MPA)专业学位的主要学科基础及核心课程之一。2001 年我国公共管理硕士(MPA)专业学位开办,首轮培养方案中就将公共政策分析确定为专业核心课程之一。申请者本人承担了该核心课程的第一个教学大纲及配套教材的编写工作,其教研成果是《公共政策分析》一书(中国人民大学出版社,2003 年)。近十年来,随着全球化、信息化演进以及网络化、数据化和智能化时代的来临,全球公共政策的理论与实践——公共政策的实践模式、研究范式、知识体系发生了深刻的变化;我国改革开放和现代化建设尤其是国家治理转型急需公共政策与管理的创新研究与教学改革以及内容的更新。

在这一大背景下,该课程教学内容的改革就显得非常必要且迫切。2012 国公共管理硕士(MPA)教学指导委员会启动了 MPA 专业学位研究生 案修订与核心课程内容改革的研究工作。申请者承担了其中的"'公共 析'教学内容改革"项目的研究任务。2014 年 5 月,作为教研成果的《"公共政策分析"教学纲要》收入《全国公共管理硕士(MPA)专业学位研究生核心课程教学纲要》一书,由中国人民大学出版社出版;2015 年 5 月,与课程纲要相配套的简明教程《公共政策分析导论》也由中国人民大学出版社出版。

——确立教学内容改革与教学理论体系建设的思路与原则。一是坚持以马克思主义和中国特色社会主义以及党中央治国理政政策思想中的战略、政策和策略理论作为指导;二是注意了解和把握当代国内外的政策科学教学与科研发展的新趋势,吸取新的理论与方法成果,及时充实课程的教学内容;三是立足于国情,紧密结合当前我国的政策实践进行教学,以我国的现实的政策实践、政策系统和政策过程作为考察对象,注意总结和传授具有中国特色的政策实践经验,突出中国特色公共政策分析(政策科学)的话语体系建设。

——注重对学科学术基础的探索。特别是对中国政策科学的发展方向与路径、当代中国公共政策的实践与中国政策科学的理论话语、国外政策科学的发展趋势等主题进行深入研究,在《中国行政管理》等权威刊物发表"寻求政策科学发展的新突破""政策科学与智库建设""中国政策科学的话语指向""党中央治国理政政策思想与中国特色政策科学理论构建"等多篇高水平论文,为教学内容改革与教学理论体系构建奠定坚实的学术基础。

——重视成果的推广应用。特别是加强师资培训,推广新教学纲要及教材的使用。2014—2016 年由全国公共管理硕士(MPA)教学指导委员会组织,申请者作为首席专家或主讲教师,分别在厦门大学、东北大学、中国科学技术大学、郑州大学和武汉大学进行了共五轮的以"'公共政策分析'教学纲要"为核心的全国 MPA 核心课程"公共政策分析"师资培训班或研讨会,培训了全国 480 名的该课程的任课教师。

——注意在本人课程教学中对本成果的验证(检验是否提高学生公共政策理论素养和实践技能以及发现、分析和解决政策问题的能力)。在教学方式上,采用小组专题教学形式,将文献阅读、理论讲授、实际调研与案例分析、课堂研讨等环节有机地结合起来,展现新的教学内容体系,教学效果好。

四、创新与推广

这是一项创新性示范性强、国内领先的教研成果。本成果系统深入地论述公共政策的基本理论、方法论及分析技术,注重公共政策的学科范式与学科体系的探索,政策研究方法及分析方法和技术的开发,政策系统及其运行,充分吸收国内外政策分析的研究成果,形成一个比较成熟的"公共政策分析"课程的教学理论体系,较好处理了理论与实践、国际化和本土化、理论原理与分析方法、基本理论与学科前沿等方面的关系。特别是突出中国政策科学的话语指向与话语体系建设,指出中西方政策系统及其运行过程的差别,总结提炼具有中国特色的政策制定与执行及评估和监控的基本经验。另外,配套教材深入浅出、简明精炼,理论与实践及案例有机结合,知识与思考融为一体,富有启发性。具体的创新点主要有:

——公共政策分析学科范围与性质的描述,指出其四大特征:跨学科、交叉学科、综合性研究的取向,倡导以问题为中心的知识产生方式,致力于实践应用,注重价值分析与价值评价;学科范式演变与学科发展的最新趋势——后实证主义或后现代主义政策分析的概括与提炼;提出中国政策科学下一步发展的四大任务。

——分析政策活动者涉及政策行动者的构成因素,建构政策活动者互动的解释框架,提出推进中国特色新型智库建设的四大措施:完善中国特色新型智库体制机制,加强智库发展总体设计和协调,充分发挥智库作为沟通学界、政界及社会联系桥梁和纽带作用,加强智库政策分析者的培养与训练。

——描述政策过程研究路径的演变:从传统的阶段途径到各种新概念框架。论述政策过程的各个基本阶段(政策制定、政策执行、政策评估与监控、政策终结和周期、政策变迁与学习)的理论原理,特别指出中西方政策过程的差别,总结提炼具有中国特色的政策制定的 6 条经验与政策执行的 5 条经验。

——提出政策变迁是反映政策中长期变化的概念,即政策因外部环境或自身构成要素的变化而不断演化的过程,表现为政策学习、政策创新、政策扩散、政策移植、政策转移、政策维持等形式。解释政策为什么会发生变迁,政策如何发生变迁以及国家或地区中长期政策变化的规律性及其形成的政策范式与政策风格。

——系统论述政策分析的方法论、一般方法(系统分析方法、经济学分析方法、伦理学分析方法、创造性思维方法),突出政策分析的价值分析与创造性思维方法的作用;确立政策分析的基本程序及与之相匹配的常用的分析技术。

本项教研成果已得到广泛的应用,效果好,在国内影响较大。这主要表现在如下几点:

第一,"公共政策分析教学指导纲要"及其配套教材《公共政策分析导论》为全国 MPA 专业学位研究生核心课程"公共政策分析"课程通用(全国 245 家 MPA 培养单位全部采用该教学指导纲要,部分院校采用本教材。

第二,《公共政策分析导论》(中国人民大学出版社)从 2015 年 4 月出版到 2017 年 1 月的一年多的时间里就印刷了 3 次,发行 12000 册;收入《公共政策分析"教学纲要》的《全国公共管理硕士(MPA)专业学位研究生核心课程教学纲要》(中国人民大学出版社)从 2014 年 5 月出版到 2017 年 1 月印刷 1 次,发行 5000 册。

第三,作为教学内容改革的研究基础的系列学术论文特别是"中国政策科学的话语指向"(《国家行政学院学报》,2014 年 5 期)一文获得较高的评价,被人民网、中国共产党新闻网(理论)转载(2014-12-12);其摘要以"加强政策科学话语体系建设,推进决策的科学化民主化"为题,报送全国哲学社会科学话语体系建设协调会议办公室,被采纳并以"特约撰稿"的形式刊载于《哲学社会科学话语权建设研究动态》2015 年第 7 期(本期唯一文稿)。

第四,2014—2016 年由全国公共管理硕士(MPA)教学指导委员会组织,申请者作为首席专家或主讲教师,分别在厦门大学、东北大学、中国科学技术大学、郑州大学和武汉大学进行了共五轮的以"'公共政策分析'教学纲要"为核心的全国 MPA 核心课程"公共政策分析"师资培训班或研讨会,培训了全国 480 名的该课程的任课教师。

第五,在本人的该 MPA 课程的教学中对本成果进行了验证,检验课程体系是否能提高学生公共政策理论素养和实践技能,提高学生发现、分析和解决政策问题的能力。采用小组专题教学法,充分展示新教学内容体系,教学效果较好。例如,在本课程教学过程产生的公共政策案例分析——"1984 年一封基础通讯员来信的回响:'宁德模式'扶贫政策议程设置及公民参与的思考"获得首届"中国研究生公共管理案例大赛"的二等奖(2017 年 4 月)。该赛事由全国公共管理硕士(MPA)教学指导委员会和教育部学位与研究生教育发展中心联合主办,是"全国研究生实践创新系列大赛"之一。

8-6　应急管理二级学科设置的一个探索性方案[*]

    2019 年 11 月 29 日,习近平总书记在中央政治局第十九次集体学习时提出"大力培养应急管理人才,加强应急管理学科建设。"2020 年新冠疫情发生后,作为贯彻落实习近平总书记指示精神和应对疫情的一个重要举措,国家教育主管部门启动了在公共管理一级学科中设置应急管理二级学科的论证,并确定 20 家一流高校作为首批试点单位。作为试点单位之一,厦门大学公共事务学院率先完成了应急管理二级学科设置的方案论证。下文是该论证方案的部分内容。

一、学科内涵与发展前景

    我国已进入中国特色社会主义新时代,正处在实现"两个一百年"奋斗目标的历史交汇点。从国际看,世界发展面临百年未有之大变局,中国发展的外部环境更趋复杂。从国内看,我国正处于实现中华民族伟大复兴关键时期,决胜全面建成小康社会进入收官阶段。随着经济社会的发展,以风险为主题的全新社会形态正在向人类走来,第四次工业革命的高速前进和经济全球化的迅猛发展已经使得人类进入一个全新的"风险社会"。现代社会的风险、危机和灾难更具复杂性、多变性、跨界性、互动性、广泛性。应急管理研究在过去几十年中逐渐成为国内外公共管理研究的重要组成部分。近一、二十年来,应急管理或危机管理学科的进展以及它对世界各国政府的公共治理所产生的积极影响,使得它成为各国学界和政界共同关注的学科,成为当代公共管理学的一个重要的、富有成果和充满活力的新研究领域。

    应急管理是一门研究如何通过现代化的管理体系和管理能力来指导国家、地方和社区针对不同类型的突发灾害事件进行准备、缓和、回应、评估和恢复等一系列工作,达到降低脆弱性风险和增强韧性目标的重要学科。它是一门强调整体性视角的跨学科研究领域,需要综合运用公共管理学、政治学、经济学、地理学、社会学、心理学、新闻学、卫生学、系统科学、信息科学等相关学

---

    *　本文源自作者指导完成的该学科设置论证方案草案(论证小组成员有黄新华、吕志奎、李德国)。

科的理论和方法,来科学认识所有类型的风险(包括自然灾害和人为灾害引起的风险),科学安排所有的管理流程(包括预测、处置、恢复等阶段)、科学评估所有的潜在影响(包括对基础设施、经济发展、社会治理和公共服务的影响)和科学协调所有相关利益主体(包括不同层次的政府部门、私人部门和普通公众)。

近年来,人类社会所面临的灾害风险不断拓展,应急管理的学科内涵也处于动态发展之中。这主要表现在:一是研究对象和研究范围的开放性不断增强。应急管理从一门对灾害进行准备、缓和与恢复的"硬技术"学科,越来越多地纳入战略管理、预警系统、社区教育、风险沟通、历史文化、行为心理等"软科学","脆弱性"(vulnerability)成为串联所有学科的关键线索。二是研究方法和分析技术的智能化、数理化、模型化特征更加明显。人工智能、大数据分析、基于主体的建模与仿真、风险量化评估等研究手段更多地引入应急管理研究,推动了应急管理的"关口前移"。三是研究成果更加强调专业性、应用性和操作性。应急管理被置于更广泛的经济发展、民生保障、社会治理等情境中进行研究,与日常的组织管理结合起来,以应对具有系统性、复杂性和影响广泛性等特征的当代社会风险。

应急管理学科有着广阔的发展前景。首先,该学科积极回应了新时代防范化解重大风险、健全国家公共卫生等领域的应急管理体系、积极推进国家应急管理体系和能力现代化的重大战略需求,促进中国特色应急管理学科体系、学术体系和话语体系建设,为构建中国特色哲学社会科学体系作出贡献。

其次,该学科的发展有助于推进应急管理学科与政治学、经济学、法学和社会学等学科的知识融合,强化应急管理相关学科的研究成果和研究手段在公共管理与公共政策研究领域的运用,这使得系统深入地理解突发重大公共事件中的政府决策行为模式、公共危机事件演化机理与规律为可能。可以预见的是,该学科的研究成果在国民经济和社会发展的主战场中将有着非常好的应用前景。

第三,该学科培养的高层次人才能够深入理解突发重大公共事件中的决策场景、决策压力与动力、决策风险与成本,更加重视危机决策的复杂性和风险沟通能力的培养;与单纯的管理科学培养的研究生人才相比,该学科模式下培养的研究生人才更具有公共管理的战略思维和大视野、大格局,能更快适应复杂社会生态环境下公共部门和地方及基层治理的需求。因此,该学科的培养的专业人才,在防范化解重大风险、健全国家公共卫生等领域应急管理体系、积极推进国家应急管理体系和能力现代化的重大战略需求背景下,将拥有广阔的就业前景。

二、研究方向设置

基于应急管理学科的内涵和厦门大学在公共管理与公共政策学科领域的学术积淀、雄厚优势和研究基础,本校拟设置危机预警与应急决策、应急公共服务管理、风险规制与应急管理、跨界应急管理协作四个研究方向。

1. 危机预警与应急决策

作为危机管理危机的第一个阶段,预测预警是指包括科学监测、数据加工及事件预报,将科学的信息转化成公众可以理解的警报,最大限度地广泛传播警报,促使社会公众及时采取响应行动等的一系列活动。《国家突发公共事件总体应急预案》规定:各地区、各部门要针对各种可能发生的突发公共事件,完善预测预警机制,建立预测预警系统,开展风险分析,做到早发现、早报告、早处置。

危机预测是用来提供关于危机的发生、发展及其处理的相关信息的一种机制;也是用来提供关于危机决策的原因和结果信息的一种分析程序。而应急决策是面对刚刚发生或即将发生的突发事件或危机,决策者为解决危机所做的快速对策选择过程(即处理突发事件或危机政策的制定过程)。今天,网络化、数据化和智能化技术为预测预警和应急决策提供了强有力的支撑。习近平指出:"要鼓励运用大数据、人工智能、云计算等数字技术,在疫情监测分析、病毒溯源、防控救治、资源调配等方面更好发挥支撑作用。""要适应科技信息化发展大势,以信息化推进应急管理现代化,提高监测预警能力、监管执法能力、辅助指挥决策能力、救援实战能力和社会动员能力。"在这次新冠肺炎疫情防控中,大数据展现出了巨大威力。疫情数据分析、春运人流监测、物资智能调配等广泛采用数字化技术,科技手段成为极重要的防控工具,在联防联控、精准施策上发挥了独特的支撑作用。面对突发性危机事件,政府必须建立一整套行之有效的危机准备、预警、快速反应、处理和危机恢复的运行机制。应急管理或危机管理的目的在于通过提高政府对危机发生的预见能力和危机发生后的处理能力,以尽快恢复社会正常秩序,维护政府的公信力。所有这一切都高度依赖及时、准确和有效的信息和数据。

为更好地实现重大突发公共事件中的公共决策的仿真系统研究,本研究方向将依托厦门大学公共政策实验室,正在建设先进的 3D 仿真系统,构建基于厦门的 3D 社区场景模型,提供基于互联网的测试程序与决策模拟,从而为突发重大公共事件社会风险研判、评估、预测与应急管理决策的交叉研究提供坚实的大数据平台支持。在这一平台上,重大突发公共事件社会风险的各个认知层面(个体、群体和组织),包括风险信息采集、决策与规划、训练和学习以及团队协作等等,都将进行系统的深入研究,从而为重大突发公共事件下公众风险感知、行为规律及公众情绪引导和应急管理决策提供科学的理论和数据基础。

面对复杂的突发重大公共事件决策体系和公众需求,大数据的深度挖掘和使用在公共服务中的作用日益突出。研究者可通过对大数据的可视化分析、数据挖掘算法、预测性分析及语义引擎,理解公共服务主体及公众的风险感知、利益观念、心理和文化因素等方面的特点,进而提高公共服务政策制定的合理性,增强公众的公共服务满意度。例如,Bollen 等人在 2011 年收集了 2008 年 8 月到 12 月所有 Twitter 用户共 9,664,952 条内容,通过对这些内容的语义分析,研究者们提取了紧张、抑郁、愤怒、活力、疲劳以及困扰 6 个维度,组成了一个情绪剖面的描述方法。将公共情绪与美国股市震荡、国际原油价格、美国总体选举以及感恩节这些重大媒体事件或流行文化事件进行对照分析发现,社会、政治、文化和经济事件领域都高度强调不同的公共情绪的维度和组合,公共情绪的变化也能成为某些社会和经济指标的有效预测平台。《自然》报告了谷歌数据工程师们开发的基于谷歌搜索记录与流行病学的社会计算模型,研究结果能够有效地预测之后的 H1N1 疾病的发生,甚至预测得比疾控中心更快。在疫情防控事中处置上,当前的大数据应用已积累了不少经验,将这些经验进一步总结完善加以提炼,应用到突发重大公共卫生事件预防准备、预测预警、快速响应、有效处置防控等应急管理全流程中,发挥大数据事前预测预警、事中精准发现等优势。

鉴于大数据挖掘和使用对应急管理决策的影响以及规模日益庞大的数据库建设,加快突发重大公共事件的大数据挖掘技术创新,对应急管理决策主体、突发公共事件演化态势与公众的活动规律、日常行为及社会舆情进行全方位的分析预测、服务评估,提升大数据精准服务应急决策能力以及突发公共事件社会风险预测预警是当前和未来应急管理学科的重要研究方向和内容。基于大数据开展应急管理决策预测研究,通过重大突发公共事件风险评估、典型突发公共事件场景分析等方法,建立典型突发公共事件与所需应急资源能力的关系、基准应急物质保障等模型,为突发公共事件应急公共服务保障、提升应急管理科学化水平提供决策支持。

面对大数据、信息化、人工智能时代的突发公共事件应急管理这一挑战性问题,本研究方向将依托福建省文科重点研究基地——厦门大学公共政策与政府创新研究中心、厦门大学公共政策研究院心理学研究所、厦门大学公共政策实验室以及厦门大学信息学院、新闻传播学院的跨学科力量,开展危机预警与应急决策的研究与人才培养。

2. 应急公共服务管理

习近平指出:"越是发生疫情,越要注意做好保障和改善民生工作,特别是要高度关注就业问题,防止出现大规模裁员。"他强调要健全统一的应急物资保障体系,把应急物资保障作为国家应急管理体系建设的重要内容,按照集中管理、统一调拨、平时服务、灾时应急、采储结合、节约高效的原则,尽快健全相关工作机制和应急预案。这是深刻总结应对重大突发事件特别是这次新冠肺炎疫情经验教训而得出的一个重要结论,对完善国家应急管理体系具有重要指导意义。

这次抗击新冠肺炎疫情,是对危机状态下各级公共服务能力体系的一次大考。这次疫情发生以来,"医用设备、防护服、口罩等物资频频告急",这种情况虽然通过国家统一调度、加快复工复产等方式得到一定程度的缓解,但临时救急措施毕竟非长远治本之策,"反映出国家应急物资保障体系存在突出短板",必须从体制机制上予以解决。突发重大公共危机状态下的公共服务事关人民生命健康和安全,是民生问题更是社会政治问题。这次疫情警醒我们必须补齐基本公共服务短板特别是公共卫生服务短板和应急物资储备能力短板。因此,需要从人才培养、理论研究和制度建设等方面高度重视突发重大公共事件中的公共服务能力体系建设,放眼长远从体制机制上创新和完善突发重大公共事件中的基本公共服务保障体系,系统梳理国家应急物资储备体系短板,科学调整储备的品类、规模、结构,提升应急服务储备效能,提高应对突发重大公共事件的能力和水平。

应急管理作为交叉学科,对突发重大公共事件中的公共服务供给决策过程进行系统研究将是本学科的重要研究内容之一,这将有助于理解危机状态下的公共服务供给类型、价值选择及其对应急决策行为的影响。公共服务实践作为复杂的社会活动,服务的生产、提供、传输和使用等环节都涉及多个利益相关方。因此,公共服务实践活动的每个环节及各环节之间都可能产生潜在的利益冲突,如自我利益与他人利益的冲突、短期利益与长远利益的冲突、情感与理性思考之间的冲突等。既有研究对于突发公共事件中的基本公共服务体系和应急物资保障体系的探索不足。

质量是公共服务的生命。20 世纪 80 年代起，推进质量创新，持续改进公共服务质量，成为当代公共管理改革的一个根本目标，甚至是整个制度改革的一种缩略表达。公共部门关注服务质量，实质是将视角由服务提供者移至公众，更加重视公众对服务的认可度、信任度和满意度，以及公众对政府的情感依托和理性预期。在民众对政府信任不断流失的今天，从公众认知角度探讨突发重大公共事件中的公共服务质量的评价、监测和干预，从应急管理能力体系角度探讨突发重大公共事件中的基本公共服务体系建设，突出重点关键，对基本公共服务保障风险和短板弱项问题做到早识别、早预警、早研判、早处置，对于有效防范、应对和化解各类重大风险，坚决打赢防范化解重大风险攻坚战，具有十分重要的理论与实践意义。

面对这些问题，本研究方向将依托福建省人文社科重点研究基地——厦门大学公共服务质量研究中心，结合重大突发公共事件应急管理案例，围绕构建系统完备、科学规范、运行有效，从理论、实践和政策三个层面重点研究突发公共事件中的基本公共服务均等化、标准化、制度化以及质量评估以及质量监测与质量保障体系等问题，探讨基于公众认知和灾民获得感的应急公共服务质量管理模式。近年来，厦门大学公共服务质量研究中心的一系列高质量研究成果为开展应急管理中的基本公共服务能力体系研究奠定了坚实基础。

3. 风险规制与应急管理

突发公共事件中的社会风险治理与社会秩序维持是现代应急管理的一项重要内容。中国特色社会主义进入新时代，社会主要矛盾发生深刻变化，经济下行压力、自然灾难、技术风险、社会矛盾纠纷和公共安全风险等对国家治理能力提出了严峻挑战。为此，如何构建适应新时代打赢防范化解重大风险攻坚战的社会风险综合治理制度框架，实现我国应急管理从事后被动应付处置到事前主动超前预测预警预见治理的战略性转变，就成为健全国家应急管理体系、推进社会治理现代化的一项重大课题。

在全面改革进程中，随着城镇化的纵深推进，技术进步和人口流动，社会治理的重心逐步从县域转向市域，各种风险、矛盾和问题日益向城市汇聚，市域逐步成为观察矛盾风险走向的晴雨表，守护安全稳定底线的主阵地，满足人民群众新需要的大平台。作为城市和农村两种社会形态的结合点，市域在国家治理体系的定位中具有承上启下的枢纽作用，以城带乡的引擎作用，以点带面的示范作用,是统筹推进城乡一体化的有效载体。市域本身在政策制定上具有的自主空间、在问题解决上具有的资源基础、在尝试创新上具有的回旋余地,也奠定了市域在社会治理中的特殊优势。党的十九届四中全会通过的《中共中央关于坚持和完善中国特色社会主义制度,推进国家治理体系和治理能力现代化若干重大问题的决定》强调要加快推进市域社会治理现代化。

但是,在工业化、城市化、现代化的快速发展进程中,经济体制、社会体系、利益格局发生的结构性变革打破了传统社会的同质性境况,传统社会结构中稳定社会的各种根基性力量逐渐式微,社会秩序严重受损,市域社会逐步走向主体异质和矛盾多发的风险社会,技术进步带来的生产力的指数式增长使危险和潜在威胁的释放达到一个前所未知的程度,社会矛盾凸显,社会冲突和社会对抗升级,典型表现为群体性事件频发。市域社会资源供给与人民诉求间的矛盾、民众政治参与诉求与共治体系不成熟间的矛盾、经济发展与生态保护的矛盾等分别与社会、政治、生态等领域的风险相互交织、重叠,形成共振,社会风险规制与应急管理由此成为推进市域治理现代化亟待解决的一个理论和实践问题。

更重要的是,随着人流、物流和信息流加速流动,社会治理面临的矛盾、风险和隐患之多前所未有。尤其是在市域层面,随着城镇化的加速推进,人口越来越密集,系统越来越复杂,在流动人口服务管理、城市基础设施管理、突发事件应对处置、虚拟社会空间服务管理等方面,将会面临越来越多的风险问题及其带来的应急治理挑战。在风险耦合聚集的背景下,如何将风险化解在市域源头,实现社会和谐稳定和国家长治久安?如何完善党委领导、政府负责、民主协商、社会协同、公众参与、法治保障、科技支撑的社会治理体系,建设人人有责、人人尽责、人人享有的社会治理共同体?如何充分发挥党建引领市域社会治理的制度优势,将其转化为实现社会治理现代化的巨大效能,提升社会治理风险规制与应急管理能力?

面对这些问题,本研究方向将依托厦门大学公共政策研究院社会管理创新研究中心和福建省人文社科重点研究基地——厦门大学县域社会治理能力建设研究中心,从市域社会发展变迁的现实出发,综合运用大数据识别、虚拟空间识别、现场实地识别等方法识别风险,分类列出市域社会风险清单并进行动态更新,结合对公众社会风险感知过程的深入剖析,构建新时代市域社会治理中的科学的风险识别体系与有效的风险沟通模式。通过规范研究、实证研究和政策研究相结合,系统突发重大公共事件中市域社会风险规制和应急管理的基础理论、地方案例、治理困境和治理模式建构等问题,力图总结突发事件应急管理中社会治理现代化的实践经验与理论模式,从制度、组织管理、技术等层面构建突发公共事件中社会风险规制与应急管理的理论体系。

4. 跨界应急管理协作

从"非典"到新冠肺炎疫情,从飓风到海啸,从冰灾到地震,从气候变化到恐怖袭击,当今政府面临的许多重大突发公共件的跨界特性(Transboundary nature)日渐增强,意味着跨界协作(Transboundary collaborations)在应急管理中越来越重要。现代应急管理通常不是一个部门或地区就能有效完成的。在很多情况下突发或灾难事件的危害程度远远超出单个部门和地区的应对能力。紧急或突发灾难事件越复杂,涉及的部门越多,特别是当跨越不同管辖区时,则应急管理难度越大,越需要有效地组织和加强跨地区、跨部门协作。而在启动应急管理协作之前,建立通过跨地区、跨部门协同实施减灾、准备、响应和恢复等基本功能行动的制度化与整体化的工作程序、政策与计划显得非常必要和重要。

美国《州际应急管理互助协议》(Emergency Management Assistance Compact,以下简称EMAC)以法律形式构建了一种跨州应急管理协作制度框架,构成了当前美国国家应急管理体系中的一个重要组成部分,在应对和处置各种紧急或灾难事件中发挥着越来越重要的作用。EMAC所构建的区域应急管理协作网络是构筑在互惠意愿与协作能力的基础上,通过法制化手段,将精细化应急管理协作计划、网络化协调机构、整体化应急协作流程和政府间协同执行战略包容在制度体系中,这体现出美国应急管理制度体系健全的重要特点。至今,EMAC响应的比较重大的紧急或灾难事件有:9.11恐怖袭击、2003年"哥伦比亚号"航天飞机灾难、2004年墨西哥湾飓风、2005年8月墨西哥湾沿海地区卡特里娜和丽塔飓风、2008年6月中西部地区严重洪灾、2008年8月墨西哥湾古斯塔飓风等。EMAC是经过实践检验能够提供必要的协同性与灵活性来管理突发灾难事件的一种运作良好的应急管理协作机制,构成了当前美国国家应急管理体系的一个重要组成部分。这有一定的参考和借鉴价值。

疫情跨省市扩散蔓延威胁着每一个人的健康、每一个地区的公共安全。抗击疫情离不开命运共同体意识。疫情发展牵一发而动全身,需要多维度、全方位配合联防联控。任何地区和部门在坚决遏制疫情扩散蔓延面前都无法"独善其身"。各自为政的封闭式应急管理手段行不通了。突发公共卫生事件应急管理高度依赖跨界协作的社会支持,现有的社会支持体系无法适应突发公共卫生应急管理需求的剧变。2020 年 2 月 10 日,国家卫生健康委公布建立省际对口支援湖北省除武汉以外地市新冠肺炎医疗救治工作机制,统筹安排 19 个省份对口支援湖北省除武汉市外的 16 个市州及县级市。建立对口支援机制,正是在党中央统一领导、统一指挥、统一调度下,坚持全国一盘棋的细化措施。采用"一省包一市"对口支援机制,集中体现了疫情防控全国一盘棋的国家治理制度优势。这对于进一步推动构建跨区域应急管理协作常态化、制度化、规范化体系具有重要指导意义。

但是,这次疫情防控也暴露出了跨界应急管理协同体制机制存在的诸多问题,包括地域人群流动性和疫情跨区域扩散、应急救援资源跨区域精准响应与调配、衔接等。还有,刑释人员可否"跨省安置"?疫情防控中省际高速公路能否"封路"?对口援助地区如何协调沟通对接?跨部门跨区域疫情信息如何有效实现共享?如此等等。2020 年 1 月 29 日,李克强总理在中央应对新型冠状病毒感染肺炎疫情工作领导小组会议上明确要求:"精准施策遏制全国疫情传播。建立有效协同的省际间联防联动机制。"从新冠肺炎疫情防控来看,突发公共事件应急管理面临的许多最紧迫、最复杂和最困难的问题打破了基于部门和地区的行政管辖边界,使得协作治理与整体治理成为突发公共事件应急管理的重要议题。在疫情危机压力状态情况下,受疫情严重影响的湖北省就需要向其他省寻求医疗卫生资源援助。但突发公共事件需要快速、可靠的应急反应行动。如果应急救援的工作程序不恰当或者省际间沟通协商不到位,至关重要的反应时间可能丧失,而这可能导致更大、更严重的灾难后果。

从新冠肺炎疫情的发生来看,突发公共卫生事件是一项复杂的系统工程,要坚持系统治理,把一个城市、一个省、全国的疫情防控工作看作一个有机整体,构建城市群跨区域突发重大公共事件应急响应、处置、救援的沟通协商制度、信息共享制度、组织协调制度、资源配置制度。因此,中国需要构建系统完备、科学规范、运行有效的跨区域应急管理协作制度体系,一旦出了突发公共事件,从一个省到一个省,直到整个省级层面的跨区域应急响应、救援联动系统就启动了。当前我国城镇化已进入到中心城市带动城市群,进而带动区域经济发展的阶段。京津冀城市群、武汉都市圈及长江中游城市群、长三角城市群、粤港澳大湾区、成渝城市群是未来突发公共事件应急管理跨省协同的重点。这些城市群中都有核心大城市,它们是人口经济活动最密集的区域。在突发公共危机事件状态下,这些城市群的应急管理体系和能力面临严峻考验。

突发公共事件应急管理要强调属地责任,同时也要重视跨界协同治理。这正是当前和未来我国省际应急管理协作的重大意义和现实需求,也是健全国家应急管理体系的重要方向,更是彰显"一方有难、八方支援"集中力量办大事制度优势的战略需要。

面对跨界应急管理协作这一当前理论界和实务部门面临的重要新兴课题,本研究方向将依托福建省"2011"计划——厦门大学公共政策与地方治理协同创新中心和厦门大学公共政策研究院区域发展研究所,归纳总结中国特色重大突发公共事件中的应急治理之道与可复制性经验;为健全突发公共事件跨区域协同治理的危机响应机制、资源援助机制、资源调配机制、利益激励与补偿机制、责任分担机制提供新的政策工具。

三、培养方案

围绕应急管理学科的人才培养目标,我们对该学科的博士生和硕士生的能力培养要求、课程体系、培养环节和学位论文要求等做了细致规划,如表8—26所示。

表 8-26　厦门大学应急管理研究生培养方案

学科名称	应急管理	培养类别	博士、硕士
学制	硕士:3 年;博士:4 年		
学分	硕士:总学分≥30 学分,其中课程学分≥27 学分,其他培养环节 2 学分。		
	博士:总学分≥13 学分,其中课程学分≥10 学分,其他培养环节 3 学分。		
培养目标	应急管理学科将坚持专业培养和综合培养同步进行的人才培养模式,注重培养学生专业素养和理论功底的同时,鼓励学生就读期间参加政府部门的课题调研和蹲点实习,最终实现专业素养过硬,实践能力突出的研究生培养目标。		
科研能力及素质等要求	①有优异的综合素质,专业知识基础扎实,善于运用所学知识分析问题,解决问题;②有突出的创新意识和创新能力,能够取得创新性和先进性的科研成果;③有科学的研究方法,能对研究问题进行系统描述、深入分析、科学概括,总结出规律性的东西;④有适应科学研究需要的优秀的外语水平。 科研水平及素质检验标志:作为课题组成员参与导师课题申报或研究;在公开学术刊物发表达到获得硕士、博士学位要求的学术论文或科研成果。		
课程设置			

续表

课程类别	任课教师	课程中文名称	学分	开课学期	硕士	博士	备注
公共课 硕士4学分 博士2学分		中国马克思主义与当代	2	秋		必选	
		马列经典著作选读	1	春		任选	
		第一外国语	2	秋、春	必选	任选	
		中国特色社会主义理论与实践研究	1	秋、春	必选		
		马克思主义与社会科学方法论	1	春	必选		
必修课程： 硕士≥8学分 博士≥6学分		中国应急管理前沿	3	秋	必选	必选	
		应急公共政策研究	3	秋	必选	必选	
		风险规制与应急治理	3	秋	必选	必选	
		公共危机公关	3	春	必选	必选	
		跨界应急管理	3	春	必选	必选	
		公共安全与危机管理	3	春	必选	必选	
		社会风险决策与管理	3	春	必选	必选	
		大数据与应急管理	3	秋	必选	必选	
		应急公共服务研究	3	秋	必选	必选	
		应急行为决策	3	春	必选	必选	
选修课程		政策实验与统计分析	2	春	任选	任选	
		危机心理学	2	秋	任选	任选	
		公共组织与管理	2	秋	任选	任选	
		中国政府与政治	2	春	任选	任选	
		心理健康干预	2	春	任选	任选	
		公共卫生政策分析	2	春	任选	任选	
		公共卫生应急管理	2	春	任选	任选	
		国外应急管理比较	2	秋	任选	任选	
		计算公共政策学	2	秋	任选	任选	
		公共部门战略管理	2	春	任选	任选	
		公共行政伦理学	2	秋	任选	任选	

续表

课程类别	任课教师	课程中文名称	学分	开课学期	硕士	博士	备注
		应急人力资源管理	2	秋	任选	任选	
		公共服务行为与动机	2	春	任选	任选	
		应急管理绩效评估	2	春	任选	任选	
		多层线性模型	2	秋	任选	任选	
		非营利组织危机管理	2	秋	任选	任选	
		社会治理与政策	2	秋	任选	任选	
其他要求	研究生在硕士阶段已修读的课程在博士阶段可免修,具体要求由各学科制定。						

其他培养环节及要求

其他培养环节	是否必修	学分	内容或要求	考核时间及方式
学术讲座	必修	1	硕士生、博士生必须听取20场学术讲座与学术报告。	硕士博士1—2年级,提交个5个学术讲座不低于800字的学习体会。
中期考核	博士必修	1	中期考试阅读书目(20本必读,35本选读)。	博士二年级下
文献综述与科研报告	硕士博士	不计学分	博士生写出不低于3万字的文献综述;硕士生写出不低于1.5万字的文献综述。	博士二年级下硕士二年级下
开题报告	硕士博士	不计学分	文献综述通过后参与开题。	博士二年级下硕士二年级下
社会实践	博士硕士	1	博士生、硕士生必须参加社会实践。	提交调研报告或实习总结。
教学实践	博士	不计学分	博士生必须参加4周的教学实践,每周2课时。	博士三年级
校外学习、交流经历		不计学分	鼓励硕士生、博士生校外学习交流。	

续表

其他培养环节	是否必修	学分	内容或要求	考核时间及方式
学位论文要求			博士学位论文一般用三年左右的时间完成,硕士学位论文一般用一年时间完成。①开课报告:在导师指导下,选择学科前沿课题和对我国经济社会发展有重要意义的课题,并经导师组的审核同意。②论文中期检查:学位论文在导师指导下进行,期间积极向导师组汇报论文的进展情况,论文基本完成后,应在有关系所进行预答辩,通过讨论,提出意见,保证高质量完成论文。③科研成果要求:博士学位论文提交答辩前,必须在我校文科最优学术刊物或一类核心学术刊物上发表1篇学术论文;或在我校文科二类核心学术刊物上发表3篇学术论文。二类核心要求其中1篇可用与其学位论文相关的专著、教材或学术著作的译著(本人完成字数专著在3万字以上,教材和译著在5万字以上)来代替。以上学术刊物均不含增刊、专刊、专辑。硕士学位论文答辩之前,须有1篇以上与本专业有关的论文在公开刊物上发表,或从事相关的科学研究工作,取得了相应的科研成果。④论文学术水平:学位论文是原创性的研究成果,具有创新性、先进性。⑤论文评审和答辩:博士学位论文均提交至教育部学位中心"学位论文送审平台"送审,评审通过后,由校内外专家组成的答辩委员会进行正式答辩。